Friedrich Luckwaldt

Österreich und die Anfänge des Befreiungskrieges von 1813, vom Abschluss der Allianz mit Frankreich bis zum Eintritt in die Koalition von Friedrich Luckwaldt

Friedrich Luckwaldt

Österreich und die Anfänge des Befreiungskrieges von 1813, vom Abschluss der Allianz mit Frankreich bis zum Eintritt in die Koalition von Friedrich Luckwaldt

ISBN/EAN: 9783743320246

Hergestellt in Europa, USA, Kanada, Australien, Japan

Cover: Foto ©ninafisch / pixelio.de

Manufactured and distributed by brebook publishing software (www.brebook.com)

Friedrich Luckwaldt

Österreich und die Anfänge des Befreiungskrieges von 1813, vom Abschluss der Allianz mit Frankreich bis zum Eintritt in die Koalition von Friedrich Luckwaldt

Oesterreich

und die Anfänge des

Befreiungskrieges von 1813.

Vom Abschluss der Allianz mit Frankreich bis zum Eintritt

in die Koalition.

Von

Friedrich Luckwaldt
Dr. phil.

Berlin 1898.
Verlag von E. Ebering.

Herrn Prof. Dr. Max Lehmann,

meinem Lehrer und Freunde,

in Dankbarkeit und Verehrung

zugeeignet.

Vorwort.

Indem ich der Öffentlichkeit eine neue Darstellung der Politik Oesterreichs zu Beginn des Befreiungskrieges übergebe, kann und soll es nicht meine Absicht sein, des längeren die Bedürfnisfrage zu erörtern. Sie zu beantworten, überlasse ich dem Buche selbst. Ich will vielmehr kurz sagen, wie die Arbeit entstanden ist.

Ich begann sie vor nunmehr zwei Jahren in Göttingen auf eine freundliche Anregung von Herrn Professor Max Lehmann, der ihr denn auch im weiteren Verlauf stets ein lebhaftes, durch Rat und That bezeigtes Interesse bewahrt hat. Dabei war der ursprüngliche Gedanke, den „Stoff zu einem Geschichtswerk", den nach dem Urteil eines berufenen Kritikers Wilhelm Oncken in seiner vielzitierten Publikation nur gegeben hatte, unter anderen Gesichtspunkten und in anderer Form nun wirklich zu einem Geschichtswerk auszugestalten. Aber ein eingehenderes Studium überzeugte mich bald, dass doch auch dieser Stoff, wie wertvoll und ergiebig immer, der Ergänzung und Berichtigung dringend bedürfe. In manchen Fällen half die ältere, namentlich französische Litteratur und die grosse Anzahl später erschienener Bücher und Aufsätze, aus denen ich mit besonderem Dank die sorgfältige Abhandlung von Criste hervorhebe. In andern stellten sich Probleme heraus, die, wenn überhaupt, nur durch Einblick in die originalen Akten eine Lösung finden konnten. So entschloss ich mich im Frühjahr 1896, nach Wien zu gehen und meine Forschungen an Ort und Stelle fortzusetzen.

Die Liberalität der k. und k. Archivleitungen ist sprichwörtlich. Auch ich habe sie reichlich erfahren und kann das herzliche Wohlwollen nicht genug rühmen, das man mir, dem namenlosen Anfänger, überall entgegenbrachte. Mein Dank dafür erreicht nur Herrn Feldmarschalllieutenant v. Wetzer, den verdienstvollen Direktor des k. und k. Kriegsarchivs; Alfred v. Arneth, der mich noch im letzten März rüstig und schaffensfroh empfing, ist inzwischen der Welt und der Wissenschaft entrissen worden, und ich muss mich begnügen, dem seltenen Mann allezeit ein pietätvolles Andenken zu bewahren. Dass sein Geist in der Verwaltung des k. und k. Haus-, Hof- und Staatsarchivs fortleben wird, dafür bürgt die Persönlichkeit seines Nachfolgers, Herrn Hofrats Dr. Winter, und der Kreis liebenswürdigster Beamten, der ihn umgiebt. Ich fühle mich ihnen allen mehr oder weniger verpflichtet, namentlich aber den Herrn Dr. Hans Schlitter und Arpad Györy von Nadudvar, die mir meine Arbeiten auf das dankenswerteste erleichtert und auch sonst freundschaftliche Teilnahme bewiesen haben.

Was nun jene Arbeiten selbst anlangt, so ging es mir, wie es bei archivalischen Studien leicht gehen soll: ich fand, wo ich nicht suchte, und suchte, wo ich nicht fand. Ich hatte gerechnet, meine Darstellung. in der Hauptsache auf die Sitzungsberichte der Staatskonferenz und gewisser für finanzielle und militärische Angelegenheiten niedergesetzter Spezialkommissionen zu begründen. Aber Nachfragen in fünf verschiedenen Archiven blieben trotz bereitwilligster Bemühungen der Herrn Beamten erfolglos. Nicht einmal die von mir genau bezeichneten Akten des Stadionschen Finanzkomites waren aufzufinden. Nur auf dem Kriegsarchiv, wo ich überhaupt eine Fülle wichtigster noch unbekannter Stücke einsehen durfte, wurde mir das Protokoll einer militärischen Konferenz vom 14. Mai vorgelegt. Es wiegt ganze Bündel anderer Akten auf und lässt mich also doppelt bedauern, dass ich sonst auf verstreute Notizen und sogar Zeitungsartikel zurückgreifen musste, um über die wichtigsten innerpolitischen Vorgänge Klarheit zu gewinnen.

Umso voller flossen gegen meine Erwartung die Quellen für die auswärtigen Ereignisse. Nicht nur, dass mir eine Reihe litterarisch noch nicht verwerteter Archivalien zugänglich gemacht wurden, auch da, wo bereits andere vor mir geerntet, blieb Raum für eine Nachlese, wie ich sie so reich nie geträumt hätte. Die Vorträge Metternichs, die Berichte Lebzelterns, Bubnas, Stadions ergaben die erwünschtesten und überraschendsten Aufschlüsse. Zumal den letztgenannten verdanke ich Stunden reinen Glücks und kann mir deshalb nicht versagen, wenigstens die drei schönsten ausführlich abzudrucken. Im Übrigen verfolgt der Anhang nur den bescheidenen Zweck, die Belege in den Anmerkungen zu ergänzen. Das einzige Stück, das über diesen Rahmen, allerdings auch erheblich, hinausgeht, das Memoire Gentz' wird schon wegen der Bedeutung, die ihm Napoleon beilegte, hoffentlich allen Freunden des grossen Publizisten willkommen sein.

Damit entlasse ich ein Buch, an das sich für mich eine Fülle wechselndster Erinnerungen knüpfen. Es hat mich begleitet auf die Schneehöhen der Alpen, an den Strand des Meeres, in die sonnigen Gefilde Italiens. In Göttingen und Wien, Heidelberg und dem heimischen Stettin ist an ihm gearbeitet worden. Möge es sich in den beschränkten Grenzen, die der Wirkung einer historischen] Monographie gesteckt sind, angenehm und nützlich erweisen.

Berlin, im November 1897.

Friedrich Luckwaldt.

Inhalt.

4. Kapitel: Oesterreich und Preussen. . . . . S. 93.

5. Kapitel: Wessenberg und Lebzeltern. . . . S. 121.

6. Kapitel: Bewaffnete Vermittlung. . . . . S. 153.

7. Kapitel: Vorbereitungen zum Kampf. . . . S. 187.

Anhang.

Es wird immer eine der merkwürdigsten und folgenschwersten Thatsachen unserer vaterländischen Geschichte bleiben, dass die grosse Erhebung des Jahres 1813 sich in ihrem ersten Teil ohne die Macht vollzog, die durch vierthalb Jahrhunderte an der Spitze der deutschen Angelegenheiten gestanden hatte und noch eben jetzt bis 1809 fast zwei Dezennien unter den mutigsten und beharrlichsten Bekämpfern französischer Weltherrschaft zu finden gewesen war. Es ist schwer zu ermessen, welche Entwicklung eine andere Politik Oesterreichs als die damals befolgte der deutschen Frage gegeben hätte. Was immer Friedrich der Grosse für die Hebung der moralischen und physischen Kräfte seines Staates gethan hatte, die berechtigten Ansprüche Preussens auf die Hegemonie in Deutschland datieren doch erst aus den Befreiungskriegen. Um die Wende des Jahres 1812 waren die Augen des deutschen Volkes noch weit mehr nach Wien als nach Berlin gerichtet. Noch immer war die Kaiseridee in den Massen der · Nation und in ihren besten Köpfen lebendig. Man weiss, wie Stein von einer Wiederkehr der Herrlichkeit der Ottonen und Staufer träumte, und sein Schwager Wallmoden mochte noch im April 1813 vielen aus der Seele sprechen, als er meinte, Deutschland sei und bleibe doch eine verlassene Waise, solange der Kaiser sich nicht seiner annehme.[1]

---

1. Wallmoden an Gentz, Breslau 6. April 1813 bei Klinkowström: Aus der alten Registratur der Staatskanzlei S. 104.

Die Eifersucht der Mächte, sonst stets ein Haupt-
hindernis deutscher Einheit, schien in ihr Gegenteil um-
geschlagen. Im russischen Hauptquartier wie zu Carleton-
house, dem Sitz des englischen Prinzregenten, konnte man
sich in Versuchen, den Entsagungsakt von 1806 wieder
rückgängig zu machen, nicht genug thun. Selbst der ehemalige Jakobiner am schwedischen Thron liess sich in
diesem Sinne vernehmen.[1] In der That, wenn es überhaupt möglich war, die deutsche Frage in grossdeutschem
Sinn zu lösen: jetzt war welthistorisch der letzte Moment·
dazu.

Aber auch von diesem Höchsten abgesehen, hätte ein
rascher Anschluss Oesterreichs an die Koalition die grössesten
Chancen geboten. Es war doch so, wie Metternich der
französischen Regierung zu Gemüt führte[2]: auf einen Wink
des Kaisers erhoben sich 50 Millionen in Deutschland und
Italien. Der preussische König wurde nicht müde zu versichern, dass er in allem den Intentionen der Hofburg
folgen werde. Die Rheinbundsfürsten konnten, ihrer
Truppen fast bis auf den letzten Mann beraubt, keinen
Widerstand wagen und hätten es vielleicht nicht einmal
gewollt; denn an der Elbe wie an der Isar und am Nesen-
bach, überall herrschte Kummer und Zorn über die nutzlosen Opfer des russischen Feldzuges. Kein Zweifel, ein
Aufruf, wie ihn Gentz schon 1808 vorgeschlagen[3], der
ihnen Unverletzlichkeit von Gebiet und Souverainität zu-

---

1. Gegen Neipperg Mitte Februar 1813. vgl. Woynar:
Oesterreichs Beziehungen zu Schweden und Dänemark in den
Jahren 1813 und 1814. Arch. f. oesterr. Geschichte 77. 407. u. 411.

2. Weisungen für Floret 9. Dez. 1812 bei Oncken: Oesterreich
und Preussen im Befreiungskriege I. 382. Bericht Ottos an Bassano 16. Dez. 1812 bei Fain. Manuscrit de 1813 I. 288.

3. Gentz: Aus dem Nachlass. Briefe und Denkschriften.
Wien 1867 II. 116 ff.

sagte, hätte schon jetzt um die Jahreswende das bewirkt, was im Spätherbst dann wirklich geschah: der deutsche Süden hätte die eben noch so stolz getragenen Ketten abgestreift. Im Nordwesten aber wäre das Feuer des Aufruhrs, das, ohne ausreichende Unterstützung gelassen, sich im Frühjahr so traurig selbst verzehrte, zur mächtigen Flamme emporgewachsen, und in den ehemaligen oesterreichischen Provinzen hätte es wie 1809 in Tirol eines einfachen Aufrufs bedurft, um die treuen Landeskinder mit Freudigkeit unter die geliebten schwarzgelben Fahnen zurückkehren zu lassen. Der Krieg, der an Elbe und Spree anfangs so unglücklich geführt werden musste, hätte am Rhein und an der oberen Donau begonnen, und wer will sagen, ob das Ereignis von Fontainebleau nicht schon dreiviertel Jahre früher herbeigeführt wäre.

Es sind das nicht so sehr nur vorwitzige Phantasien eines Epigonen. Schon einsichtsvolle Zeitgenossen empfanden ähnlich. Sie beklagten, dass Oesterreich den günstigen Augenblick nicht ergriffen habe, in dem es sich zum Diktator von Europa erheben konnte.[1] Aber der Blick auf das, was bei raschem Einsatz aller Kräfte möglich gewesen wäre, darf nicht blind machen gegen die Hindernisse, die einem solchen denn doch auch entgegenstanden. Wer sich die Mühe nimmt, den Gedanken der leitenden Männer Schritt für Schritt und nach allen Seiten nachzugehen, wird sich bald einer Verkettung innerer und äusserer Schwierigkeiten gegenüber sehen, die ihm die ernstesten Zweifel erregen, ob er im gleichen Fall kräftiger gehandelt hätte.

Zunächst: Der Staat war nicht mehr das Oesterreich von 1809.

------

1. Vgl. Radetzky: Denkschriften militärisch-politischen Inhalts S. 130.

1*

Oesterreich nach dem Frieden von Wien.

Die an Krisen doch wahrlich reiche Geschichte des Hauses Habsburg weist wenig gefahrvollere Lagen auf als die, in die der Wiener Frieden das Reich versetzte. In den bangen Tagen, die seinem Abschluss vorangingen (8. Oktober), hatte Friedrich Gentz es für die grosse Frage erklärt, ob der Staat auch nur noch ein Jahr bestehen könne,[1] und während der ganzen Folgezeit bis 1812 konnte man aus dem Munde jedes aufgeklärten und unterrichteten Mannes hören, dass die Monarchie am Rande eines schrecklichen Abgrunds stände, aus dem sie nur durch einen glücklichen Zufall zu retten sei. Wilhelm von Humboldt, der davon berichtete, erwehrte sich der Beobachtung nicht, dass selbst die traurigen heimischen Verhältnisse noch besser seien als das, was er als Gesandter in Wien seit Herbst 1810 täglich vor Augen sah![2]

Schon ganz äusserlich glich der stolze Kaiserstaat bedenklich einer Ruine. Die Gebietsabtretungen, die der Korse im Schönbrunner Schlosse diktiert hatte, waren nach Umfang — 2058 Quadratmeilen mit 3 400 000 Seelen — und Wert gleich beträchtlich. Von den zwei natürlichen Boll-

---

1. Tagebücher von Friedrich von Gentz. Leipzig 1873. I, 187.

2. Bericht vom 24. Nov. 1810 bei Bruno Gebhardt: W. v. Humboldt als Gesandter in Wien 1810—1813. Deutsche Zeitschrift für Geschichtswissenschaft Bd. 12. Heft 1. 77 ff.

werken, die das Land nach Westen deckten, riesigen
Bastionen gleich die Kurtine des Donauthales flankierend,[1]
war nur noch das nördliche, Böhmen, wesentlich unberührt,
von dem südlichen war schon 1805 Tirol abgebröckelt, jetzt
folgten Salzburg, das Innviertel, Villach und alles Land
rechts der Save.[2] Damit war man von Böhmen bis Bosnien
ohne militärische Grenze.[3] Der Verlust Triests und der
illyrischen Küste versperrte jeden direkten Zugang zum
Meer, ohne den doch eine Grossmacht nicht leben kann,
und zudem war das neue Illyricum eine unheimliche
Schöpfung. Schon jetzt liessen sich Stimmen vernehmen,
dass es nur als der Embryo zu betrachten sei, der „erwachsen, genährt, gepflegt und erzogen, dereinst die hohe
Bestimmung erhalten solle, das erste Vaterland der Künste
und Wissenschaften wieder hervorzurufen, den schönsten
Himmelstrich von ganz Europa dem Islamismus, der Bar-
barei, der Roheit und Ignoranz zu entreissen und der Kultur
wiederzuschenken";[4] und jedenfalls war eine Ausdehnung
seiner Grenzen bis zur Drau oder Mur, also auf Kosten
Steiermarks und Slavoniens sehr zu fürchten. Nicht
besser sah es im Nordosten aus. Dass die über hundert
Meilen lange[5] Grenzstrecke Galiziens unhaltbar war, sprang
jedem Militär in die Augen,[6] und dem Politiker musste der
ganze polnische Besitz seit der neuerlichen Vergrösserung
des Herzogtums Warschau durch Westgalizien als höchst pro-

1. Radetzky, Denkschriften S. 128.
2. Artikel III, 1 und 2 des Wiener Friedens.
3. Radetzky, Denkschriften S. 129.
4. Oesterreich nach dem Frieden von Wien 1809. Politisch-
militär. Studie eines Zeitgenossen. Mitth. des K. K. Kriegsarchivs 1882. S. 166.
5. Graf Radetzky, Biographische Skizze von einem oesterr.
Veteranen S. 115.
6. Radetzky, Denkschriften S. 59.

blematisch erscheinen.[1] Konnte nicht ein Wort Napoleons
den Aufruhr in das moralisch noch nicht eroberte Land
tragen? Ganz im Osten endlich begann der Russe durch
seinen Anteil an der galizischen Beute[2] und die bedrohlichen
Fortschritte in der Türkei das unzufriedene Ungarn zu
umklammern.

Bei alledem war es nicht die Frage der Gebietsver-
änderungen gewesen, an der in letzter Stunde das Friedenswerk zu scheitern drohte, sondern der anscheinend unter-
geordnete Streit um 50 Millionen Livres Kriegskontribution
weniger oder mehr. Hier hatten die Unterhändler, um
nur den so nötigen Abschluss herbeizuführen, ihre Instruktionen überschreiten müssen, das Wohl des Staates
mehr bedenkend als die unausbleibliche Ungnade des Souverains.[3] Die finanziellen Schwierigkeiten, mit denen man
zu kämpfen hatte, waren eben derart, auf alle Zweige des
Staatslebens den grössten und verhängnisvollsten Einfluss
zu üben. Eine gute Finanzverwaltung hatte nie zu den
Dingen gehört, durch die sich der Kaiserstaat auszeichnete.
Kein Wunder, dass er jetzt, wo ganz Europa unter dem
Zeichen des jungen Papiergeldes stand, mit grossen Schritten
dem Staatsbankerott entgegeneilte.[4] Zuerst 1762, in grösserem
Umfang aber erst während des ersten Koalitionskrieges
hatte man unverzinsliche Noten, sogenannte Bankozettel,

---

1. Oesterreich nach dem Frieden von Wien S. 155.
2. Artikel III, 5 des Friedens verspricht Russland 400000
Seelen im östlichsten Teil des alten Galizien; ausgeführt im
Vertrag von Leopol 7/19. März 1810.
3. Gentz, Tagebücher I. 192. 195 f. 202. 203 f. Die ganze
Schale des kaiserlichen Zornes ergoss sich auf Bubna.
4. Die beste Darstellung dieser Dinge ist wohl noch immer
die von Springer: Geschichte Oesterreichs seit dem Wiener
Frieden 1809. Leipzig 1863. I, 143—177. Interessante archiva-
lische Mitteilungen bei Beer: Die Finanzen Oesterreichs im 19.
Jahrh. Prag. 1877.

seit 1797 mit Zwangskurs, ausgegeben. Die grossen Kosten der Kämpfe gegen Frankreich und eine leichtsinnige Verwaltung hatten dann zusammengewirkt, um eine rasche Vermehrung verbunden mit entsprechender Entwertung, herbeizuführen.[1] In das Jahr 1809 war man schon mit einem Kurse von 221 $^1/_8$ Gulden Papier = 100 Gulden Gold eingetreten, der Krieg hob ihn auf 405 $^5/_8$.[2] Immer weiteren Kreisen teilte sich die Überzeugung mit, dass es so nicht weiter gehen dürfe, dass etwas zur Hebung der Bankozettel geschehen müsse, die zu allem Unglück nun auch noch in grossen Massen aus den abgetretenen Ländern zurückströmten. Da aber die Staatseinnahmen gleichzeitig von 66,8 (1808) auf 24,9 Millionen (1810) herabsanken[3] und also kaum die Zinsen der verzinslichen Staatsschuld — von 350 Millionen (1792) war sie auf 658 angewachsen[4] — mit 27 Millionen[5] deckten, so glich diese Aufgabe gefährlich der Lösung der Quadratur des Zirkels. Nicht einmal das Defizit war fortzuschaffen, im Kriegsjahr hatte es 45,1 Millionen betragen, jetzt (1810) stieg es noch, auf 49.[6] Das Metall verschwand fast gänzlich aus den Kassen; im Juli 1810 standen 1011,8 Millionen Bankozetteln und 137,6 Millionen unterwertigem Kupfergeld, das sich bei der urteilslosen Landbevölkerung einer unverdienten grösseren Beliebtheit erfreute, nur 3,1 Millionen Gold- und Silbermünzen gegenüber.[7] Die Kursschwankungen spotteten jeder Beschreibung.

1. Die Summe der umlaufenden Bankozettel veranschlagt Springer I, 152 auf 1796 : 47. 1800 : 201. 1806 : 450 Millionen.

2. Beer S. 393.

3. Diese Zahlen ergiebt die Tabelle bei Beer S. 391. S. 392 erscheinen sie freilich als 68,7 und 26,1.

4. Häusser, Deutsche Geschichte III, 456.

5. Beer S. 47.

6. Beer S. 392. Die Zahl dürfte eher zu niedrig gegriffen sein. Springer I, 154 giebt schon das von 1807 auf 66 Millionen an.

7. Beer S. 393.

Im Dezember 1810 kam man auf 1095 und darüber an.[1] Einsichtsvolle Männer wie Radetzky empfahlen eine beschränkte Rückkehr zur Naturalwirtschaft.[2] Die Regierung selbst schien auf die extremsten Theorieen des Merkantilsystems zu schwören. Nicht nur, dass sie allen ausländischen Produkten den Eingang so gut wie versperrte,[3] selbst die Erteilung von Reisepässen band sie an die ausdrückliche Genehmigung des Kaisers, wesentlich nur „um den Geldausfluss in das Ausland zu beschränken."[4] Der Staatskredit als solcher war vernichtet. Der Hofkammerpräsident Graf O'donnel gestand es selbst zu, dass nur noch dem Privatkredit des Fiskus als Eigentümers von Grund und Boden werbende Kraft innewohne.[5] Aber sein darauf gegründeter Reformplan (26. Februar 1810)[6] konnte, schon an sich allzu kompliziert, umso weniger gelingen, als der begabte und rechtliche Mann zu früh für den Staat — 4. Mai 1810 — plötzlich starb. Sein Nachfolger, Graf Wallis, glaubte nur von einer Gewaltkur, einer rücksichtslosen Devalvierung, Heil erwarten zu dürfen, die er dann auch nicht ohne jene Überhastung, die all seinem Wirken nun einmal anklebte, Anfang 1811 wirklich ins Werk setzte. Sein Finanzpatent vom 20. Februar 1811, bekannt gemacht 15. März, verordnete Einziehung der Bankozettel zum Kurs von 500 gegen die schon von O'donnel geschaffenen Einlösungsscheine, deren Höchstbetrag zugleich auf ein Fünftel des im Umlauf befindlichen Papiers, 212, 159, 750 Gulden, fixiert wurde. Damit war der Staatsbankerott in aller Form erklärt. Ein Schrei des Entsetzens ging durch das Volk. Gewiss die

---

1. Springer I, 168.
2. „Meine Ansichten. Wien 9. Dezember 1809". Radetzky, Denkschriften S. 3 ff. vgl. besonders S. 14—21.
3. Beispiele bei Springer I, 161 und Beer S. 63.
4. Kaiser Franz an Metternich. Pressburg 7. Dez. 1809. H-A.
5. Vortrag vom 6. Januar 1810 bei Beer S. 51.
6. Springer I, 158—160.

Teurung vorher war drückend genug gewesen, man bezahlte beispielsweise den Klafter hartes Holz mit 90 Gulden, aber es hatte sich doch das nationalökonomische Gesetz bewährt, dass die Entwertung gegenüber den Waaren mit der gegenüber dem Metall nicht gleichen Schritt hält: jetzt konnten sich die Preise den veränderten Geldverhältnissen so rasch nicht anpassen. Hinzu kam eine andere böse Folge jeder Währungsänderung, die flüchtige und unzweckmässige Einzelbestimmungen in diesem Falle noch verschärften: das ganze Schuldwesen geriet in Verwirrung. Hier fand sich der Schuldner, dort der Gläubiger übervorteilt. Und zu alledem wurde auch die finanzielle Stellung des Bürgers zum Staat auf das empfindlichste verschoben. Was wollte der Verzicht auf die im letzten September ausgeschriebenen Vermögenssteuern Grosses bedeuten, da man die andern Steuern in Einlösungsscheinen, also um das Fünffache höher bezahlen musste?[1] Die Beamten und Pensionäre sahen sich bis zu vier Fünfteln ihres Einkommens beraubt,[2] dem Ruin gegenüber. Nicht nur die Familie Grillparzer verlor ihren letzten Notgroschen. [3] Mit 300—400 Gulden besoldet, die zur Hälfte auf eine selbst bescheidene Vorstadtwohnung darauf gingen, mussten die unteren Beamten schliesslich schon groschenweise borgen. Sogar die Offiziere hungerten.[4] — Und doch war es nicht die Zerstörung so vieler privater Existenzen, die dem Patrioten das unselige Februarpatent in erster Linie verleidete. Weit schwerer wog der Vorwurf, dass es die Aktionsfähigkeit des Staates lähmte, ja fast vernichtete. Jene Beschränkung der Einlösungsscheine,

1. Springer I, 169.

2. ebenda S. 171.

3. Grillparzer, Selbstbiographie. Werke herausg. v. Sauer XIX. 49.

4. Berichte des Vicepräsidenten der Polizeihofstelle Baron Hager v. 15. März und 3. Juni 1812 bei Wertheimer: Wien und das Kriegsjahr 1813. Arch. f. oesterr. Gesch. 79. 378 ff.

so sehr sie im System liegen und theoretisch zu billigen
sein mochte, nahm der Regierung die Möglichkeit in kritischen
Tagen durch Vermehrung des Papiergeldes rasch Hilfsquellen zu eröffnen, wie sie bei der mit jedem Staatsbankerott
verbundenen Minderung oder Vernichtung der Steuerkraft
und des Kredits anderweitig durch Auflagen oder Anleihen
doch nicht mehr zu erschliessen waren.

Es konnte nicht fehlen, dass diese leidigen finanziellen
Verhältnisse wahrhaft zerstörend auf das wichtigste und
kostspieligste Gebiet staatlicher Thätigkeit zurückwirkten:
das Heerwesen. Sobald man sich ernstlicher mit der Frage
der Finanzregulierung beschäftigt hatte, waren Abstriche
am Heeresbudget, wie sie ja auch der Friedensvertrag
nahelegte — nach ihm durfte Oesterreich nur 150 000 Mann
unter Waffen halten —, als bequemstes und sicherstes
Mittel dazu ernstlich in Erwägung gezogen worden. Unmittelbar nach Abschluss des Friedens (Ofen, 20. Oktober
1809) hatte Erzherzog Rainer eine Reduktion der Armee
auf 60 000 Mann befürwortet,[1] und diese beschränkte Ansicht brach sich in den regierenden Kreisen mehr und mehr
Bahn. Es war vergebens, dass Radetzky gerade umgekehrt
auf eine erhöhte Anwendung des Grundsatzes: si vis pacem
para bellum drang[2] und Metternich in einem seiner schönsten
Vorträge (11. Januar 1810)[3] davor warnte, sich nur der
göttlichen Vorsicht und dem Zufall zu überlassen. Er
bekämpfte die Anschauung, als könne es eine iso-
lierte innere Politik geben, die ohne Rücksicht auf die
äusseren Gefahren ihren Weg ginge. Nur unter dem Schutz
eines angemessenen Wehrstandes sei die Ausführung eines

1. Beer S. 45.
2. Bisher seien alle Zweige der Staatsverwaltung nur geschaffen gewesen, Frieden zu geniessen, nicht Frieden zu erhalten. Radetzky an Fürst Liechtenstein Pressburg 1. Dez. 1809.
Mitth. des K. K. Kriegsarchivs 1884. S. 361 ff.
3. H.-A. Abgedruckt auch bei Beer S. 55f.

Finanzplanes möglich, den Napoleon in seinem Keime er-
sticken werde, wenn er zu jeder Stunde die Monarchie mit
100 000 Mann erobern könne. Man müsse durchaus, so sehr
eine Beschränkung der aktiven Armee auf 150 000 Mann
durch Recht und Thatsachen geboten sei, wenigstens die
Kadres erhalten und also auf jeden Wink jene Zahl verdoppeln können; aber wie beredt er das und Befestigung
geeigneter Grenzplätze als „einzige und letzte Stützen
unserer Existenz" empfehlen mochte, an entscheidender
Stelle hatte es das Sparsystem über seine gesundere Politik
davongetragen. Die allerhöchste Resolution vom 29. Januar 1810 erklärte Wiederherstellung der Ordnung im Innern
für den ersten und wichtigsten Zweck und wandte sich
gegen einen „die Kräfte des Staates übersteigenden Militär-
aufwand". Was unter dem Regime O'donnel begonnen
hatte, setzte sich unter Wallis in gesteigertem Masse fort.
Noch in späteren Jahren meinte Radetzky bitter, dieser Mann
habe der Armee nicht weniger tiefe Wunden geschlagen als
Napoleon selbst.[1] Man ging eben in der Hofkammer von der
Ansicht aus, dass Oesterreich für die nächsten zehn, ja
vielleicht dreissig Jahre doch nicht an einen Krieg denken
dürfe. So war es noch viel, dass man mit Ausnahme der
zwölf, deren Auflösung eine Folge der letzten Abtretungen
war, wenigstens die Zahl der Regimenter bestehen liess.
Dafür wurde jedes einzelne auf einen Umfang reduziert,
der noch hinter dem eines normalen Bataillons erheblich
zurückblieb. Von den drei Bataillonen der deutschen
Regimenter stand nämlich das dritte unter dem Namen
Chargendepot nur noch auf dem Papier, und bei den
andern begnügte man sich mit einem Locostand von je
300 : 50 auf jede Kompagnie. Lediglich zur Exerzierzeit
im Herbst wurde diese Zahl auf vier Wochen verdoppelt.
Nicht besser erging es der Kavallerie. Sie verlor ihre

---

1. Radetzky, Biographie S. 104.

dritten resp. vierten Divisionen und kam also in den
schweren — Kürassier- und Dragoner- — Regimentern auf je
vier, in den leichten — Chevauxlegers, Ulanen und Husaren
— auf sechs Schwadronen herab. Die Jägerbataillone vollends wurden fast aufgelöst, von ihren sechs Kompagnien
blieben nur zwei erhalten. Einzig die ungarischen Regimenter behielten ihre 120 Gemeine per Kompagnie.[1] Kurz
es war wirklich so, wie Metternich im Frühjahr 1813 rückschauend bekannte: man hätte etwa 1811 Mühe gehabt, von
einem Augenblick zum andern auch nur 60 000 Mann zu
versammeln.[2] Wahrlich eine unwürdige Situation für eine
Grossmacht. Hinzu kam, dass die Vernachlässigung alles
dessen, was sonst zur Rüstung eines Staates gehört, mit der
der eigentlichen Armee gleichen Schritt hielt. Umsonst
entwarf Radetzky sorgfältige Pläne für ausgedehnte Befestigungen an der Westgrenze.[3] Sein schönes Wort, dass
dafür aufgewandte Summen auf grosse Zinsen gelegt seien,
weil durch sie der Staat gesichert und erhalten werde, fand
in der Hofkammer keine Stätte. — Man verliess das bewährte Vorratssystem, wonach die Ausrüstung für die
mobile Armee stets bereit liegen muss. Die Gewehrfabriken
stellten ihre Arbeit ein. Nicht einmal für die Reparatur
abgenutzter Waffen fand man die Mittel. Sie wurden mit
all ihren Schäden in die Zeughäuser gelegt, weil Wallis
statt 500 000 nur 30 000 Gulden bewilligte.[4]

Es waren Zustände, wie sie trauriger nicht gedacht
werden konnten, und hinzu kam, dass sich nirgends Aussicht
auf Besserung eröffnete; denn das war das eigentliche Verhängnis: sie lagen nicht nur in veränderlichen äusserlichen
Konjunkturen begründet, sondern ganz wesentlich auch in

1. Radetzky, Biographie S. 102 f.
2. Metternich an Lebzeltern 29. April 1813. Oncken II, 632.
3. Radetzky, Denkschriften S. 47 ff. und S. 63 ff.
4. Vortrag Bellegardes. Wien 14. Juni 1813. K-A.

der Persönlichkeit derer, die den dauernden Beruf gehabt
hätten ihnen abzuhelfen. Man lese die Schilderungen, die
Gentz[1] und Humboldt[2] von den Verwaltungsbehörden des
Landes entwarfen: Anarchie und Ideenlosigkeit allenthalben:
nur wenige Minister, die an Geist oder Willen irgend über
den Durchschnitt hervorragten, auch sie aber zu hofmännisch-
geschmeidig wie Bellegarde oder zu sehr im Bannkreis des
Ressorts befangen wie Wallis. Und vollends schlimm sah
es um die entscheidende Stelle aus. Kaiser Franz[3] hatte
unzweifelhaft Eigenschaften, die ihm einen Anspruch auf
den gern gehörten Ehrennamen des „Guten" verliehen.
Sein Privatleben war untadelig. Sparsam bis zum Geiz,
fragte er wenig nach Prunk und Glanz. Am wohlsten war
ihm, wenn er in seinem einfachen Burgzimmer die laufenden
Eingaben der verschiedenen Hofstellen mit emsigem Fleiss
erledigen oder in der Stille eines bescheidenen Edelsitzes
die harmlosen Zerstreuungen des Landlebens geniessen
konnte. Sehr gern auch erteilte er nach der schönen Sitte
seines Hauses öffentliche Audienzen, wobei er dann mit
einer aus Neugierde und Wohlwollen gemischten Teilnahme
die Sorgen des kleinen Mannes anhörte, um ihn im volks-
tümlichen Wiener Dialekt freundlich zu bescheiden. Und
überhaupt durfte er in seinem Testament seine Liebe seinen
Völkern vermachen.[4] Wir haben von ihm aus entscheidungs-
schwerer Stunde das Bekenntnis, dass er mit Leib und Seele
an seinen so guten Unterthanen, so schönen Ländern hänge.[5]
Aber bei alledem war er nicht der Mann, ihnen Segen

1. Tagebücher I, 247 f.
2. Gebhardt a. a. O. S. 86. 90. 99. 102.
3. Springer I, 107 ff. Gentz, Tagebüch. I, multis locis. (Hormayr)
Lebensbilder aus dem Befreiungskriege II, 56 ff: Gutachten eines in
der englischen Befreiungsarmee dienenden Stabsoffiziers 26. Apr. 1813.
4. Springer I, 440.
5. Allerhöchste Resolution auf Metternichs Vortrag vom
12. Juli 1813. Oncken II, 407 f.

zu bringen. Eigentlich politische Tugenden fehlten ihm
ganz. Sein Mut wurde bezweifelt.[1] Sein Verstand, in
Beurteilung des Nächstliegenden oft richtig und scharf,
reichte nicht aus, grosse Dinge gross aufzufassen. Es
war schwer, ihn zu einem Entschluss zu bringen, und
auch dann nicht sicher, dass er dabei beharrte;
denn obwohl nicht fähig, selbst zu regieren, besass er
mindestens in unserer Zeit noch entfernt die Selbstver-
leugnung nicht, andern einen entscheidenden Einfluss ein-
zuräumen.[2] Vielmehr konnte niemand eifersüchtiger über
seine Herrscherrechte wachen. Zumal vom Volk wollte er
sich nicht dreinreden lassen. Alle freiheitlichen Regungen
waren ihm als jakobinisch ein Greuel, und in ihrer Verfolgung verfuhr er zuweilen mit einer Härte, die einem
selbst davon Betroffenen[3] den bösen Vergleich mit Ludwig XI.
eingab. Doch auch seinen Ministern machten sein Argwohn und Eigensinn, die beiden hässlichsten Eigenschaften
seines Charakters, nicht wenig zu schaffen. Um sie nicht
durch allzu häufige bedingungslose Annahme ihrer Vorschläge
zu verwöhnen, hörte er lieber die zahlreichen, oft ganz
subalternen unverantwortlichen Ratgeber, die ihm am Hof
und im Lande lebten. So genoss sein Generaladjutant,
Feldmarschalllieutenant Graf Duka eine Machtstellung, der
sich die höchsten Politiker und Militärs beugen mussten,
und doch hatte Stadion nur zu Recht, wenn er ihn ver-
ächtlich den Wurm nannte, der um den Thron unseres
guten Kaisers kriecht.[4]

Nur wer das alles bedenkt, kann der Politik des Mannes
gerecht werden, der seit dem Oktober 1809 das Staatsruder

---

1. Gentz, Tagebücher I. 162 redet geradezu von la poltron-
nerie naturelle de l'empereur.
2. Gentz, Tagebücher I. 252.
3. Hormayr in dem Libell: Kaiser Franz und Metternich.
4. Stadion an Metternich. Reichenbach 8. Juni 1813. H-A.
s. Anhang.

lenkte. Vielleicht, dass ein anderer die Hindernisse früher
und vollständiger überwunden hätte; Graf Metternich aber
gehörte nicht zu jenen feurigen Herrschernaturen, die den
Beruf in sich fühlen, der Welt um sich Gesetze zu geben,
und lieber Amt und Gunst als ihren Willen opfern.

Ein Sohn der Rheinlande,[1] aufgewachsen an den
lebenslustigen geistlichen Höfen der Pfaffengasse, konnte er
sein ganzes Leben lang weder die Gefühls- und Denkweise
des ancien régime, noch das leichte Temperament des
Rheinfranken verleugnen. Von der Natur verschwenderisch
ausgestattet, eine Erscheinung von vollendeter. Schönheit
und Eleganz, brillanter Kauseur und perfekter Kavalier,
war er dazu geschaffen, den Löwen der Salons zu spielen.
Seine Feinde — und nicht nur sie — wollten wissen, dass
er über dem Salon das Bureau vernachlässige, sie raunten
sich boshaft zu, er disseriere dort stundenlang, ob auch ein
Weib Minister des Auswärtigen sein könne oder ob der
Tabaksschnupfer die Fasten breche;[2] und dass er im Punkt
der Liebe sehr schwach sei, hätten auch seine besten
Freunde nicht leugnen dürfen. Im persönlichen Umgang
zeigte er Güte und Offenheit. Seine Untergebenen hingen
an ihm. Selbst ein so bedeutender Mensch wie Gentz
empfand zumal in späteren Jahren eine schwärmerische
Zuneigung für den jüngeren Freund. Fernerstehende mochte
seine masslose Eitelkeit je und je abstossen. Für die Diplomatie, wo er — von Dresden nach Berlin und von dort
nach Paris berufen — rasche Karriere gemacht hatte,
brachte er ausser jenen gesellschaftlichen Talenten eine
rasche Feder, eine leichte Auffassung, unbedingte Herrschaft
über sich selbst und eine sogar von Napoleon bewunderte

---

1. Vgl. Bailleu. Allg. d. Biographie XXIII. 777 ff.
2. So erzählt Erzherzog Johann in seinem Tagebuch Januar
1812, bei Krones: Aus Oesterreichs stillen und bewegten Jahren
S. 141.

Fähigkeit für die Intrigue mit. Wo es galt, durch Versteck-
spielen eine unangenehme Antwort zu vermeiden, einer
misslichen Sache die unverfänglichste Wendung zu geben oder
im Widerstreit der Interessen eine mittlere Linie zu finden,
die ohne einen zu befriedigen, doch alle zu befriedigen schien,
konnte ihn keiner übertreffen. Gewohnt in jedem grösseren
Schriftstück seine Unabhängigkeit von abstrakten Begriffen
zu betonen, hüllte er sich äusserlich trotzdem gern in den
Mantel des Philosophen, aber im Wesen waren seiner Politik
grosse Gedanken allerdings fremd. Es entsprach seiner
mehr weiblichen als männlichen Natur die Dinge statt seiner
entscheiden zu lassen: *compter un peu sur les événements*
war doch immer seiner Weisheit letzter Schluss, ja er machte
kein Hehl daraus, dass er sich für ein besonderes Talent
halte „zu zaudern, die Momente des Ausbruchs hinaus zu
schieben".[1]

Die Regierungsgrundsätze, mit denen er in sein neues
Amt eintrat, waren im allgemeinen der Lage des Staates
angemessen. Wie die meisten grossen Leiter der aus-

---

1. Vgl. Humboldts Berichte vom 26. Dez. 1810 und 17.
Februar 1811 bei Gebhardt S. 100 f. Graf Hardenberg an Münster 24.
Mai 1812 bei Oncken II, 88. Gentz, Tagebücher an zahlreichen
Stellen. Springer I, 128—138. Sehr geistreich das Urteil Grillparzers
(Werke XIV, 151 ff.), das er in die Worte: „ein ausgezeichneter
Diplomat, aber ein schlechter Politiker" zusammenfasst und S. 161
schliesst: „Wenn der hier ausgesprochene Tadel etwa den Schein
der Geringschätzigkeit angenommen hätte, so muss man sich dagegen
hiermit ausdrücklich verwahren. Fürst Metternich war von Haus
aus ein Mann von Ehre und Gefühl, entschlossen und mutig, der
Verstand aber in den diplomatischen Salons unter Weibern und
Höflingen ausgebildet, mehr poliert als gestählt, mit der Spitze
ritzend statt mit der Schneide trennend und, durch eine glückliche Auffassungsgabe verführt, das Resultat der Untersuchung
vor der Operation des Untersuchens antizipierend."

wärtigen Angelegenheiten griff er in die innere Verwaltung, von deren Details der Nichtoesterreicher ohnehin wenig verstand, nur zusammenhangslos und dilettantisch ein. Von Paris hatte er eine grosse Bewunderung der französischen Polizei- und Verwaltungsdespotie mitgebracht, mit deren intimer Kenntnis er gern prahlte.[1] Er glaubte seinem Kaiser „nicht genug Strenge bei Nichtbefolgung direkter Befehle" einschärfen zu können, blinder Gehorsam sei vor allem nötig.[2] Die Errichtung einer politischen Polizei nach napoleonischem Muster war eine seiner ersten Sorgen.[3] Die Zeitungen überwachte er streng. Wir haben wenig beredtere Vorträge von seiner Hand als den, wo er sich über eine ohne sein Wissen erfolgte Publikation aus den Kreisen des Generalquartiermeisterstabes ereifert, der wie ein status in statu handele.[4] Er erkannte nicht unrichtig, dass Oesterreichs moralische Stärke in seinem Ansehen als Vereinigungspunkt alles dessen beruhe, was von altehrwürdigen Prinzipien, Formen und Anschauungen noch übrig sei.[5] Mochte diese Auffassung für die innere Politik verhängnisvolle Keime in sich tragen, wie sie ihn z. B. schon jetzt, 1810, zum Gegner der von O'donnel beantragten Verstaatlichung des Kirchengutes machte,[6] nach aussen bewahrte sie ihn vor jenem gänzlichen Anschluss an Frankreich unter Preisgabe aller Traditionen, zu dem eben in

---

1. Vorträge 19. Nov. 1809. H.-A.

2. Vorträge 9. Nov. 1809. H.-A.

3. Vorträge 19. Nov. 1809. H.-A.

4. Vorträge 12. Mai 1812. Es handelte sich um einen Aufsatz Weldens im 5. Heft der Mil. Zeitschrift 1812 über die Militärverfassung Russlands.

5. Gentz, Tagebücher I, 223. Ähnliche Äusserungen in Metternichs Vortrag vom 17. Januar 1811. Aus Metternichs nachgelassenen Papieren II, 409.

6. Beer, S. 57, 59.

den ersten Wochen seiner Ministerschaft ein ungenannter hoher Staatsmann von umfassender Bildung und scharfem Verstand durch eine herrliche Denkschrift[1] den Kaiser fortzureissen suchte.

Immerhin verschloss auch er sich nicht dem von diesem zitierten Rat des Phokion, dass man entweder mit den Waffen siegen oder des Siegers Freund sein müsse. Er stellte sich rückhaltlos auf den Boden des letzten Friedens. Jeder antifranzösischen Zeitungsäusserung wurde sorgfältig vorgebeugt.[2] Er wandte alles auf, dem neuen französischen Botschafter Grafen Otto denselben ehrenvollen und freundlichen Empfang zu bereiten, den Fürst Schwarzenberg in Frankreich gefunden hatte. Die Werbung Napoleons um die Erzherzogin Marie Luise machte ihn glücklich. Er maass sich sehr mit Unrecht alles Verdienst daran bei und freute sich des Jubels der wetterwendischen Wiener Bevölkerung, die dem französischen Freiwerber — Herzog von Neufchatel und Wagram — die Pferde ausspannte und die grosse Nachricht an der Börse mit einer selbst der Regierung unheimlichen Hausse begrüsste.[3]

In dreifacher Beziehung sollte dies „grösste und wichtigste Ereignis unserer thatenreichen Zeit"[4] nach seiner Ansicht Oesterreich und Europa zum Heil gereichen, es

---

1. Das schon erwähnte: Oesterreich nach dem Frieden von Wien 1809. Über die Persönlichkeit des Verfassers sagen die Mitth. d. K. K. Kriegsarchivs 1882 leider nichts.

2. Handbillet an die Länderchefs 3. Nov. 1809, von M. veranlasst. Vorträge 23. Nov. 1809. H.-A.

3. Gentz, Tagebücher I, 228. Février 21. Metternich est ivre de joie, voyant à quel point la grande nouvelle réussit, il ne craint plus d'attribuer à son art et à son mérite la totalité de cet événement, peut-être même ce qui en est dû au hazard ou à des causes étrangères à notre cour. — Die Bankozettel standen fast auf 250. ibidem.

4. Oesterreich nach dem Frieden von Wien S. 169.

sollte die vorläufige Ruhe der Monarchie sichern, den Stand
der Ruhe soviel als möglich auf das übrige Europa ausdehnen, endlich die Mittel an die Hand geben, „die Wunden
der letzten an traurigen Ereignissen so reichen Jahre zu
heilen und nun gerüstet die erhabene Stufe, auf welcher
der oesterreichische Thron in Europa steht, im Frieden sowohl als auch bei künftigen Angriffen gegen jeden äusseren
Feind behaupten zu können."[1]

Um alles dies um so sicherer zu bewirken, hielt er seine
eigene Anwesenheit in Paris für notwendig. Er hoffte
wesentliche Milderungen des Wiener Friedens durchsetzen
zu können. Selbst an die Rückgabe eines Hafens am adriatischen Meer wagte er zu denken. Vor allem kam
es ihm darauf an, das Verhältnis der beiden Kaiserhöfe
auf Gleichheit und wechselseitige Vorteile zu gründen.
Oesterreich sollte die Grossmachtstellung, die es soeben verloren, wieder erringen. Man kann nicht sagen, dass der
Aufenthalt in Paris, obwohl er entgegen dem ursprünglichen
Plan — er sollte nur wenige Wochen dauern — bis in den
September hinein verlängert wurde, ganz den gewünschten
Erfolg gehabt hätte. Was erreicht wurde, wog alle die
Missstände, die sich aus einer halbjährlichen Abwesenheit
des Staatslenkers ergeben mussten, nicht auf. Die Feinde des
Ministers sparten den Tadel nicht,[2] ferner stehende Beob-

---

1. Vortrag 14. März 1810. H.-A., dem auch das Folgende entnommen ist.

2. Wohl das härteste Urteil fällt Erzherzog Johann: „Er (M.)
macht etwas unserm Kaiser weiss, geht nach Paris, hat eine
lange Unterredung mit Napoleon, wo er wahrscheinlich schön
geboten haben wird. Darauf im Moniteur der Artikel, den
Metternich gern gesehen, er bleibt dort, richtet nichts aus als für
seine Güter und einen Kommerztraktat, der gleich desavouiert
werden musste, weil er so schlecht war, reist Napoleon nach,
setzt sich aus, dass zweimal verboten wird, ihm Pferde zu geben,
damit er umkehre, kommt zurück mit nichts und spiegelt weiss

2*

achter wie der preussische Gesandte¹ konnten ihr Bedauern
nicht verhehlen. Was das Schlimmste war, Metternich kam
nicht zurück, wie er gegangen. Friedrich Gentz, der vor
der Abreise den gerechten und verständigen Ideen des
Grafen lebhaften Beifall gezollt hatte, glaubte nachher Grund
zu haben, sich über eine oft grelle Dissonanz ihrer politischen
Meinungen zu beklagen.²

Eines war dem Minister jedenfalls klar geworden. An
jene Ruhe Europas, von der er geträumt hatte, war fürs
erste nicht zu denken. Er hatte genug gesehen, um zu
wissen, dass „der monströse Zweck einer Alleinherrschaft
über den Kontinent" allem Thun Napoleons zu Grunde liege.
Damit war aber der Ausbruch eines Krieges zwischen
Frankreich und Russland als unvermeidlich gegeben, und so
beschäftigte er sich denn früh mit der Partei, die man in
dieser Krise zu ergreifen habe.

Das Verhältnis des Kaiserstaates zu seinem russi-
schen Nachbarn war seit längerem getrübt. Die
Balkanfrage begann damals zuerst in die politischen Be-
ziehungen beider Mächte störend hineinzuspielen. Je mehr
Oesterreich im Westen verlor, desto mehr musste es sein
Angesicht nach Osten wenden. Schon 1805 hatte in guten
Köpfen der Gedanke entstehen können, den Schwerpunkt
der Monarchie nach Ungarn zu verlegen.⁴ Jetzt vollends

Gott dem Kaiser vor, so der Glaube, dass wir Illyrien zurück
erhalten." Krones: Aus Oesterreichs stillen und bewegten Jahren,
S. 140. Hinsichtlich des Handelsvertrages erhalten diese Angaben
eine willkommene Bestätigung durch A. Beers Studie: Zur Sendung
Metternichs nach Paris. Mitth. d. Instituts für oesterr. Geschichts-
forschung XVI, 115—124.

1. Bericht vom 26. September 1810, bei Gebhardt a. a. O.
2. Gentz, Tagebücher I, 229, 214, 255.
3. Vortrag vom 17. Januar 1811. Nachgelassene Papiere
II, 409.
4. Springer I, 75.

mochten viele die Meinung teilen, die ganze Tendenz der
oesterreichischen Politik liege in ihrem Namen: „Oesterreich,
das ist das Reich gegen Osten." Hier dachten sie die
Entschädigung für die Opfer des letzten Krieges zu
finden. Über allem Land links der Donau bis zum
Schwarzen Meer sollte die schwarzgelbe Flagge wehen,
rechts der Donau aber die Balkanhalbinsel als ein
zweites Italien die Stätte für habsburgische Sekundo-
genituren abgeben.[1] Und während man sich in solchen
Phantasien erging, nahm der Russe seit 1806 eins nach
dem andern die Gebiete, auf die man selbst sein Auge
geworfen! Wenn Napoleon die Besetzung der Moldau und
Walachei durch den Zaren zu Erfurt in der ausgesprochenen
Absicht anerkannt hatte, damit einen Zankapfel zwischen
die beiden Kaiserhöfe des Ostens zu werfen,[2] so hatte er
wieder einmal sehr richtig gerechnet. Oesterreich konnte
sie umso weniger ruhig mit ansehen, als grosse handels-
politische Interessen auf dem Spiel standen. Setzten sich
die Russen hier dauernd fest, so war der Handel nach der
Levante gefährdet. Schon jetzt traten die russischen Befehlshaber mit brutaler Rücksichtslosigkeit gegen die
oesterreichischen Unterthanen in den occupierten türkischen
Provinzen auf. Nicht nur, dass man sie durch Einquar-
tierung und Fuhrleistung fast zu Grunde richtete: man
erklärte sie ihrer Privilegien und Immunitäten verlustig
und eröffnete ihnen kurzer Hand, dass sie binnen sechs
Monaten sich als russische Unterthanen zu erklären oder
auszuwandern hätten.[3] Dem gegenüber musste die Türkei,
von deren altersschwacher Verträglichkeit man Ähnliches

1. Oesterreich nach dem Frieden von Wien, S. 170.

2. F. Martens, Recueil des Traités et Conventions conclus
par la Russie III, 74.

3. Fürst Metternich an Kaiser Franz 28. März 1810. Handschreiben vom 31. März 1810. H.-A.

nicht zu erwarten hatte, in umso hellerem Licht erscheinen.
Metternich rühmte in ihr gleich zu Anfang seiner Minister-
laufbahn wie dann später fort und fort den „besten, erprobtesten
und ruhigsten Nachbarn."[1] Er enthielt sich nicht nur
jeder Unterstützung der aufgeregten Serben, sondern hätte
sogar, wenn das dem Kaiser nicht zu weit gegangen wäre, gern
zwei in griechischer Sprache zu Wien gedruckte Zeitungen
kassiert, weil sie der Pforte unbequem sein könnten und
man einem etwaigen Schritt von ihrer Seite vorbeugen müsse.[2]

Hinzu kam der begreifliche Groll über Russlands Verhalten im letzten Krieg, wo es zwar nicht grosse Thätigkeit entwickelt, dafür aber an der Beute teilgenommen hatte;
konnte nicht dasselbe Schicksal wie Ostgalizien auch
Siebenbürgen und der Bukowina zu teil werden?[3] Dass man
sich in Petersburg zu keinerlei Rücksicht verpflichtet fühlte,
zeigte ja zur Genüge die Besetzung Belgrads, von der man
wusste, dass Oesterreich sie als Schlag ins Gesicht empfinden
musste.[4]

So sehr aber auch diese Verhältnisse zu Zeiten selbst
einen direkten Krieg gegen Russland nahelegten,[5] ursprüng-

---

1. vgl. seinen Bericht über eine Unterredung mit dem russ.
Gesandten Graf Schuwaloff. Vorträge 10. März 1810. II.-A.

2. Vorträge 2. Febr., Allerhöchste Entscheidung 14. Mai 1812.

3. Oncken II, 83.

4. Sie geschah Anf. 1811. Noch am 10. März 1810 hatte
Schuwaloff erklärt, sein Kabinet habe auch nicht die entfernteste
Absicht auf die Oberherrschaft über Serbien. Humboldt beklagte
das Vorgehen der Russen tief (Bericht 2. März 1811).

5. Im März 1811 kam es angesichts bedrohlicher russischer
Truppenanhäufungen an der Grenze Galiziens und der Bukowina
dahin, dass Metternich sich die Autorisation erbat, dem russischen
Gesandten gelegentlich keinen Zweifel zu lassen, dass Oesterreich
jede Verletzung seines Gebietes als eine Kriegserklärung ansehen
werde. Vortrag vom 26. März 1811. Nachgelassene Papiere
II, 421.

lich war Metternich einer Allianz mit Frankreich doch wenig geneigt. Er sah in dem Bund mit einer Macht, deren ausschliessende Absicht die Zerstörung der bisherigen Ordnung der Dinge sei, Krieg gegen heilige, unwandelbare Grundsätze, also gegen Oesterreichs direktestes Interesse geführt, und verwahrte sich dagegen, dass k. k. Truppen in gleichen Reihen mit den französischen und konföderierten Haufen fechten sollten. Nur die gänzliche Unmöglichkeit anders zu handeln, könne dazu zwingen.[1] Indessen zehn Monate darauf glaubte er diese Unmöglichkeit thatsächlich eingetreten. Es waren mancherlei Gründe, die zunächst eine einfache Neutralität unthunlich, als den sicheren und unvermeidlichen Untergang der Monarchie[2] erscheinen liessen. In Italien und Illyrien war die Stimmung so, dass auf die erste Nachricht vom Ausbruch eines neuen Weltkrieges, von England genährt, der Aufstand gegen die Unterdrücker ausbrechen konnte. Mochte man sich dann in der Hofburg noch so loyal jeder Unterstützung enthalten, wer stand dafür, dass nicht Napoleon, den erwünschten Vorwand ergreifend, einem ungerüsteten Oesterreich den Gnadenstoss geben werde? Und wenn auch dieses Äusserste nicht geschah, so schien mindestens der Verlust Galiziens unvermeidlich, sobald Napoleon das Wort von der Wiederherstellung Polens aussprach, zu dem man ihn im Fall des Krieges mit Russland entschlossen wusste, und die polnischen Besitzungen Oesterreichs nicht ausdrücklich ausnahm.

Nun hätte sich das freilich schon durch eine ‚modifizierte‘ d. h. bewaffnete Neutralität abwenden lassen, indem sie ermöglichte, „im Moment jener hohen Spannung, die dem Krieg stets vorangeht," in Unterhandlungen wegen eines

---

1. Vortrag v. 17. Januar 1811. ebenda S. 409 ff.
2. Aus dem Vortrag vom 28. November 1811, dem auch das Folgende entnommen ist. Nachgelassene Papiere II, 426 ff.

Austausches Galiziens einzutreten, sonst aber war auch
ihr ein aktives Mitwirken vorzuziehen. Napoleon, der im
September 1810 nur jene beantragt hatte, schien és zu
wünschen,[1] und Fürst Schwarzenberg, ein Mann edel und
rein wie wenige,[2] aber im Banne des Imperators, der ihn
als Freund und Kameraden behandelte, bot in Wien selbst
seinen ganzen Einfluss auf, die Entscheidung in diesem
Sinne herbeizuführen. Erwägungen der äusseren und inneren
Politik unterstützten sein Drängen.

Aller Anschein sprach doch unleugbar für französische
Siege,[3] und winkten dann nicht dem Verbündeten Frankreichs die namhaftesten Vorteile? Mindestens auf Illyrien
und einen Teil von Oberoesterreich durfte man bestimmt
rechnen, aber auch auf Schlesien fielen begehrliche Blicke.
Die Traditionen von 1756 lebten wieder auf. Nicht als ob die
Eifersucht der deutschen Vormächte sich in alter Stärke in das
neue Jahrhundert hinübergerettet hätte. Zumal jetzt nach dem
Fall der Monarchie Friedrichs des Grossen fehlten alle
Vorbedingungen dafür. Aber man war in Wien geneigt,
den Nachbarstaat als auf dem Aussterbeetat befindlich anzunehmen, und da hielt man es nicht für Sünde, der am
Ende doch unvermeidlichen Vollendung des Werkes von
Tilsit an seinem Teil etwas vorzuarbeiten. Vielleicht
gelang es Insinuationen bei beiden Teilen, ein Bündnis
zwischen Preussen und Russland zu bewirken, das auch

---

1. Vortrag Metternichs vom 25. April 1811. Nachgelassene
Papiere II, 424 ff.

2. Diosem Eindruck wird sich niemand entziehen können,
der die „Denkwürdigkeiten aus dem Leben des Fürsten K. zu
Schwarzenberg" von A. Prokesch liest, die durchaus den Stempel
der Wahrheit tragen. Er wird durch alles, was man sonst aus
den Akten und zeitgenössischen Berichten z. B. Humboldts erfährt,
bestätigt.

3. Aus Metternichs nachgelassenen Papieren II, 437.

schon unter dem Gesichtspunkt des Gleichgewichts der
Kräfte erwünscht war;[1] und ging man selbst dann mit
Frankreich zusammen, so konnte einem bei der Verteilung
der Beute die „bequem gelegene und im Fall der Wieder-
herstellung Polens fast unumgänglich nötige Provinz" un-
möglich entgehen; eröffnete doch der Korse selbst für den
Fall, dass Friedrich Wilhelm sich ihm verbünde und seine
Pflichten treu erfülle, recht bestimmte Aussicht auf eine
Oesterreich günstige Lösung der schlesischen Frage.[2]

Neben solchem äusseren Machtzuwachs liess sich am
Ende auch eine Gesundung der inneren Verhältnisse erwarten, die sich nach Metternichs traurigem Geständnis
„nicht nur in einem verwickelten Zustand, sondern in der
bedenklichsten aller Lagen" befanden. Je grössere Verluste man im Kampf mit einer Macht erlitten, der eine
rücksichtslos moderne Gesetzgebung alle Kräfte entfesselt
hatte, umso schmerzlicher empfand man in Wien, dass eine
mittelalterliche Verfassung unmöglich machte, die trans-
leithanische Reichshälfte zu den Lasten der Landes-
verteidigung und -verwaltung entsprechend heranzuziehen.
Man berechnete in militärischen Kreisen, dass Ungarn im
Verhältnis zu den Erbländern von 1792 bis 1806 80 Millionen Gulden zu wenig zu einem Krieg beigetragen habe,

---

1. Wie sehr Metternich in diesen Gedanken lebte, zeigt sein
Ärger über die „endliche Hingebung Preussens an Frankreich":
Russland hat demnach auf die unverzeihlichste Weise seinen
grossen Prozess verloren, und ich kann die Überlieferung
Preussens an Frankreich nur als die imminenteste erste Stufe
des für Russland wahrscheinlichen Unglücks betrachten. Vorträge 8. Februar 1812. II.-A.

2. Gegen Schwarzenberg 17. Dez. 1811. vgl. über diese Dinge
Metternichs Vorträge vom 17. Januar 1811, 28. November 1811,
15. Januar 1812. Sämtlich in den Nachgelassenen Papieren
II, 409 ff.

dessen Zweck doch die Abwendung der Revolution gewesen sei, die keiner Landesverfassung so gefährlich wäre wie gerade der seinigen; eine Summe, die sich bis 1809 noch verdoppeln würde.[1] Man spottete, dass im letzten Krieg für die Insurrektion das Holz zu Sätteln erst ausgeschrieben sei, als der Feind schon auf den Glacis von Wien gestanden hätte.[2] Bei jeder Gelegenheit sprach man von der „Eroberung" Ungarns als etwas unbedingt Notwendigem, wenn man auch einen bestimmten Plan noch nicht hatte.[3] Unter diesen Stimmungen wurde der Reichstag auf den 25. August 1811 nach Pressburg berufen.[4] Er sollte durch eine Garantie für 100 Millionen Einlösungsscheine und proportionalen Beitrag zu ihrer Tilgung und Amortisation die Durchführung des Finanzpatentes erleichtern und zudem über die gewöhnliche Subsidie von 5 200 000 hinaus jährlich 12 Millionen zur Deckung des Defizits bewilligen. Statt dessen bestritt er erst die Rechtsgiltigkeit des ganzen Patentes, dann die Opportunität seiner einzelnen Bestimmungen und erklärte sich nach langem Hin und Her lediglich zu einer auf etwa sieben Millionen Gulden veranschlagten Naturalleistung bereit, als ob, wie die Regierung treffend bemerkte, die Einlösungsscheine mit Korn und Hafer getilgt werden könnten. Hüben und drüben fiel in den hitzigen Verhandlungen manches bittere Wort; ihre Erfolglosigkeit rückte den Gedanken an den Staatsstreich, mit dem man bisher gespielt hatte, in greifbare Nähe. Für

1. Radetzky, Denkschriften S. 15 und 16.

2. Diese Geschichte wärmte Hormayr (an Hager) noch 1813 auf. Vgl. Wertheimer, Wien und das Kriegsjahr 1813.

3. Gentz, Tagebücher I, 247. On sent que la conquête de la Hongrie est la première condition de toute réforme essentielle; on le dit dans toutes les occasions, mais personne n'a un plan.

4. Für das Folgende: Springer I, 178—98: Der ungarische Reichstag 1811.

einen solchen aber bot nichts bessere Gelegenheit als ein
Krieg an Frankreichs Seite. Wie, wenn man das Hilfs-
korps überwiegend aus ungarischen Regimentern bildete
und die zum Garnisondienst nicht erforderlichen deutschen
jenseit der Leitha „bis zum Tag ihrer Bestimmung im
Innern" als ein Reserve- und Beobachtungskorps gegen
Serbien aufstellte? Metternich wusste seinem Kaiser nichts
Besseres anzuraten.[1]

So wurde denn im Rat der Krone das Bündnis mit
Frankreich beschlossen (Anfang Dezember),[2] aber nicht in dem
von Schwarzenberg gewünschten Umfang. Um 100000 Mann
zu stellen, wie er beantragte, fühlte man sich militärisch
und finanziell zu schwach. Und warum überhaupt durch
eine derart entschiedene Stellungnahme alle Brücken hinter
sich abbrechen, da doch ein Sieg Russlands, wie unwahrscheinlich immer, nicht ausser den Grenzen der Möglichkeit
lag? Am Ende genügten auch 30—40000 Mann, um den
versprochenen Lohn aktiven Mitwirkens zu gewinnen, zumal man ihnen allenfalls durch Verleihung des Oberbefehls
an den von Napoleon so hoch geschätzten Erzherzog Karl
einen besonderen Reiz geben konnte,[3] und dann blieb man
in den bescheidenen Grenzen einer blossen Auxiliarmacht
und durfte als solche den Anspruch erheben, von beiden
streitenden Teilen als neutral anerkannt zu werden. Also
Vorteile im Fall französischer Siege, keine Nachteile im
Fall französischer Niederlagen und dabei die Möglichkeit,
bei den durch den Krieg erforderten Rüstungen die Armee
unbeargwöhnt von aussen und weniger behindert im Innern

---

1. Vortrag vom 15. Januar 1812. Nachgelassene Papiere
II, 441. Vgl. auch die Beobachtungen des Grafen Hardenberg
bei Oncken II, 82 und 67.

2. Oncken II, 73.

3. Vgl. Schwarzenbergs Bericht vom 17. Dez. 1811 nach
Metternichs Auszug. Nachgelassene Papiere II, 442.

für künftige Entscheidungen auf einen würdigeren Fuss zu bringen.[1] In der That, Metternich hatte Grund, auf dies „System mittlerer Nilancen", für das Gentz[2] den Ausdruck „aktive Neutralität" fand, stolz zu sein. Es kam nur darauf an, es glücklich in die Praxis zu überführen, und auch das gelang überraschend gut.

Napoleon beobachtete freilich gegenüber dem Übereifer des oesterreichischen Botschafters zunächst eine kluge Zurückhaltung,[3] schliesslich aber wurde die Allianz doch wesentlich nach den Wiener Vorschlägen perfekt gemacht (14. März 1812).[4] Sie gab sich in ihren neun öffentlichen Artikeln als ein Freundschafts- und Garantievertrag, der durch die Verbürgung der Integrität der ottomanischen Pforte (Art. 6)[5] den oesterreichischen, durch die ausdrückliche Anerkennung der freien Schifffahrt der Neutralen und

1. Ich erwähne das mit Absicht nur mehr nebenbei; denn einmal findet sich dieser Gesichtspunkt nicht in den vornehmlich massgebenden Vorträgen Metternichs, sondern nur in seinen Äusserungen gegen Graf Hardenberg (Oncken II, 82 und 87), und dann blieb es jedenfalls bei Velleitäten. Wenn der Minister dem gläubigen Hannoveraner versicherte, Oesterreich werde binnen Kurzem 120000 Mann in der Nähe des Kriegsschauplatzes versammelt haben, so werden wir sehen, dass diese Zahl noch im April 1813 nicht erreicht war.

2. Dépêches inédites aux hospodars de Valachie I, 8 (2 février 1813).

3. Vorträge Metternichs 26. Januar 1812. II.-A.

4. Abgedruckt bei Martens „Nouveau recueil" I, 427—431.

5. Damit nahm Napoleon seine Anerkennung der russischen Besetzung von Moldau und Walachei zurück. Sonst war es damit so ernst nicht. Man erwog in Paris und Wien, wenn erst der Russe geschlagen und ein Königreich Polen hergestellt sei, über die Türken herzufallen und Oesterreich die Donauprovinzen zu erobern. Vgl. Metternichs nachgelassene Papiere II, 443. Aus dem Tagebuch Erzherzog Johanns. April 1812. S. 60 f.

die neuerliche Verpflichtung auf die Kontinentalsperre
(Art. 7) den französischen Interessen entgegenkam. Nur
falls die Staaten eines der Kontrahenten von einer Invasion
bedroht würden, sollte der andere 24000 Mann zu Fuss
und 6000 zu Pferd mit 60 Geschützen zu Hilfe senden
(Art. 3—5). Der wirkliche Zweck des Bündnisses wurde erst
in den geheimen Artikeln offenbar, die nicht nur an Zahl
— elf gegen neun — die anderen übertrafen. Hier wurden
die allgemeinen Sätze des ersten Teils recht willkürlich
auf den speziellen Fall des französisch-russischen Krieges
angewandt. Das Hilfskorps sollte gestellt werden, obwohl
doch Frankreich eine russische „Invasion" nicht zu fürchten
hatte. Es sollte aus einer Kavallerie- und drei Infanteriedivisionen bestehen und nach den unmittelbaren Befehlen
des Kaisers der Franzosen handeln. Dagegen durfte es
nicht getrennt, seines Charakters als *corps distinct et
séparé* entkleidet werden. (Art. 4.)

Was die französischen Gegenleistungen dafür anbetraf,
so entsprachen sie nicht ganz den Wünschen Metternichs,
insofern er sich mit Hoffnungen getragen hatte, etwa gleich
zu Anfang des Feldzugs die Rückgabe mindestens eines
Teiles der illyrischen Provinzen als Acquisitionsobjekt zu
erhalten¹ und diese im Vertrag nur als Kompensation für
einen späteren freiwilligen Austausch Galiziens figurierten.
Dafür aber liess die ausdrückliche Garantie des polnischen
Besitzes an Bündigkeit nichts zu fordern übrig, und unter
dem allgemeinen Versprechen von Entschädigungen und
Gebietsvergrösserungen weit über das hinaus, was Oester-

---

1. Nachgelassene Papiere II, 439. Erzherzog Johann weiss
Anfang Februar 1812 in seinem Tagebuch (S. 57) zu erzählen,
man habe nach Paris geschrieben, den Antrag gemacht, Illyrien
und Tirol (wohl ein Missverständnis) zu besetzen, solange der
Krieg dauere, dadurch dort Ruhe zu erhalten und dann zurückzugeben. Er glaubte sich zu diesem Geschäft ausersehen.

reich nach den Lasten und Opfern seiner Mitwirkung beanspruchen könne, die vielmehr ein Denkmal der innigen
und dauerhaften Verbindung beider Mächte sein würden.[1]
mochten sich die Optimisten am Wiener Hof sehr viel und
sehr Bestimmtes vorstellen.

Jedenfalls freute sich Metternich des gelungenen Werkes.
Das war doch wieder einmal ein Vertrag, ganz auf dem
Fuss der Gleichheit und Gegenseitigkeit abgeschlossen, der
selbst den Vergleich mit der Allianz von 1756 nicht zu
scheuen hatte.[2] Arbeitete man geschickt in dieser Richtung
fort, so mussten die Beziehungen zu Frankreich noch die
denkbar besten werden.

Da war es denn ein arger Strich durch die Rechnung,
dass der Sieger von Aspern trotz der beredten Bitten des
Ministers und der Grobheiten des empörten kaiserlichen
Bruders standhaft bei der Weigerung blieb, das Kommando
des Hilfskorps zu übernehmen.[3] Aber vielleicht liess ein
umso eifrigeres Entgegenkommen des Hofes Napoleon
diesen Echec verwinden. Der Kaiser nahm die französische
Einladung nach Dresden, die ihm ziemlich zugleich mit dem

---

1. Art. 7 verheisst des indemnités et des aggrandissements de
territoire qui non seulement compensent les sacrifices et charges
de la coopération du Sudito Majestó dans la guerre, mais qui
soient un monument de l'union intime et durable qui existe entre
les deux Souverains.

2. vgl. Metternichs Äusserungen gegen Graf Hardenberg.
Oncken II, 82.

3. Aus dem Tagebuch Erzherzog Johanns S. 60. Nach S. 61
äusserte sich Franz einige Tage nach dem Auftritt mit Karl noch
sehr bitter über sein Verhalten: Der General oder Beamte könne
sich wohl pensionieren lassen oder quittieren, wenn er nicht
gehen wolle, allein seine Brüder seien verpflichtet, alles für den
Staat zu thun; es sei das dritte Mal, dass er (Karl) ihm dies
thue, das werde er nie verzeihen und er ihn nicht mehr brauchen,
wenn er es selbst suchte.

Vertrag zukam (24. März),[1] bereitwilligst an; auch für die
widerstrebende Gattin sagte er ohne ihr Wissen zu.[2] In
der zweiten Hälfte des Mai fand die verabredete Zusammenkunft thatsächlich statt.[3] Man verstand sich sehr gut. Der
Korse war die Liebenswürdigkeit und Rücksicht selbst. Er
versicherte neuerdings, dass er den Polen die Erlaubnis
zur Wiederherstellung ihres Königreiches nur so weit geben
werde, als das oesterreichische Galizien nicht in Frage
komme,[4] erklärte sich mit der Beschränkung der oesterreichischen Mitwirkung ganz einverstanden[5] und willigte
zum sichtbaren Zeichen, dass sein Misstrauen geschwunden
sei, in die Annullierung des lästigen dritten geheimen
Artikels des Wiener Friedens, wonach Altfranzosen, Piemon-
tesen und Venezianer aus k. k. Diensten und Staaten zu
entfernen waren.[6] Nach seiner Abreise zur Armee (28. Mai)
begab sich die französische Kaiserin gar auf mehrere Wochen
zum Besuch ihres Vaters nach Prag. Kurz, es war klar
für alle Welt: zwischen den Höfen von Paris und Wien
herrschte volles Einverständnis.

Einverständnis herrschte aber auch, wenn gleich tief
im geheimen, zwischen dem oesterreichischen Staatslenker
und den Gegnern Frankreichs. Metternich versäumte nicht
das System der aktiven Neutralität auch nach dieser Seite
auszubauen. Er hatte Sorge getragen, sich im Vertrag von
jeder Hilfeleistung gegen England und jenseits der Pyrenäen ausdrücklich entbinden zu lassen; jetzt hob er diese
Rücksicht in einem kaiserlichen Handschreiben an den

---

1. Vorträge Metternichs 24. März 1812. H.-A.
2. Aus dem Tagebuch Erzherzog Johanns S. 59.
3. Napoleon traf am 17., Kaiser Franz am 18. in Dresden
ein. vgl. Helfert, Marie Luise S. 210.
4. Vorträge Metternichs 7. Juni 1812. H.-A.
5. Vorträge Metternichs 22. Juni 1812. H.-A.
6. Vorträge Metternichs 4. Juni 1812. H.-A.

Prinzregenten gebührend hervor und sprach die Erwartung
aus, dass man in London daraufhin dem Oesterreich kom-
promittierenden Insurrektionsplan für Oberitalien und die
illyrischen Provinzen keine Folge geben werde (19. April).[1]
Schwieriger schien die Regelung der Beziehungen zu
Russland, indessen kam man ihm von Petersburg her auf
halbem Wege entgegen. Hier hätte man überhaupt seit
längerem ein besseres Verhältnis zu dem Verbündeten der
Koalitionskriege gern gesehen, aber wenn auf alle An-
näherungsversuche bei Kaiser Franz und seinem Minister
die ständige Antwort gewesen war: erst Friede mit den
Türken![2], so hatte man sich zu diesem Opfer freilich nicht
entschliessen können. Das Höchste war gewesen, dass man,
auch kaum im Ernst und jedenfalls nur gegen Galizien, eine
Teilung der Beute angeboten hatte.[3] Die unklare, ab-
springende Politik Alexanders und das Misstrauen des un-
fähigen Romanzoff hatten das Ihrige gethan, alle Verhandlungen über ein Bündnis von vornherein zu verfahren.

Jetzt (Anfang 1812) wandte sich der Zar, trotz der
ewigen Friedensversicherungen von Wien her denn doch
unruhig geworden, direkt an Kaiser Franz, um ihn unter
„freundschaftlicher" Erinnerung an alle Übel, die Frankreich
seinem Land zugefügt habe, zu Erklärungen über seine Absichten in der nächsten Zukunft zu veranlassen.[4] Metternich[5] fand das Verlangen billig und bediente sich seiner
Gewohnheit gemäss des russischen Gesandten zu einer
Antwort auf die kaiserliche Frage. Er teilte dem Grafen

1. Vorträge Metternichs 19. April 1812. H.-A.
2. Martens III., 75 u. 77.
3. ebenda S. 78 f. Die Frage, ob der dort angeführte Brief des
Zaren vom 8. Februar 1811 abgeschickt worden sei oder nicht,
die M. selbst aufwirft, ist nach Metternichs Vortrag vom 26. März
1811 (Nachgelassene Papiere II, 422) zu bejahen.
4. Martens III, 86.
5. Vorträge 23. Februar 1812. H.-A.

Stackelberg, der darob aus allen Himmeln fiel, den Allianzvertrag vom 14. März mit und fügte hinzu, dass trotzdem
die Kabinete von Petersburg und Wien sich im geheimen
über ihre politischen Ansichten verständigen könnten. Das
Hilfskorps werde nur in der Gegend der Bukowina operieren
und auf keinen Fall vermehrt werden.[1]

Damit nicht genug, empfing Kaiser Franz persönlich
den Gesandten (6. Mai). Er sprach sein Bedauern aus
über die gegenwärtige Lage der Dinge. Nachdem er alles
gethan, sie zu vermeiden, sei er schliesslich der *dira necessitas*
gewichen. Er werde sich auf Erfüllung seiner vertrags-
mässigen Verpflichtungen beschränken, ohne sich jemals
als *partie principale* zu betrachten, wofern ihn Russland
nicht dazu zwänge. Der Zar sollte in der Stunde des
Friedens an ihm einen thätigen Freund im französischen
Lager finden, ohne während des Krieges einen wirklichen
Feind sich gegenüber zu haben.[2] Zugleich desavouierte
er den unbesonnenen Grafen Neipperg, der als Gesandter
in Stockholm einem für ihn unverbindlichen, nicht einmal
ernst gemeinten Befehl Schwarzenbergs[3] gefolgt war und
den schwedischen Hof zum Krieg gegen Russland aufgefordert hatte.

Wie dankbar man an der Newa für diese Versicherungen
sein mochte, sie genügten doch nicht, alle Zweifel zu zer-
streuen. Was war die Bestimmung der Truppen, die sich
in Galizien und Siebenbürgen unter dem Namen eines Reservekorps in nicht unbeträchtlicher Stärke, 30-40000 Mann,
sammelten? So gab der Zar dem nach Wien zurück-

---

1. Martens III, 87.
2. que la Russie retrouverait le jour d'un accomodement
un ami actif dans le camp français sans avoir rencontré un ennemi
direct pendant la guerre. Diese Äusserungen wenigstens empfahl
der Minister für die Audienz „morgen früh". Vorträge 5. Mai
1812. H.-A.
3. vgl. Fain, Manuscrit de 1812. I, 31.

kehrenden Ritter v. Lebzeltern zwei neue Fragen mit auf
den Weg. Er wollte wissen, was geschehen werde, wenn
das Auxiliarkorps in die oesterreichischen Grenzen zurückgedrängt würde, und wünschte die Garantie zu haben,
dass der Kaiser seine Mitwirkung nicht über ein Korps von
30000 Mann ausdehnen werde. Metternich umging die erste
Frage, indem er die ihr zu Grunde liegende Voraussetzung
dahin erweiterte, dass die französische Hauptarmee sich
nach Oesterreich flüchte, und für diesen Fall natürlich Russland das Recht einräumte, von der Neutralität des Kaiserstaates abzusehen, der dann freilich seinerseits mit ganzer
Kraft in Aktion treten würde; auf die andere dagegen bat
er seinen Herrn rund und nett zu antworten, dass das
zweite galizische und neunte siebenbürgische Korps nur
zur Verteidigung seiner Provinzen aufgestellt wären. Darüber habe man auch in Dresden gegen Napoleon keinen
Zweifel gelassen. Übrigens liege die Beschränkung auf die
30000 Mann des Hilfskorps schon in den Worten des Allianz-
traktates. Wolle der Zar das durch eine entsprechende
Gegenerklärung[1] und die Zusicherung unverbrüchlichsten
Geheimnisses erwidern, so werde er, Franz, sein Wort geben,
dass seine Truppen gegen Russland nicht vermehrt würden.[2]

Das waren keine leeren Redensarten. Am 20. Juni ergingen Handschreiben an die Kommandierenden in Galizien
und Siebenbürgen, die Metternich getrost an Stackelberg
mitteilen konnte,[3] und Fürst Schwarzenberg, nunmehr
zum Befehlshaber des Auxiliarkorps ernannt, erhielt die
ausdrückliche Weisung, die bisherigen politischen Verhältnisse zu Russland, insoweit dies mit der Waffenehre ver-

---

1. nämlich, dass er sich eines Einfalls in oesterreichisches
Gebiet enthalten werde. Für Abgabe dieser Erklärung wurde
eine Frist von sechs Wochen gesetzt. Vgl. Oncken II, 94.
2. Vorträge Metternichs 22. Juni 1812. H.-A.
3. Vorträge Metternichs 20. u. 22. Juni 1812. H.-A.

einbar sei, zu berücksichtigen.[1] Die diplomatischen Beziehungen wurden nur äusserlich abgebrochen. Ein Mitglied
der russischen Gesandtschaft, Herr v. Ott, durfte in Wien
bleiben; Stackelberg selbst fand in der schönen Hauptstadt
der grünen Steiermark ein angenehmes Asyl und empfing
dort von Zeit zu Zeit die Besuche Lebzelterns und Briefe
Metternichs, der seine ganze Liebenswürdigkeit aufbot, damit der Graf sich nach wie vor *comme chez nous* fühle.

Währenddem drang die französische Armee, von den
tapfern, aber ungeschickt geführten Gegnern nur wenig aufgehalten, mit märchenhafter Schnelligkeit in das Innere des
heiligen Russlands vor. Die Tage Alexanders des Grossen
schienen wiederzukehren. Wer wollte sagen, ob nicht auch der
neue Weltbezwinger seinen Siegeslauf erst am Ganges hemmen
werde? Schon auf dem Marsch durch Preussen hatte man
von dem Zug nach Indien sprechen hören.[2] In dem „letzten
Kampf der alten Ordnung der Dinge gegen die Umwälzungs-
pläne Napoleons"[3] konnte der völlige Sieg der letzteren
nicht länger mehr zweifelhaft sein.

Das wenigstens war die Meinung in Wien. Hier gab
man nichts auf die Propheten in der Wüste, die ohne gegen
die unverzeihlichen Fehler der russischen Heerführung irgend
blind zu sein, doch, falls nur Alexander fest bliebe, auf die
unglaubliche Ausdauer der Truppen, den Opfermut des
Volkes, die grosse Ausdehnung des Reiches, das Klima etc.
allerlei Hoffnungen auf ein Russland günstiges Endresultat

---

1. Radetzky, Biographie S. 114. Von dieser Instruktion bis
zum „Scheinkrieg," von dem Oncken (II, 94) redet, ist aber doch
noch ein weiter Schritt; dass der nicht gethan wurde, weist überzeugend nach v. Angeli: Die Teilnahme des k. k. oesterreichischen
Auxiliarkorps im Feldzug Napoleons I. gegen Russland. Mitth.
d. k. k. Kriegsarchivs 1884. S. 1 ff.

2. vgl. A. Pfister: Aus dem Lager des Rheinbundes 1812.
Preuss. Jahrbücher 82, 440.

3. So nennt ihn Metternich (Nachgelassene Papiere II, 426).

gründeten.[1] Metternich schrieb schon am 31. August an Stackelberg, er könne nicht schildern, was in ihm vorginge, Europa auf eine Karte setzen und sie so ausspielen, das überstiege alles, worauf er gefasst gewesen sei;[2] und als dann vollends am 30. September der französische Legationssekretär La Blanche den auf einem Diner beim Grafen Ferdinand Palffy in Herrnals versammelten oesterreichischen Staatsmännern die seit einigen Tagen erwartete Nachricht von Moskaus Fall zugetragen hatte,[3] galt ihm der Untergang der europäischen Existenz Russlands als besiegelt. Auch der Brand der alten Zarenstadt, den man in Berlin weit besser zu würdigen verstand,[4] änderte nichts an dieser Überzeugung. Noch am 5. Oktober, als er schon davon wusste, vermass er sich selbst die Möglichkeit russischer Erfolge zu leugnen.

Aber während er mit überlegener Sicherheit erklärte: ich tilge aus meiner Berechnung die thätige Unterstützung einer Sache, die keine ist,[5] bereiteten sich schon die Ereignisse vor, die ihn vor die folgenschwerste Entscheidung seines Lebens stellen sollten.

---

1. vgl. die Beilage zum Bericht Zichys aus Berlin vom 3. Sept. 1812 und den Brief Hardenbergs an Metternich 4. Sept. 1812 bei Oncken I, 371 ff. u. 375 ff.

2. je ne saurais Vous dépeindre, mon cher Comte, ce qui se passe en moi. Mettre l'Europe sur une carte et la jouer ainsi surpasse sans doute tout ce à quoi nous pouvions nous attendre. H.-A.

3. Gentz, Tagebücher I, 262. Metternich erwartete die Nachricht schon 26. September. Vorträge. H.-A.

4. Oncken I, 21.

5. wie alle erwähnten Urteile über Russland: Metternich an Hardenberg 5. Okt. 1812. Oncken I, 378 ff.

Zweites Kapitel.

Am Scheideweg.

Seit Ende Oktober liessen die Berichte aus Wilna und Moskau, einer immer deutlicher als der andere, erkennen, dass die Lage der grossen Armee in den Ruinen der feindlichen Hauptstadt, fern von ihren Kommunikationen, gegenüber einem national und religiös erregten Volk, endlich im Angesicht des Winters nichts weniger als glänzend sei. Im französischen Lager selbst sollten die Moskauer Ereignisse und der Marsch der Russen auf Kaluga lebhafte Bestürzung hervorgerufen haben.[1] Anfang November erfuhr man dann den Rückzug.[2] Jetzt gab sogar Metternich gegen Humboldt[3] die kritische Lage Napoleons zu; und was die nächsten sechs Wochen an Nachrichten brachten, entschleierte vollends die ganze Furchtbarkeit der Katastrophe. Die Vernichtung der französischen Reiterei, die Auflösung der fast auf ein Nichts zusammengeschmolzenen Armee nach den Kämpfen an der Beresina, die Flucht Napoleons (12. Dezember)[4] wurden nach einander in Wien bekannt.

Der Eindruck war auch hier ein gewaltiger. Das Volk war von seinem Enthusiasmus für die französische Heirat sehr bald zurückgekommen. Der „Schwiegersohn" hatte die

---

1. Floret an Metternich 9. Oktober 1812. Oncken I, 21.
2. Oncken II, 97.
3. Vgl. dessen Bericht vom 18. Nov. 1812 bei Gebhardt S. 118.
4. Oncken II, 100.

erwarteten Erleichterungen nicht gewährt. Teurung und
Steuerdruck waren nur noch gewachsen. Man glaubte in
verschiedenen unliebsamen Verwaltungsmassregeln, z. B.
der Schöpfung eines Requisitionsfonds im Frühjahr 1812,
französische Einflüsse zu bemerken, und die allezeit ge-
schäftige Phantasie des Wieners, die noch heute so wunderbare Blüten treibt, knüpfte daran die Legende von geheimen
Verträgen, durch die sich der Kaiser verpflichtet habe,
nach und nach die ganze französische Konstitution und
Staatsverwaltung in Oesterreich einzuführen.[1] Grund genug,
um den „Sakervolti" und „Antichrist" in allen Tonarten zu
verwünschen.[2] Das Bündnis vom März war, wie Metternich
selbst zugestand,[3] sehr unpopulär. Vielfach glaubte man
den Minister von Paris her bestochen. So war es nur
natürlich, dass die Erfolge der Russen mit Jubel begrüsst
wurden. In den meisten Familien trank man weidlich auf
das Wohl der Sieger, und die Wirte segneten den Namen
Kutusoffs, der ihnen in den letzten Wochen eine ungewöhnlich reiche Einnahme verschafft hatte.[4]

In den Kreisen der Aristokratie war die Stimmung
ähnlich. Hier hatte eine grosse Partei die ehebrecherische
Verbindung mit dem korsischen Parvenü von vornherein
laut und rücksichtslos getadelt, und die folgenden Ereignisse
hatten ihre Reihen nur verstärkt. Hochstehende Damen von
Schönheit und Geist warben ihr Anhänger, allen voran die
drei Prinzessinnen von Kurland und die Fürstin Bagration,
eine Frau ebenso lieblich und sanft von Angesicht[5] wie in-

---

1. Bericht Hagers vom 3. Juni 1812 bei Wertheimer: Wien
und das Kriegsjahr 1813. S. 380.
2. ebenda S. 365.
3. An Stackelberg 3. Juli 1812. H.-A.
4. Bericht Hagers vom 21. Nov. 1812 bei Wertheimer S. 360.
5. So stellt sie das reizende Aquarell von Isabey, eben aus 1812,
dar, das Sommer 1896 auf der Wiener Kongress-Ausstellung war.

trigant und sittenlos, die, wie man spöttelte, aus Interesse
an der Politik drei Ministern nach einander angehört hatte,
und in deren Salons jedenfalls Metternich ein gern und oft
gesehener Gast war.[1] Diese Russen und Russophilen ersehnten den Augenblick, wo das unnatürliche Bündnis mit dem
Usurpator gelöst würde. Sie liessen es sich angelegen sein,
die eigene Regierung gegen Frankreich zu kompromittieren,
indem sie die geheimen Beziehungen zu Petersburg ans Licht
zerrten. So trug Graf Ferdinand Palffy Anfang November
einen Brief, den ihm die als Maitresse des Zaren bekannte
Fürstin Narischkin geschrieben hatte, acht Tage lang zum
Ärger Metternichs in der ganzen Stadt herum.[2] „Alle
Welt ausgenommen einige, die gross an Namen, aber
klein an Geist und Charakter", wünschte Anschluss an die
Russen und Krieg mit Napoleon.[3] Ein Appell an das Volk
würde gerade um die Jahreswende jubelnd begrüsst
worden sein.

Aber an entscheidender Stelle wehte der Wind
aus einer ganz andern Richtung. Kaiser Franz war dem
neuen Verbündeten und Verwandten anfangs gewiss nur sehr
kühl und zögernd entgegengekommen. Wenn Marie Luise
den zärtlichen Gatten in den hellsten Farben schilderte, so
schüttelte er dazu noch im Herbst 1811 nur den Kopf:
Sie mag sagen, was sie will, ich kann den Kerl doch
nicht leiden,[4] und auch jetzt gönnte er ihm die jüngste
Lektion von Herzen. Man kolportierte kaum mit Unrecht
in der Hauptstadt die Äusserung: Nun mag mein Schwiegersohn auch erfahren, dass in der Welt nicht alles so geht,

---

1. Gentz, Tagebücher I, multis locis. Vandal: Napoléon et
Alexandre I. v. III, 18.

2. Metternich an Stackelberg 13. Nov. 1812. H.-A.

3. Rückschauendes Urteil eines Zeitgenossen über die
Stimmung des letzten Winters 17. Juli 1813. Wertheimer S. 369.

4. Graf Hardenberg an Münster 16. Sept. 1811. Oncken II, 66.

wie man es sich in den Kopf setzt.[1] Indessen hatte der Imperator im letzten Mai doch nicht umsonst den ganzen Zauber seiner hinreissenden Persönlichkeit aufgeboten. Als der Erzherzog Johann Anfang Juni den Bruder sprach, fand er ihn ganz von Napoleon eingenommen. Einmal über das andere murmelte er zwischen den Zähnen: er ist doch ein ganzer Kerl. Und überhaupt hatte das Ereignis von 1810 nicht ohne Einwirkung auf sein Verhältnis zu Paris bleiben können. So kalt war sein Herz nicht, dass es nicht gebangt hätte, das Glück der geliebten Tochter zu zerstören,[2] und schon seinem Stolz musste der Gedanke widerwärtig sein, den Enkel dereinst vielleicht des Thrones beraubt zu sehen. Auch ohne das hätte ihn seine natürliche, durch soviele böse Erfahrungen noch vermehrte Furchtsamkeit zum Gegner eines raschen Bruches mit Frankreich gemacht; mahnte doch selbst die Kaiserin, von der sich Napoleon begreiflicherweise eines so ganz andern versah, davon ab.

Eine durch unaufhörliches Kranken nervös überreizte, aber geistvolle und hochsinnige Fürstin von grosser An-

---

1. Bericht Hagers vom 21. Nov. 1812. Wertheimer S. 360.

2. Umgekehrt Häusser, Deutsche Geschichte IV, 191: „Die junge Verwandtschaft mit dem Imperator und das Verhältnis zur Tochter übte dabei kaum wesentlichen Einfluss; die den Kaiser näher kannten, waren nie darüber im Zweifel, dass seine kalte Seele weichen und liebevollen Empfindungen unzugänglich sei." Dagegen spricht vor allem das Zeugnis Stadions, der Franz doch auch „näher kannte." Er schliesst schon im Winter ein (undatiertes) Memoire mit den Worten: „ je n'ai pas voulu y parler des relations personnelles de S. M. et des sentiments paternels qu'Elle ne cessera certainement jamais de vouer à son auguste fille et à son petit fils" und noch am 2. Juni 1813 erblickt er einen Hauptgrund des oesterreichischen Zögerns „dans le cœur de l'Empereur." Auch aus Helferts „Marie Luise" gewinnt man den Eindruck, dass das Verhältnis zwischen Vater und Tochter ein sehr herzliches war.

mut und Liebenswürdigkeit, war Maria Ludovica d'Este[1]
1809 bis zum letzten Augenblick gegen den Frieden gewesen und hatte sich dadurch den Zorn desselben Gentz
zugezogen, der ein halbes Jahr später sie allein für fähig
erklärte, in den heillosen Zuständen des Vaterlandes Wandel
zu schaffen. Auch die Heirat der Stieftochter hatte sie nicht
gern gesehen. Jetzt, obwohl in ihrem Hass gegen den
Thronräuber unerschüttert und von seinem endlichen Sturz
innig überzeugt, riet sie wiederholt, sich independent zu
stellen und zuzusehen, wie die Massen sich gegenseitig
aufrieben.[2]

Die Ansichten des leitenden Ministers stimmten im allgemeinen mit den am Hof wirksamen Tendenzen überein.
Ihm erregte die grosse Wendung des russischen Feldzugs
die wechselndsten Gefühle. Bald erklärte er, sowenig er
sonst klar sehe, doch dessen gewiss zu sein, dass bei
richtigem Vorgehen in keinem Fall Schlechtes daraus erwachsen könne,[3] und dann wieder stimmte er gegen Stackelberg in den Stossseufzer Schwarzenbergs ein: *que la chute
d'un grand homme est lourde!* „Dieses Wort ist so tief,
dass alle Entwürfe der armen Mittelmächte sich darauf
richten müssen, nicht zermalmt zu werden . . . Teilen Sie
mit mir die Überzeugung, dass es Umstände geben kann,
wo es für einen Menschen ein grosses Unglück ist, an einem
Platz wie dem meinigen zu stehen."[4] Aber wie er selbst

1. Vgl. Wertheimer: Die drei ersten Frauen des Kaisers
Franz. S. 77—133. Guglia: Kaiserin Maria Ludovica.
2. Wertheimer S. 113.
3. An Stackelberg 18. Dezember 1812. H.-A.: J'y vois un peu
plus clair maintenant, sans toutefois me rendre compte encore de
ce qui arrivera de tout cela; dans aucun cas du mauvais, si on
s'y prend bien, et c'est à cela que je voue tous mes soins.
4. An Stackelberg 5. Januar 1813. H.-A. Ce mot est si
profond que tous les calculs de l'Autriche et des pauvres intermédiaires doivent se diriger de manière à ne pas en être écra-

hier hinzufügte: „obwohl die Aussichten sehr schön sind," so
überwog doch am Ende immer die Zuversicht, und in der
That hätte er sich keinen besseren Ausgang des Weltkrieges
wünschen können.[1] Grosse Erfolge der einen oder der
andern Macht ohne Erschöpfung ihrer Streitmittel hätten
Oesterreichs Lage nur noch peinlicher gemacht. Stattdessen
fand es sich stark durch die Schwächung jener „beiden
grössten Kolosse der älteren und neueren Geschichte", deren
Andrang aufzuhalten der Minister, „der inneren Lebens-
kräfte des Staates beraubt", vordem oft hatte verzweifeln
wollen.[2] Noch am 5. Oktober war all sein Dichten und
Trachten nur dahin gegangen, aus dem gewaltigen Ringen
wenigstens den bisher bewahrten Schatten von Unabhängigkeit in bessere Zeiten hinüberzuretten, wo man dann dereinst
vielleicht auch die wirkliche Unabhängigkeit zurückgewinnen könnte, „die für den Staat das ist, was die Gesundheit für den Einzelnen." Jetzt waren diese besseren Zeiten
mit einem Schlage da und mit ihnen vor Mit- und Nachwelt
die Pflicht sie auszunutzen. Metternich verkannte das nicht,
aber über das Wie hatte er seine eigenen Gedanken.

Schon Anfang November war von aussen die Frage an
ihn herangetreten, ob er, mit Preussen vereint, das Bündnis
mit Frankreich brechen und der grossen Armee in den
Rücken fallen sollte. Um diese Zeit tauchte ein Herr von
Butjakin mit geheimen Aufträgen des Petersburger Hofes
in Wien auf und meldete sich an den galizischen Vorposten
der ehemalige oesterreichische Offizier v. Maurer, der als

---

sées . . . Adieu, partagez avec moi la conviction qu'il peut y
avoir des circonstances où il est très malheureux pour un individu de se trouver à un poste tel que le mien, quoique les
chances soient très belles.

1. Vgl. für das Folgende Metternich an Floret 3. Januar 1813.
Oncken I, 80f. u. Metternich an Hardenberg 5. Oktober 1812. Oncken
I, 378 ff.

2. Vorträge 15. Juli 1812. H.-A.

„Deserteur" nicht über die Grenze gelassen, in einem
Schreiben an den Feldzeugmeister Prinzen Reuss, Kommandanten des Reservekorps, sich für den Träger einer
kaiserlichen Botschaft ausgab.[1] Gegen Ende des Monats
aber überbrachte der russische Kammerjunker v. Petersen
in einer zehn Schuh langen Kiste die erbeutete Standarte
des Regimentes Oreilly, begleitet von einem Brief Roman-
zoffs,[2] und wiederum nach drei Wochen stellte sich der sym-
pathische junge Lord Walpole bei Metternich vor, der Form
nach durch Lord Cathcart, also den englischen Gesandten
in Petersburg, empfohlen, in Wirklichkeit nach eigenem Geständnis ein russischer Sendbote.[3] Ja, nicht genug mit
solchen vereinzelten Schritten, hätte der Zar gern einen ge-
regelten diplomatischen Geheimverkehr mit der Hofburg in
die Wege geleitet. Es gab in der Wiener Gesellschaft eine
Persönlichkeit, die sich vortrefflich dafür eignete. Bis 1808
russischer Botschafter am Kaiserhofe, hatte Graf Andreas
Cyrill Razumoffsky[4] wesentliche Vorrechte der Exterri-

---

1. Metternich an Stackelberg 10. Nov., 13. Nov. 1812. H.-A.
2. Vorträge Metternichs 29. Nov. 1812. H.-A.
3. Metternich an Stackelberg 5. Januar 1813: Il y a près
de trois semaines que se trouve ici Milord Walpole. Gentz erfuhr die Ankunft des Engländers 17. Dezember (Tagebücher I,
263). Instruktion und Empfehlungsschreiben bei Oncken: Vom
Vorabend des Befreiungskrieges (Histor. Taschenbuch 6. Folge,
12. Jahrg. S. 7—11). Danach sollte W. in erster Linie Oesterreich zu bestimmen suchen, dass es die Gelegenheit ergreife, um
seine politische Verbindung mit Frankreich aufzuheben durch
Frieden und Bündnis mit Russland und durch Aufgebot aller
seiner Streitkräfte. Dafür wurde über die alten Grenzen hinaus
eine Gebietsausdehnung besonders nach der Seite Italiens hin
in Aussicht gestellt. Über den Verlauf der Sendung enthält der
Onckensche Aufsatz, der dann bald ausschliesslich zu Boyen
übergeht, nichts.
4. Vgl. Vandal, Napoléon et Alexandre I. v. III, 17. 202.

torialität in ein glänzendes Privatleben hinübergerettet.[1]
Bei Hof und Adel gern gesehen, auch beim Volk beliebt,
hauste er wie ein kleiner König in seinem Palais an der
Landstrasse, das er durch eine Holzbrücke mit dem Prater
verbinden liess.[2] Im Frühjahr hatte er zu den wenigen
Russen gehört, die man nicht nach den böhmischen Bädern,
dem Rendezvous aller Gegner Napoleons, abschob,[3] jetzt im
November begann er erst ganz formlos, dann durch einen
Brief Nesselrodes ausdrücklich dazu ermächtigt, mit Metternich von Geschäften zu sprechen, auf eine Annäherung der
beiden Kaiserhöfe des Ostens hinzuarbeiten.[4]

Die Wirkung alles dessen auf den Minister war nicht
die gewünschte. Zwar es befriedigte ihn, sich von Russland
derart nicht nur geschont, sondern sogar umworben zu
sehen, und er triumphierte: Solange eine Macht Schmeichler
und Neider hat, ist sie ihrem Untergang nicht nahe.[5] Aber
sonst machten ihm die russischen Anträge wenig Freude.
Schon ihre Form stiess ihn zurück. Er beklagte sich über
das Übermass von Indiskretion, mit dem man von Petersburg aus die delikaten Beziehungen zwischen den beiden
Kaiserhöfen behandele.[6] Überall witterte er die Absicht,
ihn zu kompromittieren. Selbst die hier und da beliebte Freilassung oesterreichischer Gefangener auf Ehrenwort erregte
seinen Zorn,[7] und jene ritterlich zurückgestellte Fahne rief
er, um Aufsehen zu vermeiden, nicht an die Militärbehörden

1. Nämlich Freiheit vom Liniengeld, von Klassen- und
Personalsteuer, ja eignen Gerichtsstand für sich und seine zahlreiche Dienerschaft. Vorträge Metternichs 10. März 1810. H.-A.

2. An der Stelle der heutigen Sophienbrücke. Die Strasse,
die auf sie zuführt, trägt seinen Namen.

3. Vorträge Metternichs 19. Juni 1812. H.-A.

4. Metternich an Stackelberg 13., 23. November 1812. H.-A.

5. Vorträge 20. November 1812. H.-A.

6. An Stackelberg 13. November 1812. H.-A.

7. Vorträge 5. November 1812. H.-A.

abzugeben, sondern vor der Hand in der Hof- und
Staatskanzlei liegen zu lassen.[1] Er wollte nicht, dass ein
durch soviel Schwierigkeiten so geschickt geführtes Werk
wie das System der aktiven Neutralität noch im Hafen
scheitere. Das Auftreten Butjakins gab Anlass zu den
gereiztesten Vorstellungen gegen den persönlich anerkannt
unschuldigen Stackelberg. Der Russe hatte zuviel Proklamationen, Pamphlete, Privatbriefe an alle Welt mit sich
gebracht, als dass nicht seine Ankunft in vierundzwanzig
Stunden Stadtgespräch gewesen wäre. So erklärte sich
denn Metternich kategorisch ausser Stande, in Zukunft ähnliche Sendlinge zu empfangen: nicht ich bin zu tadeln,
wenn ich keinen Menschen mehr über die Grenze lasse.[2]
Er drohte wiederholt, wenn man in dieser Art fortführe,
sich auch seinerseits nicht mehr an die Verabredungen des
Juni binden zu wollen, und stellte v. Ott, der die Briefe
verteilt hatte, und dessen Benehmen er überhaupt unter
aller Kritik fand, ziemlich unverblümt Ausweisung in Aussicht.[3] Kaiser Franz aber, durch einen aller Etiquette entgegen direkt an ihn gerichteten Brief Crossards, des in
russische Dienste übergetretenen französischen Legitimisten,
noch besonders verstimmt, liess durch den Mund seines
Ministers nach Petersburg hin seine Unzufriedenheit über
ein Vorgehen ausdrücken „gleich sehr entgegen den früheren Festsetzungen wie den Rücksichten, die eine Macht
der andern schuldet." Er erwarte, dass die Umtriebe mit
ihrer blossen Aufdeckung gegen den Zaren ein Ende finden
würden; denn er sei weit entfernt, auch nur die Möglichkeit zuzugeben, dass S. Kaiserliche Majestät davon unter-

---

1. Vorträge 29. November 1812. H.-A.

2. Wie das Vorausgehende in dem Brief an Stackelberg
vom 10. November 1812. H.-A.

3. Metternich an Stackelberg 13., 23. November 1812. H.-A.

richtet wären.[1] Auch Walpole fand, obwohl die Ereignisse seit Mitte November doch wesentlich vorgeschritten waren, keine freundlichere Aufnahme. Metternich spöttelte über den kleinen diplomatischen Jockey, der sich seinerseits von seinen Herrn Landsleuten von der Opposition durchgeprügelt (fessé) fände, und sprach missmutig von „Wesen so zweideutiger Gattung". Jedenfalls ging er nicht in die „Falle". Es war schon viel, dass er dem Lord verstattete einige Wochen in Wien zu bleiben; im übrigen erklärte er ihm gleich anfangs rund heraus, er habe ihm nichts zu sagen, und willigte vierzehn Tage später, nachdem der Engländer sich inzwischen scheinbar sehr diskret benommen hatte, nur unter der Bedingung in die Absendung eines Kuriers, dass Walpole jene abweisende Antwort nicht verschweige, „ohne sie doch mit dem Anspruch zu verwechseln, dass

1. Metternich an Stackelberg 13. November 1812: L'empereur m'ordonne en conséquence de vous inviter, Mr. le Comte, à transmettre directement à l'empereur Votre maître la peine qu'il ressent d'une marche aussi contraire aux stipulations qui ont eu lieu entre nous au mois de juin qu' aux égards qu' une puissance doit à une autre. S. M. J. désire que Vous ajoutiez qu'Elle s'attend à ce que des menées, qui ne peuvent que compromettre les rapports qui existent entre les deux cours, trouveront leur fin par la découverte que nous croyons faire à S. M. J. de toutes les Russies de leur existence, l'empereur François étant loin d'admettre même la possibilité que S. M. J. en soit instruite et ne supposant pas que l'on cherche à forcer l'Autriche à regarder comme annullés les susdits arrangements. . . . S. M. J. désire également que Vous invitiez Kutusoff à défendre à Mr. de Crossard de continuer l'indécente correspondance qu'il a osé ouvrir avec l'Empereur qui n'est point habitué à en avoir avec des officiers étrangers. S. M. J. a ordonné qu'on renvoyât toutes ses lettres.

Oesterreich sich überhaupt Eröffnungen versage".[1] Das
Gleiche liess er durch Razumoffsky nach Petersburg
schreiben.

Es war klar: ein Abfall zu Russland lag fürs erste
entfernt nicht in seiner Absicht. Dazu hätte er vor allem
die Gewissheit russischer Erfolge haben müssen, und die
Geschichte des letzten Jahres schien die nicht zu verbürgen.
Russland hatte Fehler auf Fehler gehäuft, auch nicht ein
militärisches Talent auf die Bühne gestellt.[2] Über den
„usurpierten" Ruhm Kutusoffs zuckten die Diplomaten der
Hofburg die Achsel; und um nur das zu erwähnen, was
sie am nächsten anging, wie elend hatte Tschitschagoff
gegen Schwarzenberg manövriert; statt seine Übermacht
auszunutzen, hatte er dem Oesterreicher Zeit gelassen
Verstärkungen heranzuziehen, die ganze Expedition hatte
ihres Zweckes verfehlt, die Donauarmee wäre schliesslich
nützlicher gewesen, wenn man sie von vornherein mit dem
Hauptheer vereinigt hätte.[3] Im allgemeinen hatten die Russen
gesiegt, dadurch, dass sie sich nicht schlugen;[4] würden
sie es auch thun, wenn es nun wirklich zum Schlagen kam,
wenn nicht mehr die Elemente das Beste leisteten? Ja,
würden sie überhaupt noch energisch vordringen, sobald sie
sicher wären, einen Teil der feindlichen Macht durch einen
gefälligen Bundesgenossen abgezogen zu sehen? Man glaubte
in Wien den glücklichen Ausgang des bisherigen Kampfes
ganz wesentlich in seiner Natur als rein russisches Unternehmen begründet. Mit den Koalitionskriegen hatte man

1. sans cependant le confondre avec la prétention que l'Autriche
se refusait à des explications; vgl. den Brief an Stackelberg vom
5. Januar 1813, dem das Vorstehende überhaupt entnommen ist.
Einige Züge giebt auch der vom 10. Januar.

2. Weisungen für Bubna. 20. Dez. 1812. Oncken I, 390.

3. Ich gebe das Urteil Metternichs (an Stackelberg 29. Okt.
1812. H.-A.)

4. Weisungen für Floret 9. Dezember 1812. Oncken I, 582.

zu schlechte Erfahrungen gemacht,[1] und dabei war man zu
ihrer Zeit in der Verfassung gewesen, allenfalls allein einem
feindlichen Ansturm Trotz zu bieten, während man sich
jetzt militärisch und finanziell gelähmt sah. Gewiss auch
Napoleon hatte ungeheure Verluste erlitten; aber „die Hilfsmittel des Genius sind wunderbar",[2] selbst Stadion hielt für
unzweifelhaft, dass der Imperator bis zum Frühjahr ein
neues furchtbares Heer zusammenbringen werde.[3] Jedenfalls würde ein Vernichtungskampf gegen ihn unter mehreren
Jahren nicht durchzuführen sein, und wo dann die Mittel
hernehmen, solange ein Mann wie Graf Wallis das Ohr
des sparsamen und friedliebenden Monarchen besass?[4]

Bei dem allen war es nun vollends sehr zweifelhaft, ob
grosse Siege Russlands über Frankreich überhaupt im wohl-
verstandenen Interesse der Hofburg lagen. Zu Napoleon
war man doch in den letzten drei Jahren in ein ganz an-
nehmbares Verhältnis gekommen. Er bezeigte dem kaiserlichen Schwiegervater Rücksichten, er behandelte den
oesterreichischen Gesandten mit Auszeichnung, Metternich
persönlich durfte mit Vergnügen an seinen letzten Pariser
Aufenthalt zurückdenken. Das Bündnis mit Frankreich war
kein Novum, es hatte seit 1756 Jahrzehnte lang bestanden,
es war auch, zumal jetzt, nicht unnatürlich. Seit Oesterreich

---

1. Weisungen für Neipperg 25. Dezember 1812. Si la guerre
actuelle a eu un résultat très-différent des guerres précédentes,
ce résultat n'est dû qu'à la circonstance particulière· qu'elle est
entièrement russe et non pas une de ces guerres de coalition
dans lesquelles l'Autriche ou la Prusse et l'Allemagne entière
fournissaient les moyens de subsistance aux armées françaises
et ou les premières de ces puissances offraient l'appât du butin
et des indemnités aux Confédérés de la France. H.-A.

2. Weisungen für Floret 9. Dez. 1812. Oncken I, 382.

3. Undatiertes Memoire aus dem Anfang 1813. H.-A.

4. So äusserte sich Metternich gegen Graf Hardenberg (an
Münster 9. Nov. 1812. Oncken II, 96).

auf seine deutsche Rolle verzichtet, hatte es keine direkten
Streitpunkte mehr mit einem Land, dessen eigentliches Gebiet
nirgends seine Grenzen berührte. Die allerdings unbequeme
Ausdehnung der napoleonischen Machtsphäre aber war am
Ende nichts Dauerndes. Hatte nicht der Imperator selbst
1809 in Schönbrunn zu Bubna gesagt: *Tout cela peut durer,
tant que j'existe. La France ne peut pas faire la guerre
au-delà du Rhin. Bonaparte l'a pu; mais avec moi tout
est fini?*[1]

Russland gegenüber entfiel dieser Trost. Seine Überlegenheit beruhte auf den Verhältnissen, nicht auf der Person
des Herrschers,[2] und dazu war sie auch an sich weit lästiger.
Hier erhoben sich auf Schritt und Tritt Interessengegen-
sätze. War die orientalische Gefahr durch Rückgabe der
Donaufürstentümer im Frieden von Bukarest für den Augenblick beseitigt, so musste man dafür umsomehr in Polen
russische Eroberungsgelüste fürchten: Napoleon hatte Galizien garantiert, der siegreiche Zar konnte es in die Tasche
stecken. Hinzu kam, dass das ganze Auftreten dieser Halb-
barbaren in Wien höchst unsympathisch war. Man hatte
sich seit 1807 in eine wahre Verachtung der „stets ein-
seitigen, unberechenbaren, bald hohen, bald niedrigen, stets

1. Gentz, Tagebücher I, 198. Ähnliche Erwägungen waren
in Wiener Kreisen schon nach dem Pressburger Frieden hervor-
getreten. Lebensbilder aus dem Befreiungskriege I, 349.
  2. Napoleon unterliess nicht das gelegentlich hervorzuheben.
So sagte er am 1. März 1813, wieder zu Bubna: Wenn ich
nicht mehr sein werde, wird Frankreich für Deutschland nie
mehr gefährlich werden, wohl aber die russische Nation. Sehen
Sie doch, was Russland jetzt schon unter einer so schwachen
Regierung macht. Kaiser Alexander ist der schwächste unter den
Monarchen. Was wird nicht diese Nation erst machen, wenn sie
einmal einen starken Mann an ihrer Spitze hat? Vgl. Criste: Der
Beitritt Oesterreichs zur Koalition im Jahre 1813. Mitth. d. k. k.
Kriegsarchivs 1894. S. 236 f.
4

eigenmächtigen"[1] russischen Politik hineingeredet. Wenn
Gentz 1808 gewünscht hatte: Möge Deutschland aus seinen
Ruinen wieder emporsteigen, ohne dass Russland eine Hand
daran lege,[2] so darf man diesen Wunsch auch 1812 und
1813 noch bei vielen selbst patriotisch begeisterten Männern,
wie vielmehr erst bei Metternich und seinem Herrn voraus-
setzen. Es fehlte in Petersburg doch offenbar an Mass und guter
Sitte. Während Napoleon sich mehr und mehr zu erfreulich
konservativen Regierungsgrundsätzen bekannte,[3] umgab sich
Alexander mit revolutionären Köpfen aus aller Herren
Ländern. Kaiser Franz fragte ärgerlich, welch Vertrauen
man auf die Rückkehr einer Regierung zu ewig wahren
Ideen haben solle, wenn man Stein das Kabinet und Crossard
die Armee beeinflussen sehe.[4] Äussersten Falls hätte man
noch lieber eine Oberherrschaft Frankreichs als die Russlands
ertragen.[5]

Darum aber war man doch noch nicht gewillt, etwas Ener-
gisches gegen die Sieger von 1812 zu thun. In denselben
Tagen, als Metternich Walpole zum ersten Mal abwies, erklärte er nach Paris: jede thätigere Mitwirkung unserer-
seits würde unmöglich sein.[6] Es wäre Wahnsinn gewesen,
sich ohne zwingende Not den Russen entgegenzuwerfen,
während die französische Armee auf ein Nichts zusammen-

---

1. Aus Metternichs nachgelassenen Papieren II, 430.

2. Gentz: Aus dem Nachlass II, 127.

3. z. B. während der Dresdener Zusammenkunft. vgl. Metternichs nachgelassene Papiere I, 123 f.

4. quelle confiance veut-on que nous ayons dans le retour
d'un gouvernement à des idées éternellement vraies, quand nous
voyons Stein influencer le cabinet et Crossard l'armée. Das teilt
Metternich als Äusserung des Kaisers Stackelberg mit (13. Nov.
1812. H.-A.).

5. Beobachtung Wilhelms v. Humboldt aus dem November
1812. Gebhardt S. 117.

6. Weisungen für Bubna 20. Dez. 1812. Oncken I, 392.

geschmolzen war, eine neue vor Monaten nicht heran sein
konnte. Schon die Stimmung des Volkes verbot es.

Es mochte vielmehr wirklich am geratensten erscheinen,
dem Wunsch der Kaiserin zu folgen und sich independent
zu stellen.[1] Schade nur, dass sich das leichter sagen als
ausführen liess. Man war doch einmal mit Frankreich ver-
bündet und hatte ein Hilfskorps, die Hälfte der mobilen
Armee, gegen Russland im Felde. Zog man es offen zurück,
sagte man ohne weiteres die Allianz auf, so stand man
gleich nicht mehr independent da, sondern musste beim
Zaren vor dem unvermeidlichen Zorn Napoleons Schutz
suchen.

Es erwuchs also die Notwendigkeit, das, was auf einmal unmöglich war, auf dem sicheren Weg geschickter
Unterhandlung zu erreichen, und auf solche Unterhandlung
sah sich Metternich noch von einem ganz anderen Aus-
gangspunkt hingeführt.

Seiner Politik war von Anfang an eine Tendenz zu
gunsten des Friedens eigen gewesen, die, in seinem Charakter begründet, durch den kampfunfähigen Zustand des
Staates verstärkt worden war. Er hatte gethan, was er
konnte, um in Paris und Petersburg vom Krieg abzu-
mahnen. Obwohl im Grunde von dessen Unvermeidlichkeit
überzeugt, hatte er bis zuletzt jeden Hoffnungsanker wie
die beabsichtigte Sendung Nesselrodes[2] zu Napoleon und die
Mission Narbonnes[3] begierig ergriffen. Noch in Dresden
war einen Augenblick davon die Rede gewesen, dass der
oesterreichische Monarch sich in Gesellschaft Napoleons zur
Armee begebe, um persönlich in zwölfter Stunde eine Aus-

---

1. Vgl. oben S. 41.
2. Vorträge 23. Februar 1812. H.-A: Die Mission des Grafen
Nesselrode nach Paris, der letzte, obgleich schwache Anker einer
möglichen Hoffnung zur Ausgleichung, findet nicht mehr statt.
3. Vorträge 10. Mai 1812. H.-A.

söhnung der beiden Kaiser zu bewirken.[1] 1810 vor seiner
Pariser Reise hatte Metternich sogar eine Mitwirkung zum
Seefrieden ins Auge gefasst, allerdings gleich mit dem resi-
gnierten Zusatz: leider getraue ich mich nicht, diesen Wunsch
zur Hoffnung aufkommen zu lassen.[2] Durch den thatsächlichen Ausbruch des Weltkrieges waren seine Friedens-
pläne nur verschoben, nicht ertötet worden. Kaum schien
die Entscheidung für Frankreich da zu sein, als er wieder
mit ihnen ans Licht trat (5. Oktober). „Die ungeheuren
Ereignisse in Spanien, die unheilvolle Lage Russlands, die
Erschöpfung der Kontinentalmächte und das allgemein, auch
in England tief empfundene Bedürfnis nach Ruhe" galten
ihm als hinreichende Operationsbasis. Er erinnerte sich,
dass Napoleon im Mai einen oesterreichischen Schritt in
London gewünscht hatte; damals hatte er ihn abgelehnt,
weil er ihm nicht den Charakter hatte geben dürfen, der
allein Oesterreich ziemte. Wie wenn er jetzt selbständig
und doch durch die Dresdener Anregung gegen Napoleon
gedeckt darauf zurückkäme? Eine ähnliche Eröffnung gegen
Frankreich sollte folgen; und an Stackelberg hatte er sich
schon zwei Tage, bevor er dem preussischen Staatskanzler
diesen Plan entwickelte,[3] mit der Frage gewandt, ob es
nicht ein Mittel gebe, ein Ende zu machen; es sei schwerer
Fehler zu verbessern als keine zu begehen. Gewiss zeigten
sich viel Schwierigkeiten, aber würden sie im Frühjahr
geringer sein?[4] Anfang November, als bereits das Miss-
liche in der Lage der grossen Armee einzuleuchten begann,
gewannen diese etwas luftigen Entwürfe festere Gestalt.

---

1. Über diesen sehr merkwürdigen Plan, hinter dem sich
wahrscheinlich auch eine Intrigue gegen Erzherzog Joseph verbarg,
siehe Krones: Aus dem Tagebuch Erzherzog Johanns S. 62 f.
2. Vorträge 14. März 1810. H.-A.
3. Metternich an Hardenberg 5. Okt. 1812. Oncken I, 378ff.
4. Metternich an Stackelberg 3. Oktober 1812. H.-A.

Der Botschaftsrat v. Floret. der als Mitglied der Pariser
Gesandtschaft dem Herzog von Bassano nach Wilna
gefolgt war, erhielt den Auftrag,[1] dem französischen
Minister als politischen Traum zu eröffnen, dass jetzt
der Augenblick gekommen sei, vom allgemeinen Frieden
zu reden. Wenige Tage später fand der „freiwillige und
unmittelbar oesterreichische" Schritt in England, der hier
offiziell angekündigt wurde, thatsächlich statt. Metternich
übergab dem Grafen Hardenberg, der ohne öffentlichen
Charakter die Interessen Englands und Hannovers mit Eifer
und Erfolg in Wien vertrat, eine Verbalnote, die in dem
später stereotyp werdenden Ton von der zentralen Lage,
der Freiheit von Selbsttäuschung und der Unparteilichkeit
Oesterreichs sprach und unter Komplimenten für den er-
leuchteten Fürsten an der Spitze des Inselreiches die Frage
unterbreitete, ob nicht der allgemeine Friede in dieser
Lage der Dinge vielleicht eher zu erhoffen sei, als in jeder
andern.[2] Ähnliche Mitteilungen dürften durch Butjakin
nach Petersburg gelangt sein.

Mochten diese Anträge sich in ihrer Schüchternheit, ja
Demut von vornherein durch die Ereignisse überholt finden,
sie gaben doch den Grund ab, auf dem man fortbauen
musste auch jetzt, wo Oesterreichs Lage sich im Lauf der
politischen Entwicklung von Tag zu Tag günstiger gestaltete. Liess sich denn ein besserer Gebrauch des Ein-
flusses, der dem Staat über Nacht zugefallen war, erdenken,
als indem man der Menschheit den Frieden zu geben suchte,
„dies grosse und einzige Heilmittel für alle Übel, die uns
heute niederdrücken, diese Wohlthat als solche erkannt von
allen verständigen und aufgeklärten Geistern, und zu deren
Genuss selbst die, die heute noch blinde Leidenschaften,
chimärische Hoffnungen oder Befürchtungen im entgegen-

---

1. 4. November 1812. vgl. Oncken I, 30.
2. 9. November 1812. Oncken I, 30 f. und II, 95.

gesetzten Sinn fortreissen, sich bald beglückwünschen
würden"?[1] Metternich gestand, nur noch von diesem heiligen Unternehmen zu träumen.[2]

Freilich die Aussichten waren nicht glänzend: darüber
gab sich selbst sein Optimismus keiner Täuschung hin.[3]
Es liess sich nicht erwarten, dass das Glück der russischen
Waffen, verbunden mit den eignen Erfolgen in Spanien, die
Stimmung jenseits des Kanals in friedlichem Sinne beein-
flusst haben würde,[4] und es blieb vor allem noch sehr
zweifelhaft, ob Napoleon, dessen Minister den politischen
Traum vom November allerdings sehr freundlich aufgenommen hatte,[5] zu irgendwelchen Zugeständnissen geneigt
sei. Indessen einen Trumpf hatte man doch in der Hand.
Ein billiges Sonderabkommen zwischen Frankreich und
Russland, das in der Hauptsache alles beim Alten liess,
schien für diesmal ausgeschlossen. Es war nicht zu
fürchten, dass der Zar die Vorteile des Winters so leichten
Kaufes preisgeben würde. Wie hätte er sonst als weithin
sichtbares Zeichen und Pfand seiner Absicht, die Waffen
nicht ohne den neuen Bundesgenossen niederzulegen, England seine Flotte anvertraut? Ohnehin musste jede Einzel-
verhandlung an der Frage der Kontinentalsperre scheitern.
Es lag offenbar nicht mehr in der Macht der russischen
Regierung, der Nation von neuem Beschränkungen aufzu-
erlegen, deren sie sich jetzt ledig fand, und andrerseits

1. Gentz, Dépêches inédites I, 6.
2. An Stackelberg 10. November 1812 über die Affaire
Malet: Tout cela est bon dans le sens de la paix, et je ne rêve
que celle-la. Der Ausdruck „sainte entreprise" findet sich in der
Depesche an Floret v. 18. Februar 1813. Oncken I, 436.
3. An Hardenberg 13. Dezember 1812: en parlant de chances
pour cette dernière (une négociation générale), je suis loin de les
confondre avec de l'espoir. H.-A.
4. Oncken I, 31.
5. Oncken I, 32 f.

konnte, so schien es, Napoleon auf ein so wichtiges Stück seines politischen Systems unmöglich verzichten — ausser eben im allgemeinen Frieden.[1]

Hier also galt es einzusetzen, nach Wilna hin recht eindringlich die Unmöglichkeit einer Neuauflage von Tilsit und zugleich die Aussichtslosigkeit eines zweiten Krieges gegen Russland darzuthun. Dann lieh der Imperator oesterreichischen Vorschlägen am Ende ein williges Ohr, zumal sie ihm vorerst keine Opfer zumuten, nur die Form, nicht den Inhalt des Friedensgeschäftes regeln sollten.

So ergingen denn am 9. Dezember 1812 die berühmten neuen Weisungen für Floret.[2] Sie zeigten einen Ton der Entschiedenheit, der in eingeweihten Kreisen einigermassen überraschte.[3] Aus jeder Zeile sprach „das volle Gefühl unseres Zuwachses an Unabhängigkeit", dessen starke Nüanzierung der Minister dem Botschaftsrat noch ausdrücklich einschärfte.[4] Man gebärdete sich als die Macht, die durch ein Wort 50 Millionen Menschen in Bewegung setzen könne, und wollte ganz folgerichtig seine Verwendung für den Frieden und nun gar deren vorherige Mitteilung an Frankreich als eine Art Gnade, einen besonderen Beweis seiner guten Gesinnungen betrachtet wissen.

Nach solchen stolzen Worten mochte es auf den ersten Blick Wunder nehmen, dass schliesslich das Ganze doch nur auf die bescheidene Bitte hinauslief, den Verhandlungen mit Russland und England den Charakter der Unabhängigkeit und Freiwilligkeit geben zu dürfen, aber sah man schärfer zu, so war es wirklich das, worauf es der oesterreichischen Diplomatie ankommen musste.

---

1. Für diesen Abschnitt: Metternich an Zichy 26. November, an Hardenberg 13. Dezember 1812. H.-A. Weisungen für Floret 9. Dezember. Oncken. I, 382. 383 f.

2. In extenso bei Oncken I, 380-386.

3. Graf Hardenberg an Münster 12. Dez. 1812. Oncken II, 97.

4. Oncken I, 386.

Wir erinnern uns. dass ihr nächstes Ziel Independenz
war. Sie wollte sich die Möglichkeit wahren, unbeirrt von
aussen und innen, einstweilen noch den Gang der Ereignisse
zu Rate zu ziehen.[1] Eine Friedensvermittelung mit aus-
geführtem oder auch nur angedeutetem Programm hätte
dem nicht entsprochen, da sie eine Verpflichtung gegen die
ablehnende Partei einschloss; die Friedensverwendung dagegen konnte schon an sich nur förderlich dazu sein. Sie
nahm den abschlägigen Antworten an beide Teile den ver-
letzenden Stachel und beschwichtigte zugleich den Aufschrei
des Volkes gegen die französische Tyrannei, der immer ver-
nehmlicher zu den Ohren der Regierung drang. Wenn sich
nun vollends erreichen liess, dass Napoleon ihre Form gemäss
den Floretschen Anträgen ganz in das Belieben Oesterreichs
stellte, so war ein grosser Schritt vorwärts gethan. Dann
war man autorisiert, zu den Gegnern Frankreichs in offizielle
Beziehungen zu treten und auf ihre Entschlüsse Einfluss zu
üben.[2] Auch die Stellung zu Napoleon selbst konnte auf
die Dauer nicht unverschoben bleiben. Führte man erst
einmal gegen die andern Mächte „die Sprache völligster
Unabhängigkeit", so war unausbleiblich, dass man allmählich
auch gegen ihn nicht nur als treuer Alliierter auftrat.

Doch bleibt es sehr zweifelhaft, ob Metternich sich
dieser letzten Konsequenzen von vornherein voll bewusst
war. Vielmehr mochte er zunächst von Graf Otto noch
mit einigem Recht als erster Anhänger des französischen

---

1. Metternich an Zichy 13. Dez. 1812 wünscht d'arriver à
une attitude qui nous ouvrît les chances de pouvoir consulter la
marche des événements. H.-A.

2. Das versöhnte auch einen Mann der That wie Stadion
mit Metternichs Politik. Er sagt in seinem undatierten Memoire:
Les offres d'intervention que nous avons faites ne doivent donc
conduire dans ce moment qu'à établir des liaisons officielles
avec les puissances belligérantes et à prendre une influence dans
leurs conseils. H.-A.

Bündnisses gepriesen werden.¹ Selbst in einer möglichen
Ablehnung seiner Intervention durch Napoleon sah er nichts
als den besten aller Gründe, um eine Nichtvermehrung des
Hilfskorps zu rechtfertigen, und erklärte seinem Gesandten
am preussischen Hofe zugleich (13. Dezember), er denke
nicht an eine Verletzung der gegenwärtigen Beziehungen
zu Frankreich in dem von Russland gewünschten Sinn:
das widerstritte ebenso dem Charakter des Kaisers als
allen Grundsätzen.² Acht Tage später erging an Schwarzenberg der Befehl, mit ganzer Energie auf eine Dislozierung
seiner Truppen in der Nähe der galizischen Grenze zu
dringen, nur mit dem ausdrücklichen Vorbehalt, er dürfte
es nicht bis zum Bruch treiben, der Seiner Kaiserlichen
Majestät nicht von fern in den Sinn käme:³ und als am
Weihnachtstage die Instruktionen für den Grafen Neipperg, den
man nach Stockholm zurückschicken wollte, die Staatskanzlei verliessen, stand darin zu lesen, der Gesandte habe
dem französischen Botschafter besondere Rücksichten zu be-

---

1. Otto an Bassano 28. Dez. 1812: le premier partisan de
l'alliance française. Fain, Manuscrit de 1813. I, 290.

2. An Zichy 13. Dez. 1812. Si les puissances entrent dans
nos vues et acceptent notre intervention, l'Autriche se trouve
de fait en rapport avec toutes. Si la France les rejette, nous
aurions le meilleur de tous les motifs à faire valoir vis-à-vis
d'elle pour ne pas augmenter notre coopération dans la présente
guerre, si même nous étions dans le cas de devoir chercher des
prétextes pour cela . . . Will régler selon les intérêts généraux
de l'Europe et les intérêts particuliers de l'Autriche notre rôle
futur, sans violer nos rapports actuels avec la France dans le
sens désiré par le Cabinet Russe, ce qui répugnerait autant au
caractère de l'empereur qu'à tous les principes. H.-A.

3. Ordre au Prince de Schwarzenberg (en chiffres) Vienne
le 20 déc. 1812 bei den Depeschen an Zichy vom 25. Dezember:
Il nous importe . . de toute manière que notre armée tint sur
un point rapproché de nos frontières sur territoire Varsovien,

zeigen, dagegen zu den Vertretern der mit Frankreich
und deshalb mit Oesterreich — das also war die aktive
Neutralität — im Krieg befindlichen Mächte nur allgemein
gesellschaftliche Beziehungen aufrecht zu erhalten. Für den
möglichen Fall aber, dass der Kronprinz auf kräftigere
Entschlüsse gegen Frankreich dränge, war eine Erwiderung
vorgesehen, die in dem Satz gipfelte, der Kaiser verstehe
nicht, wie man aus Nützlichkeitsgründen heilige Verpflichtungen brechen könne, er würde glauben, dadurch den
Charakter der Loyalität abzulegen, welcher die Politik
Oesterreichs jeder Zeit so hervorragend ausgezeichnet habe.[1]

Indessen sind auch hier wieder Einschränkungen geboten, wie denn überhaupt die vielgestaltige und oft wider-
spruchsvolle Politik Metternichs mit ihrer beständigen
Rücksicht auf die Ereignisse jeder streng logischen Kon-
struktion aufs äusserste widerstrebt. So bedingungslos, wie
es nach den erwähnten Worten scheinen könnte, schwor
der Minister nicht mehr auf den Märzvertrag. Indem er
ihn dem französischen Gesandten in immer neuen Wendungen als ewig und notwendig pries, begann er doch
schon jenes Werk der Umdeutung, das in seinen Folgen
zu dem Akt vom 29. Juni 1813 führte. Zuerst in einer
Note an Stackelberg d. d. 23. November 1812 liess er die
Allianz mit Frankreich als unendlich beschränkt, als eine

ne fût ce que pour empêcher que les Russes n'achèvent la
conquête peut-être que trop facile du Duché. Vous aurez donc
à ne rien négliger pour pousser votre argumentation en faveur
de la position désirée même assez loin, pour que la seule rupture
de l'alliance, qui n'entre nullement dans les vues de S. M. J.,
servit de bornes à votre insistance. H.-A.

1. Que l'Empereur ignore, comment par des motifs de convenance quelconque il est possible de rompre des engagements
sacrés, que S. M. croirait sans doute déposer par une conduite
pareille le caractère de loyalité qui de tout temps a éminemment
distingué la politique de l'Autriche. H.-A.

Allianz des Friedens erscheinen.[1] Das war an sich eine
Auslegung, über die man reden konnte: die öffentlichen
Artikel begünstigten sie entschieden, ausdrücklich erklärten
ja die Eingangsworte für die Absicht der Kontrahenten,
durch die Innigkeit und Kraft ihrer Vereinigung beizutragen,
sei es zur Erhaltung des Kontinental-, sei es zur Wiederherstellung des Seefriedens. Darum aber barg sie nicht
weniger für später die gefährlichsten Keime. War die
Allianz wirklich nur eine Allianz des Friedens, so hatte sie
am Ende bindende Kraft auch nur, soweit sie den Frieden
förderte, wurde hinfällig, sobald sie ihm im Wege stand:
der Friede und zwar der Friede $κατ'ἐξοχὴν$, die Wiederherstellung des europäischen Gleichgewichts ergab sich als das
Primäre, die Allianz als das Sekundäre.

Nun hätte Metternich gewiss am liebsten beides vereint.
Niemand zerstört gern das eigene Werk. Die Herstellung
des guten Verhältnisses zu Frankreich war bisher die einzige Frucht seines Ministeriums. Daran hatte er seine
besten Kräfte gesetzt, darauf blickte er mit dem meisten
Stolz. Nichts natürlicher, als dass er es jetzt auch, soweit
möglich, zu erhalten suchte und entschlossen war, um diesen
Preis beim Frieden selbst mit bescheideneren Zugeständnissen vorlieb zu nehmen.[2]

Aber würde der Imperator solchen für ihn vorteilhaften
Neigungen entgegenkommen? Und was geschah, wenn er
es nicht that? So lag alles noch dunkel und chaotisch da.
Auch die beginnenden Verhandlungen mit Frankreich sollten
völlige Klarheit vorerst nicht bringen.

---

1. L'alliance infiniment limitée entre l'Autriche et la France
n'est qu'une alliance de paix. H.-A.

2. Vgl. Stadions Ausserungen über Metternich gegen Graf
Hardenberg, Oncken II, 104; H.'s eigene Beobachtungen ebenda II,
99; Bericht Humboldts 23. Dezember 1812 bei Gebhardt S. 120f.

Drittes Kapitel.

Oesterreich und Frankreich.

Am 14. Dezember benutzte der fliehende Imperator die Rast in Dresden, um dem kaiserlichen Schwiegervater in längerem Brief vorzustellen, wie wichtig es wäre, dass er seine Streitmacht gegen Russland auf 60000 Mann vermehre: „Ich bin voll Vertrauen in die Gesinnungen Ew. Majestät. Das Bündnis, das wir geschlossen haben, bildet ein bleibendes System, aus dem unsere Völker so grosse Vorteile ziehen sollen, dass ich glaube, Ew. Majestät werden alles thun, was sie mir zu Dresden versprochen haben, um den Triumph der gemeinsamen Sache zu sichern und uns rasch zu einem angemessenen Frieden zu führen. Sie können gewiss sein, dass Sie mich meinerseits stets bereit finden werden, alles zu thun, was Ihnen angenehm sein und Sie von dem Wert, den ich unsern gegenwärtigen Beziehungen beilege, überzeugen kann."[1]

Diese Bitte hatte kein besseres Schicksal als ihre bescheideneren Vorgänger aus dem Herbst.[2] Metternich lehnte sie rundweg ab: man habe mit sich allein genug zu thun,[3] und das allerhöchste Antwortschreiben erwähnte sie überhaupt nicht, es begnügte sich mit einigen Phrasen des Be-

---

1. Correspondance de Napoléon I. XXIV, 340.
2. Vgl. ebenda S. 190, 207. Fain, Manuscrit de 1812. II, 121 ff.
3. Das ist der langen Rede kurzer Sinn. Weisungen für Bubna. 20. Dezember 1812. Oncken I, 391.

dauerns über die letzten Ereignisse und der beständigen
Teilnahme an dem Ergehen eines Alliierten, mit dem den
Kaiser „das heiligste Band" verknüpfe.[1]

Dagegen fand ein zweiter Wunsch Napoleons umso
bereitwilligeres Entgegenkommen. Er hatte angeregt,
während der so nötigen Anwesenheit Schwarzenbergs beim
Heer einen oesterreichischen Gesandten *ad interim* nach
Paris zu schicken,[2] und das eben war auch die Absicht am
Wiener Hof. Nicht als ob man hier die Anknüpfung einer
Unterhandlung über den Märzvertrag im Sinn gehabt hätte.[3]
Dafür war die Zeit noch nicht da, und jedenfalls durfte sie
nicht in Paris unter den Augen des Imperators stattfinden,
der — die Beispiele von St. Julien und Oubril zeigten es —
leicht zu Unbesonnenheiten fortreissen konnte, sondern war
nach Wien an den harmlosen Grafen Otto zu verweisen,
wo Metternich dann die Hauptrolle spielen würde. Aber es
erschien erwünscht, der Sprache zu Gunsten des Friedens,
die Floret gegen Bassano hatte führen sollen, durch einen
Mann von grösserem Einfluss beim Kaiser selbst Gehör zu
verschaffen,[4] und vor allem: es galt, sich sobald als möglich
über den moralischen Eindruck der russischen Katastrophe
auf Napoleon zu vergewissern und durch einen eignen
Schritt allen denen zuvorzukommen, die von Frankreich

---

1. Oncken I, 392 f.

2. Peut-être V. M. jugera-t-Elle utile d'y envoyer quelqu'un
en l'absence de son ambassadeur, dont la présence est si utile
à l'armée.

3. Wenn Bignon, Histoire de France sous Napoléon XI, 313
das behauptet, so leitet ihn das Missverständnis des Ottoschen
Berichtes vom 3. Jan. 1813: Il (Metternich) pense toujours que
cet officier général (Bubna) sera agréable à S. M. et qu' il pourra
remplir à Paris des fonctions diplomatiques. Fain, Manuscrit de
1813. I, 291.

4. Weisungen für Bubna. Oncken I, 390 ff.

aus gemacht werden konnten.[1] Schon verlautete ja in der
diplomatischen Welt, dass Caulaincourt oder Dûroc als
ausserordentliche Gesandte nach Wien bestimmt seien.[2]

So wurde denn am 20. Dezember 1812 Feldmarschalllieutenant Graf Ferdinand Bubna zu Napoleon abgefertigt
der Form nach nur, um das kaiserliche Handschreiben zu
überbringen. Die Wahl des Sendboten machte der glücklichen Hand des Ministers alle Ehre. Einem alten böhmischen Kriegergeschlecht entstammend[3] — Bubna heisst
die Trommel —, gehörte er zu den besten Männern des
damaligen Oesterreichs. Gleich ausgezeichnet im Feld wie
auf dem diplomatischen Parket, war er sein ganzes Leben
lang der *ciris integer, bellator fortis* und *moderator sapiens*,
als den das dankbare Mailand den für das Vaterland zu
früh Verstorbenen ehrte. In seiner Jugend priesen ihn die
Zeitgenossen als einen Achill an Gestalt, Mut und Kraft;
jetzt war er, obwohl erst 44 Jahr alt, zwar durch ein Fuss-
leiden häufig an der freien Bewegung behindert, aber Geist
und Herz hatte er sich frisch bewahrt. Er war noch immer
derselbe, der als junger Oberlieutenant 1791 im Prater
drohend zusammengerottete Haufen durch eine witzige Anrede beschwichtigt und zur Verhöhnung der Wühler ge-
trieben hatte. Noch keiner hatte ihn je um einen guten

---

1. Metternich an Zichy über die Sendung Bubnas 25. Dez.
1812: S. M. I. a été guidée dans cette détermination par deux
motifs: celui de s'assurer le plutôt possible de l'effet moral que
les derniers événements pourraient avoir produit sur Napoléon et
en second lieu le désir de prévenir par une démarche de notre
côté toutes celles qui pourraient être faites vis-à-vis de nous. H.-A.

2 Zichy an Metternich 18. Dez. 1812: On a été informé ici,
mais non officiellement que le duc de Vicence ou le maréchal
Duroc étaient destinés à remplir une mission extraordinaire à
Vienne. H.-A.

3. vgl. Wurzbach. Biographisches Lexikon des Kaisertums
Oesterreich II, 183—186. Hormayr, Lebensbilder I, 216 f.

Einfall verlegen gesehen. Eine gutmütige Offenheit eroberte ihm die Herzen auch da, wo er in aller Gemütlichkeit die bittersten Wahrheiten sagte. Seine Berichte, fast sämtlich deutsch konzipiert und erst durch einen Attaché übersetzt,[1] erfreuen durch scharfe Beobachtung, lebhaften Witz, bei aller Schlichtheit markige und bilderreiche Sprache und ein oft überraschend treffendes Urteil, lassen also das Entzücken eines Gentz[2] über „alles, was dieser göttliche Karl schreibt," völlig begreifen.

Was ihn nun aber für seine jetzige Mission noch besonders empfahl, war seine Eigenschaft als Militär, auf der fussend, er jede Negoziation ungezwungen ablehnen konnte, und die genaue Kenntnis, die er sich bei den Friedensverhandlungen in Schönbrunn von dem Charakter des Imperators erworben hatte. Auch das spielte mit, dass diesem der einsichtige und fügsame Bevollmächtigte von 1809 als Zeuge für die Ergebenheit Oesterreichs hochwillkommen sein musste.

Am 30. Dezember traf Bubna, durch heftige Gichtanfälle etwas aufgehalten, in Paris ein. Am Abend darauf empfing ihn der Kaiser, und so fand in den letzten Stunden des schicksalschweren Jahres die erste jener langen Unterredungen zwischen Napoleon und oesterreichischen Unterhändlern statt, an denen die Geschichte der Genesis der Freiheitkriege so reich ist. Der Imperator war ungewöhnlich liebenswürdig; gleich in der ersten Minute legte er den Hut ab, scherzte über die persönlichen Verhältnisse des Grafen, den er sichtlich erfreut war wiederzusehen, und führte den armen podagrischen General während der zweieinhalbstündigen Audienz nach seiner Art unaufhörlich im Zimmer auf und ab, so

---

1. z. B. Bubna an Metternich 2. Januar 1813, P. S. 3. Januar: ich habe gleich nach der Audienz meine Depesche No. 1 und die 2te gestern auf deutsch entworfen, und Wacken hat sie übersetzt.

2. Briefe an Pilat 1, 72.

dass dessen geschwollene Füsse bald nicht mehr fort-
gekonnt hätten.[1]

Trotz dieses freundlichen Empfanges war der Eindruck,
den Bubna aus den Tuilerien mit fortnahm, kein günstiger.
Er gestand später, im Anfang seines Pariser Aufenthaltes
in Napoleon nur den Eroberer gesehen zu haben, der eine
grosse Niederlage erfahren hat und nun an nichts anderes
mehr denkt als an Rache und an Mittel, sie sich zu verschaffen.[2] In der That sprach der Imperator so, als wenn
alle Lehren der letzten Monate für ihn verloren gewesen
wären. Er behandelte das ungeheure Gottesgericht geflissentlich *en bagatelle*. Die Russen seien nicht mehr die
Alten, er achte sie geringer als je. Von ihrem nationalen
Fanatismus mache man sehr zu Unrecht soviel Wesens:
Nur die Kronbauern waren für den Kaiser Alexander,
die andern und der Mittelstand waren ganz für mich.
Übrigens sei man in Russland nicht weniger erschöpft als
er, die Infanterie sei vernichtet: zu fürchten habe ich
nichts als einige Kosakenangriffe, die Verfolgung kann sich
höchstens bis zur Weichsel ausdehnen.[3] Alle Schuld an
seinen Misserfolgen schob er auf die Kälte, die bis 20° an-
steigend, seine Soldaten stumpf gemacht habe. Die Elemente hätten ihn besiegt; denn Schlachten habe er keine
verloren. Daneben gefiel er sich ausnahmsweise einmal in
der Rolle des Menschenfreundes. Der Mann von Jaffa ent-
blödete sich nicht, sein Zögern in Moskau damit zu ent-

1. Diese Einzelheiten aus einem Privatbrief Bubnas an
Metternich 2. Januar 1813. H.-A.
2. Bubna an Metternich 8. März 1813: Au commencement
de mon séjour à Paris je n'ai vu dans l'Empereur qu'un con-
quérant après avoir essuyé un grand échec. Vengeance et les
moyens de prendre sa revanche paraissaient exclusivement occuper
son esprit. H.-A.
3. Die Unterredung nach dem Bericht Bubnas bei Oncken
I, 60—67.

schuldigen, dass er es nicht über sich gebracht habe, 2000 tapfere Soldaten verwundet zurückzulassen.[1] Der plötzlichen Abreise von der Armee, auf deren üblen Eindruck Bubna hinwies, wollte er keinerlei symptomatische Bedeutung zuerkennen. Er sei zurückgekommen, um im Innern seines Reiches Anordnungen zu treffen, die ihn so wie so auf sechs Wochen nach Haus geführt hätten. Nächstdem habe er den Engländern und seinem Volk zeigen wollen, dass er noch nicht tot, sondern lebendig und gesund sei. Seine Rückkehr habe denn auch den besten Eindruck gemacht.

Jedenfalls war seine Lust am Krieg durch die jüngsten Erfahrungen nicht erschüttert. Er malte sich in grossen Zügen den Verlauf der nächsten Kampagne aus. „Ich werde Schlachten liefern, das Schicksal wird das Übrige entscheiden" sagte er mit der majestätischen Kürze des Ausdrucks, die ihm zu Zeiten zu Gebote stand. Immer wieder kam er auf die erbetene Vermehrung des Auxiliarkorps zurück. Die Gegengründe des Generals wollte er nicht gelten lassen: Warum könnte der Kaiser von Oesterreich nichts für den Krieg thun? Truppen habt Ihr genug, eine Armee schon mobil in Galizien. Ich wünschte nur 30 000 Mann mehr, worunter 12 000 Mann Reiterei. Habt Ihr kein Geld, so werden wir ein neues Abkommen treffen, und ich verpflichte mich Euch Geld zu schaffen.

Es stand damit nicht im Widerspruch, wenn er die Anträge hinsichtlich der Friedensverwendung sehr freundlich aufnahm. Sie war am Ende von Rüstungen untrennbar, und diese konnten, so rechnete er, nur ihm zu statten kommen. Mindestens musste er so zu einem günstigen Abschluss mit Russland gelangen; es war ja klar, welchen

---

1. Diese Äusserung im Stil der Enthüllung zu behandeln, wie Oncken I, 61 Anm. thut, verbietet doch wohl der bekannte Charakter Napoleons.

Einfluss ein Wort Oesterreichs bei seiner natürlichen
Flankenstellung im Lager des Zaren haben würde. — Er
erklärte mit einer später dann immer wiederholten Phrase,
Kaiser Franz die schöne Rolle des Friedensstifters zu
gönnen, und ging verständnisvoll darauf ein, dass die
Schritte bei Russland und England sich nur als Eingebungen
von dessen persönlichem Wunsch und keinenfalls als eine
von Frankreich eingeblasene Idee darzustellen hätten. Er
gestand offen, einen allgemeinen Frieden für unmöglich zu
halten, da man ihn in London nicht wolle. Immerhin
wünschte er das Kabinet von St. James durch einen ge-
schickten Mann sondiert und versprach als Lohn für die
Befriedung der See das lang begehrte Illyrien.

Ja, Bubna war in der Erfüllung seiner Aufgabe, den
Kaiser reden zu machen, so glücklich, dass er sogar eine
Art Friedensprogramm nach Wien mitteilen konnte. Nun
wies das freilich dürftig genug nur das eine Opfer des
Verzichtes auf die Tilsiter Abmachungen mit Alexander
auf, von dem sich Napoleon Wunderdinge zu versprechen
schien; denn von einer „Rückgabe" Portugals, die er ge-
lobte, konnte im Ernst nicht die Rede sein, und dass er
beim Frieden seine Armeen aus Spanien zurückziehen
würde, das übrigens seiner Dynastie verbleiben sollte, verstand sich eigentlich von selbst.

Aber Metternich glaubte doch Grund zu haben, mit
den Ergebnissen der Audienz zufriedener zu sein als
sein Gesandter. Er sah in jenem Programm nicht das
letzte Wort des Imperators. Vielleicht genügte die Preisgabe der Kontinentalsperre,[1] die er noch Ende November
für ausgeschlossen gehalten,[2] um in ihm Hoffnungen auf
grössere Zugeständnisse zu erwecken; und jedenfalls liess er

---

1. Nichts Geringeres bedeutete jener Verzicht auf die Tilsiter
Abmachungen.
2. Metternich an Zichy 26. Nov. 1812. vgl. oben S. 54.

sich die Freude über die Annahme der oesterreichischen Intervention durch keine *cura posterior* vergällen. Das war doch immer ein Erfolg, den er der täglich wachsenden Schaar seiner Feinde entgegenhalten konnte. Schon am 10. Januar hatte er Stackelberg geschrieben: „Alles beweist mir, dass Napoleon seine Lage erkannt hat"[1], und am Tag darauf bei Empfang von Bubnas Depeschen versicherte er dem französischen Gesandten, der das hocherfreut sogleich durch einen Kurier nach Paris meldete, er finde darin die Bürgschaft für die lange Dauer der Allianz und den Erfolg der Unterhandlungen.[2]

Seine Befriedigung sollte bald noch wachsen. Er hatte von Anfang an den grössten Wert darauf gelegt, seine in diplomatischer Form gestellten Anträge auch in diplomatischer Form beantwortet zu sehen;[3] und es war ganz im Sinne seiner Instruktion gewesen, wenn Bubna gleich während der Audienz um eine offizielle Bestätigung der kaiserlichen Äusserungen gebeten hatte. Damals hatte sich Napoleon ablehnend verhalten: es sei sehr schwierig, dass er im Voraus seinen Rücktritt vom Vertrag zu Tilsit ausspräche. Solche Dinge machten sich besser mündlich ab.[4] Nach einigen Tagen aber besann er sich eines Bessern, und am 17. Januar konnte Graf Otto eine Verbalnote übergeben, die jene Äusserungen so vollständig und rückhaltlos wiederholte, wie man in Wien nur irgend verlangen durfte.[5]

---

1. Tout me prouve que Napoléon a senti sa position. H.-A.

2. Vgl. Ottos Bericht vom 11. Januar. Fain, Manuscrit de 1813. I, 294 ff. Das Präsentatum der ersten Berichte Bubnas ist thatsächlich 11. Januar.

3. Zusatzinstruktion für Bubna 20. Dez. 1812.

4. Oncken I, 66.

5. Extrait de dépêche de Mr. le Duc de Bassano à Mr. le Comte Otto, remis en forme de note verbale par ce dernier le 17 janvier 1813. H.-A.

Da hiess es zunächst von der Intervention: Seine
Majestät werden Sich dem Schritt nicht versagen, den
Oesterreich thun will, Sie werden ihn sogar mit Vergnügen
sehen.[1] Sollte sie ohne Erfolg bleiben, so fehlte natürlich
die Bitte um Vermehrung des Hilfskorps nicht: Seine
Majestät hoffen, dass der Wiener Hof mit der nötigen
Energie handeln wird in einer Sache, die mehr noch die
seinige ist als die Frankreichs.[2] Die Friedensbedingungen
wurden schärfer umschrieben, kein durch Senatuskonsult
einverleibtes Gebiet dürfe dem Reiche entfremdet werden,
die geringste Konzession im Widerspruch mit den ver-
fassungsmässigen Grundsätzen sei unmöglich. „Die
illyrischen Provinzen, Dalmatien, Korfu und ganz Spanien
sind dem Reich nicht verfassungsmässig vereinigt; Seine
Majestät könnten also, im Fall man mit England unter-
handelte, nach den Umständen dazu geführt werden, in
ihren Kompensationsobjekte zu finden."[3] Russland wurden
in sehr gnädigem Ton die alten Anerbietungen erneut:
Wenn es nur von den Verpflichtungen des Tilsiter

---

1. S. M. ne se refusera pas à la démarche que veut faire
l'Autriche, Elle la verra même avec plaisir.

2. S. M. espère que la Cour de Vienne agira avec la vigueur
convenable dans une cause, qui est la sienne plus encore que celle
de la France, et qu'elle portera son corps auxiliaire à 60000
hommes . . . S. M. fournirait les sommes nécessaires.

3. Il y a d'abord un point duquel la France ne se départira
jamais, c'est qu'aucun des territoires réunis par des Senatus-
Consultes ne peut être séparé de l'Empire. En un mot, la plus légère
concession contraire aux principes constitutionnels de la France est
impossible ... Les Provinces Illyriennes, la Dalmatie, Corfou et
aucune partie de l'Espagne ne sont réunies constitutionnellement à
l'Empire, S. M. pourrait donc dans le cas où l'on traiterait avec
l'Angleterre être conduite selon les circonstances à y trouver
des objets de compensation.

Vertrages befreit sein und die Integrität von Russisch-
Polen bewahren will, werden Seine Majestät, was auch
Ihre Vorbereitungen sind, und welches Vertrauen Sie in
Ihre Mittel setzen dürfen, doch nur Ihre Liebe für den
Frieden zu Rate ziehen und dessen Abschluss mit Freuden
sehen.[1] Das Wichtigste war entschieden der Schluss: Indem Seine Majestät sich den Schritten des Wiener Hofes
nicht widersetzen, wollen Sie dabei für Nichts gelten.
Sie wünschen, dass der Wiener Hof sie von sich aus thue
auf eine unabhängige Art und ohne andern Antrieb als
seinen Wunsch, den Frieden wiederhergestellt zu sehen.[2] —
Eine vollständigere Anerkennung des oesterreichischen Ver-
handlungsprinzips war undenkbar.

Und auch die Probe auf das Exempel stimmte, wenngleich es hier ohne die Furcht sich verrechnet zu haben
nicht abging. Die Note befand sich kaum in den Händen
des Ministers, als ihm der Bericht des Herzogs von Bassano
an den Senat offiziell im Entwurf mitgeteilt wurde. Da las
er denn manches, was seine fein berechneten Kreise auf
das Empfindlichste zu stören schien. Das Friedensprogramm
wurde in seiner ganzen Beschränktheit *urbi et orbi* ver-
kündet, die Möglichkeit eines französisch-russischen Sonder-
abkommens betont, endlich hiess es gar: Seine Majestät

---

1. Si elle (la Russie) ne veut qu'ètre affranchie des obli-
gations du traité de Tilsit et conserver l'intégrité de la Pologne
Russe, quels que soient les préparatifs de l'Empereur, quelle que
soit la confiance qu'il doive mettre dans les moyens dont il
dispose, S. M. I. ne consultera que son amour pour la paix et le
verra se faire avec plaisir.

2. En ne s'opposant point aux démarches de la Cour de
Vienne, S. M. I. n'y veut ètre pour rien. Elle désire que la Cour
de Vienne les fasse d'elle-même d'une manière indépendante et
sans autre impulsion que son désir de voir la paix rétablie. Vgl.
Oncken I, 81.

haben Sich geneigt gezeigt, Frieden zu machen.[1] Wurde
das gedruckt, so war es mit Unabhängigkeit und Freiwilligkeit, ja mit der ganzen oesterreichischen Intervention
aus. Dann erschien sie mit Frankreich vereinbart. Oesterreich durfte die Sache des Friedens nicht mehr mit rein
oesterreichischen Gründen verteidigen, sein Gesandter sank
zum französischen Agenten herab[2], und man wies ihm in
London einfach die Thür. Metternich war sehr aufgebracht
und protestierte in einer geharnischten Note (19. Januar)
dagegen, dass das so heilsame Unternehmen einer Friedens-
stiftung in eine zwecklose Blamage ausarte.[3] Aber schon
die nächsten Tage sahen ihn wieder glücklicher als je.[4] Der
Moniteur vom 12. Januar enthielt die anstössigen Stellen
nicht, und ein Brief Bassanos an Otto, den dieser im Auszug in die Staatskanzlei sandte, kommentierte: Ich habe
bei der Drucklegung meines Berichtes alles unterdrückt,
was auf die Unterhandlung Bezug hat. Es war nützlich,
dass der Senat die Neigungen Seiner Majestät für den
Frieden kennen lernte. Sie wünschen ihn für das Wohl

1. Elle (S. M. I.) s'est montrée disposée à faire la paix. Diese
Stelle choquierte am meisten. Für das Ganze Metternichs Verbalnote an Otto 19. Januar 1813. H.-A.

2. La démarche n'est plus simplement autrichienne, elle est
concertée avec la France. L'Autriche n'a plus le droit de
défendre la cause de la paix par des arguments purement autrichiens, elle n'est plus puissance simplement intervenante,
son Envoyé devient dès ce moment porteur de paroles au nom
de la France.

3. Que l'entreprise si salutaire d'une pacification ne dégénère
en une compromission gratuite pour l'Autriche ..

4. Bericht Ottos vom 21. Januar 1813 bei Fain, Manuscrit
de 1813. I, 296 ff. Je sors de chez le ministre que j'ai laissé
extrèmement satisfait des nouvelles de Paris ... Le ministre
est enchanté d'avoir les mains libres. Je ne l'ai jamais vu plus
heureux qu'aujourd'hui.

Ihrer Völker. Aber Sie haben nicht geglaubt, Ihrem Wunsch eine Publizität geben zu sollen, die den Schritten Oesterreichs schaden könnte.[1]

Doch nicht aller Schriftwechsel mit Paris war so freundlicher Natur. Vielmehr zeigte sich gleich in den ersten Stadien der Verhandlung der verhängnisvolle Fehler der französischen Politik, bei grosser Nachsicht in der Sache oft zur ungelegensten Stunde durch unpassende und beleidigende Formen den in dieser Hinsicht sehr empfindlichen Wiener Hof zu verletzen. Es war eben so, wie Bubna berichtete: man entsagt hart der süssen Gewohnheit, allen Völkern gebietend zu sprechen, es kostet ihnen viel, andere Nationen als selbständige Wesen zu behandeln.[2]

Napoleon hatte von dem oesterreichischen Gesandten manches hören müssen, was ihm unangenehm in die Ohren klang. Der Grund konnte nur sein, dass man in Wien den russischen Bulletins zu viel Glauben beimass. So suchte er denn in einem Brief an Kaiser Franz,[3] der nach Umfang und Ton allem Hohn sprach, was sonst im schriftlichen Verkehr von Souverainen üblich ist, deren „platte Erfindungen", „Verrücktheiten" und „Fälschungen" gründlich zu widerlegen (7. Januar). Gegen das, was er hier mit krämerhafter Geschäftigkeit an Zahlen, Daten und Notizen zusammentrug, erschien selbst die Sprache in der Sylvesteraudienz noch einsichtig und wahr. Zu einer Zeit, wo der Name „grosse Armee," wie Bignon so schön sagt, nur noch

1. Otto an Metternich 20. Januar teilt aus einem Reskript Bassanos mit: J'ai supprimé dans mon rapport en le donnant à l'impression tout ce qui est rélatif à la négociation. Il était utile que le Sénat connût les dispositions de S. M. pour la paix. Elle la désire pour le bien de ses peuples. Mais Elle n'a pas cru devoir donner à son vœu une publicité qui pourrait nuire aux démarches de l'Autriche. H.-A. vgl. auch Oncken I, 81.

2. Privatbrief an Metternich 31. Januar 1813. H.-A.

3. Oncken I, 393—396.

eine Grabschrift war,[1] wagte er ihre Stärke auf mehr als
200000 Streiter anzugeben, wie sich denn sogar der ver-
ständige Graf Otto zum Träger einer Nachricht gemacht
hatte, wonach die Franzosen nur 40000 Mann verloren
haben sollten.[2] Es war noch viel, dass er zugab, seine
Truppen hätten gelitten. Dafür versicherte er mit unfrucht-
barer Sophistik, dass die Russen ihm keine Kanone, keinen
Adler, vor der Fahne von einigen Tirailleurs abgesehen
auch keine Gefangenen abgenommen hätten. Mitte März
wollte er 300 Bataillone an Elbe und Oder haben. Er
prahlte den neuen Feldzug mit einem Heer beginnen zu
können, das um ein Drittel grösser sei als das der letzten
Kampagne. Der Ausgang sei nicht zweifelhaft. Wenn er
sich trotzdem den Friedensverhandlungen Oesterreichs fügte,
so säumte er nicht, diese „Gefälligkeit" in das rechte Licht
zu stellen.

Noch stärker drückte sich die bedientenhafte Beflissen-
heit des Herzogs von Bassano aus, der dem Brief des Ge-
bieters ein Schreiben an Metternich beifügte (8. Januar).[3]
„Und wenn die grosse Armee bis zum letzten Mann im
Niemen ertrunken wäre, würden wir nicht weniger imstande sein, im Frühling mit der gewohnten Überlegenheit
unserer Waffen wieder auf dem Plan zu erscheinen," liess
er sich im Ton des Orakels vernehmen. Er leugnete, dass
die Verhältnisse ausserordentliche Massregeln erheischten,
die gewöhnlichen Mittel reichten vollständig aus; der Kaiser
habe an Geld, Menschen und guter Meinung alles, um noch
grössere Dinge zu thun, als er bereits geleistet. — Doch
das war nur Vorspiel, in der Hauptsache kam es ihm darauf an, mit dem Wiener Kollegen über das Wort von den

---

1. Bignon XII, 44. Ce nom n'était plus qu'une épitaphe.
2. Otto an Metternich 1. Januar 1813 auf Grund der Mitteilungen eines neapolitanischen Kuriers. H.-A.
3. Oncken I, 396—400.

fünfzig Millionen abzurechnen, die sich auf Oesterreichs
Wink erheben würden. Durch eigene Zufälligkeiten hatte
er erst eben davon erfahren. Floret, dem freigestellt war,
von seinen Weisungen nicht in ganzem Umfang Gebrauch zu
machen,¹ muss den Passus unterdrückt haben, und der Bericht des französischen Gesandten vom 16. Dezember 1812,
der ihn auch enthielt, hatte, noch nach Wilna adressiert,
Paris um vierzehn Tage zu spät erreicht.² Nun war be-
greiflich, dass die versteckte Drohung hier Schrecken und
Ärger erregte, aber im Grunde handelte es sich nur um
eine gelegentliche Äusserung, und das thatsächliche Verhalten der oesterreichischen Regierung war bisher streng
loyal gewesen. So hätte die Klugheit geboten, gleich hier
jene Kunst des Ignorierens zu üben, die man später doch
erlernen musste. Sattdessen fuhr Bassanos schwerstes
Geschütz auf. Der Kaiser sehe darin nur die Meinung
von Koterien, sonst hätte er auf der Stelle ausserordentliche Massregeln ergriffen. Wenn Metternich von 50 Millionen Anhängern Oesterreichs rede, wieviel würden dann
erst unter den Fahnen Frankreichs marschieren? Er wolle
nicht einen Augenblick an der Bundestreue des Ministers
zweifeln. Sollte sich aber der Wiener Hof wirklich den
Intriguen hingeben, die man rings um ihn anzettele, und
auf längst zerstörte Illusionen zurückkommen, so würde
die Existenz beider Kaisermächte gleichermassen problematisch werden. Das war verständlich, und zu allem Überfluss wiederholte er es noch einmal mit denselben Ausdrücken und fügte die Andeutung bei, dass auch der Einfluss der Familienbande, so heilsam er wirkte, doch nicht
über jeden Zweifel erhaben sei. Schliesslich setzte er fast
beleidigend einen Termin für den Widerruf an. Am 1. Fe-

1. Oncken I, 384.
2. Fain, Manuscrit de 1813. I, 288.

bruar werde der gesetzgebende Körper eröffnet; bis dahin
müssten auch die leisesten Wolken zerstreut sein.

Man kann nicht sagen, dass diese Sprache in Wien
ganz ihres Eindrucks verfehlt hätte. Metternich gebärdete
sich in seiner vortrefflich stilisierten Antwort (28. Januar)[1]
als die gekränkte Unschuld. Er zog sich gegenüber dem
Bericht Ottos, für den er keine Verantwortung trage,
auf die Weisungen an Floret zurück. Die inkriminierte
Äusserung wiederholte er zwar, aber in abgeschwächter
Form[2] und im Zusammenhang erbaulicher Betrachtungen
über die Abneigung seines Kaisers gegen jene Gesellschaften der Finsternis, die eine weise Politik fort und
fort bemüht gewesen sei seinem Land fern zu halten.
Ja, sogar zu einer sachlichen Konzession liess er sich —
mindestens scheinbar — herbei. Bassano hatte die Zurücksendung Neippergs nach Stockholm umso mehr gemissbilligt,
als man mit dessen Benehmen in Berlin unzufrieden gewesen war.[3] Sofort (16. Januar) erging an Zichy die
Weisung, den Grafen in Berlin zurückzuhalten oder ihm
doch, falls sie ihn noch irgend vor seiner Einschiffung erreichen könnte, die Ordre zur Verschiebung der Reise nach-
zuschicken.[4]

Indessen dies beides betraf doch nur Nebendinge; in
seinem allgemeinen Gang liess sich Metternich durch keine
Drohbriefe von Paris her beirren. Vielmehr wurden gerade
in den Tagen nach ihrem Empfang unter seiner Mitwirkung
Entschlüsse gefasst, durch die ein ganz neues Element in
die Verhandlungen mit Frankreich kam. Bisher hatten sich

1. Oncken I, 400—402.
2. Jetzt waren es nur noch ganz allgemein „Millionen", die
Oesterreichs feste und unerschütterliche Haltung in richtigen
Grenzen hielt. S. 401.
3. Oncken I, 399 f.
4. Metternich an Zichy 16. Januar, an Neipperg 16. Januar
H.-A. Die Ordre erreichte den Gesandten nicht.

diese streng auf dem Boden des Märzvertrages bewegt; jetzt
geschah der erste Schritt darüber hinaus zur Unabhängigkeit.
Es war kein Zufall, dass der Anlass von den Verhältnissen des Auxiliarkorps ausging. Wir sahen, wie dessen
Teilnahme am Krieg gegen Russland von der Hofburg mehr
und mehr als ein lästiges Hindernis der ersehnten Independenz empfunden werden musste. Es lag tief in der Ent-
stehungsgeschichte der Allianz begründet, dass man die
aktive Neutralität, die man doch nur geschaffen, um an
den Vorteilen eines französischen Sieges Anteil nehmen zu
können, jetzt, wo dieser ausgeschlossen schien, in eine einfache Neutralität zu verwandeln wünschte. Immerhin
hätten solche allgemeinen Stimmungen nicht so rasch zu
einer Entscheidung geführt, wenn nicht sehr spezielle
Gründe militärischer Art hinzu gekommen wären. Das Korps
Schwarzenbergs durfte als ein sehr wesentlicher und wert-
voller Teil der oesterreichischen Armee gelten. Es hatte in
den Kämpfen und Märschen eines wechselreichen Feldzuges
auf schwierigem Terrain die schätzbarste Kriegserfahrung
erworben; mehr als nötig aus Kadres zusammengesetzt[1] —
es zählte an 20 Regimenter[2] — bedeutete es einen uner-

---

1. vgl. Metternichs nachgelassene Papiere I, 126. Die
Absicht des Hofkriegsratspräsidenten wäre danach gewesen,
durch die Ausfüllung der Kadres mit Mannschaft eine grössere
Streitmacht bereit zu stellen. Wirklich ist schon 1812 befohlen
worden, die 3. Bataillone und 3. u. 4. Divisionen der zum
Auxiliarkorps bestimmten Regimenter auf den kompletten Kriegsfuss zu setzen. Das war aber am 14. Mai 1813 noch nicht
geschehen ·(Konferenzprotokoll v. 14. Mai 1813. K.-A.). Was
Metternich weiter von einem Observationskorps in Böhmen sagt,
ist Verwechslung mit den Rüstungen im Frühjahr 1813.

2. Ebenda; genauer 19 Regimenter, 6 Bataillone (Jäger,
Grenzer, Grenadiere); vgl. die Tabelle bei Angeli a. a. O. S. 12f.
Das Korps, anfangs 25 Bat., 44 Schwadronen, 8 Kompagnien stark,
wurde während des Feldzugs noch ergänzt, so dass es in einer

setzlichen Stamm für neue Mobilmachungen; vor allem: es
stellte mit den 30—40000 Mann im fernen Osten Galiziens
und Siebenbürgens die einzige Macht dar, über die man
aus dem Stegreif verfügen konnte. So war seine Erhaltung
für Oesterreich recht eigentlich Lebensfrage, und diese
wurde akut, seit sich französische Winterquartiere an der
Weichsel, mit denen man noch am 13. Dezember als dem
schlimmsten, wenngleich wahrscheinlichen Fall gerechnet
hatte,[1] mit wachsender Sicherheit als unmöglich ergaben.
Durfte man zusehen, wie seine besten Truppen in die Flucht
der grossen Armee mit hineingerissen oder gar als Grenz-
hut an der Weichsel in nutzlosen Gefechten verbraucht wurden?

Anfangs hatte man gehofft, durch eine gütliche Einigung
mit dem Bundesgenossen um dies Schlimmste herumzu-
kommen. Schwarzenberg erhielt den Befehl, beim französischen Hauptquartier eine Dislozierung an der galizischen
Grenze zu beantragen[2], und Bubna sollte diese Bitte dem
Imperator persönlich vortragen.[3] Aber Napoleon bemerkte
nur einmal ganz beiläufig und unverbindlich: Wenn der
Kaiser von Oesterreich meine Bedingungen nicht annehmbar
findet, so wird es ihm frei stehen, die 30000 Mann, die bei
meiner Armee sind, zurückzuziehen;[4] im übrigen wich er
beharrlich aus und liess durch seinen Minister eine runde
Absage erteilen.[5] So blieb denn nur der Weg der Selbst-
hilfe, und alles lud ein, ihn zu betreten.

Ordre de bataille, Konskie 16. Februar 1813 32 Bat., 50 Schw.
und in dem Alleruntertthänigsten Präsidialvortrag vom 16. April
1813 32 Bat., 50 Schw., 11 Komp. aufweist. K.-A.

1. Metternich an Zichy 13. Dez. 1812: Napoléon sera probablement forcé à prendre ses quartiers d'hyver sur la Vistule. H.-A.

2. Vgl. oben S. 57.

3. Weisungen vom 20. Dez. 1812. Oncken I, 392. Reskript
vom 3. Januar 1813. ebenda S. 99.

4. Ebenda S. 66.

5. Cristo S. 204.

Seit[1] den letzten Tagen des Jahres 1812 war von einem
eigentlichen Krieg zwischen Russen und Oesterreichern
nicht mehr die Rede gewesen. Kam es einmal zu Schar-
mützeln, so wurden die Gefangenen alsbald zurückgestellt,
oft unter schmeichelhaften Versicherungen wie: man sehe die
oesterreichischen Waffen allezeit lieber neben als gegen sich.
Die Stimmung der oesterreichischen Soldaten und namentlich
Offiziere kam dem entgegen. Sie waren mit der Regierung,
die sie zu Mitstreitern der verhassten Franzosen machte,
sehr unzufrieden,[2] und wieder wie im Herbst 1809[3] hörte
man gelegentlich die herbsten Urteile über den kaiserlichen
Herrn: Das Jahrhundert sei nicht das Jahrhundert der
Dynastien. Was gingen die Deutschen die entarteten Ge-
schlechter an, die sie beherrschten? Der Sturz dieser
Familien sei das kleinste Unglück.[4]

Der Feldmarschall selbst hatte sich alle Mühe gegeben,
den thatsächlichen Waffenstillstand der Vorposten in einen
rechtlichen mit 24- oder 48 stündiger Kündigung zu verwandeln und war von Murat und Berthier in dieser löblichen
Absicht eifrig bestärkt worden;[5] dem aber wich man auf

1. Für die Darstellung des Folgenden durfte ich wichtige
Aktenstücke des Fürstl. Schwarzenbergischen Archivs zu Worlik
benutzen, die in beglaubigten Abschriften auf dem Kriegsarchiv
in Wien unter den Feldakten des Auxiliarkorps aufbewahrt sind.

2. Schwarzenberg selbst sagte zu Anstett: Ich zweifle, ob
unter meinen Truppen ein einziger Mann ist, der nicht mit
Widerwillen in den Krieg für die Sache Frankreichs gezogen
wäre. Criste S. 193 f.

3. Gentz, Tagebücher I, 183, 188.

4. Bignon XI, 439 f.

5. König v. Neapel an Schwarzenberg 23. Dez. 1812: Je
apprendrai surtout avec plaisir que Vous avez conclu un armistice
tacite et non par écrit qui Vous mettrait à même de bien assoir
Vos quartiers d'hyver et de Vous y refaire de Vos grandes
fatigues. Ebenso der Herzog v. Neufchatel 24. Dez. 1812. H.-A.

der Gegenseite aus: es finden keine Feindseligkeiten zwischen Oesterreich und Russland mehr statt, daraus gehe Waffenruhe von selbst hervor, und am 6. Januar erschien der Staatsrat Anstett mit ganz andern Anträgen zu Ostrow in der Nähe des oesterreichischen Hauptquartiers.[1]

Der eifrige Elsässer war in der Hofburg keine beliebte Persönlichkeit. Eben Schwarzenberg hatte 1809 als Gesandter in Petersburg über seine missgünstigen Berichte offiziell Klage führen müssen. So ging es bei der Zusammenkunft ohne eine gewisse Peinlichkeit nicht ab.[2] Indessen Anstett war nicht der Mann, sich lange von dergleichen Erinnerungen anfechten zu lassen; er begann also zunächst Stimmung zu machen, erzählte viel von dem Wunsch seines Herrn, die alten Beziehungen zwischen beiden Reichen wiederaufleben zu sehen, und gab in richtiger Erkenntnis dessen, was in Wien am meisten von einem Anschluss an Russland abhalten konnte, die feierliche Versicherung, dass weder eine Wiederherstellung Polens noch ein Wechsel der regierenden Dynastie in Frankreich irgend in Frage kommen werde. Alles sei bereit, Oesterreich wieder in den Besitz seiner alten Provinzen zu setzen, da werde es doch nicht die Fortschritte der russischen Heere aufhalten wollen, deren Anstrengungen von nun an nur dem einen Zweck der Wiederherstellung des europäischen Gleichgewichts geweiht wären.

Nach dieser schwungvollen Einleitung zog er eine von Kutusoff gezeichnete Vollmacht hervor und beantragte einen Waffenstillstand auf drei Monate. Als Demarkationslinie bot er nach einer geheimen Instruktion nichts Ge-

---

1. Schwarzenberg an Herzog v. Neufchatel. Pultusk 8. Jan. 1813: Étant arrivé à Ostrow le 6 à midi, j'y ai reçu bientôt après Mr. Anstädt, qui a le grade de général, mais qui se trouve depuis longtemps employé dans la diplomatie. K.-A.

2. Vgl. Schwarzenbergs Bericht an Metternich. Pultusk 8. Januar 1813. Oncken I, 427—429.

ringeres, als die alte galizische Grenze, Lublin und Krakau
inbegriffen. Natürlich könne die Waffenruhe nur partiell
sein; denn der französischen Armee werde man sie nicht
einmal an der Oder gewähren.

Schwarzenbergs Lage demgegenüber war sehr schwierig.
Er betonte mit edler Würde, dass Pflicht und Ehre und
nicht persönliche Neigung das Verhalten eines Soldaten
bestimme, bekannte sich als solidarisch mit den Bundesgenossen und deshalb ausser Stande, auf einen Waffenstillstand einzugehen, der nicht auch sie umfasse; aber ganz
ablehnen konnte er so, wie die Dinge lagen, doch nicht.
Es war klar, dass die Russen nicht gutwillig auf den Marsch
zur Oder verzichten würden, erst kürzlich am Weihnachtstage hatte ihm General Scherbatoff versichert, man bedürfe
keiner Ruhe;[1] so wäre denn eine Schlacht unvermeidlich
gewesen, deren Last bei dem jämmerlichen Zustand der
französischen Truppen seine 30 000 Mann allein hätten aus-
halten müssen. Zu diesen Erwägungen kamen die Befehle
aus Wien, die ihn anwiesen, sich an die galizische Grenze
heranzuziehen. Kurz, er erklärte sich bereit, „Mittel zu
suchen, die ohne im geringsten der Ehre seiner Armee zu
nahe zu treten, doch die Möglichkeit zur Vermeidung von
Verwicklungen böten, wie sie, ohne ein wirkliches Resultat
zu Gunsten der alliierten Armeen herbeizuführen, nur zu
unnötigem Blutvergiessen Anlass geben könnten“; und erbot
sich in Anwendung dessen den Übergang über die Weichsel
auszuführen, wenn ihn ein starkes Korps gegen Grodno und
Plock mit Umgehung bedrohe und zugleich Reynier — der
General des mit ihm vereinigten VII. französischen Korps —
genötigt wurde, sich auf Praga rückwärts zu konzentrieren.
Des weiteren würde er sich durch drohende Bewegungen
der Russen gegen Radom hinlänglich berechtigt halten, an

1. Schwarzenberg an Herzog v. ●Neufchatel. Warschau
2. Januar 1813. K.-A.

die Piliza zurückzugehen und dort Winterquartiere zu beziehen;
da aber diese Verabredungen bindende Kraft nur haben könnten,
falls sein Kurier ihm die nötige Autorisation seiner Regierung
zurückbrächte, bat er, bis zu dessen Rückkehr alle russischen
Bewegungen einzustellen. In diesem Sinn war auch die
äusserst taktvolle schriftliche Antwort an den Zaren abgefasst, auf der Anstett bestand. Sie gab zugleich die Versicherung, dass sein Souverain mit Eifer alle Mittel ergreifen
werde, um Ordnung und Ruhe in Europa wiederherzustellen,
doch nur soweit das ohne Abweichung von seinen strengen
Grundsätzen von Rechtlichkeit und Loyalität geschehen könne.[1]
    In Wien hatte man eben eine Ordre ausgestellt, die
dringend „eine mündliche Übereinkunft zwischen den beider-
seitigen Vorpostenkommandanten gegen eine Aufkündigungszeit auch nur von wenigen Stunden" empfahl, als der Bericht Schwarzenbergs einlief (16. Januar).[2] Sofort erging ein
zweiter den neuen Verhältnissen angemessener Befehl. Man
war im wesentlichen mit den Intentionen des Feldmarschalls
einverstanden, zeigte sich aber noch ängstlicher bemüht,
keine Ombrage zu machen. Reynier sollte in die Verab-
redung eingeschlossen, womöglich nicht ein förmlicher Waffenstillstand, sondern nur die Kündigungsfrist ausbedungen,
diese wieder nach der Stellung des französischen Heeres
bemessen werden, umso länger, je weiter es entfernt und je
weniger widerstandsfähig es sei; denn noch immer rechnete
man mit einer Aufnahme der Offensive.[3] Vor allem erregte

---

1. Schwarzenberg an Kaiser Alexander 8. Januar 1813:
Les intentions de mon Souverain me sont suffisamment connues
pour pouvoir assurer d'avance qu'il saisira avec empressement tous
les moyens qui se présentent pour rétablir l'ordre et la tranquillité
en Europe, sans cependant dévier de Ses principes sévères de
droiture et de loyalité. K.-A.
    2. Das Präsentatum: 13. Januar bei Oncken I, 427 ist irrig.
    3. Allerhöchstes Handschreiben an Schwarzenberg, 16. Jan.
1813. An der entscheidenden Stelle wird eingeschärft, „dass die

die angebotene Demarkationslinie die grössten Bedenken.
Piliza und Bug hatten die Grenze des 1809 abgetretenen
Westgalizien gebildet. Wenn man sie jetzt besetzte, so
konnte leicht der Verdacht entstehen, als sei es Oesterreich
um Occupation seiner alten Provinzen zu thun. Mindestens
Lublin und das rechte Weichselufer durften nicht einbezogen
werden, da nach dem Übergang über die Weichsel keine
strategischen Erwägungen für die Besetzung dieser Gegenden
sprachen. Vielmehr wünschte man eine Linie, die von der
Weichsel auf die Piliza zuliefe, diese durchschnitte, Czen-
stochau einschlösse und dann an die preussische Grenze
anstiesse.

Es war am 23. Januar, dass der Kurier mit dem
kaiserlichen Handschreiben in Pultusk beim Fürsten anlangte. Der hatte sich inzwischen von den Polen und vom
Vizekönig bestürmt gesehen, Warschau und Modlin zu
halten, aber seine ehrliche Überzeugung von der Unmöglichkeit solchen Beginnens war nicht erschüttert worden.
Modlin forderte zu seiner Verteidigung 8—10000 Mann,
während es doch nur 3000 Unterkunft bieten konnte. An
bombensicheren Baulichkeiten fehlte es mit Ausnahme eines
Pulvermagazins und einer Bäckerei gänzlich. Die Besatzung
bestand aus zwei littauischen Regimentern, die noch nicht
einmal gekleidet waren. Von den drei Kronwerken waren
nur zwei in Verteidigungszustand. Warschau zu halten

Aufkündigung dieses Waffenstillstands nach der Lage bemessen
werde, die Sie von der alliierten Armee haben werden; je
weiter nämlich diese von Ihnen entfernt sein wird, und je weniger
sie imstande ist, einigen Widerstand zu leisten, desto länger
kann die Aufkündigungszeit sein, die Sie festsetzen können, weil
der alliierten Armee bei ihrer weiten Entfernung von Ihnen selbst
auch, wenn selbe in den Stand gesetzt sein wird, die Offensive
wieder zu ergreifen, von keinem Nachteil sein kann, ob alsdann
bei Meinem Auxiliarkorps die Feindseligkeiten um einige Tage
früher oder später den Anfang nehmen." K.-A.

machte die Jahreszeit schwierig. Da die Weichsel aller Orten zugefroren war, hätte man in der Stadt selbst als auf dem dominanten Ufer Aufstellung nehmen müssen, dann aber wäre man bei der Überlegenheit der feindlichen Kavallerie leicht mit der Verpflegung ins Gedränge gekommen.[1] So wies Schwarzenberg Eugens Verlangen mit der Bemerkung zurück, dass der Hauptzweck dermalen sein müsse, die noch übrigen Streitkräfte möglichst zu erhalten,[2] und trug unbekümmert um das „thörichte" Gerede der Warschauer kein Bedenken, von seinen neuen Weisungen in ganzem Umfang Gebrauch zu machen. Gleich am 24. Januar fand zu Wyszkow eine zweite Unterredung mit Anstett statt, der sich aus dem russischen Hauptquartier unverzüglich wieder zu den Vorposten begeben hatte.[3] Es wurde verabredet, dass das Auxiliarkorps sich successive nach Warschau, hinter die Piliza und bis Ende Februar in eine Linie zurückziehen würde, „die von Josefow längst dem Kamienabach über Kunow, Bodzecin längst den Gebirgsländern bis Lapuschno auf der Poststrasse über Malagosz nach Zarnovice an der alten Westgalizischen Grenze führt."[4] Erhielte diese Linie Billigung, so sollte ein Artikel über einen Waffenstillstand unter dem Siegel grösster Verschwiegenheit aufgesetzt, von den beiden Marschällen gezeichnet und ausgewechselt werden. Die Kündigung würde eine vierzehntägige sein.[5] Damit war das eigentliche Geschäft bereits

1. Schwarzenberg an Kaiser Franz 23. Januar 1813 (vor Empfang der Ordre vom 16.). K.-A.
2. Schwarzenberg an den Vizekönig 19. Januar 1813. K.-A.
3. Anstett an Schwarzenberg 2/14. Januar 1813: L'Empereur a voulu que je retournasse immédiatement aux avantpostes pour y entendre la réponse que V. A. m'a fait espérer dans le terme de 15 jours. K.-A.
4. Vgl. Martens, Recueil des traités conclus par la Russie III, 91.
5. Résumé de la conversation du 12/24 janvier 1813. K.-A.
. . . . Si cette ligne est adoptée, il sera passé un article de

perfekt, und es wollte nicht mehr viel sagen, dass die Konvention sechs Tage später auch in aller Form unterzeichnet wurde (30. Januar).

Sie war unzweifelhaft ein Akt von grösster Tragweite. Sie erleichterte den Vormarsch der Russen nach der Oder, schuf freiere Bahn für eine Verständigung der beiden Kaiserhöfe des Ostens und lockerte das Abhängigkeitsverhältnis zu Frankreich. Aber man sollte sich doch auch vor Überschätzung in Acht nehmen. Das Auxiliarkorps trat noch nicht aus dem Kriege aus. Indem es statt des beantragten Waffenstillstandes auf drei Monate nur einen solchen auf unbestimmte Zeit schloss, wahrte es sich die Möglichkeit, durch die vierzehntägige Kündigung nur wenig behindert, jederzeit mit dem Bundesgenossen zusammen die Feindseligkeiten neu zu beginnen, und diese blosse Möglichkeit musste bei seiner gefährlichen Flankenstellung das russische Heer zu einer der französischen Sache günstigen Vorsicht und Langsamkeit der Operationen veranlassen. So handelte es sich vorerst nicht um einen Bruch der Allianz, sondern nur um eine durch die Umstände entschuldigte Überschreitung der Kompetenz.

Es war von höchster Wichtigkeit, dieser Auffassung bei Napoleon Eingang zu verschaffen. Dabei half Metternich wieder einmal sein bekanntes Glück. Nachdem die entscheidende Ordre ergangen war (16. Januar), wurden die Abreise Mürats von der Armee und die Verlegung des grossen Hauptquartiers nach Posen in Wien bekannt, beides Thatsachen wie gemacht, einen Rückzug der Oesterreicher auf Krakau und in weiterer Folge einen Waffenstillstand nachträglich zu rechtfertigen. So that denn der Minister, als ob es ein Handschreiben vom 16. Januar überhaupt

---

Convention sous le sceau du plus grand secret pour un armistice. Cet article sera signé réciproquement des deux maréchaux et échangé entre eux. La dénonciation sera de 15 jours.

nicht gäbe, und setzte wie unter dem frischen Eindruck jener Nachrichten mit sorgfältiger Auswahl jedes einzelnen Wortes höchst persönlich ein neues auf, das, für Schwarzenberg *moutarde après dîner*, in den Verhandlungen mit Frankreich umso bessere Dienste leisten konnte (24. Januar).[1] Es führte die Waffenruhe, deren Details doch schon vor acht Tagen beraten waren, als ein völliges Novum ein und knüpfte sie heuchlerisch an eine Fülle von Voraussetzungen und Kautelen. Nur wenn kein anderes Mittel mehr bliebe, um nicht die Verbindung mit Krakau zu verlieren, sollte der Feldmarschall zu ihrem Abschluss ermächtigt sein. Zur sachlichen Rechtfertigung hiess es allerdings deutlich genug: Mein Auxiliarkorps mit den Sachsen allein kann ohnehin nichts unternehmen, was den letzten Überbleibseln der alliierten Armee von irgend einem noch so geringen Nutzen sein könnte.[2]

Auch an direkten Entschuldigungen liess man es nicht fehlen. Kaiser Franz versicherte, die selbständigen Weisungen nur erteilt zu haben, „da der Stellvertreter Ew. Maj. die Armee verlassen hat,"[3] und Metternich beeiferte sich erklären zu lassen, dass das Auxiliarkorps deshalb um nichts weniger unter dem unmittelbaren Befehl Napoleons bliebe. Wenn man es auch an die andern Korps heran-

---

1. In französischer Fassung bei Oncken I, 408. Das deutsche Original, nach dem ich zitiere, unter den Vorträgen Metternichs. H.-A.

2. Dass man den rein ostensiblen Charakter dieser Ordre bisher verkannt hat, erklärt sich aus der Unkenntnis des Handschreibens vom 16.; immerhin hätte es auch früher schon auffallen sollen, dass die Antwort auf russische Anerbietungen, die man seit dem 16. hatte, erst am 24. erfolgt sei, und dass der wichtigste Bestandteil der bei Martens abgedruckten Konvention, nämlich der Rückzugsplan, eben von jenem Tage datiert, an dem der angeblich entscheidende Befehl erst die Staatskanzlei verliess.

3. An Napoleon 24. Januar 1813. Oncken I, 407.

zöge, sei man doch weit entfernt, Natur und Zweck der
verschiedonon Heerestoile zu vermengen.[1]

Aber bei alledem blieb die Sache doch sehr misslich.
Wer stand dafür, dass nicht der Imperator durch den Wald
von Phrasen hindurch nur die oino Thatsacho der Preis-
gabo der Weichsellinie selion und don Befehl an Schwarzenberg mit der That Yorks auf eine Linie stellen würde?
Bubna ging einen schweren Gang, als er sich in der Frühe
des 3. Februar in die Tuilerien begab, um sich der neuesten
Aufträge seines Hofes zu entledigen.

Napoleon war zunächst die gute Laune selbst.[2] Er
sprach seine Freude über den Beginn der Friedensverhandlungen aus und gestand, da Kaiser Franz sich über den
Mangel an Vertrauen in jenem Brief vom 7. Januar beklagt hatte, mit gewinnender Offenheit den begangenen
faux pas ein. „Das ist ein Geschwätz, ich hätte es
mir schenken können. . . Teilen Sie Ihrem Herrn mit,
dass mir nichts ferner lag als die Absicht zu drohen.“
Aber kaum hatte er von den auf das Auxiliarkorps
bezüglichen Aktenstücken Kenntnis genommen, als seine
Stimmung jäh umschlug. Das sei ein schlechtes Stück,
gegen den Vertrag, ein erster Schritt zum Abfall, sprudelte
er hervor. Wenn das Korps von seiner Armee getrennt
würde, sei es gleich Null für seine Zwecke. Mit dem
Scharfblick, der ihn auszeichnete, orkannte er, dass die bewaffnete Vermittlung im Hintergrund aller Schritte Metternichs lauere: Ich habe Eure Intervention für den Frieden
angenommen, ein bewaffneter Vermittler passt mir nicht.
Bisher hatte er sich der Einsicht, dass Oesterreichs Stellung
zu ihm eine andere geworden war als die des bescheidenen
Alliierten von 1812, beharrlich verschlossen. Noch eben
hatte er im Hinblick auf York von Schwarzenberg gesagt:

---

1. An Bubna 25. Januar No. 2. Oncken I, 405.

2. Für das Folgende: Oncken I, 103 ff. auf Grund des
Bubnaschen Berichtes vom 3. Februar.

Das ist ein Mann, dessen ich sicher bin und auf den ich
bauen kann.[1] Jetzt wurde ihm klar, dass um Oesterreich
beim Bunde zu erhalten, doch wohl etwas Positives geschehen müsse. Er überlegte laut: Ich vertraue auf den
Kaiser und auf Metternich, aber man kann sich nicht verhehlen, dass ich . . . dass Frankreich Oesterreich viel
Böses zugefügt hat. Das lässt ein Gefühl der Bitterkeit
zurück, das nicht so leicht verwischt werden kann. Und
dann deutete er sehr verständlich die Möglichkeit einer
Modifikation des Märzvertrages an: Als ich bemerkte, dass
der Vertrag von Tilsit Russland lästig wurde, habe ich
Vereinbarungen vorgeschlagen; ich war bereit zu unterhandeln, aber Russland wollte nicht. Das ist der Gang
meiner Politik. Man hält mich für einen Hitzkopf; man irrt
sich, ich bin ein Rechner; ich wäge meine Mittel und die
der andern. Ich bin aufrichtig, ich verhehle mir nicht,
welchen Einfluss ein Wechsel des politischen Systems in
Oesterreich auf meine Angelegenheiten haben könnte.[2]

Sein Verhalten in der nächsten Zeit entsprach diesen
Worten. Noch am selben Abend liess er Bubna bitten, die
Unterredung vom Morgen entweder ganz zu unterdrücken
oder nur das Angenehme daraus zu melden,[3] und verdoppelte
fortan die Rücksichten gegen ihn.[4] Die Ordre an Schwarzenberg bezeichnete Bassano sogleich als nur schlecht abgefasst,[5]

---

1. Voilà un homme dont je suis sûr et sur lequel je puis
compter. Floret an Metternich 1. Februar No. 4 c. H.-A.

2. Vgl. Criste S. 228f., Bignon XI, 323. Oncken I, 107
teilt aus der ganzen, so überaus wichtigen Stelle nur den kleinen
Satz mit: On me croit une tête emportée, on se trompe, je suis
un homme de calcul. Je pèse mes moyens et ceux des autres.

3. Oncken I, 107, Criste S. 229.

4. Floret an Metternich 12. Februar. Criste S. 229.

5. L' ordre donné au Prince Schwarzenberg n'est qu'éventuel.
Cet ordre, comme l'observe l'Empereur, n'est au plus que mal
libellé. Bericht Bubnas 4. Februar. Criste S. 229 Anm. 2.

und des Weiteren überging man den Zwischenfall so völlig mit Stillschweigen, als wäre alles, was gethan war, wohlgethan.[1] Der Gesandte kam nie in die Verlegenheit, die Argumente, die ihm von Wien zur Verteidigung soufliert wurden,[2] zu gebrauchen. Später, als er dann die Waffenstillstandskonvention selbst zur Kenntnis der französischen Regierung brachte, erklärte man sich mit diesem *arrangement de général à général*, mit der Demarkationslinie und vor allem der kurzen Kündigungsfrist sogar ganz einverstanden.[3]

Metternich triumphierte. Ob er die Dinge nun vom persönlichen oder vom politischen Standpunkt ansah, er hätte sich keine bessere Entwickelung wünschen können. Um die Jahreswende waren seine Freunde nicht ohne Sorge wegen eines möglichen Sturzes gewesen,[4] jetzt erhielt er durch Ernennung zum Kanzler des Theresienordens einen weithin sichtbaren Beweis des kaiserlichen Vertrauens, und die Lage des Staates war derart, dass er das stolze Versprechen wagen durfte: „Wir sind an den Tag der Entscheidung gelangt. Die Tugenden Ew. Majestät werden den Lohn ernten, der in der Länge nur guten Regenten vorbehalten ist."[5] Mit wie geringen Hoffnungen hatte er die

---

1. Bericht Bubnas 1. März: on passe tellement sous silence cette affaire, comme si tout ce qui a été fait était bien fait. H.-A.

2. Sehr charakteristisch darunter das folgende: Metternich an Bubna 18. Februar No. 3: l'impossibilité dans laquelle se serait trouvé l'Empereur d'approuver que le Prince de Schwarzenberg sacrifiât par de fausses manœuvres le corps auxiliaire vu même l'effet que la vaine destruction de ce corps eût produit sur l'armée entière. Vous connaissez assez l'esprit de notre militaire pour savoir que pareil fait eût suffit pour annuler du coup l'espoir que l'Empereur Napoléon peut nourrir sur une cooperation active de notre part pour la campagne prochaine. H.-A.

3. Bericht Bubnas 9. März praes. 17. März. H.-A.

4. Otto an Bassano 28. Dez. 1812. Fain I, 289 ff.

5. Vorträge 3. März. Er fährt fort: Ew. Maj. mit Rat und

Friedensaktion begonnen, und wieviel hatte er nun schon
erreicht! Die Verwendung Oesterreichs war vorbehaltlos
angenommen. Napoleon hatte auf die Kontinentalsperre
in Russland verzichtet, Hoffnungen auf Illyrien eröffnet.
Selbst der Waffenstillstand war „gut aufgenommen" worden:
„So wahr ist es, dass Handeln allein Nichts, zur rechten
Zeit Handeln und richtig Vorstellen hingegen Alles ist."[1]
Neuerdings schienen auch die Bemühungen, den Imperator
bezüglich des Herzogtums Warschau nachgiebig zu stimmen,
einen endlichen Erfolg zu versprechen. Die Mitteilung von
Aktenstücken, welche die Pläne Alexanders und seiner polnischen Freunde enthüllten, hatte ihn Mitte Februar zu der
Äusserung veranlasst: „Ich bin fern von Polen. Was ich gethan
habe, habe ich nur bedingungsweise gethan. Man muss
sehen"[2]; und in der Audienz vom 1. März lachte er weidlich
über den Vergleich der Polen mit den französischen Emi-
granten, wie ihn Metternich in einer ostensiblen Depesche
vom 18. Februar ausgeführt hatte[3]: „Was wollen Sie? Die
Menschen sind überall dieselben."[4] In der Sache selbst liess
er sich freilich nichts anderes entlocken als die einfache
Versicherung, dass er sich nicht für Polen schlagen werde,[5]
aber auch sie klang doch schon ganz anders als das „ich

That — mit der gänzlichsten Hingebung und Aufopferung dienen
zu können ist mein Ruhm; meine schwachen Bemühungen von
Allerhöchstdenselben anerkannt zu sehen ist mein Lohn. H.-A.

1. Vorträge Metternichs 17. März. H.-A.

2. Je suis loin de la Pologne; ce que j'ai fait, je l'ai fait
conditionnellement; — il faut voir. Bericht Bubnas 19. Februar
en chiffres. H.-A.

3. Oncken I, 431.

4. Que voulez-Vous? Les hommes sont partout les mêmes.
Bericht Bubnas 4. März. H.-A.

5. Ebenda,

trete kein Dorf vom Herzogtum Warschau ab" in der Sylvesteraudienz.[1]

Und was man sonst aus Paris erfuhr, war geeignet,
noch weitere Zugeständnisse hoffen zu lassen. Gewiss, man
wusste um die ewig denkwürdige Thätigkeit und Umsicht,
mit der Napoleon die Verluste des letzten Feldzuges zu ersetzen bemüht war, aber man liess sich durch den ge-
machten Enthusiasmus der Adressen und Opfergaben doch
darüber nicht täuschen, dass dies rücksichtslose Rüsten im
Volk sehr viel böses Blut machte. In der Vendée und
Bretagne war es zu offener Empörung gekommen, auch
anderwärts, selbst in Paris hatte es beim Aufbruch der neu
ausgehobenen Mannschaft an Excessen aller Art nicht gefehlt.[2] Die Nation begrüsste jedes Anzeichen einer friedlichen Wendung. Im Senat war man glücklich über die
leiseste Aussicht auf umfassendere Abtretungen.[3] Marschälle
und Staatsmänner, um ihre fetten deutschen Dotationen be-
sorgt, liessen die Köpfe hängen und wollten von Krieg
nichts hören.[4]

Diese Erscheinungen machten im Ausland den tiefsten Eindruck. Ein sonst ganz nüchterner oesterreichischer Politiker
warf allen Ernstes die Frage auf, ob Napoleon bei solcher

1. Oncken I, 65.
2. Oncken I, 93. Berichte Bubnas 31. Jan. und 8. März. H.-A.
3. So erzählt Floret (4. Februar): Sur le rapport du Duc de
Bassano dans la séance du 10 janvier quelques sénateurs obser-
vent qu'après avoir établi le principe qu'on ne détacherait rien
de ce qui est constitutionnellement réuni à l'Empire, on avait fait
l'application à la Hollande et aux Villes Anséatiques, et que
plus tard, lorsque dans le même discours il a été question des
objets qu'on ne rendrait pas, on avait nommé la Hollande, sans
faire mention des Villes Anséatiques. Ces sénateurs, disposés
peut-être à croire ce qu'ils désirent, veulent dans ce silence voir une
porte ouverte pour un arrangement sur les susdites villes. H.-A.
4. Bericht Bubnas 8. März. H.-A.

Besorgnis im Innern wohl wagen würde, den Überrest
seiner Macht ausser Landes zu schicken,[1] und es war also
gar nicht ohne Verdienst, wenn Bubna darauf hinwies, dass
dergleichen Stimmungen im ernsten Kalkül keine Rücksicht
verdienten.[2] Immerhin glaubte doch auch er den Kaiser
durch die Erfahrungen der letzten Wochen, das Vorrücken
der Russen über die Weichsel, das er noch am 31. Dezember
für unmöglich erklärt hatte, und vor allem den Waffenstillstand
beim Auxiliarkorps zu ernstestem Nachdenken über seine Lage
veranlasst. Der grosse Kriegsmann mochte sich sagen, dass
eine Armee von Rekruten das Werkzeug nicht sei, um
Lorbeeren zu pflücken.[3] Wie fieberhaft man auch arbeitete,
die Infanterie war noch ungelenk, die Artillerie so schlecht
bespannt, dass man zweifeln konnte, ob ihre Pferde auch
nur den Rhein erreichen würden,[4] die Kavallerie ein „höchst
unbeweglicher Klumpen“, über den der schneidige oesterreichische Reiteroffizier seinen Spott ausgoss.[5]

So bewiesen die Nachrichten aus Paris Metternich
übereinstimmend, „dass unsere Hoffnung, die äusserste Grenze
des Möglichen inbetreff der Friedensmöglichkeit zu erreichen, sicher mit einiger Wahrscheinlichkeit verbunden
ist.“[6] Es schien nur darauf anzukommen, die Stimmung

---

1. Memoire eines Ungenannten, von Metternich am 3. Februar
an den Kaiser übersandt mit dem Urteil, es sei schlecht geschrieben,
aber rein und gut gedacht: „Der mir unbekannte Verfasser hat
sich auf dem Wege der Regierung gefunden, ohne es in solcher
Ausdehnung zu vermuten, er ratet das, was bereits eingeleitet
und teilweise ausgeführt ist.“ Vorträge Metternichs. H.-A. Ich
zitiere es fortan: Februar-Memoire.

2. Bericht Bubnas 31. Januar. Cristo S. 214.

3. Das Vorstehende auf Grund von Bubnas Bericht 8. praes.
17. März. H.-A.

4. Bericht Bubnas 16. Februar. H.-A.

5. Bericht Bubnas 31. Januar. H.-A.

6. Vorträge Metternichs 17. März. H.-A.

des Imperators richtig auszunutzen. Nun lebte der Minister aber der festen Überzeugung, dass von allen Staatsmännern des Zeitalters er am besten mit Napoleon zu reden wisse.[1] Er hielt ihn nicht für so eisenköpfig wie die andern.[2] Durch Festigkeit und Ausdauer,[3] verbunden mit Liebenswürdigkeit in der Form, hoffte er ihn nach und nach zur Anerkennung der Notwendigkeit eines Wechsels in den territorialen Verhältnissen der Staaten bringen zu können. Sollte der Gedanke, sich durch einen allgemeinen Frieden die Zuneigung seiner Völker zu gewinnen und sich mit dem Menschengeschlecht zu versöhnen, ohne Anziehungskraft für einen Mann sein, den man in Wien mit Recht mehr als einer Art Ehrgeiz zugänglich glaubte?[4] Nur durfte man sich freilich nicht die „offenbar übertriebenen und unausführbaren" Bedingungen der kriegführenden Mächte zu eigen machen. Wie wollte man der „Stimme der Vernunft" bei Napoleon Eingang verschaffen, wenn diese nicht wirklich die Stimme der Vernunft, gerecht und annehmbar war? Also „Basen von einleuchtender Gerechtigkeit, gemässigt ohne Knauserei,

---

1. Noch am 30. Juni fand Wilhelm v. Humboldt es angezeigt, diesem Glauben zu schmeicheln, er schrieb Metternich: Jl n'y a au monde certainement que Vous qui puissiez réussir à exercer une grande influence sur l'homme (Napoléon). H.-A.

2. Vgl. seine sehr lesenswerte Studie über Napoleon Bonaparte aus dem Jahre 1820. Nachgelassene Papiere I, 275—291. Da heisst es S. 277: Sans être l'esclave de ses plans, il savait les abandonner ou les modifier, du moment que son point de vue venait à changer, ou lorsque de nouvelles combinaisons lui offraient le moyen de l'atteindre plus efficacement par des voies différentes.

3. Vorträge 8. Februar 1813: Festigkeit und Ausdauer, mit diesen beiden Ingredienzien hoffe ich zu Gott, Ew. Majestät auf eine bessere Zukunft vorbereiten zu können. H.-A.

4. Gentz: Résumé de la situation actuelle des affaires, Vienne ce 4 juin 1813. s. Anhang.

umfassend ohne Überspanntheit," auch nicht ein für allemal
unabänderlich, sondern sorglich nach den Umständen bemessen! Schon im Januar teilte Metternich gegen Knesebeck seine Wünsche in Maximum, Medium und Minimum.[1]
Und noch ein anderes war nötig. Man musste die
Stellung Frankreichs unter der Hand schwächen, die eigene
mit allen Mitteln stärken. Es galt, wie Gentz später so
schön sagte, seinen Friedensplan als eine Art Ultimatum
von ganz Europa zu überreichen und ihn mit allem zu
unterstützen, was die unabhängigen Mächte Überzeugend-
stes auf der einen, Imposantestes auf der andern Seite
finden konnten im innigen Verein ihrer Grundsätze, ihrer
Gesichtspunkte, ihrer Entschlüsse, ihrer Hilfsquellen und
ihrer Anstrengungen.

So waren denn schon Anfang Februar Gesandte
Oesterreichs nach London und Kalisch gegangen, um eine
Verständigung mit England und Russland anzubahnen, und
hatte Metternich den Abfall Preussens von Frankreich nach
einigem Schwanken „mit günstigen Augen angesehen".

---

1. So wenigstens behauptete es der Zar am 8. März gegen
Lebzeltern (vgl. dessen Bericht. II.-A.). Mr. de Knesebeck m'a
dit plus que Vous; dans ses entretiens secrets avec Metternich,
ce ministre lui a parlé de bases générales qu'il divisait en
Maximum, Medium et Minimum. — L'Empereur me les détailla.
Leider giebt Lebzeltern sie nicht wieder. Indessen wird man
behaupten dürfen, dass Maximum und Minimum sich nicht
wesentlich von denen des 7. Mai (s. u.) unterschieden. Für das
Maximum ergiebt sich das aus dem ebenfalls gegen Knesebeck
geäusserten Wunsch, die Russen möchten erklären, man werde
Frankreich jenseit des Rheins, der Alpen und der Pyrenäen
nicht angreifen, ebenso wenig seine Dynastie verjagen. Pertz,
Gneisenau II, 503.

Viertes Kapitel.

—

Oesterreich und Preussen.

Es geht nicht an, das Verhältnis der beiden deutschen Vormächte am Vorabend des Freiheitskrieges als ein wirklich inniges darzustellen. Zwar in Berlin hätte man unmöglich hingebender und demütiger vor den Stürmen, die das lecke Staatsschiff bald rechts bald links an Klippen ganz zu zerschellen drohten, bei der Hofburg Schutz und Rat suchen können. Metternich aber hatte auf die Politik eines Kaunitz, wie wir schon sahen, entfernt nicht so vollständig verzichtet wie die preussischen Staatsmänner auf die fridericianischen Traditionen. Er liess sich das Liebeswerben des Nachbarn gefallen, weil und soweit es ihm nützlich war, ein herzliches Gefühl der Gemeinsamkeit blieb ihm fremd.

Zuerst in einer Zeit, wo der russisch-französische Krieg auf der Höhe stand und sein armes Land, des auswärtigen Handels beraubt, aus den tausend Wunden des französischen Durchzugs blutete, hatte sich der preussische Staatskanzler in der Bedrängnis seines Herzens direkt und persönlich an den Kollegen in Wien mit der Frage gewandt, wie man aus dem traurigen Dilemma herauskommen könne, entweder zu wenig zu leisten und sich dadurch um die Frucht der bisherigen Opfer zu bringen oder aber sich durch ein Zuviel der Leistungen ganz zu Grunde zu richten. Er wünschte ein möglichst enges Einverständnis in dieser Richtung. Mindestens einige Basen, einige Eventualgrundsätze müsse man aufstellen (4. September).[1] Metternich fand es angezeigt, die Ungeduld des Fragers[2] erst am 5. Oktober zu befriedigen, und auch jetzt noch gab er Steine statt Brot.[3] Was wollte die allgemeine Betonung der Interessengemeinschaft beider Staaten bedeuten, da er doch für die Gegenwart die Verschiedenheit ihrer Lage mit den stärksten Accenten hervorhob? Der Rat am Schluss aber, den oesterreichischen Friedensplan zu unterstützen, war wahrlich das Letzte, was der Monarchie frommte. Mochte der stärkere Nachbar in seiner geschützteren Lage bei einem System des Temporisierens seine Rechnung finden: für Preussen lagen die Dinge bald so, dass jeder sogenannte Zeitgewinn Zeitverlust[4] und Heil nur von raschen und kräftigen Entschlüssen zu erwarten war.

Früher noch als in Wien hatte man in Berlin die russische Aufforderung zum Abfall von Frankreich. Schon am 28. Oktober hielt Hardenberg einen vom Zaren inspirierten Brief des Grafen Lieven, früheren Gesandten am preussischen Hof, (d. d. 2. Oktober) in Händen, der unter Hinweis darauf, wie Russland den Feind ins Innere des Reichs gezogen, eindringlich mahnte, die so gewonnene Freiheit des Wollens und Handelns im Bund mit Oesterreich zum eignen wie zum Heil Europas zu benutzen.[5] Es lag etwas

1. Oncken I, 375—878.

2. Ebenda. J'attendrai avec impatience la communication de Vos idées.

3. Oncken I, 378—380. Dass Hardenberg entfernt nicht so erbaut war wie Oncken (I, 20 f.), ergiebt sich aus seinem Brief an Gneisenau 15. Oktober 1812. M. Lehmann: Gneisenaus Sendung nach Schweden und England. Hist. Ztschr. 62, 491 ff.

4. Nach einer Äusserung Yorks. Vgl. M. Lehmann, Scharnhorst II, 487.

5. Oncken I, 22—26. Duncker: Aus der Zeit Friedrichs des Grossen und Friedrich Wilhelms III. S. 447 f.

in diesem Weckruf, was des Kanzlers eignen Stimmungen
entsprach. Vor vierzehn Tagen hatte er gegen Gneisenau
ganz ähnliche Gedanken erörtert.[1] Und überhaupt schien
alles, Vergangenheit und Zukunft, auf den Anschluss an
Russland hinzuweisen. Es war ja erst ein Jahr her, dass
dieser auf das ernstlichste und andauerndste die Gemüter beschäftigt hatte; und hatte damals an entscheidendster Stelle
schliesslich der Wagemut gefehlt, so war man doch auch
als Alliierter Frankreichs mit seinen Sympathien weit mehr
auf der Gegenseite geblieben. Niemals hatte Hardenberg
so völlig wie Metternich an der Möglichkeit russischer Erfolge verzweifelt. Friedrich Wilhelm verband persönliche
Freundschaft mit Alexander. Furcht und Hoffnung wirkten
mit. Unterlag Napoleon, und stand man dann noch auf
der Seite des Besiegten, so durfte man nicht ohne Besorgnis
sein, dass die Russen im Streben nach der Weichsellinie
auch vor Ostpreussen nicht Halt machen würden; denn
dass die Freundschaft des Zaren nur soweit ging, als sie
mit seinem Vorteil zusammenfiel, hatten die Erfahrungen
von Tilsit bewiesen. Für den Fall des Bundes aber stellte
er schon jetzt unter deutlichem Hinweis auf die Königreiche
von Napoleons Gnaden[2] Gebietserweiterung in Aussicht.

So war man denn nicht ohne Verständnis für die
Mahnung, mit der Schöler, der preussische Gesandte in
Petersburg, jenen Lievenschen Brief begleitet hatte: Möchten
Oesterreich und Preussen den Mut fassen, frei sein zu
wollen! nie war wohl der Augenblick vorteilhafter, und
niemals dürfte ein so vorteilhafter wiederkommen.[3] Aber
den rettenden Entschluss, nun auch schnell und auf eigene
Faust zu handeln, fand man darum einstweilen noch nicht.
Wieder wie in letzter Instanz ja auch 1811 machte man

---

1. Eben in jenem Brief vom 15. October. Hist. Ztschr. 62, 491 ff.
2. Oncken I, 26.
3. Oncken I, 27.

sein Thun und Lassen von Oesterreich abhängig. Mit ihm
wollte man gern kräftige Massregeln ergreifen, ohne seine
Hilfe glaubte man die Hände in den Schoss legen zu müssen,[1]
sowenig selbst Hardenberg ein Bedauern über diese Unthätigkeit fremd war.[2] Wie nämlich, wenn der Wiener
Hof Napoleon treu blieb und die Gelegenheit ersah, Schlesien
zurückzunehmen? Ausgesogen, erschöpft, war man nicht
imstande, einen solchen Angriff zu ertragen, zumal der
Russe bei dieser Konstellation möglicherweise in seinen
Grenzen blieb. Und geschah auch dies Äusserste nicht,
so konnte man doch, falls Oesterreichs Beitritt zum Bund
kein Gegengewicht schuf, garzu leicht in die Rolle eines
russischen Vasallen herabsinken. Zu diesen sachlichen Erwägungen kam die persönliche Abneigung des Königs gegen
„heroische" Pläne.[3] Er hätte es gern gesehen, wenn
Kaiser Franz ihm die Verantwortung der Entscheidung abgenommen hätte. Demgemäss sah er von einer direkten
Antwort nach Petersburg vorerst ab[4] und liess statt dessen
dem oesterreichischen Gesandten erklären, ohne Oesterreich könne er nichts unternehmen, wenn aber diese Macht
ihn unterstützte, würde er nicht zögern, sein System zu
wechseln und alle Mittel zu einem Versuch zu vereinigen,
das fremde Joch abzuschütteln. Graf Zichy zweifelte nicht
an der Wahrheit solcher Worte. Er berichtete vier Wochen

1. Hardenberg an Gneisenau Anf. Nov. 1812. Hist. Ztschr.
62, 500 f. Vermessenheit wäre es, die uns unfehlbar in den
Abgrund stürzte, wenn wir allein auftreten wollten.

2. An Gneisenau 23. November. Hist. Ztschr. 62, 502 f.

3. M. Lehmann, Scharnhorst II, 474.

4. Sie erfolgte erst durch einen Brief an Gneisenau 23. November
und durch die Mission des Majors Lützow 10. Dezember. Duncker
S. 450, 452. Wenn Oncken I, 27 die Äusserung gegen Zichy
als „Antwort" bezeichnet und ihre Kühnheit hervorhebt, so ist
das ein durch die Fassung des Z.-schen Berichtes entschuldigter
Irrtum.

später als das Resultat eigner Beobachtungen: Es steht
fest, dass die jüngsten Ereignisse und die Sprache,
welche Kaiser Alexander gegen den König geführt hat, ihm
einen tiefen Eindruck gemacht haben. Der geringste Anstoss von unserer Seite würde vielleicht dem natürlichen
Hang zum Siege verhelfen, der ihn immer zu Gunsten
Russlands stimmt.[1]

Metternichs Stellung demgegenüber war anfangs keine
feste und konsequente. Es scheint, dass er sich nicht klar
war, ob er Preussen zum Bund mit Russland oder zum Anschluss an die eigene Friedenspolitik in ihrem ganzen Umfang veranlassen solle,[2] wobei sich dann die beiden deutschen
Mittelmächte als imposante Barriere zwischen die feindlichen
Kaiserreiche geschoben hätten. Einmal wies er, wenn auch
mit Einschärfung grosser Vorsicht, seinen Gesandten an, im
Sinn des Oktoberbriefes an Hardenberg auf die „sehr reelle
Verschiedenheit" in der Lage beider Staaten aufmerksam
zu machen,[3] die Oesterreich erlaube, den *tertius gaudens*
zu spielen, während Preussen als Kriegsschauplatz dienen
werde; und dann wieder schrieb er dem preussischen Staatskanzler: Unser Gang ist ausgesprochen genug, um den
Mächten als Richtschnur zu dienen, die uns das Vertrauen
schenken, unsere Haltung zu Rate zu ziehen, um ihre danach
zu regeln.[4] In der letzten Richtung lag es, dass er Boyen,

---

1. An Metternich 26. November 1812. H.-A.

2. Noch am 16. Januar schrieb er an Zichy: nos calculs
portent à peu près avec les mêmes chances sur les deux alter-
natives. Oncken I, 411. Vgl. für die zweite Alternative: Graf
Hardenberg an Münster 12. Dezember 1812. Oncken II, 98.

3. An Zichy 26. November 1812 No. 2. H.-A.

4. An Hardenberg 13. Dezember 1812: Notre marche est assez
prononcée pour servir de boussole aux puissances qui nous
vouent la confiance de consulter notre attitude dans l'intention
du régler la leur. H.-A.

der mit Aufträgen des Zaren für Friedrich Wilhelm an der
galizischen Grenze angekommen war, unter Berufung auf
einen allgemeinen Befehl, wonach kein in russische Dienste
getretener deutscher Offizier ins Land hinein durfte, durch
Reuss zurückhalten liess, bis er sich vergewissert hätte, ob
man ihn in Berlin empfangen wolle oder nicht.[1]

Hier war man mittlerweile, je näher die Russen kamen,
und je klarer der Untergang der grossen Armee sich heraus-
stellte, umso dringender geworden. Eben in jenen Tagen,
als man die von Napoleon erbetene Vermehrung des Bundes-
kontingents mit Hinweis auf die Garnisonen der Oderfestungen
ablehnte, eröffnete Hardenberg Zichy als persönliche Meinung
des Königs, dass jetzt mehr als je der Augenblick günstig
sei, damit Oesterreich, mit Preussen vereint, sich für
eine den Umständen angemessene Haltung entscheide,
um den letzten Versuch zu machen, Europa den Frieden
zu geben. Wenn aber dieser Schritt ohne Erfolg bliebe, so
sei es dringend geboten, die Mittel zu bereiten, um im
Frühjahr eine bewaffnete Vermittlung ins Werk zu setzen,
auf der fussend, man zu der den Interessen und der Unabhängigkeit beider Monarchien entsprechenden Rolle kommen könne.
Seine Majestät wären entschlossen, alle dazu nötigen Opfer
zu bringen.[2] Und nicht genug mit solchen Insinuationen, einigten

---

1. Metternich an Zichy 13. Dezember 1812 No. 3. H.-A.

2. Zichy an Metternich 18. Dezember 1812: Il (le roi) a
chargé Mr. de Hardenberg de me prévenir confidentiellement
comme l'opinion personnelle de S. M. qu'Elle entrevoyait plus
que jamais le moment propice pour que l'Autriche jointe à la
Prusse se décide à prendre une attitude conforme aux circonstances pour faire la dernière tentation de donner la paix à
l'Europe, mais que si cette démarche restait infructueuse, il est
urgent de préparer les moyens d'effectuer au printemps une
médiation armée qui servirait de pivot pour déployer le rôle
convenable aux intérêts et à l'indépendance des deux monarchies. Der
König sei entschlossen de porter tous les sacrifices nécessaires. H.-A.

sich Friedrich Wilhelm und seine Räte nach dem Grundsatz: Oesterreich muss führen, Preussen aber vorwärts treiben,[1] durch einen mit den Verhältnissen vertrauten Unterhändler in der Hofburg selbst für ein kräftiges Zusammengehn zu wirken. Sie hatten hier ohnehin nur an schon vorhandene Ansätze anzuknüpfen. Metternich selbst hatte die Absendung eines sicheren Mannes über Schlesien empfohlen, als er die schüchterne Bitte Hardenbergs um ein Rendezvous oder die Erlaubnis zu einer Reise des Grafen Zichy an seinen Hof[2] wegen des zu grossen Aufsehens ablehnte (13. Dezember). So wurde dem oesterreichischen Botschafter am 23. Dezember offiziell mitgeteilt, der König werde den Obersten v. d. Knesebeck mit geheimen Aufträgen nach Wien schicken *pour exposer les bases militaires de la Prusse et les concerter ensuite avec celles de l'Autriche*,[3] zu deutsch: um eine Militärkonvention zu vereinbaren, und am 4. Januar reiste der designierte Gesandte als Kaufmann Hellwig thatsächlich ab,[4] ausgedehnte Vollmacht zum Abschluss einer Allianz[5] und merkwürdig widerspruchsreiche und konfuse Instruktionen in der Tasche.[6]

In ihnen spiegelte sich so recht die Unklarheit und Unentschiedenheit der preussischen Politik jener Tage. Auf der einen Seite zeigten sie von Oesterreichs Stellung und Macht die übertriebensten Begriffe. Die Weisungen für Floret und Bubna erschienen als „der Ausfluss des ganz

---

1. Vgl. Ancillons Denkschrift v. 24. Dez. 1812. Duncker S. 457.

2. Hardenberg an Metternich 25. Nov. praes. 2. Dez., Bericht Zichys 26. Nov. 1812. H.-A.

3. Bericht Zichys 23. Dez. 1812. H.-A.

4. Bericht Zichys 4. Januar 1813. H.-A.

5. Ebenda; Duncker S. 462, 463.

6. Im Auszug bei Oncken I, 118—126. Nach F. v. Meerheimb: Zur Geschichte des Krieges im Jahr 1813. Ztschr. f. Pr. Geschichte X, 140 sind die Instruktionen von Ancillon, die Zusatzinstruktion von Hardenberg verfasst.

entschlossenen und ausgesprochenen Willens, an den Ereignissen des Tages thätigen und greifbaren Anteil zu nehmen." Alles sollte auf „Zusammenhang und Kraft" deuten.[1] Knesebeck selbst begeisterte sich zu einer förmlichen Prosaode auf den wiedergeborenen Kaiserstaat.[2] Aber auf der andern brach doch auch wieder die dunkle Erkenntnis der wahren Sachlage hervor, wie sie durch Humboldts Berichte gefördert war.[3] Es wurde die Frage aufgeworfen, ob der Wiener Hof seine Erklärung durch kriegerische Massregeln bekräftigen, ob er den Frieden nach grossen und umfassenden Gesichtspunkten gebieten oder nur für sich selbst Vorteile herausschlagen wolle.[4] Ja, es galt als noch nicht ausgemacht, ob die ganze diplomatische Aktion für oder gegen Frankreich begonnen sei.[5] Diesem schwankenden Urteil entsprach die geringe Bestimmtheit der Anträge. In erster Linie wünschte man natürlich, dass Oesterreich seine Vermittlung stärker accentuiere. Sie müsse nicht angeboten, sondern angekündigt werden und vor allem eine bewaffnete sein. Liesse sich darüber Gewissheit erlangen, so sollte der Gesandte erklären, sein König erwarte eine formelle Einladung zum Beitritt.[6] Als Friedensbasis wurden die Verträge von Amiens und Lüneville bezeichnet.[7] Schlimmsten Falls mochte für Preussen auch Rückgabe des Herzogtums Warschau genügen.[8] — Indessen mitten zwischen solche Vermittlungspläne schob sich, zumal in der Zusatzinstruktion, ein Gedanke sehr anderer Natur fast beherrschend ein. Die jüngsten Nachrichten, besonders ein am 30. Dezember eingetroffener Brief Boyens,

---

1. Oncken I, 119.
2. Oncken I, 116 f.
3. Gebhardt S. 119 ff.
4. Oncken I, 120.
5. Duncker S. 462.
6. Oncken I, 120.
7. Oncken I, 126.
8. Oncken I, 125, Meerheimb S. 141.

der die Gefahr für Ostpreussen stark hervorhob,[1] und die
That Yorks, eben während der Redaktion der Weisungen
in Berlin bekannt geworden,[2] duldeten keinen Zweifel mehr
darüber, dass einer Vereinigung mit dem Zaren weiterhin nicht
durch Halbheiten werde ausgewichen werden können; sie
aber ohne vorläufige Zustimmung des Wiener Hofes und die
positive Zusicherung seiner Beihilfe zu vollziehen, erschien
noch immer als zu gefährlich, die Bundesgenossen konnten
ja bis zum Niemen zurückgeworfen werden. So wurde eine
kategorische Erklärung erbeten für den Fall, dass die Russen
die Weichsel überschritten, und versichert, man werde ohne
Einwilligung Oesterreichs nicht mit ihnen abschliessen,
wünsche jedoch diese Einwilligung und glaube, dass sie im
Interesse Oesterreichs selbst liege.[3]

Alles in allem waren sich die preussischen Staatsmänner
offenbar nur über einen Punkt recht einig. Die Mission als
solche musste, gleichviel in welchem Sinn, die günstigsten
Folgen haben. Sie malten sich aus, dass der Oberst, der doch
durch sein pedantisches und eigenmächtiges Eingreifen
überall nur Hemmnis und Verwirrung stiftete, berichtigend,
verbessernd, beschleunigend auf alle Massregeln des Wiener
Kabinets einwirken werde,[4] und rechneten dabei auf die
Lokalkenntnis, die er sich 1807 und 1809 erworben hatte.
Mehr noch mochte ihm zu statten kommen, dass er, wie
Zichy befriedigt schrieb, ganz und garnicht zur Sekte des
Tugendbundes gehörte.[5]

Aber was wollte selbst das sagen, da die sachlichen
Erwägungen der oesterreichischen Diplomatie so wenig mit

1. Oncken I, 123.
2. Die vorbereitende Nachricht 2. Januar, die Thatsache
4. Januar. Oncken I, 129.
3. Oncken I, 124f. Duncker S. 467.
4. Oncken I, 120.
5. Bericht Zichys 23. Dez. 1812. H.-A.

den preussischen Wünschen übereinstimmten? Eine schwere
Enttäuschung war unvermeidlich.

Zwar Metternich empfing Knesobeck gleich nach seiner
Ankunft (12. Januar) und sehr liebenswürdig. Wie das so
seine Art war, plauderte er ganz zwanglos über alle Fragen
des Augenblicks, entwickelte seinen diplomatischen Feldzugsplan,[1] diskutierte das Friedensprogramm,[2] gab allerlei
gute Ratschläge, wie man den Abfall zu Russland am besten
ins Werk setzen könne,[3] und was dergleichen unverbindliche
Auslassungen mehr waren; in der Sache jedoch zeigte er
sehr wenig Entgegenkommen. Er betonte, dass ein fremdes
Kabinet nicht über die Rolle einer befreundeten Macht in
ganz verschiedener Stellung entscheiden dürfe, und desavouierte hinter dem Rücken des Gesandten unter boshaften Bemerkungen über die preussischen Staatsmänner,
die sich ihrem König gegenüber durch seine Zustimmung
stark machen wollten, den langen und mühsamen Bericht,
den jener von der Unterredung des ersten Tages gemacht
hatte.[4] Nur über einen Punkt sprach er sich unzweideutig
aus. Friedrich Wilhelm hatte es der Entscheidung des
Wiener Hofes anheimgestellt, ob er nach Breslau gehen

---

1. Oncken I, 138 ff.
2. Vgl. oben S. 92 Anm. 1.
3. Pertz, Gneisenau II, 503. Sobald die russische Macht an
der Oder angelangt ist, lässt der Kaiser Alexander dem König
erklären, er sei jetzt im Besitz von drei Vierteln seiner Staaten und
gebe ihm 24 Stunden Zeit sich zu erklären, wolle er sein Gegner
bleiben, so wäre er um sein Reich. Diese Erklärung sei dann
dem französischen Gesandten mitzuteilen mit der Frage, ob
Frankreich in 24 Stunden ihm schützen könne. Dem König
bleibe also nichts übrig, als gezwungen Russlands Partei zu
nehmen.
4. Metternich an Zichy 16. (nachträglich datiert statt 13.)
Januar. Oncken I, 409f.; an Zichy 16. Januar en chiffre. Oncken
I, 410f. Der Bericht Knesebecks 14. Januar. Oncken I, 138—144.

solle oder nicht.[1] Metternich erklärte sich aus „zwanzig Gründen" damit einverstanden und wurde nicht müde, als beste Lösung der gegenwärtigen Verwickelung Neutralisierung Schlesiens, der einzigen Provinz, die augenblicklich noch wirklich preussisch sei, anzupreisen.[2] Aber gerade dieser Rat war lediglich vom Egoismus eingegeben. Der Scharfblick Wilhelms v. Humboldt, der diesmal nicht wie 1811 bei Seite geschoben wurde, erkannte sofort, dass dadurch Preussen politisch eine Null und Schlesien ganz an das oesterreichische System gebunden würde. Man wünsche es in Wien nur, damit die Russen sich nicht Oesterreich näherten.[3] Auch Knesebeck[4] war wie aus den Wolken gefallen, er hatte Oesterreich so fest in der Rolle des aktiven Vermittlers geglaubt, und nun musste er sehen, dass es noch nicht einmal ein passiver war; erklärte doch Metternich ein Abziehen des Auxiliarkorps als offenen Bruch mit Frankreich für unmöglich[5] und hatte selbst vor den Ausdrücken *médiateur* und *médiation* als zu schroff eine heilige Scheu.[6] So unangenehm die Erkenntnis war, es konnte kein Zweifel sein, dass man sich in Wien die drei Möglichkeiten einer Neutralität oder einer Unterstützung Frankreichs oder Russlands offen halten wollte. Einzig das sichtliche Bemühen, die russische Partei mittelbar zu stärken, erregte dem Abgesandten die Hoffnung, die Entscheidung werde schliesslich nicht nach der französischen Seite fallen.

Unter solchen Umständen konnte von hochpolitischen Allianzverhandlungen nicht wohl die Rede sein. Die beiden Preussen beschränkten sich also nach einem matten Versuch

---

1. Duncker S. 463.
2. Oncken I, 410, 143.
3. Bericht 16. Januar. Gebhardt S. 124.
4. An Hardenberg 19. Januar. Oncken I, 148 f.
5. Oncken I, 141.
6. Gebhardt S. 127.

in jenem Sinn' mit ihren Bemühungen wesentlich darauf, eine offizielle Äusserung zu erhalten, die ihren König bei seinem Übertritt zu Russland deckte, aber auch hier waren sie nicht glücklich. Bei Metternichs beharrlichem Ausweichen mussten sie einen Schritt nach dem andern entgegenkommen. Anfangs verlangten sie noch „die feste und sichere Erklärung, dass der Kaiser entschlossen sei, seine Truppen nicht mehr mit den französischen zu vereinen und nicht am Kampf gegen die Feinde Frankreichs teilzunehmen."² Schliesslich wollten sie sich mit der Zusicherung begnügen, dass wenigstens Preussen beim Anschluss an Russland nichts zu fürchten habe, und dass Oesterreich sein Hilfskorps nicht vermehren werde (26. Januar).³ Selbst darauf war keine ganz befriedigende Antwort zu erlangen, obwohl sich Metternich unter dem frischen Eindruck der jüngst angekündigten grossen französischen Aushebungen in der zweiten Woche zugänglicher gezeigt hatte.⁴ Immerhin fand er es gut, Knesebeck selbst zu versichern und durch seinen Herrn versichern zu lassen, dass man das in Frage stehende Bündnis nicht ungern sehe.

Am Vormittag des 28. Januar wurde der Oberst in einfach bürgerlichem Kostüm vom Kaiser empfangen.⁵ Franz war in seiner Art recht gnädig. In jenem väterlich schulmeisternden Ton, der ihm eigen war, sprach er über die Weltlage. Sein drittes Wort war, man solle „vernünftig" sein. Selbstverständlich hob er das Streben nach Ruhe und Ordnung als Grundlage seiner Politik hervor; je nach-

1. Gemeinsame Note vom 18. Januar. Gebhardt S. 125.
2. Ebenda.
3. Oncken I, 153. Das Datum der Note Oncken II, 108.
4. Oncken II, 105. Gebhardt S. 129.
5. Vorträge Metternichs 27. Januar. Der Obrist Hellwig wird die Ehre haben sich im einfachen bürgerlichen costume morgen früh ½11 in Allerhöchstdero Antichambre einzufinden.

dem die andern sich betrügen, werde er sich stellen; er
wünschte, dass Russland nicht zu grosse Prätensionen
mache und Napoleon gegen Rückgabe einiger Inseln sie
bewillige, was aber in den beiden entgegengesetzten Fällen
zu geschehen habe, darüber half er sich mit einem „es werde
sich zeigen, man müsse abwarten" leicht genug hinweg.
Über sein Friedensprogramm wusste er nur zu sagen, er
wolle keinen französischen Frieden, sondern einen solchen,
wie ihn Oesterreich brauche. Was die Russen anlangte,
so äusserte er befriedigt, sie schienen stark und verständig
zu sein, und forderte ganz wie Friedrich Wilhelm,[1] dass
sie ja nicht an den Rhein gingen, sondern mit der Hauptmacht an der Oder blieben. Über die Hauptfrage, seine
Stellung zu Preussen, sprach er sich wesentlich bestimmter
und offener aus als sein Minister, der ihm auch für diese
Audienz nur nichtssagende allgemeine Phrasen diktiert hatte.[2]
Er erkannte an, dass der König sich werde an Russland

---

1. M. Lehmann, Scharnhorst II, 474.
2. Vorträge 27. Januar 1813. Ew. Majestät dürften ihm
(Knesebeck) Folgendes zu sagen geruhen. Dass Allerhöchst Sie
in die Wahl der zu ergreifenden Partei des Königs keinen Einfluss zu nehmen für gut finden, weil Allerhöchst Ihre Anhänglichkeit an den König Ihnen die Gefahren einer jeden von ihm
zu wählenden Partie nur zu sehr vorspiegelt. . . Ew. Majestät
dürften ferner versichern, dass der König, welch immer eine
Rolle er ergreife, dieselben Ansprüche auf Ihre Freundschaft
behalten werde und Allerhöchstdieselben auf die vollkommenste
Erwiderung dieser Gesinnungen zählen. Endlich, dass Knesebeck
bereits durch mich von der Allerhöchsten Gesinnung in betreff
der allgemeinen Angelegenheiten unterrichtet sei und Allerhöchstdieselben nur noch die Versicherung zusetzen könnten . . , dass
Ew. Maj. nie gewohnt sei, Dinge halb zu beendigen, und daher
wünschen müssten, dass die Mächte Allerhöchst Ihrem Gang
beistimmten, wo Sie sodann beweisen könnten, dass allein das
Glück Europas Ihren Absichten und Zwecken vorschwebe. H.-A.

anschliessen müssen, und versicherte, ihm darum nicht gram
sein, auch sein Auxiliarkorps auf keinen Fall verstärken zu
wollen. Vielmehr gab er sein Wort, dass die in Mähren
und an der schlesischen Grenze zu bildende Armee nie gegen
Preussen gebraucht werden würde.[1]

Leider lauteten die offiziellen schriftlichen Äusserungen
der oesterreichischen Regierung über diesen letzten Punkt
weit weniger befriedigend. Das kaiserliche Handschreiben
(d. d. 28. Januar) überging ihn mit Stillschweigen und
eine Note an die preussichen Gesandten vom Tag vorher
klang gar in die Drohung aus, dass, falls Russland und
England Oesterreichs Weg kreuzten, es sich genötigt sehen
könne, die beschränkten Hilfsleistungen, die sich aus dem
Vertrag mit Frankreich ergäben, weiter auszudehnen.[2]

So hatte Kneseback im Grund nicht vielmehr erreicht
als vor dreizehn Monaten sein grosser Antipode Scharnhorst.
Auch dem hatte Metternich den Bund mit Russland empfohlen und ein Herz „voller redlicher deutscher und guter
Gesinnungen gegen Preussen" geheuchelt.[3] Wer stand
dafür, dass diesmal nicht mehr begehrliche Hoffnungen auf
Schlesien hinter den Freundschaftsversicherungen lauerten?
Hardenberg war von den ersten Nachrichten aus Wien
wenig befriedigt: es gebe dort viel schöne Phrasen, aber
keine That,[4] und noch um die Monatswende schon in Breslau, wohin das Hoflager inzwischen verlegt war, rechnete

1. Oncken I, 150—153 auf Grund einer undatierten eigenen
Niederschrift Knesebecks. Vgl. auch „Eine diplomatische Trilogie
aus dem Leben Karl Friedrichs v. d. Knesebeck" S. 171.

2. Oncken I, 412, 415f. Das Datum der Note giebt ein
Bericht des Grafen Hardenberg. ebenda II, 109.

3. M. Lehmann, Scharnhorst II, 433.

4. Bericht Omptedas 23. Januar 1813. Le chancelier me dit
qu'il avait des nouvelles peu satisfaisantes de Knesebeck, qu'il y
avait beaucoup de belles phrases, mais point d'action. Polit.
Nachlass II, 347.

Ancillon in einer über alle Massen kleinmütigen Denkschrift mit der Möglichkeit, dass Oesterreichs augenblickliche Neutralität mit bewaffneter Parteinahme für Frankreich enden werde.[1] Die persönliche Berichterstattung des zurückgekehrten Abgesandten beruhigte etwas.[2] Er wusste viel Erfreuliches zu erzählen von dem, was man in der Hofburg ahnen lasse. Immerhin befriedigte das wirklich Gesagte auch ihn wenig, ja er gab zu, dass Oesterreich einer grossen Macht unwürdig auftrete;[3] und derart schwankend war die Stimmung in Breslau überhaupt. Heute war man ruhig, und morgen gewann vielleicht wieder die Besorgnis Oberhand, dass den schönen Worten der Tuilerien die Trennung der deutschen Vormächte doch am Ende gelingen werde.[4] Der Kanzler zog allerlei Parallelen zwischen der unbegreiflich langen Zeit, die man jenseit der Berge zu seinen Rüstungen brauchte, und dem, was Preussen mit so unendlich geringeren Hilfsmitteln möglich mache, und scherzte gutlaunig, das Verhalten Oesterreichs gegen die andern Mächte, die es zum Krieg verlocke, erinnere etwas an die Fabel von der Katze und dem Affen, der sich die Kastanien aus dem Feuer holen lasse.[5] In allen Gesellschaftskreisen war die ängstliche Spannung auf das, was man in Wien be-

---

1. d. d. 4. Februar, publiziert von M. Lehmann. Hist. Ztschr. 68, 275 ff.

2. Recht hübsch sagt Ancillon in seinem nach Knesebecks Rückkehr geschriebenen Supplément au mémoire: Ces nouvelles (de Vienne) pourraient être moins satisfaisantes, mais elles devraient l'être bien davantage. ebenda S. 297.

3. vgl. seine Denkschrift vom 6. Februar. Oncken I, 167—170.

4. So fast wörtlich in Zichys Bericht vom 11. Februar. Oncken I, 161. Auch Zichys Bericht vom 15. Februar. Oncken I, 181 kommt in Frage.

5. Ompteda an Graf Hardenberg 25. Februar. Polit. Nachlass III, 27. La Fontaine, Choix de Fables IX, 12.

schliessen werde, verbreitet. Zichy berichtete: der Adel, das Militär, die Geistlichkeit, die Kaufleute und der letzte Kleinbürger thun Wünsche für Oesterreich und erwarten ihr Heil von den kraftvollen und festen Massregeln, die es ergreifen wird, um eine russische oder französische Vorherrschaft durch seine Achtung gebietende Stellung zu verhindern.[1] Die abenteuerlichsten Gerüchte wurden verbreitet, bald sollte der Erzherzog Karl mit wichtigen Aufträgen vom Kaiser in Breslau ankommen, bald zwischen Hardenberg und Zichy eine Allianz gezeichnet sein.[2]

Währenddem wurde der Übergang zu Russland wirklich vollzogen. Am 8. Februar ging derselbe Knesebeck, der in Wien mit seinen Bündnisanträgen so unglücklich gewesen war, nach Kalisch ab, um mit dem immer drängender werdenden Zaren einen Freundschafts- und Friedensvertrag abzuschliessen; und als er die Verhandlungen durch Eigenmacht und Schwerfälligkeit verfahren hatte, brachten sie Stein und Anstett in Breslau selbst rasch und glücklich zu Ende (26. Februar). Die Rücksicht auf Oesterreich erlitt dadurch keine Verminderung. Knesebeck erhielt den ausdrücklichen Befehl, über nichts abzuschliessen, was den Interessen der Hofburg zuwider sei, sich vielmehr stets als das wesentliche Ziel vor Augen zu halten, im Verein mit Russland Oesterreich zum Beitritt zu bringen.[3] Vielleicht, dass seine starre Unnachgiebigkeit gegen die polnischen Wünsche der russischen Regierung auf Lehren zurückging, die er aus Wien mitgebracht. Der Vertrag von Breslau-Kalisch wurde am 13. März Metternich mitgeteilt,[4] und wenige Tage nach seinem Abschluss liess der König Zichy durch Vertrauenspersonen erklären, alles, was der Kaiser

---

1. Bericht Zichys 3. Februar pr. 8. Februar. H.-A.
2. Bericht Zichys 5. März. H.-A.
3. Oncken I, 183 f.
4. Oncken I, 429.

ihm sage oder riete, werde für ihn von grösstem Gewicht
sein; denn, durch Neigung und durch die Interessen seiner
Völker an den Zaren gebunden, habe er doch nur zu dem
oesterreichischen Monarchen rechtes Vertrauen. Es sei seine
Überzeugung, dass, wenn der Kaiser nicht an den deutschen
Angelegenheiten teilnehme, niemals eine feste, auf sicherer
Grundlage ruhende Ordnung der Dinge hergestellt werden
könne.[1]

Solche Worte fielen in Wien je länger, je mehr auf
fruchtbaren Boden. Metternich erkannte sehr gut, welchen
Vorteil es bot, einen so uneigennützigen Freund im Lager
Alexanders zu haben; hatte er doch wesentlich, um durch
Preussen mässigend auf Russland einzuwirken, den Bund
zwischen beiden begünstigt und lieh noch Anfang April
dem Wunsch Ausdruck, dass Preussen in Kalisch mehr den
Ton angebe.[2] Und auch abgesehen davon bekannten er
und sein Kaiser sich, je mehr die Berichte aus Breslau und
Berlin[3] erkennen liessen, dass der totgeglaubte Nachbar-
staat eine herrliche Auferstehung feiere, umso ehrlicher zu
den Gedanken von 1808 und 1809, in welchen Jahren es
Friedrich Gentz für keines Beweises bedürftig erklärt hatte,
dass die Existenz einer bedeutenden Mittelmacht zwischen
Frankreich und Russland nicht bloss ein wesentlicher Vor-

---

1. Bericht Zichys 5. März.. Le roi m'a fait insinuer par des personnes qui jouissent de sa confiance que tout ce que l'Empereur notre
auguste maître lui dirait ou conseillerait dans les circonstances
actuelles, serait pour lui du plus grand poids, qu'attaché par
inclination et par les intérêts de ses peuples à l'Empereur
Alexandre, il n'éprouvait de la confiance que pour le Souverain
de l'Autriche, et qu'il avait la conviction qu'à moins que l'Empereur ne voulût prendre part aux affaires de l'Allemagne, il ne
pourrait jamais s'établir un ordre de choses stable et reposant
sur des bases solides. H.-A.
2. Gebhardt S. 138.
3. Hier war Graf Bombelles zurückgeblieben.

teil, sondern ein offenbares Bedürfnis für Deutschland sei.[1]
Franz hatte schon gegen Knesebeck geäussert, wenn einmal wieder Ruhe und Ordnung in die Welt kommen sollte,
müssten Preussen und Oesterreich mit Deutschland ein
Gegengewicht gegen Frankreich und Russland bilden.[2] Vierzehn Tage später sagte er Humboldt persönlich, dass die
Massregeln, die er in Breslau treffen sehe, ihm die höchste
Achtung einflössten.[3] Metternich aber, der, weniger günstig
gesinnt, noch am 16. Februar dem französischen Gesandten
ein System europäischen Gleichgewichts entwickelt hatte,
in dem Frankreich, Oesterreich und die Türkei Russland
und England gegenüberstanden und die preussische Monarchie überhaupt nicht genannt war,[4] nahm im Laufe des
März deren Verstärkung auch offiziell in sein Programm
auf und rechnete fortan, mit ihr vereint, hier dem moskowitischen und dort dem napoleonischen Koloss die Wage
zu halten. Seine Agenten in Krakau bezeichneten Bignon
seit dem 24. März nicht mehr Überlieferung Schlesiens als
bestes Mittel, um Oesterreich zu gewinnen.[5] Sein Wohlwollen gegen die preussischen Staatsmänner nahm sichtlich zu.
Wie anders klang die Note, mit der er den Abschluss des

---

1. Aus dem Nachlass II, 123.
2. Oncken I, 151.
3. Ompteda, Polit. Nachlass III, 27.
4. Vgl. Ottos Bericht vom 17. Februar. Fain, Manuscrit de
1813 I, 307.
5. Bignon XI, 437. Pendant le mois de mars, les agents
autrichiens de Baum et Neumann (correspondants directs de Mr.
de Metternich) n'avaient pas cessé de me répéter que l'Empereur
Napoléon s'assurerait par la cession de la Silésie le concours
sincère de l'Autriche. Seit dem 24. März sei das anders geworden. — Ich habe mich nach langer Überlegung nicht entschliessen können, diese Nachricht zu verwerfen; denn Bignon
ist einmal an und für sich ein sehr unterrichteter Autor, dessen
Zuverlässigkeit sich oft überraschend bewährt, und dann tritt

Bündniswerkes von Kalisch begrüsste (17. März),[1] als die,
mit der er sieben Wochen vorher zu dessen Anfängen Stellung genommen hatte. Die Kriegserklärung, der Aufruf
an mein Volk und die Stiftung des eisernen Kreuzes gaben
ihm Gelegenheit zu den liebenswürdigsten Komplimenten
gegen den froh überraschten Humboldt.[2] Übrigens be-
urteilte er das Manifest Hippels auch im Gedankenaustausch
mit seinem Herrn sehr günstig. Er gestand, einen „bün-
digeren, gemesseneren, zweckmässigeren Aufruf" nicht für
möglich zu halten.[3]

So schien es äusserlich, als ob die Beziehungen der
beiden Mächte nicht herzlicher sein könnten. Selbst ein so
heller Kopf wie Wilhelm v. Humboldt pries gelegentlich
in begeisterten Worten ihre enge und unwandelbare Verbindung, ja verstieg sich zu der Hyperbel, dass vielleicht
niemals zwischen zwei Höfen überzeugendere Beweise des
Vertrauens ausgetauscht wären.[4] Und doch lauerten in
der Tiefe unüberbrückliche Gegensätze, die, wenngleich sie
zu voller Entfaltung erst in Frankfurt und Wien kamen,
auch jetzt schon hier und da hervortraten.

Es war der deutsche Freiheitskrieg, in den die preussische Regierung durch die Macht der populären Erhebung.
hineingerissen wurde, in Wien wollte man, wenn ja ge-

---

gerade diese Erzählung mit grösster Bestimmtheit auf. Indessen
die Konsequenzen, die er daraus zieht, scheinen mir doch zu
weitgehend. Was Baum und v. Neumann sagten, ist trotz ihrer
nicht eigentlich subalternen Stellung — Baum war ein älterer
Hofrat von manchen Verdiensten, Neumann werden wir noch als
Attaché von Bubna begegnen — für die Erkenntnis der oesterreichischen Politik nur von sekundärer Bedeutung.

1. Abgedruckt bei Oncken I, 429 f.
2. Oncken I, 504.
3. Vorträge Metternichs 24. März. H.-A.
4. Bericht vom 31. März. Gebhardt S. 157.

kämpft werden sollte, weder von einem deutschen noch
von einem Freiheitskrieg wissen. —

Kaiser Franz war fest entschlossen, die römische Kaiserkrone, nach der er doch nur die Hand hätte auszustrecken
brauchen, nicht wieder aufzusetzen. Mochten die Zeitgenossen darüber „seufzen": das strenge Gericht der Nachwelt, das Kotzebue[1] ihm androhte, ist ausgeblieben. Wir
vermissen in den Erwägungen der oesterreichischen Staatslenker[2] den hohen Schwung grosser Ideen; Logik und
Konsequenz können wir ihnen nicht absprechen. Sie sagten
sich nicht unrichtig, dass die Entwickelung seit 1801 nicht
mehr rückgängig zu machen sei. Durften sie im Ernst daran
denken, die geistlichen Fürstentümer, Reichsstädte und Reichs-
ritterschaft wiederherzustellen, durch die allein doch sich ehemals ein mässiger kaiserlicher Einfluss durchgesetzt hatte?[3]
Oder ging es an, die Fürsten des Rheinbundes zur Zurückgabe
ihrer jungen Souverainität an Kaiser und Reich zu zwingen?
Würden sich dann nicht zu dem Grundübel des früheren
Reichswesens, den unvermeidlichen Reibungen zwischen dem
souverainen Oberhaupt und der Landeshoheit der Einzel-
staaten, die moralischen Wirkungen dieses Zwanges, es
steigernd, hinzugesellen? Und was endlich sollte mit
Preussen geschehen, das dem Reich schon vor seinem Untergang langsam entwachsen war? Die alte Verfassung
Deutschlands war eben wirklich bis in ihre Urstoffe zer-

---

1. vgl. das russisch-deutsche Volksblatt, herausgegeben von
Kotzebue No. 10. Berlin 22. April 1813: Wenn jetzt Franz II.
die deutsche Krone nicht wieder auf sein Haupt setzt, da er nur
die Hand darnach ausstrecken darf, so werden die Zeitgenossen
seufzen, und die Nachwelt wird ihn strenge richten.

2. vgl. Aus Metternichs nachgelassenen Papieren I, 131 ff.

3. vgl. Steins Denkschrift aus dem September 1812. Pertz
III, 140 ff.

stört.[1] Aber wenn ja ein Kaiser im früheren Sinn unmöglich war, „das konstitutionelle erbliche Haupt eines echten deutschen Bundes"[2] war es nicht; und hätte also für Metternich und seinen Herrn das Wort „deutscher Sinn" etwas mehr als „den Wert einer Mythe"[3] gehabt, so würden sie mindestens auf jene „Grundlinien einer deutschen Föderativverfassung" zurückgekommen sein, die Gentz 1808 mit dem ihm eigenen Blick für das Mögliche und Zweckmässige entworfen hatte.[4] Statt dessen behandelten sie die deutsche Frage mit ausgesprochener Gleichgiltigkeit. Nur eines stand für sie fest: aus jener Aufteilung Deutschlands nach der Mainlinie zwischen Preussen und Oesterreich, wie sie seit 1806 immer wieder von Berlin her angeregt worden war, durfte nichts werden.. Knesebeck täuschte sich bitter, als er aus allerlei allgemeinen Bemerkungen Metternichs über die Notwendigkeit, die süddeutschen und norddeutschen Staaten verschieden zu behandeln, da jene erobern, diese nur ihr Joch abschütteln wollten, ein Wohlwollen für die preussischen Wünsche heraushörte.[5] Zumal dem Kaiser selbst waren sie sehr ärgerlich; die bekannte, dem sächsischen Hof gegebene Versicherung, dass Seine Kaiserliche Majestät niemals ein preussisches Protektorat über Deutschland dulden würden und die veralteten Pläne einer Teilung Deutschlands in Süd und Nord ebenso wenig zulässig seien, ging auf seine Initiative zurück.[6] Am besten blieb schon

1. Gentz: Aus dem Nachlass II, 116.
2. ebenda.
3. Aus Metternichs nachgelassenen Papieren I, 136.
4. Gentz: Aus dem Nachlass II, 135 ff.
5. Vgl. Pertz, Gneisenau II, 502; Oncken I, 168.
6. Instruktionen für Esterhazy 14. April. Oncken II, 268. Vorträge Metternichs 14. April: „Ew. Maj. sehr richtige Bemerkungen über die Instruktionen des Fürsten Esterhazy glaube ich gehorsamst folgendermassen aufklären zu müssen. 1. . . . 2. Die Stelle in Rücksicht des Protektorats Preussens über

alles beim Alten. So oft Humboldt mit Metternich über
diese Dinge sprach, fand er ihn zu der Idee neigend, „die
Fürsten, die jetzt den Rheinbund bilden, unabhängig zu
lassen," wenn er auch irgend einem festern Band zwischen
den deutschen Staaten „nicht absolut entgegen" war.[1] Und
noch im Juli schrieb Gentz: der Graf will nun einmal von
neuen Massregeln für Deutschland nichts hören.[2] Er sprach
nur von Grossmächten und politischen Systemen und vermied es sichtlich, das Wort „deutsch" in den Mund zu
nehmen.[3]

Aber freilich nicht nur, weil er eine Wiederherstellung
des alten Reiches ablehnte: denn jenes Wort war zu seiner
ursprünglichen Bedeutung zurückgekehrt, wieder wie vor
tausend Jahren bedeutete es volkstümlich; und eben diese
Volkstümlichkeit war dem Kaiser und seinem Minister in
tiefster Seele verhasst. Zwar in den Verhandlungen mit
Frankreich gebrauchte man den Geist der Gärung, der
überall herrsche und täglich an Kraft gewinne, als will-
kommenes Schreckmittel.[4] Man malte die Stimmung der
Völker, die, unter unerhörten Lasten zusammenbrechend,
keine andere Aussicht hätten, als die Reste ihres Ver-

---

das nördliche Deutschland habe ich auf die folgende, weit weniger
verbindliche Weise modifiziert: (folgt der zitierte Passus) —
Franz bezeichnete die Abänderung anfangs als „recht", schliesslich aber fand er doch wieder zu bemerken, „ob nicht . . dort
die Ausdrücke gemildert werden sollten, wo gesagt wird, dass
wir nicht leiden werden, dass Preussen ein Protektorat in
Deutschland erhalte, indem es doch eine Frage ist, ob wir
Krieg dieserwegen führen sollten, wenn es eines in Norddeutschland erhielte. H.-A.

1. Gebhardt S. 132.
2. An Pilat 18. Juli 1813. I, 39.
3. Gebhardt S. 139.
4. Vgl., auch für das Folgende, das ostensible Reskript an
Floret 18. Februar (1). Oncken I, 434 ff.

mögens und das Leben ihrer Kinder für die französische
oder russische Suprematie zu opfern, mit den stärksten
Farben aus und liess, vielleicht in Anlehnung an ein schönes
Wort von Hardenberg,[1] die Möglichkeit durchblicken, dass
Mitteleuropa sich in ein zweites Spanien verwandeln könne.
In Wirklichkeit aber trat man der populären Bewegung
entgegen, wo und wie man sie fassen konnte. Metternich
meinte mit einem Schein von Logik, mit revolutionären
Mitteln sei die Welt nicht zu retten, man würde in diesem
Genre doch immer hinter den Meistern von 1793 und 1794
und ihren noch lebenden Schülern zurückbleiben.[2] Noch im
Dezember 1812 hatte ihm Kaiser Franz befohlen, das für
alle Beamten bestehende Verbot des Beitritts zu geheimen
Gesellschaften mit dem strengsten Ernst und unter An-
drohung unnachsichtlicher Entlassung in Erinnerung zu
bringen.[3] Um Aufregung zu vermeiden, wurden die Einzelheiten der Konvention von Tauroggen und der rus-
sisch-oesterreichische Waffenstillstand, soweit möglich, der
Kenntnis des Publikums entzogen.[4] Die Polizei entfaltete
eine fieberhafte Thätigkeit: „die der benachbarten Staaten
wäre dieser Arbeit nicht gewachsen";[5] ihr Chef, Baron
Hager, wurde mit Rücksicht auf sein „im gegenwärtigen
Augenblick besonders wichtiges Amt" vom Vizepräsidenten

---

1. Hardenberg hatte zu St. Marsan gesagt, Napoleon werde
in Preussen ein zweites Spanien finden. Zichys Bericht darüber
datiert vom 14. Februar. Oncken I, 175.

2. An Stackelberg 12. Januar: je ne crois pas que des
moyens révolutionnaires sauveront le monde, nous aurons beau
travailler dans ce genre que nous resterons en arrière des maîtres
de 1793 et 94 et de leurs disciples tout vivants en 1813. H.-A.

3. Kaiserliches Handschreiben 17. Dezember 1812. H.-A.
Vorträge Metternichs.

4. Metternich an Bubna 25. Januar, 28. Februar. Oncken
I, 404, 439.

5. Metternich an Floret 18. Februar. Oncken I, 436.

zum Präsidenten der Polizeihofstelle befördert.[1] Und wirklich kam sie einer weitverzweigten Verschwörung auf die
Spur, an deren Spitze kein Geringerer als des Kaisers
Bruder Johann stand. Ein unklarer Enthusiast voll Ehrgeiz und Thatendrang, den es kränkte, die Kräfte seines
jungen Geistes und Körpers in einem nutz- und freud-
losen Alltagsleben zersplittern zu müssen, hatte sich der
Erzherzog um die Jahreswende den Plänen seiner tiroler
Umgebung umso williger hingegeben, als er den Kaiser bei
einem Gespräch über die neugeschaffene Weltlage „abge-
spannt, zweifelhaft und bloss abwarten wollend" gefunden
hatte.[2] Wenn an entscheidender Stelle keine Neigung war,
den grossen Augenblick gross zu benutzen, so galt es eben
auf eigene Hand zu handeln. Englische Agenten schürten
das Feuer. Sie versprachen, für Waffen, Geld und Munition
zu sorgen. Von Tirol und Vorarlberg sollte die Erhebung
ausgehen, „der Schneelawine gleich" die ganze Gebirgskette,
die Schweiz, das Veltlin, Kärnthen, Krain, Verona, Illyrien
mit sich fortreissen. Eine englische Flotte würde in
Fiume landen, von Sardinien aus ein Handstreich auf Genua
geschehen. Im weiteren Verlauf mochte auch der deutsche
Süden in die Bewegung hineingezogen werden. Der Erzherzog lebte und webte in diesen Gedanken: *„Si Deus
nobiscum, quis contra nos?* Bin ich glücklich, geht die
Sache vorwärts, dann werden alle die Augen aufreissen,
bewundern und sagen: wer hätte dies geglaubt?"[3] Zu
Ostern sollte es losgehen, schon erwog er, heimlich Wien
zu verlassen, da (7. März) wurde durch den Verrat eines
Teilnehmers alles entdeckt. Hormayr und Schneider ver-

---

1. Kaiserliches Handschreiben v. 4. März. H.-A.
2. Krones: Aus dem Tagebuch Erzherzog Johanns. S. 74.
Für die ganze Darstellung ausser Krones auch Wertheimer, Wien
und das Kriegsjahr 1813 S. 384.
3. Krones S. 82 f.

schwanden im Kerker, andere Verhaftungen und Ausweisungen folgten. Der prinzliche Träumer, der noch immer allerlei Illusionen nährte, musste sein Ehrenwort geben, in Wien zu bleiben, und wurde unter die geheime Aufsicht des Feldmarschalllieutenants Graf Nimptsch gestellt. Erst 1833 durfte er sein geliebtes Tirol wieder betreten.[1]

So hatte man denn im eignen Land die „Lunten" des Aufstandes noch im letzten Augenblick unschädlich gemacht und sah mit umso grösserer Selbstgenügsamkeit und Indignation auf Preussen, das dem Dämon der Revolution immer sicherer zu verfallen schien. Es war in Wien Glaubenssatz, dass der Staat Friedrichs des Grossen von der im Finstern schleichenden Sekte des Tugend-Vereins untergraben sei. Hardenberg und vor allem Wilhelm v. Humboldt sollten dazu gehören. Graf Zichy, beschränkt, ängstlich, ohne Verständnis für deutsches Wesen, und sein Legationssekretär Graf Bombelles thaten ihr Möglichstes, diesen Wahn zu nähren.[2] Die That Yorks, der vergessen habe, dass ein König über ihm sei, schien nicht anders gedeutet werden zu können. Die wahrscheinliche Reaktivierung Gneisenaus,[3] der grosse Einfluss, den der höchst verdächtige Scharnhorst neuerdings wieder übte, gaben weitere Beweise. Kaiser Franz meinte bitter, in Preussen stehe der König neben dem Volk, was ihm die schrecklichste

---

1. Krones S. 19f.
2. Vgl. Oncken I, 299. Am 5. März 1813 warnte Zichy wieder einmal vor Humboldt: Je ne crois pas me tromper en rangeant dans cette classe (der Revolutionäre) Mr. de Humboldt qui avec infiniment d'esprit et de conduite est tellement en relations avec toutes les personnes qui appartiennent à cette confrérie pour ne pas m'imposer le devoir d'y appeler serieusement l'attention de V. E.. H.-A.
3. Ebenda.

aller Aussichten sei[1], und Metternich verglich schnöde genug
die Ministerien Alexanders und Friedrich Wilhelms mit
Wohlfahrtsausschüssen.[2] Graf Zichy aber benutzte eine
Anregung Hardenbergs wegen Freilassung des 1812 eben
auf preussischen Wunsch eingekerkerten Gruner, um eine
diplomatische Aktion zu gunsten der öffentlichen Absage
an die geheimen Gesellschaften in Scene zu setzen, die,
wenn auch kaum von Wien aus unterstützt, den preussischen Staatsmännern doch manches Kopfzerbrechen verursachte.[3] Und statt dass dadurch das Ärgernis beseitigt
wurde, nahm es vielmehr immer noch zu! Erhielt nicht
zum April Kotzebue Censurfreiheit für seinen russisch-
deutschen Volksfreund, der in zuchtlosen und plebejischen
Artikeln auf die niedersten Instinkte der Masse spekulierte?
Und was war das für eine Sprache in den Proklamationen
der verbündeten Heerführer! Schon im Februar hatte
Wittgenstein den undeutschen Handlangern der ihren Geist
aushauchenden Tyrannei das Gericht der schwerbeleidigten
Nation oder gar ein Leben in den Bergwerken Sibiriens in
Aussicht gestellt.[4] Jetzt vollends beim Einmarsch in säch-
sisches Gebiet erliessen er und sein Freund Blücher Aufrufe,[5]
die selbst im eignen Lager verstimmten. Zwar König Friedrich
August selbst, der nur nicht sprechen dürfe, wie es ihm gewiss ums deutsche Herz sei, behandelten sie nicht ohne
Schonung, ja wünschten ihm mit mehr Wohlwollen als Ge-

---

1. An Napoleon 17. Februar: De toutes les chances les plus
funestes sans doute et les plus opposées à ma façon de voir
sont celles qui tendent à dissoudre les liens sacrés entre les
Souverains et les Peuples et placent, ainsi que la Prusse nous offre
dans ce moment l'exemple, le Souverain à côté de son peuple. II.-A.
2. Gegen Narbonne. Vgl. Lefèbvre, Histoire des cabinets de
l'Europe pendant le consulat et l'empire V, 277.
3. Oncken I, 292—300.
4. Criste S. 254.
5. Wittgenstein: Berlin 23. März, Blücher: Bunzlau 23. März,

schmack, dass er, „so Gott will," noch 45 Jahre in Frieden und Überfluss regieren möge. Aber seiner Mahnung zur Ruhe fand sich der bedenkliche Satz gegenübergestellt, dass Ruhe ein Verbrechen sei: wer nicht mit der Freiheit ist, ist gegen sie. Es wurde der alte Ruhm der Sachsen heraufbeschworen, die 30 Jahre lang auch gegen einen herrschsüchtigen Kaiser der Franken gekämpft hätten; und von Napoleon, dem man in Wien doch jede mögliche Rücksicht erwies, überhaupt in so unehrerbietigen Ausdrücken, wie: Vandalismus, arglistige, gleisnerische Politik, ehrsüchtige, raubgierige Entwürfe gesprochen. „Gottes Langmut ist erschöpft, wir werden siegen. Wir ziehen, wohin der Finger der Vorsehung uns weist. Wir bringen Euch die Morgenröte eines neuen Tages. Auf! Vereinigt Euch mit uns, erhebt die Fahne des Aufstandes und seid frei. — Bewaffnet Euch, und wäre es auch mit Sicheln und Sensen und Keulen, und vertilgt die Fremdlinge von Eurem Boden." Ohne Frage, ein Land, wo von oben herab solche Sprache beliebt wurde, versank für die kühlen und feinen Diplomaten der Hofburg tiefer und tiefer in einen Zustand völliger Anarchie. Sie erkannten gern an, dass die Regierung das Feuer, das sie entzündete, mit Erfolg gegen die französische Unterdrückung lenke, aber auch das stand für sie ausser Zweifel, dass es sich im Moment, wo ihm dies Ziel genommen würde, verzehrend gegen seine jetzigen Nährväter wenden würde.[1]

Es war der weltgeschichtliche Gegensatz der Kabinetspolitik des *ancien régime* zu dem Geist des 19. Jahrhunderts,

---

1. So jammerte Bombelles am 9. April über l'état d'anarchie, dans lequel ce pays-ci se plonge do plus en plus. Le gouvernement allume et attise lui-même un feu qu'il dirige maintenant avec succès contre l'oppression de la France; mais ce feu dévorera sans aucun doute ceux qui le nourrissent dans ce moment-ci, dès qu'il manquera do but. II.-A.

der sich in solchen Urteilen aussprach. Was man in Wien
wollte, war zweifellos gut und achtungswert, wenn auch die
Mittel im einzelnen nicht immer den Charakter der beharrlich gerühmten Loyalität trugen. Wer durfte es tadeln,
dass Kaiser Franz davor zurückschreckte, seinem verarmten
Land die Lasten eines neuen Krieges aufzubürden, einen
feierlichen, zu Recht bestehenden Vertrag zu brechen und
über das Herz der Tochter zum Siege zu schreiten, um
dann vielleicht zum Schluss die Vorherrschaft Frankreichs
mit der Russlands zu vertauschen? Und verdiente es nicht
sogar alles Lob, dass er die Vereinigung seiner Pflichten
gegen Volk, Europa und Bundesgenossen[1] in dem Streben
nach einem Frieden fand, der nicht nur Oesterreich selbst
Vorteile zuwenden sollte? Gewiss, ein Souverain des 18. Jahrhunderts, der so gehandelt hätte, würde als weise und edel
gepriesen sein. Aber die Zeiten hatten sich geändert. Mit
Napoleon war ein Element des Gewaltsamen wie in die
Kriegführung so auch in die Politik eingedrungen. Wo
die Mächte rings umher ihr Alles auf eine Karte setzten,
musste die vorsichtige, nach beiden Seiten gedeckte Diplomatie
des Wiener Hofes als klein, als hinter der Grösse des Momentes
zurückbleibend erscheinen.

Es ist ein befremdendes Schauspiel, die oesterreichischen
Unterhändler in Kalisch und London sich um die Annahme
von blossen Formen mühen zu sehen, während das ganze
übrige Europa zum Entscheidungskampf um die Freiheit der
Menschheit bereitstand.

---

1. Le moyen de placer dans l'accord le plus parfait ce
qu'Elle devait à son peuple, à son Allié, à l'Europe. Weisungen
für Schwarzenberg 28. März 1813. Oncken I, 441.

Fünftes Kapitel.

Wessenberg und Lebzeltern.

Ein Schritt Oesterreichs bei England und Russland konnte der diplomatischen Welt nicht überraschend kommen. Er lag in der Natur des Metternichschen Friedensplanes und war den andern Mächten seit lange angekündigt. Um Mitte Januar kannten ihre Gesandten offiziell sogar die Namen der Männer, die die undankbare Aufgabe erhielten, ohne eine andere Gegenleistung als das vage Versprechen bewaffneter Vermittlung bieten zu können, die gegen Napoleon verbündeten Höfe zur Herabstimmung ihrer For-derungen[1] und Steigerung ihrer Leistungen zu bewegen, daneben fast zu Kundschaftern degradiert, ihre finanziellen und militärischen Mittel in Erfahrung zu bringen.[2]

Die Persönlichkeit des nach London bestimmten Ge-sandten musste die besten Hoffnungen auf ein Gelingen seines Auftrags erwecken. Johann Philipp Freiherr v. Wessenberg, in einem langen Leben als Mensch und Staats-mann stets gleich bewährt gefunden, galt schon damals, obwohl erst neununddreissigjährig, von seiner Thätigkeit in Berlin 1809 und seinem Gesandtschaftsposten in München her als hervorragend geschickt und thätig. Auch Glück

---

1. So schrieb Lebzeltern, Kalisch 11. März an Metternich: En se mettant à la place de ces heureux Moscovites, il faut avouer . . que nous voulons les habituer à se contenter de peu. H.-A.

2. Das wird namentlich aus dem Februarmemoire deutlich.

wussten ihm seine Freunde nachzurühmen.[1] Wie konnten sie ahnen, dass es ihn diesmal gänzlich verlassen würde? Und doch waltete von vornherein ein Unstern über seiner Mission.

Am 8. Februar aus Wien abgefertigt, kam er nach einer wahren Odyssee von Umwegen und Aufenthalten in Hamburg und dann 14 Tage lang in Helsingborg,[2] erst am 29. März, also nach 48tägiger Reise, in London an.[3] Hier traf er sehr verwickelte Verhältnisse.

Die Beziehungen der Höfe von St. James und Wien waren an sich, wie bekannt, traditionell gute. Seit den Tagen Wilhelms III. hatten die englischen Könige in mancher Gefahr treu zum Haus Habsburg gestanden. Das Zwischenspiel des siebenjährigen Krieges war durch die jüngste Waffenbrüderschaft in den Kämpfen gegen die französische Revolution und ihren welterobernden Sohn reichlich vergessen gemacht. Und wenn dann auch Napoleon seit 1808 die alten Freunde zu trennen gesucht hatte, wenn die diplomatischen Beziehungen offiziell hatten abgebrochen werden müssen und der Kaiserstaat der Kontinentalsperre beigetreten war, so hatte sich doch ein gewisses Einvernehmen erhalten. Wir sahen schon, wie Metternich in dem Bündnisvertrag vom 14. März 1812, der sonst die Politik von 1756 erneuerte, England von den Gegnern Oesterreichs auszunehmen bedacht war; und in London wiederum meinte man es bei allem Groll über die neueste Wendung ihrer Politik gewiss noch immer mit keinem Staat so gut wie mit der alten Monarchie an der Donau. Das allgemeine

1. So pries Floret (an Metternich 1. Februar) die Wahl W.s als sehr glöcklich: il est actif, adroit et, surtout, il est heureux.

2. Berichte Wessenbergs, Helsingborg 12., 14. März. II.-A.

3. Berichte Wessenbergs, London 1. April. Après avoir éprouvé sur mer les mêmes guignons comme sur terre, je suis arrivé enfin le 29 de mars à Londres après un voyage de 48 jours à dater de mon départ de Vienne. H.-A.

Interesse Englands wie das besondere des Hauses Hannover forderten gleichmässig die Erneuerung ihrer alten Herrlichkeit. Nur so konnte man zugleich ein europäisches Gegengewicht gegen Frankreich und ein deutsches gegen Preussen schaffen, ohne fürchten zu müssen, dass die Verstärkung einer allen maritimen Interessen derart fremden Macht die Zirkel der eigenen Welthandels- und Seeherrschaftspolitik im geringsten störte. Wenn irgendwo, so bestand beim Prinzregenten der aufrichtige Wunsch, dass Franz II. wieder seines alten Amtes als deutscher Kaiser walte; er hatte die Entsagung von 1806 nie anerkannt und erklärte vollends jetzt, es nicht zu können noch zu wollen.[1] Damit nicht genug, fehlte es keineswegs ganz an Verständnis für die gegenwärtige Politik Oesterreichs. *En petit comité* bekannten die leitenden Männer, es sei sehr verständig, dass es sich nicht aussprechen wolle, bevor die Armeen der Verbündeten rechts der Elbe eine starke Position gewonnen hätten.[2]

Aber trotz alledem wiesen sie jedes Eingehen auf die Wiener Vermittlungswünsche weit von sich. Hatte man deshalb 20 Jahre lang Krieg geführt, um ihn jetzt, wo die Chancen günstiger standen als seit lange, durch einen voreiligen Frieden zu beendigen? War denn Herausgeben je die Sache Englands gewesen, dass Metternich so kühn von Kompensationen französischer Abtretungen redete, und was wurde aus den grossen Träumen von einem austrasischen Reich, in denen der Prinzregent und sein getreuer Graf Münster lebten, wenn Westphalen erhalten und das rechte Rheinufer französisch blieb?

1. Gegen Wessenberg 9. April.
2. Berichte Wessenbergs London 13. April 1813 en chiffre: Je sais au reste de très bonne source qu'on le trouve très sage de la part de l'Autriche qu'elle ne veut pas se prononcer, avant que les armées coalisées du nord ne se soient établies en force sur la rive droite de l'Elbe. H.-A.

So hatte die englische Regierung jene einleitende Verbalnote vom 9. November überhaupt nicht beantwortet, angeblich, „um vorher die Äusserungen des Wiener Hofes über
die sehr vorteilhaften Anträge zu vernehmen, welche Russland
gemacht hatte, und die vom Regenten durch seinen Beitritt
unterstützt sind" [1]; und am 3. Februar begleitete der „Kurier"
die erste Nachricht von einer oesterreichischen Mission nach
London mit den wenig einladenden Worten: „Wenn Oesterreichs Wünsche auf eine feste Verbindung mit Russland und
uns gehen sollten, werden wir die Ankunft seines Gesandten mit
Vergnügen begrüssen, aber wir wollen keine Angebote seiner
Vermittlung, keinen dieser hinterlistigen Versuche, Zeit zu gewinnen und die Russen mitten in ihrer Sieges- und Ruhmeslauf-
bahn aufzuhalten. Keine Vermittlung und am allerwenigsten
so eine, als jemand aus Buonapartes Vasallenschaar geben
kann! Jetzt ist nicht die Zeit, auf eine Unterhandlung zu hören
oder zu denken. Frieden zu machen, ohne Deutschland zu
befreien und das zu zerstören, was Buonaparte unverschämt
sein Kontinentalsystem nannte, hiesse die goldene Gelegenheit
wegwerfen, die das Schicksal uns bescheert hat." [2]

Seitdem war die Stimmung nicht freundlicher geworden,
und ein böser Zufall wollte es, dass gerade in den Tagen

1. Vgl. oben S. 53. Münster an Ompteda 26. Januar.
Ompteda, Polit. Nachlass III, 39.
2. If Austria would connect herself firmly with Russia and
us, we shall hail the arrival of her Minister with pleasure. But
we wish for no proffers of her mediation, none of those insidious
attempts to gain time and check the Russians in the full line
of their victory and glory. No mediation and least of all such
mediation, as one of Buonaparte's vassalry can give. This is not
the time to listen to or to think of a negociation for peace. It
were to throw away the golden opportunity which fortune has
given us, to make peace without emancipating Germany and
destroying, was Buonaparte impudently called his Continental
System. Beilage zum Bericht Lebzelterns vom 14. März. H.-A.

der Ankunft Wessenbergs die Verhaftung Hormayrs und
Schneiders und die Anrede Napoleons an den gesetz-
gebenden Körper vom 23. März in London bekannt wurden,
in der es hiess, dass die Integrität des französischen Reiches
noch in keiner Verhandlung in Frage gestellt sei und es
auch in Zukunft nicht werden solle. Kam dies zweite nicht
überraschend, so erregte die Unterdrückung der tiroler Verschwörung umso bittere Gefühle, in denen sich Ärger über
vergebens aufgewandtes Geld und der Tyrannenhass des
freien Engländers wunderlich mischten. Die Times ent-
blödete sich nicht, Kaiser Franz niedrige Undankbarkeit
vorzuwerfen, die zu bezeichnen, Worte zu schwach wären,
und von Herabwürdigung als Mensch und Herrscher zu ·
reden. Jedenfalls mahnte auch sie, vor hinterlistigen Vorschlägen auf der Hut zu sein.[1]

Unter diesen Umständen wagte der Prinzregent nicht
einmal den Oesterreicher öffentlich zu empfangen, sondern
liess ihm den Wunsch ausdrücken, dass seine Mission geheim
bleiben möge.[2] Und wenn er dann persönlich in der Audienz
am Nachmittag des 9. April auch ganz Liebenswürdigkeit
und Beredsamkeit war,[3] so zeigte er sachlich keinerlei
Nachgiebigkeit gegen die Metternichschen Anträge. Vielmehr wies er auf die jüngste Rede Napoleons hin und hielt
trotz Wessenbergs Widerspruch daran fest, dass das, was
seine Sendung motiviert habe, nicht mehr bestände. Oesterreich sei von der französischen Regierung auf die frechste
Art Lügen gestraft worden. Napoleon wolle keinen Frieden,
man könne also von Wien aus seine Intervention oder
Vermittlung nicht mehr anbieten, ohne sich zu kompromittieren.[4]

---

1. Times 1. April 1813. No. 8874.
2. Berichte Wessenbergs 5. April. H.-A.
3. Woynar a. a. O. S. 408.
4. Wessenbergs Berichte 9. April: . . Vous voyez, mon cher
Wessenberg, que ce qui a motivé Votre mission n'existe plus et

Dieselbe Antwort wurde dem Gesandten in einer Note Castlereaghs vom gleichen Tage offiziell zugestellt. Der Prinzregent sehe sich ausser Stande, auf eine Unterhandlung einzugehen, die keinerlei Aussicht auf ein günstiges Ende böte.[1] Es half nichts, dass wenige Tage später (14. April) die neuen Weisungen aus Wien (d. d. 10. März) einliefen, die seit längerem angekündigt, von den englischen Staatsmännern mit Spannung erwartet worden waren. Sie verhiessen zwar eine Verstärkung der Sprache gegen Frankreich, redeten sehr wider die Wahrheit von 120000 Mann, die „ausser Zweifel" Ende März unter Waffen stehen würden, und erklärten mit verständlichem Bezug auf den eben entdeckten Insurrektionsplan das volle Einverständnis Oesterreichs mit englischen Operationen in Italien: „wir werden z. B. mit Befriedigung vernehmen, dass Venedig und Genua besetzt sind."[2] In der Hauptsache aber war es wieder das alte Lied: „Wir sind einstweilen nur erst intervenierende Macht; die allgemeinen Aussichten und das Benehmen der Mächte gegen uns werden uns möglicherweise zur Vermittlung bestimmen; und diese Vermittlung kann ausser bei lächerlichen, mit gerechten Gleichgewichtsideen unverträglichen Ansprüchen

––– ––

que l'Autriche se trouve avoir reçu le plus insolent démenti de la part du gouvernement français . . . Napoléon ne veut pas la paix . . l'Autriche ne peut donc plus offrir son entremise ni sa médiation sans se compromettre. H.-A.

1. The Prince Regent . . does not feel himself at liberty to tend himself to a negociation which affords no prospect of a favorable conclusion. Dieser Weigerung war durch die Annahme, dass Oesterreich jetzt selbst nicht mehr an einen Frieden glauben könne, in etwas der Stachel genommen. H.-A.

2. Nous sommes loin de vouloir arrêter des opérations que les Anglais pourraient projeter en Italie. Nous apprendrons par exemple avec satisfaction que Venise et Gênes auraient été occupés. H.-A.

der Verbündeten nur zum allgemeinen Frieden oder zum
Krieg mit Frankreich führen."[1] Und die geringe Wirkung,
die solche Versprechungen allenfalls haben konnten, wurde
vollends vernichtet, als man die Rückkehr des Fürsten
Schwarzenberg nach Paris erfuhr.

Eine Presshetze begann, wie sie damals noch nur in
England möglich war. Die absurdesten Gerüchte wurden
verbreitet. Bald sollte Kaiser Franz, bald Metternich in
Kalisch gesehen sein, bald die oesterreichische Armee in
Wolhynien, 80 000 Mann stark, sich mit den Russen vereinigt haben, und weitere 100 000 Mann nach Italien be-
ordert sein.[2] Daneben standen Artikel, die mit zügelloser
Frechheit die Annahme der deutschen Kaiserkrone forderten.
Es war zu lesen, dass die Helden, die mit Wittgenstein ge-
blutet, niemals einen Sklaven zum Oberhaupt nehmen würden,
der beim Namen Buonaparte zittere und sich ducke: Lassen
wir Franz darüber nachdenken! Lassen wir ihn den Deutschen
den wahren Sinn der Proklamationen enthüllen, indem er
sich selbst zu ihrem Kaiser erklärt, oder lassen wir ihm
die Wahl, sein ganzes Leben lang die Gouvernante des
Königs von Rom zu spielen. Es werden sich in seiner
hohen Familie Personen finden, die deren alten Ruhm wieder-
herstellen.[3] „Es ist ein Vergnügen unter einem freien
Volk zu leben," seufzte Wessenberg,[4] wenn ihm solche

---

1. Attachez-vous constamment à l'adage que nous ne sommes
encore que puissance intervenante, que les chances publiques et
la conduite des Puissances envers nous pourront nous porter à
la médiation et qu'à moins de prétentions ridicules et contraires
à de justes idées d'équilibre de la part des puissances coalisées
notre médiation ne peut mener qu'à la paix générale ou bien
à la guerre avec la France. H.-A.

2. Berichte Wessenbergs 16. April. Morning Chronicle 16. April.

3. The Star 17. April.

4. C'est un plaisir, comme Vous voyez, de vivre parmi un
peuple libre. Berichte 20. April. H.-A.

und ähnliche Geschmacklosigkeiten von den Redakteuren be-
flissen ins Hotel geschickt wurden.

Und hätte er noch an der offiziellen Welt einen festen
Rückhalt gehabt! Stattdessen gefiel sich Castlereagh darin,
ihm die Massregeln seiner Regierung offenkundig zu tadeln,[1]
und liess, um einer Verstärkung der parlamentarischen
Friedenspartei vorzubeugen, im Volk verbreiten, die oesterreichischen Vorschläge seien unannehmbar.[2] Der Prinzregent
aber und Graf Münster hielten es nicht für indiskret und
illoyal, die Berichte des Grafen Hardenberg überall herumzu-
tragen, damit Oesterreich kompromittiert und zur Erklärung
gegen Frankreich gezwungen werde.[3]

Dabei war doch niemand zu sprechen, wo es galt ihm
die Mittel zu jenem energischen Auftreten zu liefern, auf
das man so rücksichtslos hinarbeitete. Wessenberg war,
eben durch das Reskript vom 10. März, angewiesen worden
das Terrain über die Möglichkeit von Subsidien zu sondieren,
allen Verhandlungen darüber selbstverständlich einen ganz
eventuellen Charakter zu geben. Er brauchte nicht lange,
um sich zu überzeugen, dass von Geldleistungen Englands
ebensowenig die Rede war wie von einer Anerkennung der
Intervention. Der ewige Krieg hatte allmählich auch die
Taschen des reichsten Staates Europas erschöpft. Teurung
und Steuerdruck waren fast unerträglich, die Zahl der
Armen nahm täglich zu; um sehr bescheiden zu leben,
musste man sehr reich sein.[4] Da hatte das Parlament
ganz allgemein die Pflicht, die Hand auf den Beutel zu

1. Berichte 16. April. Wessenberg rächte sich, indem er
schrieb: Sa Seigneurie n'est pas au reste un grand aigle en
politique et son plus grand mérite est d'être parent de Lady
Harfort, la belle en titre du Prince de Galles. H.-A.

2. Berichte Wessenbergs 13. April. H.-A.

3. Berichte Wessenbergs 16. April. H.-A.

4. Berichte Wessenbergs 13. April: il faut être très riche
pour vivre très médiocrement. H.-A.

halten; und wenn es sich ja zu Aufwendungen herbeiliess, so gingen die Subsidien vor, die der Prinzregent für Bewaffnung Hannovers beantragte, und hatten die Ansprüche Oesterreichs umso weniger Aussicht auf Berücksichtigung, als seine Schulden, wie Münster rund heraus erklärte, ohnehin bereits zu hoch aufgelaufen wären. Jedenfalls war an eine Unterstützung für bewaffnete Neutralität von vornherein nicht zu denken,[1] und selbst für offene Teilnahme am Krieg gegen Frankreich glaubte der Gesandte noch am 11. Mai im Maximum und unter drückendsten Bedingungen nur $^1/_2$ Million Pfund erwirken zu können; das aber, meinte er stolz, verlohnt nicht der Mühe für eine Macht, die noch nicht betteln muss.

Seine persönliche Stellung litt unter dem ungünstigen Schicksal seiner Anträge. Man schien seine Abreise nicht erwarten zu können. Immer wieder tauchte das Gerücht davon auf. Die Minister vermieden einmal vierzehn Tage lang jede Unterredung mit ihm,[2] und als sie höflicher wurden, war wieder mit dem Prinzregenten kein Auskommen.[3] Das wurde umso schlimmer, je länger die Weisungen aus Wien ausblieben. Woche auf Woche verging, ohne dass Metternich seinem armen Gesandten auch nur eine Zeile über den Kanal sandte. Geschah das in Wahrheit nur, weil er nach der Ablehnung seiner Vorschläge eine weitere Korrespondenz mit England einstweilen für zwecklos hielt,[4] so war doch natürlich, dass sich in London die Meinung festsetzte,[5] der Wiener Hof habe Wessenberg sein Vertrauen entzogen, und die englische Regierung deshalb ihren Botschafter am russischen Hof Lord Cathcart zu direkten Ver-

---

1. Berichte 16. April en chiffre. H.-A.
2. Berichte 7. Mai. H.-A.
3. Berichte 7. Juni. H.-A.
4. Entwurf neuer Weisungen Ende Juni. H.-A.
5. Der Unterstaatssekretär Cooke sprach sie offen aus.

9

handlungen mit Oesterreich bevollmächtigte. Der feinfühlige
deutsche Edelmann war aufs äusserste verletzt. Von Haus
ohne rechtes Verständnis für britisches Wesen, wurde er
in seinen Urteilen von Tag zu Tag bitterer und ungerechter.
Zuletzt fand schlechthin nichts mehr Gnade vor seinen
Augen. Selbst dem Sieg von Vittoria stand er skeptisch
gegenüber. So mit seiner Umgebung zerfallen, ohne ge-
schäftliche Thätigkeit, unter dem Klima leidend und der
häuslichen Freuden einer glücklichen Ehe durch völlige
Trennung beraubt, hatte er endlich nur den einen brennenden
Wunsch, aus einem Reich fortzukommen, wo er fürchtete,
schliesslich auf einem Landsitz vor Insulten Schutz suchen
zu müssen.[1]

Er ahnte nicht, dass, während er in den beweglichsten
Briefen immer dieselbe Bitte wiederholte, schon die grosse
Wendung der heimischen Politik nahe war, durch die seiner
Mission ein neuer Inhalt gegeben wurde.

Damit sie aber eintreten konnte, hatten die Verhandlungen mit dem Zaren einen glücklicheren und frucht-
bareren Verlauf nehmen müssen; denn einstweilen war in
den ersten Monaten 1813 von jenem Einvernehmen, das
nachher in den Verträgen von Reichenbach und Teplitz
seinen Ausdruck fand, nichts zu merken. Vielmehr stimmte
noch am 3. Februar Metternich bedingungslos einem Memoire
zu, in dem es hiess: nun ist das siegreiche Russland für
Oesterreich ebenso gefährlich, als es bis jetzt Frankreich
war[2]; und die einzige grössere Rüstungsmassregel, zu der
sich der Kaiser während des Winters entschloss, richtete,
wie wir sehen werden, ihre Spitze eingestandenermassen

---

1. Berichte 30. Juli: V. E. jugera, si mon séjour ici offre
encore assez d'utilité pour en compenser les dépenses et les
désagrémens. . Je serai bientôt dans le cas de me cacher dans
quelque campagne pour ne point m'exposer à des insultes. Ähnlich
2. August. H.-A.

2. Februar-Memoire.

nach Osten. Das Misstrauen war zu tief eingewurzelt, als
dass es selbst der ganz eigenhändige Brief[1] hätte zerstören
können, in dem Alexander (d. d. Wilna 17./29. Dezember)
unter Bezugnahme auf die entscheidenden Erfolge seiner
Anstrengungen den oesterreichischen Herrscher gebeten hatte,
ihren Beziehungen einen neuen Grad von Innigkeit zu
geben; und doch gehörte er zu den feurigsten und edelsten
Ergüssen, die die Geschichte aus der Feder des trotz aller
Fehler so höchst anziehenden Monarchen aufbewahrt hat.
Sehr schön betonte der Zar das einigende Moment, welches
in seinem Streben nach der Befreiung Europas läge. Falls
der Kaiser die unvergleichlichen Chancen des Augenblicks
mit ihm zur Erreichung dieses grossen Zieles benutzen
wolle, stellte er die thätigste Mitwirkung von seiner Seite
und Wiedereinsetzung in alle alten Besitzungen des Hauses
Oesterreich mit den stärksten und schmeichelhaftesten Ausdrücken in sichere Aussicht. In dem Schwung seiner Be-
redtsamkeit verstieg er sich zu der Behauptung, Franz
könne seinem Reich ohne Blutvergiessen den alten Glanz
zurückgeben; wenn er die Besetzung der abgetretenen Provinzen befehle, so habe Frankreich nicht die Mittel, ihm
auch nur den geringsten Widerstand zu leisten. Die Hindernisse, die sich aus dem Bündnis von 1812 ergaben, suchte
er mit dem nicht sehr glücklichen Hinweis zu beseitigen,
dass ja auch 1809 ein Friedensvertrag Oesterreich an Napoleon
gebunden habe, ohne dass darum weniger die Gunst der Lage
allein in Betracht gekommen wäre, die sich doch mit der gegenwärtigen nicht vergleichen lasse. Zum Schluss beschwor er
den nüchternen Habsburger mit glühenden Worten, eine so
schöne Gelegenheit nicht aus der Hand zu geben, um seinen
Namen gross zu machen, nicht durch einen Ruhm voll Blut,
sondern den einzigen seines Herzens würdigen: als Heiland

---

1. Siehe den Anhang. H.-A.

Europas und der Menschheit, der Welt Ruhe und Glück
zurückzubringen.

Eine ähnliche Sprache führte Graf Stackelberg, den sich
Metternich Ende Januar nach Wien hatte kommen lassen.[1]
Er wies mit berechtigtem Stolz darauf hin, dass Russland
für alle Zeit seine Unabhängigkeit erkämpft habe. Um sich
in Zukunft auch gegen jede Beleidigung zu schützen, bedürfe
es einer Barriere gegen Frankreich. Nun brauchte es dazu
gewiss nur den am meisten ausgesetzten Teil des Herzogtums
Warschau in eine Wüste zu verwandeln. Aber der Zar
denke grossherziger und weiter. Er fände in einer Wiederherstellung der oesterreichischen und preussischen Monarchie
den besten Schutz; ihr wolle er seine herrlichen Mittel
weihen. Metternich drückte demgegenüber seine Erkennt-
lichkeit für die russischen Anerbietungen aus, meinte
aber trocken, er könne seine Lage nicht so ansehen, wie
man es in Wilna von ihm wünsche. Übrigens ermunterte
er den Gesandten, die Russen sollten sich in ihren militärischen Operationen doch nicht aufhalten lassen, die vielmehr nach der Meinung Kaiser Franz' nicht lebhaft genug
betrieben werden könnten, hörte geduldig und mit schein-
barer Zustimmung zu, wie der Graf bereits von einem ein-
heitlichen Oberbefehl über die verbündeten Heere Oesterreichs, Russlands, Preussens und Schwedens träumte und
dazu ganz vag Bernadotte und Moreau, sehr bestimmt aber
Kutusoff vorschlug,[2] und suchte den oesterreichischen Friedens-

---

1. Die Einladung erfolgte durch Brief vom 16. Januar. Das
Folgende beruht auf dem Auszug einer Depesche Stackelbergs
an Nesselrode vom 13./25. Januar 1813. H.-A.

2. So erzählt Stackelberg rückblickend in einem Bericht vom
28. Februar (a. St.), der sich auszugsweise unter Lebzelterns
Berichten findet.

plan, dessen Aussichten er stark betonte,[1] dadurch schmack-
hafter zu machen, dass er auf das Beispiel Napoleons hinwies, der auch immer neben seinen militärischen Erfolgen
diplomatische Manöver hergehen liesse. Wirklich gelang es
ihm, dem wohlgesinnten Russen, auf den er gleich anfangs
als auf eine starke Säule in diesen kritischen Momenten
gerechnet hatte,[2] die Unterschrift unter eine Note zu entreissen, durch die nach Paris hin die Unmöglichkeit eines
Sonderfriedens mit Alexander dargethan werden sollte. Sie
hob als Ziel der russischen Politik die Ruhe Europas hervor, beteuerte die Solidarität mit England und verbürgte
sich dafür, dass die Persönlichkeit, welche der Wiener Hof
zu Eröffnungen im Sinn des Friedens an den Zaren schicken
werde, mit allen gebührenden Rücksichten empfangen werden
würde.[3]

War Stackelberg von dieser Begegnung alles in allem
nicht unbefriedigt und glaubte immerhin einen Fortschritt
im Auftreten Oesterreichs gegen den November konstatieren
zu dürfen, so knüpften sich an die Mission ins russische
Hauptquartier Umstände, die solche Meinung als ungerecht-
fertigten Optimismus erscheinen liessen.

Zunächst musste die Wahl des Gesandten sehr gemischte
Gefühle erregen. Nach Paris war gleich im Dezember
ein Graf und hoher Militär geschickt worden und sollte
bald der Fürst Schwarzenberg von neuem abgehen, der
nach Rang und Stand einer der ersten Männer der
Monarchie war, nach England wurde doch wenigstens ein
Diplomat bestimmt, der schon einen selbständigen Gesandtschaftsposten bekleidet hatte, nach Russland aber hielt

---

1. L'Empereur François . . croit l'Empereur Napoléon disposé
à do très grands sacrifices.
2. An Stackelberg 12. Januar 1813: je compte sur Vous dans
ces grands moments comme sur une forte colonne. H.-A.
3. Oncken II, 112.

man es nur für nötig, einen einfachen Legationsrat und
Ritter zu entsenden, dem damals noch niemand weissagte,
dass er als Botschafter und Graf eine glänzende Laufbahn
beschliessen werde. Gewiss Herr v. Lebzeltern hatte Eigenschaften, die ihn dem Zaren noch von Petersburg her als
angenehmen Gesellschafter wert machten. Er war lebhaft,
witzig bis zur Frivolität, ungezwungen, dabei klug und
gewandt, und die unedlen Sitten, die Stein so hart an ihm
tadelte,[1] nahm ihm am moskowitischen Hof sonst niemand
übel. Aber wäre er persönlich noch zehnmal sympathischer
gewesen, das Manko an Titel und Geburt konnte nicht
anders als die russische Eitelkeit verletzen.[2]

Dazu erlitt seine Ankunft, schon am 16. Januar als
nahe angekündigt,[3] die grössten Verzögerungen. Metternich
wollte nicht eher in sachliche Verhandlungen eintreten,
als bis Russland durch den vollzogenen Bund mit
Preussen zur Fortführung seiner Befreiungspläne moralisch
gezwungen sei und zugleich durch ein Vorrücken an die
Oder die Flankenstellung Oesterreichs so eindrucksvoll und
bedrohlich gemacht habe, dass es wohl oder übel den
Intentionen der Hofburg folgen müsste. Als sekundäre
Erwägung kam vielleicht hinzu, dass die Mission Lebzelterns
der Wessenbergs zeitlich parallel gehen sollte.[4] Genug,
der Legationsrat verliess Wien zwar am 9. Februar,[5] hatte
aber bis zum 1. März in den traurigen Hauptquartieren

---

1. Pertz. Stein III, 354.
2. Zichy an Metternich, Breslau 13. März auf Grund von
propos aus der zarischen Umgebung. H.-A.
3. Metternich an Stackelberg 16. Januar. H.-A.
4. Vgl. namentlich Graf Hardenberg an Münster 7. Februar
1813. Oncken II, 111.
5. Bericht Lebzelterns. Bautzen 8. Mai: parti depuis le 9
février de Vienne. Damit stimmt die Angabe in Watzdorfs
Bericht vom 10. März. Oncken II, 239.

des Auxiliarkorps Konskie und Miechow ohne Anregung und Bequemlichkeit auf seine Instruktionen zu warten.[1]

Und als sie endlich anlangten, welche Abneigung gegen Russland sprach da aus ihnen! Metternich sah in dem, was seit dem Bruch mit Frankreich geschehen war, noch immer nur eine Kette politischer und militärischer Fehler, die ganz gegen alles Erwarten der Erfolg gekrönt habe. Er tadelte den stets zu Extremen geneigten Geist der russischen Regierung, und wenn er zugab, dass dieser, gut geleitet, den Mittelmächten Vorteil bringen könne, so überwog doch sehr entschieden die Furcht, er möchte von der europäischen Linie abweichen oder in vermessene Sicherheit ausarten und dann die unheilvollsten Folgen für jene haben. Auch das Gespenst von Tilsit und Erfurt hatte seine Schrecken noch nicht verloren: man sei nur zu oft das Opfer plötzlichster und ausserordentlichster Systemwechsel des Kabinets von St. Petersburg geworden. Von irgend welchem Entgegenkommen war bei solcher Stimmung nicht die Rede. Es hiess mit unverhohlenem Triumph: die weiteren Operationen der Russen hingen so zu sagen von unserm guten Willen ab, wir können sie aufhalten oder begünstigen, der Augenblick zum Unterhandeln ist also gekommen. Lebzelterns Aufgabe wurde ausdrücklich darauf beschränkt, nur Antworten zu empfangen. Den Anträgen des Zaren vom 29. Dezember aber widerfuhr kaum die Ehre einer Erwähnung. Die Instruktionen selbst schwiegen sie tot,

---

1. Das ergiebt sich aus der Privatkorrespondenz Lebzelterns mit Metternich. L. war am 12. Februar in Krakau, vom 15.-25. in Konskie, dann ging er, da das ihn deckende oesterreichische Detachement vor Kosaken und Smolensk-Dragonern weichen musste, 38 Wegstunden rückwärts nach Miechow. Vgl. auch P. Bailleu Histor. Zeitschrift XXXVII, 147, der mit dem ihm eigenen Scharfsinn bereits aus inneren Gründen auf eine spätere Abfassung der Instruktionen schloss.

und das vertrauliche kaiserliche Handschreiben begnügte
sich mit einem kühlen Dank für die „freundlichen Absichten"
und „edeln Gefühle."[1]

Es war eine Enttäuschung für Alexander, wie sie sich
schmerzlicher kaum denken liess. Er hatte sich eine herzlich
zustimmende Antwort und hatte sie sich rasch versprochen,
schon Anfang Februar hatte er ihr mit Ungeduld entgegen-
gesehen.[2] Und nun erst diese rücksichtslose Verlängerung
der Wartezeit; denn trotz aller verlegenen Ausreden von
Krankheit und schlechten Wegen zweifelte er keinen Augenblick an den diplomatischen Gründen von Lebzelterns lang-
samer Reise —, und dann nicht das mindeste Zeichen von
Vertrauen oder Hingebung, die wahren Absichten der Hofburg nach wie vor in einen dichten Schleier von Phrasen
gehüllt, ihr Gesandter lediglich mit dem Angebot der Verwendung, also der „ostensiblen Frage" betraut![3] Gewiss, es
begriff sich, dass die ernsten Besorgnisse vor der Flankenstellung Oesterreichs, die er durch eine offene Aussprache
hatte beschwichtigen wollen, in verstärkter Kraft wieder-
auflebten. Den Wert der schönen Worte, mit denen
Metternich Stackelberg köderte, kannte er ja aus dem Vorjahr
zur Genüge. Damals hatte es in einer oesterreichischen
Depesche nach Petersburg geheissen: endlich ist das Wort
Neutralität ausgesprochen, während doch in Wirklichkeit

1. Die Instruktionen Oncken I, 421—425. Die Kaiserlichen
Handschreiben ebenda S. 448, sie sind auf den 8. Februar vordatiert.

2. Lebzeltern an Metternich, Konskie 19. Februar: Monsieur
le colonel Latour m'a parlé de l'impatience que l'on témoignait
au quartier général russe d'y voir arriver la réponse de la Cour
de Vienne. H.-A.

3. Un second motif de méfiance a été de me voir chargé de
la simple proposition de notre entremise, de la question ostensible
uniquement. Wie alles Vorhergehende in den Depeschen der
ersten Expedition Lebzelterns vom 11. März. H.-A.

gerade zu der Zeit die Allianz mit Frankreich gezeichnet
wurde.[1] Auch jetzt wieder glaubte er im Vorgehen des
Wiener Hofes eine geheime Tendenz zu gunsten Napoleons
zu erkennen.[2]

Bei alledem war er klug genug, dem Oesterreicher,
der am 5. März in Kalisch angekommen war, einen sehr
herzlichen Empfang zu bereiten. Wie er solche Scenen liebte,
fragte er erst: Sind Sie noch der alte Lebzeltern vom *Quai
anglais* oder kommen sie als zugeknöpfter Diplomat? und
als der Gesandte das erstere lebhaft beteuerte, schloss er
ihn in die Arme und küsste ihn auf beide Wangen.[3] Auch
sonst überhäufte er ihn als „alten Freund" mit Liebens-
würdigkeiten. Er zog ihn zur Tafel, lud ihn trotz seines
nicht militärischen Charakters zur Parade ein, ging stundenlang allein mit ihm spazieren, was der Oesterreicher bald
als seine einzige Erholung in „diesem elenden Loch" betrachtete, und drückte je und je die schmeichelhafte Hoffnung
aus, ihn später als Botschafter in Petersburg zu haben.[4]
Nur ganz selten warf die Unzufriedenheit mit der in Wien
beliebten Politik einen Schatten auf dies angenehme Verhältnis.[5] Und wie der Herr, so seine Umgebung, „die sich
nach seinen Gebärden und seinem Gesichtsausdruck richtet."

---

1. So erzählte Alexander Lebzeltern. Berichte 8. März. H.-A.

2. ebenda. Oncken I, 353.

3. Privatbrief Lebzelterns an Metternich, Kalisch 11. März:
Dès que l'empereur me vit, il me demanda: „Êtes-vous le même
Lebzeltern du quai anglais ou venez-vous ici en diplomate serré?"
— „Je suis Lebzeltern qui ne change point, Sire, ni de sentiments
ni d'opinions ni de manière franche et ouverte de les exprimer."
Alors je reçus l'accolade Souveraine la plus expressive et deux
baisers imperiaux sur les deux joues. Je ne suis ni fier ni cruel, je
les rendis de bon cœur. H.-A.

4. Berichte und Briefe vom 12., 26., 30. März. II.-A.

5. Berichte Lebzelterns 5. April No. 7. II.-A.

Zumal Nesselrode zeigte sich „freundlich und verbindlich wie immer."[1]

Anfangs freilich schien es, als sollte es mit derlei persönlichen Rücksichten sein Bewenden haben.[2] Der Zar sträubte sich, die Verwendung Oesterreichs anzunehmen, bevor er wisse, welcher Art der Friede sei, den es vermitteln wolle, und was es im Fall des Misslingens thun werde. Er lehnte sich gegen Formen auf, die nur zur Vergeudung kostbarer Zeit führen könnten, und drang wieder wie in seinem Wilnaer Brief auf rasche Occupation der alten habsburgischen Provinzen, vor allem Tirols und Italiens bis Mantua. Man solle erklären, Besitznahme rechtmässigen Eigentums und nicht Krieg mit Frankreich sei die Absicht. Spräche man dann von einem allgemeinen Kongress, so werde man leicht zu Resultaten kommen; denn übermässige Ansprüche Englands unterstütze auch er nicht; die Interessen des Kontinents müssten allem vorangehen.[3]

Schliesslich aber gab er nach. Lebzeltern hatte noch einmal schriftlich in einem übrigens nur vorgelesenen Briefe (d. d. 9. März) im Sinn seiner Instruktionen darauf aufmerksam gemacht, dass die Verbündeten Gefahr liefen, Oesterreich in der Verteidigung der allgemeinen Sache zu lähmen, wenn sie sich nicht seinem Gange anschlössen. Russland werde kein Opfer zugemutet, da man weit entfernt sei, seine Operationen aufhalten zu wollen. Überdies könne eine Ablehnung oder zögernde Annahme der Friedensverwendung nur die moralische Position Napoleons stärken, der sich ihr seinerseits ohne Vorbehalt gefügt habe. — Das

1. Lebzeltern an Metternich 11. März. H.-A.
2. Ebenda: on m'a très bien reçu, mais j'aurais préféré qu'on m'eût fait la moue et que V. E. eût été mieux satisfaite sur des objets essentiels.
3. Berichte Lebzelterns 8. März. H.-A.

wirkte. Zwei Tage später hielt er eine Note Nesselrodes in Händen, die mit einem kleinen Seitenhieb auf die allem Brauch widersprechende Stellung Oesterreichs,[1] das, obwohl noch im Krieg, eine Verwendung für den Frieden anbiete, die Anerkennung dieser Intervention aussprach, falls sie auch von England, Preussen und Schweden angenommen werde. Seine erste Aufgabe, formelle Beziehungen zwischen den beiden Mächten herzustellen, war gelöst. Es blieb die zweite, schwierigere, ihnen einen reellen Inhalt von Vertrauen zu geben.

Hier ging es ohne starke Rückschläge nicht ab. Nicht als ob seine feine Beredsamkeit wirkungslos verhallt wäre. Zu Zeiten schien es vielmehr, als wollte der Zar die argwöhnische Furcht vor Metternichs Plänen entschlossen verbannen. So kam er aus Breslau, wo der Kanzler Hardenberg und sein gräflicher Vetter um die Wette für Oesterreich gesprochen hatten, vergnügt und zufrieden nach Kalisch zurück (19. März).[2] Aber nach einigen Tagen gewann sie immer wieder Gewalt über ihn und fuhr fort, einen verhängnisvollen Einfluss auf seine militärischen Massregeln zu äussern. Dem Zögern des Hauptheeres in Kalisch, das er Lebzeltern gleich anfangs als in ihr begründet darstellte,[3] wurde erst am 7. April ein Ende gemacht. Die Nachrichten aus Wien befriedigten die Herrn des russischen Hoflagers eben günstigsten Falls nur halb. Freuten sie sich der Note, mit der Metternich zu der preussischen Kriegserklärung Stellung genommen hatte, so schüttelten sie den Kopf dazu, dass die diplomatischen Beziehungen zu Hum-

---

1. . . . cependant il faut en convenir que c'est la première fois que l'on voit une puissance encore en guerre proposer une entremise pour la paix. Les formes et les usages sont contraires à une parcille attribution. Nesselrode an Metternich, Kalisch 27. Februar/11. März 1813. H.-A.

2. Berichte Lebzelterns 22. März. H.-A.

3. Berichte Lebzelterns 8. März. H.-A.

boldt offiziell abgebrochen wurden.[1] Und vollends bei der
Mission Schwarzenbergs überwogen die ärgerlichen Momente
für sie sehr entschieden. Sie sagten offen heraus, dass der
Gesandte vom März 1812 nicht gut im März 1813 verwandt
werden könne, und seinen berühmten Instruktionen zollten
sie nur wegen ihrer trefflich entwickelten Grundsätze einigen
Beifall. Ja, wenn noch eine runde und sofortige Antwort
gefordert und ein Termin dafür festgesetzt wäre! So aber
vermissten sie die rechte Entschiedenheit, hielten sie nur
für geeignet, Verhandlungen einzuleiten und Zeit zu gewinnen.
Der Zar persönlich fühlte sich durch die Erinnerung an
Tilsit, wo Russland seinen eigenen Willen so zu sagen vertagt
habe,[2] auf das peinlichste berührt; er sehe auch darin wieder
die Animosität, die in allem regiere, was aus der Feder des
Wiener Kabinets hervorgehe.[3] — Mindestens ein Vorwurf schien der oesterreichischen Politik nicht zu er-
sparen: ihre Formen standen nicht auf der Höhe des
ungeheuren Moments.[4] War es nicht die Schuld eben
des Kaiser Franz, den Metternich als so gewissenhaft
schilderte, wenn man jetzt noch sein Blut an einen zweifel-
haften Kampf mit Napoleon setzen musste, während doch
bei rechtzeitiger Mitwirkung Oesterreichs schon der letzte
Franzose über den Rhein gejagt war? So konnte es Lebzeltern beim Aufbruch gegen die Elbe oft genug hören, und
dann und wann brach eine noch viel feindseligere Auffassung
hervor: Oesterreich wolle den Erfolg der ersten Schlacht

1. Berichte Lebzelterns 25. März. No. 5ᴬ. H.-A.
2. Cette puissance (la Russie) eut l'air d'avoir ajourné sa
propre volonté. Oncken I, 440.
3. Berichte Lebzelterns 25., 30. März, 18. April. H.-A.
4. Les formes que vous avez adoptées, sont-elles de niveau
avec l'immensité et l'importance du moment actuel? Äusserung
des Zaren. Berichte Lebzelterns 30. März No. 6ᴮ. Für das
Folgende Berichte Lebzelterns 6. April No. 8ᴬ. H.-A.

abwarten und sich bis dahin eine Hinterthür zur Versöhnung mit Frankreich offenhalten, jedenfalls sein Übergewicht auf die Schwächung beider Teile begründen. Wenn Napoleon ihm seine alten Provinzen anbiete, stehe niemand dafür, dass es nicht gemeinsame Sache mit ihm mache.[1]

Doch war das, recht besehen, den Interessen der Hofburg nichts weniger als abträglich. Alexander sagte sich, dass sie nur durch äusserstes Entgegenkommen aus ihrer jetzigen Haltung „quälend für Euch und uns" herausgebracht werden könne, und wenn ihm deshalb auch gelegentlich die unwillige Äusserung entfuhr: Soll ich mich denn vor Euch auf die Knie werfen?[2], so überbot er sich thatsächlich in Wohlwollen und Hingabe gegen den spröden Nachbarstaat. In seinem noch sehr allgemeinen Friedensprogramm nahm Wiederherstellung Oesterreichs nach Macht und Gebiet die erste Stelle ein.[3] Fast demütig gab er sein Wort, auch jede andere in Wien gewünschte Basis als die seine zu verfechten. Er erklärte sich bereit, die feierliche Verpflichtung einzugehen, die Waffen niemals anders als im Einverständnis mit Kaiser Franz niederzulegen; erst müssten Oesterreich und Preussen im freien und friedlichen Besitz ihrer notwendigen Vergrösserungen sein. Lieber, so beteuerte er, wolle er noch einmal alle Schrecken und alles Elend durchmachen, dessen Zeuge er gewesen sei, als sie preisgeben![4]

---

1. Berichte Lebzelterns 8., 30. März, 6. April. H.-A.

2. Est-il possible que je doive me mettre à genoux pour Vous conjurer de sauver l'Europe dans ce moment unique, vrai bienfait de la Providence. Berichte Lebzelterns 8. März. H.-A.

3. Sonst wies es nur noch la réintégration de la Prusse in den status von 1806 und l'affranchissement de l'Allemagne auf. Von Holland, Italien und den Hansestädten redete man noch nicht. Berichte Lebzelterns 22. März No. 4 B. H.-A.

4. Berichte Lebzelterns 8., 30. März. Oncken I, 354, 356, 360. Die S. 360 erwähnte Unterredung fand nicht auf der Parade, sondern auf der Promenade statt.

Dieselben Rücksichten übte er im einzelnen. Sehr anders als sein Hofpublizist Kotzebue, der einfach den Corneilleschen Vers zitierte: *un véritable roi n'est ni mari ni père*,[1] berührte er schonend und mit feinem Takt das Verwandtschaftsverhältnis zu Napoleon, das die Entschlüsse des Kaisers beeinflussen müsse, und versprach von vornherein allen Massregeln zuzustimmen, die man in der Hofburg bezüglich der Kaiserin Marie Luise und des Königs von Rom zu treffen gedenke. So schwer ihm das wurde, vermied er alles, was die Stellung Oesterreichs zu den deutschen Angelegenheiten irgend zu präjudizieren geeignet war. Nur weil man in Wien die versprochenen Eröffnungen über seine Wünsche von Woche zu Woche verschob, blieb der Aufruf von Kalisch in allgemeinen Phrasen stecken. Mindestens Süddeutschland sollte ganz dem Einfluss der alten Kaisermacht unterstellt werden. Der Zar schlug vor, Metternich möge seine Schritte bei den dortigen Höfen zugleich im Namen der Alliierten thun, und erbot sich, alle Aktenstücke, die man ihm diesbezüglich fertig zusende, zu unterzeichnen.[2]

Endlich kam es ihm auch darauf an, Lebzeltern hinsichtlich Polens zu beruhigen, und das war in der That sehr nötig, nötiger noch, als er selbst ahnen mochte. Ein böser Zufall hatte es nämlich gewollt, dass Ende Januar ein Sekretär des Fürsten Adam Czartoryski, vom russischen Hoflager zurückkehrend, bei Brody in die Hände der Oesterreicher gefallen war,[3] dessen Papiere sehr merkwürdige geheime Unterhandlungen enthüllten. Danach hatten sich (21. November) die warschauischen Minister Matuszevicz und Mostowski

---

1. Ergänzungsblätter zum russisch-deutschen Volksblatt No. 1. 26. April 1813: Möchte doch irgend ein Hofrat dem Kaiser Franz jenen Vers des Corneille ins Ohr raunen: un véritable roi n'est ni mari ni père.

2. Berichte Lebzelterns 30. März, 6. April. Oncken I, 361, 332; 24. April. H.-A.

3. Oncken I, 230.

an den Fürsten nach Wien gewandt und ihn in aller Form bevollmächtigt, im Namen der General-Konföderation mit dem kaiserlichen Jugendfreund auf Grund eines ausgeführten Programms abzuschliessen, nach dem Polen und Litthauen, in ihren alten Grenzen wiederhergestellt, in Realunion mit Russland vereinigt werden sollten.[1] Und diese Anträge waren von Alexander nicht abgewiesen worden. Vielmehr hatte

1. Copie des pièces envoyées de Varsovie à N. N. le 21 Nov. No. 2 „projet": La Pologne et la Lithuanie dans leurs anciennes limites appartiendront héréditairement a. S. M. J. et a Ses descendans.

Elle les gouvernera par un Vice-Roi et par la constitution de 1791 corrigée ou par celle du Duché modifiée.

L'armée polonaise sera de 100 000 hommes, entretenus par le pays. Il n'y aura dans le pays de troupes étrangères, hormis la garde de S. M. J. et Son Vice-Roi.

Il y aura une garde polonaise auprès de S. M. J.

Le Royaume de Pologne et de Lithuanie sera partie intégrante de l'Empire, mais ne pourra lui être autrement incorporé.

Tous les actes du Gouvernement et de l'Administration seront faits en langue polonaise.

Les sujets réciproques pourront s'établir, se transporter et posséder des propriétés dans les deux pays sans obstacles.

Nul étranger ne pourra exercer des fonctions administratives ou publiques dans le Royaume de Pologne et de Lithuanie sans y posséder une propriété foncière d'une valeur proportionnée par la loi.

Le commerce entre les deux pays sera entièrement libre.

Lorsque les bases préliminaires seront convenues et signées, une Diète générale convoquée à Varsovie règlera le tout constitutionnellement. — No. 1 „noto" ist weniger interessant. Es handelt sich um die Aktenstücke, die sich nach Oncken I, 221 „auf dem Archiv zu Wien bis jetzt nicht gefunden haben." Die Briefe Czartoryskis vom 6. und 27. Dezember waren, was bei Oncken vielleicht nicht genügend hervortritt, in Wien nicht bekannt.

er sich neuerdings zu seinen alten Lieblingsplänen bekannt: die öffentliche Meinung und die Rücksicht auf Oesterreich und Preussen, die sich sonst Frankreich in die Arme würfen, hinderten einstweilen noch ihre offene Kundgabe, mit dem Fortschreiten der kriegerischen Ereignisse würden sie ans Licht treten.[1]

Solche Worte erschienen doppelt bedenklich, wenn man jetzt die geheimen Artikel des Vertrages von Breslau-Kalisch gleichsam als Illustration daneben hielt. Wie sollte man es deuten, dass sie, statt einfach die Rückkehr Friedrich Wilhelms in seine polnischen Besitzungen zu stipulieren, nur eine Garantie des alten Preussens und die vage Zusicherung eines Gebietes gaben, das militärisch und politisch dessen Verbindung mit Schlesien herstellte?[2] Und auch das Auftauchen Czartoryskis in Kalisch (31. März) war kein beruhigendes Symptom.

Alexander fühlte das selbst und suchte deshalb Lebzeltern gleich am nächsten Tag den ganz unpolitischen Charakter dieser Anwesenheit klar zu machen: „Es ist nur Windbeutelei in diesen Köpfen da. Es lässt sich nichts mit ihnen anfangen. Ich bin ausdrücklich nicht in Warschau gewesen: und überhaupt muss mein Benehmen im Herzogtum von Ihrem Hof gebilligt werden. Ich habe nur daran gedacht, ihm kein Misstrauen zu erregen."[3] Mehr ins einzelne einzugehen, überliess er seinem Staatssekretär. Nesselrode wiederholte zunächst in der positivsten Weise die Zusicherungen hinsichtlich des 1809 abgetretenen Galiziens. Er bestätigte gern, dass es als schon völlig Oesterreich

---

1. Alexander an Czartoryski 1/13. Januar. Oncken I, 226 ff.
2. Oncken I, 269 f.
3. Il n'y a que du vent dans ces têtes-là, il n'y a rien à en faire. Je n'ai pas été à Varsovie exprès, et en général ma conduite dans le Duché doit être approuvée par votre cour, je n'ai pensé qu'à ne lui donner aucun ombrage. Berichte Lebzelterns 6. April No. 8C. H.-A.

überlassen anzusehen sei, und forderte auf, einstweilen
Krakau und die übrigen festen Plätze, die man besetzt
habe, auch zu behalten. Im übrigen gestand er unum-
wunden zu, dass er beim Einmarsch ins Warschauische selbst
einen Augenblick wegen einer Wiederherstellung des Polen-
reiches Besorgnisse gehabt habe, grosse Besorgnisse. Jetzt
aber sei er über diesen unpolitischen und unpopulären Plan
völlig beruhigt. Das Streben nach der Weichselgrenze liess
sich ganz nicht ableugnen, so gab er ihm den harmlosen
Anstrich einer kleinen Eitelkeit, indem er nur von einer
schmalen Landzunge sprach, mit der man sich rühmen
könnte das Weichselgebiet zu berühren.[1]

Die erhoffte Wirkung blieb aus. Lebzeltern erschien
es nach wie vor zu absurd, dass der Zar sich mit dem
Ruhm seiner Waffen begnügen und nicht für die grossen
Opfer Befriedigung persönlicher Interessen suchen sollte. Es
überraschte ihn kaum noch, als er etwas später die Reise
des Fürsten Adam nach Warschau erfuhr, und er zweifelte
nicht, dass der schlaue Pole dort unter der Hand die Zügel
der Regierung führe.

Sonst aber war er gleich nach den ersten Tagen für
die Sache Russlands gewonnen. Mit Vorurteilen war er
nach Kalisch gekommen. Übermut und Masslosigkeit hatte
er zu finden gedacht. Sein erster Brief sprach noch höhnisch
von diesen glücklichen Moskowitern und ihrem Sultan.[2] Mehr
und mehr jedoch überzeugte er sich, dass Unglück und
Erfolg des letzten Jahres den Charakter der Russen gehoben
und vertieft hatten. Er war voll Lobes für die Disziplin,
das frische Aussehen und die gute Haltung des gemeinen Soldaten, und bei den Offizieren vermisste er wohlthuend die gewohnte Prahlerei. Sie standen bei aller Kampfesfreudigkeit
noch unter dem erschütternden Eindruck der Schrecknisse,

---

1. Berichte Lebzelterns 6. April. Oncken I, 279—281.
2. Lebzeltern an Metternich 11. März. H.-A.

deren Zeugen sie gewesen waren. Schaudernd erzählten sie, dass man in den Gouvernements von Minsk, Smolensk und Moskau 142 000 französische Leichen verbrannt habe und in der Umgebung von Wilna 46 570.[1] Unter den leitenden Persönlichkeiten Araktschejeff, Wolkonsky, Toll, Nesselrode und Anstett, die alle durch Eifer und Freundschaft verbunden seien, bemerkte er eine Einigkeit und ein Zusammenwirken, die ihn überraschten.[2] Romanzoff, von dem Metternich im Sommer boshaft gemeint hatte, seine hohen politischen Einsichten kosteten dem Staat mehr als manche verlorene Schlacht,[3] schien für immer kalt gestellt zu sein. In letzter Instanz war der Zar sein eigener Minister. Er arbeitete viel und allein. Sein Selbstvertrauen hatte sich gesteigert. Statt dass das Glück ihn übermütig gemacht hätte, waren seine politischen Ansichten weit gemässigter und der allgemeinen Sache vorteilhafter als ehedem. Wieder wie in seinen besten Tagen bezauberte er die Herzen: „Ich gäbe alles in der Welt darum, wenn dieser Fürst und Ew. Excellenz sich näher kennten, ich weiss keine zwei andern Wesen, welche besser zu einander passten", schrieb Lebzeltern an Metternich,[4] und das wollte bei seiner begeisterten Anhänglichkeit an

---

1. Lebzelterns Berichte 10. März No. 1ᴱ. Die Stärke der russischen Armee giebt er (6. April 8ᴬ) sehr hoch an: 109—114000 Linientruppen und 25000 Kosaken zwischen Weichsel und Elbe. Jenseits der Weichsel „nach Knesebeck, Löwenhjelm (schwed. Gesandten) und den russischen Generalen": 200 000 Mann, 60 000 gut exerzierte Milizen und 15 000 Kosaken. Alexander selbst berechnete das preussisch-russische Herr bekanntlich auf 534 000 Mann. Bernhardi, Toll II, 508 f.

2. Berichte 8., 10. März. H.-A.

3. Metternich an Stackelberg 28. Juni: Vous pouvez perdre des batailles qui Vous coûteront moins cher que les hautes vues politiques du chancelier. H.-A.

4. 30. März. Je donnerais tout au monde pour que ce Prince et V. E. se connussent mieux. Je ne connais pas deux êtres

den Chef viel sagen. Überhaupt schwindelte ihm oft der Kopf
über der Oesterreich günstigen Wandlung der Dinge am russischen Hofe. Noch vor einem Jahre hatte es in diesen Kreisen geheissen: alles für mich durch die andern oder auf Kosten
der andern, und jetzt schien man sich zu dem Grundsatz zu bekennen: alles für die andern und nichts für mich
als das Wohl der andern. War es eine wunderbare Änderung der Charaktere oder nur ein schlau verdecktes
Spiel? Dem „schönen Traum," dass sein Vaterland wirklich
die alte Machtstellung in Deutschland wiedererwürbe, wie
das Alexander und die englische Partei wünschten, hielt
die Kaltblütigkeit und Vorsicht des gewiegten Diplomaten
nur schwer stand. Er erklärte 20 Jahre seines Lebens
geben zu wollen, wenn Oesterreich im Augenblick 200000 Mann
in Marsch zu setzen hätte.[1] Jedenfalls plaidierte er feurig
für den Anschluss an den jetzt noch so grossmütigen Zaren.
Konnte nicht ein längeres Zögern dessen ehrgeizige Pläne
zu neuem Leben erwecken? Noch hatte der Wiener Hof
alle Vorteile der Initiative. Später musste die Mitwirkung
anderer, wenn auch kleinerer, Staaten die Zahl der geltend
zu machenden Ansprüche, Rechte und Verdienste zu seinem
Schaden vermehren. Auch sonst aber war mit Zeit nichts
zu gewinnen. Sobald die Verbündeten erst, wie doch wahrscheinlich, entscheidende Erfolge errungen hatten, fielen die
Dienste Oesterreichs notwendig im Preis, man mass ihn
mit mehr Sparsamkeit und Eifersucht ab. Und was wurde
aus der guten Meinung „gegründet auf ruhmvolle Er-

---

au monde qui se conviendraient davantage. Nun ist allerdings zu
sagen, dass das, was nach Bericht v. 6. April. 8A für die
Depeschen vom 30. März folgt, wahrscheinlich auch von dem
Brief gilt, d. h. dass er in ostensiblem Sinne redigiert ist. Aber aus
den sonstigen Äusserungen Lebzelterns geht hervor, dass dem
nur eine leise Verstärkung des Tones auf Rechnung zu setzen ist.
1. Berichte 22. März. Oncken I, 359 f. Criste S. 240.

innerungen und alte Zuneigung," die die Welt dem Kaiserstaat bisher bewahrt hatte? Musste sie nicht zu gunsten
Russlands abnehmen, wenn er fortfuhr eine passive Linie
einzuhalten, während alle andern handelten?[1]

Lebzeltern fühlte seine bescheidene Person der Grösse
des Augenblicks entfernt nicht gewachsen.[2] Seine Instruktionen schienen ihm überholt, die rein negative Rolle, die
ihm vorgeschrieben war, bedrückte ihn. Die Aufgabe, „zu
hören und zu berichten, keine Frage zu präjudizieren, Besorgnisse zu beschwichtigen, Vertrauen zu erregen und die
Armee zum Vorrücken zu veranlassen", glaubte er erfüllt
zu haben.[3] Schon Ende März bat er um Abberufung. Er
wusste, das sein Grösserer nach ihm kommen werde: warum
wurde dessen Ankunft, der russischen Regierung seit lange
angekündigt,[4] von Woche zu Woche• verschoben? Wenn
schon Graf Stadion, ursprünglich designiert,[5] nun doch nicht

1. Berichte Lebzelterns 22. März. H.-A.
2. An Metternich 26. März. Je sais m'évaluer, Mr. le Comte,
à un grain de différence — ces affaires m'imposent et je suis
loin, énormément loin d'être à leur hauteur sous aucun rapport;
je redoute de me trouver insensiblement dans des questions
majeures. H.-A.
3. Bericht vom 18. April. Dépourvu d'instructions sur
cent objets, j'espère d'avoir rempli ma tâche c'est à dire écouter
et rapporter, ne préjuger aucune question, calmer autant que
possible les inquiétudes (dont plusieurs auraient été facilement
évitées), exciter de la confiance en notre Cabinet et engager
l'Armée à avancer et à agir, autant qu'il dépendait de moi d'y
exciter l'Empereur. H.-A.
4. Schon gegen Stackelberg sprach Metternich im Januar
von einem negociateur très marquant, der nach Lebzeltern kommen
sollte. Vgl. St.'s Bericht v. 13./25. Januar. H.-A. Eine ähnliche Ankündigung in dem Brief Franz' an Alexander 8. Februar.
Oncken I, 448.
5. Bericht Lebzelterns 8. März. Oncken I, 353.

gleich abkommen konnte — er war zum Vorsitzenden einer
Finanzkommission ernannt (16. März) — so musste man
eben einen andern Minister Seiner Majestät schicken, denn
einer ausgezeichneten Persönlichkeit von Rang und Gewicht,
die dem Geist und den Augen zu imponieren wusste, brauchte
es durchaus: das wurde Lebzeltern nicht müde zu predigen.[1]
Lange vergebens. Für Metternich war die Mission
seines grösseren Vorgängers einstweilen nur der bequeme
Vorwand, mit dem er allen lästigen Anträgen ausweichen
konnte: „wir wünschen nicht den Eröffnungen Stadions vor-
zugreifen"[2]: sie wirklich ins Werk zu setzen, hütete er sich
aus guten Gründen. Der leitende Minister von 1809 im Hauptquartier der Verbündeten sah zu sehr nach einem Systemwechsel aus, als dass diese Massregel schon jetzt in seinen
Kalkül gepasst hätte. Da lud er lieber Graf Stackelberg
ein, wieder dauernd in Wien Aufenthalt zu nehmen (Anfang März), und befolgte ihm gegenüber mit gewohnter
Meisterschaft den Grundsatz, in unverbindlicher Unterhaltung die grössten Hoffnungen zu erregen und doch
jedes wirkliche Zugeständnis in amtlicher Form zu vermeiden.

Dazu war umso mehr Veranlassung, als die russische
Regierung sich den Anschein gab, eine Erklärung des Wiener
Kabinets erzwingen zu wollen. Stackelberg nämlich über-
reichte im Auszug eine Depesche Nesselrodes (d. d.

1. Berichte 22. März 4°: Si Mr. le Cte Stadion ne devait plus
recevoir la destination annoncée, .. je crois de mon devoir envers
mon Souverain et envers moi-même d'exposer respectueusement
qu'il serait urgent qu'un Ministre de S. M. distingué et versé
dans les grandes affaires vînt au plutôt me remplacer . . Je
conserve néanmoins l'espoir que Mr. le Cte Stadion viendra à
Kalisch. — Brief vom 26. März: Ici il faut un homme distingué,
décoré et de poids, il faut imposer à l'esprit et aux yeux. H.-A.

2. Metternich an Lebzeltern 11. April: nous désirons ne
pas anticiper sur les explications de Stadion. H.-A.

30. Januar/11. Februar), die die Annahme der Mediations-
vorschläge kurzer Hand an die Bedingung knüpfte, entweder
offen die Verbindung mit Napoleon abzubrechen oder sich
doch durch eine geheime Konvention zum Anschluss an
die Alliierten zu verpflichten, falls die Präliminarverhand-
lungen zu keinem befriedigenden Resultat führten. „Oesterreichs Haltung muss notwendig freimütiger und positiver
werden, sonst wird es sich alles Vertrauens von seiten Russlands berauben."[1] Metternich zeigte nicht die mindeste
Verlegenheit, sondern sprach sich ganz unbefangen für die
zweite Alternative aus, aber als der eifrige Russe bat, dann
doch gleich den Akt aufzusetzen, lehnte er das natürlich
rundweg ab. Das „formellste" Versprechen, dass Kaiser
Franz von diesem Augenblick an jenen Vorschlag genehmige,
war alles, was er sich für diesmal entreissen liess[2]; und
auch im weiteren hatte das immer wiederholte Drängen
auf eine *réponse explicite* nur den Erfolg, dass er eine Note
verfasste (2. April), die nichts sagte, was sich nicht entweder von selbst verstand oder schon früher versprochen
war. Er stellte die ganze Auseinandersetzung als sehr
überflüssig hin. Der Gang der Ereignisse habe im Grunde
jede Verpflichtung, wie sie der Zar in dem entfernten Zeitpunkt des 11. Februar hätte wünschen können, weit hinter
sich gelassen. Indessen sei er doch zu der Erklärung autorisiert, dass die erste Alternative sich in geradem Widerspruch mit dem Plan befände, den der Kaiser sich un-
wandelbar vorgesetzt habe; hinsichtlich der zweiten zögerten
Seine Majestät nicht zu versichern, dass Sie Ihrer Ver-

---

1. Martens III, 97. M. giebt das Datum des 31. Januar.
Das des 30. ergiebt sich aus Stackelbergs Bericht 27. Februar/
11. März und Metternichs Note an Stackelberg 2. April.

2. Bericht Stackelbergs vom 27. Februar/11. März abschriftlich in den Papieren Lebzelterns, dem er wie mancher
andere auch von Nesselrode, eigentlich nur zur Einsicht, mitgeteilt wurde. H.-A.

mittlung ihre volle Entfaltung geben und also, falls Frankreich die von Ihnen für nötig gehaltenen Friedensbasen verwürfe, die Mittel, welche die Vorsehung in Ihre Hände gelegt hätte, gebrauchen würden, um in vollstem Einvernehmen mit den verbündeten Mächten für Wiederherstellung einer dauernden Ordnung der Dinge zu wirken.[1]

Solche „ganz sinnlosen"[2] Phrasen konnten den Gesandten nicht befriedigen. Sein Urteil schwankte hin und her. Zu Zeiten war sein Misstrauen in die Absichten des Wiener Hofes geschwunden: die eigentliche Frage sei entschieden, das *quo modo* auch, nur um das *quo tempore* handele es sich noch. Aber dann wieder übermannte ihn der Missmut über die „veralteten Gepflogenheiten" und die „schablonenhafte Langsamkeit" der oesterreichischen Regierung. Wenn Metternich seine Verhandlungen mit Napoleon als Komödie bezeichnete, so meinte er witzig, leider würde der letzte Akt noch auf sich warten lassen.[3] Am letzten Ende hoffte er alles von der treibenden Kraft der Ereignisse. „Graf Metternich, so führte er in seinem gedankenvollen, aber bis zur Unverständlichkeit schwerfälligen Französisch[4] aus, möchte in der Schachpartie, die er sich zu spielen vornahm, am liebsten nur seine Bauern von Feld zu Feld rücken lassen, aber ich schmeichele mir, dass er sich durch all das, was mir vor der Thüre zu stehen scheint, genötigt sehen wird, die rascheren Sprünge der Offiziere seines Schachbrettes in Anspruch zu nehmen."[5]

1. Verbalnote an Stackelberg 2. April. H.-A.

2. So nannte sie Stackelberg selbst. Martens III, 100.

3. Berichte Stackelbergs vom 27. Februar / 11. März und 11./23. März. H.-A.

4 Berichte Lebzelterns 22. März No. 4 Reservé: on regrette seulement qu'il n'écrive pas comme il parle et que la rédaction de 'ses dépéches les rende souvent difficile à comprendre. H.-A.

5. Mr. le Comte Metternich voudrait, dans la partie d'échec qu'il se proposa, faire marcher ses pions de case en case, mais

Er hatte sehr Recht. Die Dinge drängten in der That zur Entwicklung. Aber noch war Oesterreich für einen Vertrag von Reichenbach, wie er ihn hatte beantragen müssen, nicht reif. Noch hatte keine Schlacht gezeigt, wieweit die Kräfte der Verbündeten reichten. Noch steckten die eigenen Rüstungen in den ersten Anfängen. Noch konnte die Mission Schwarzenbergs eine friedliche Lösung der Krise herbeiführen.

— · ·

je me flatte que la marche plus rapide des officiers de son échiquier lui sera imposée par tout ce qui me semble à la veille de se passer. Bericht vom 27. Februar|11. März. II.-A.

Sechstes Kapitel.

Bewaffnete Vermittlung.

Was Metternich bis Ende März gethan, war wesentlich nur vorbereitender Natur gewesen. Er hatte überall sondiert, Verbindungen angeknüpft, bereitwillig Ratschläge und Versprechungen gegeben, dabei sorglich vermieden, sich nach irgend einer Seite festzulegen. Das war gegangen, solange auch die allgemeinen Angelegenheiten einen gewissen Stillstand zeigten, die russische Hauptarmee hinter der Oder Erholung von den Strapazen des letzten Feldzugs suchte und Napoleon hinter dem Rhein ein neues Heer organisierte. Indem nun aber mit dem Beginn der besseren Jahreszeit die Aussicht auf neue Schlachten täglich näher rückte, war auch für die Politik der Hofburg ein Schritt aus der bisherigen Reserve heraus geboten.

Niemand erkannte das besser als der leitende Minister. Er hatte seit lange den Zeitpunkt ins Auge gefasst, wo die Intervention Oesterreichs sich in eine bewaffnete Vermittlung verwandeln sollte. Schon in den Instruktionen für Wessenberg und Lebzeltern war davon die Rede gewesen. Es war sein Wunsch, eine zweite Kampagne zu verhindern.[1]

---

1. Der Verfasser des erwähnten Februar-Memoires sagt darüber: „Die Sprache als Mediateur würde sodann . . etwa noch zurecht eintreten können, um eine zweite Kampagne zu verhindern, welches gewiss das wünschenswerteste wäre,

Nur wenn das gelang, durfte er hoffen, seinem Land die vorteilhaften Doppelbeziehungen zu beiden Parteien zu bewahren; ein Wiederbeginn der Feindseligkeiten zwang es über kurz oder lang zu einer Entscheidung, und jede Entscheidung war in seinen Augen mit unberechenbaren Gefahren verknüpft. Es musste durchaus versucht werden, den Imperator durch eine Verstärkung der Sprache noch in letzter Stunde zu wirklichen Zugeständnissen zu bringen, mindestens aber eine Unterhandlung thatsächlich ins Werk zu setzen, deren Fäden auch die ersten Kanonenschüsse nicht zerreissen könnten.[1]

Der Mann für diese grosse Aktion, durch die die Kleinarbeit der letzten Wochen gekrönt werden sollte, war seit lange gefunden. Gleich bei der Rückkehr Napoleons hatte die Frage nach der Besetzung des Pariser Gesandtschaftspostens die leitenden Wiener Kreise beschäftigt. Wir sahen schon, wie man sich über die erste Verlegenheit durch die Sendung Bubnas ebenso rasch wie glücklich hinweghalf, aber die Wahl des wirklichen Botschafters machte umso grössere Schwierigkeiten. Es scheint, dass Metternich vorübergehend allen Ernstes daran dachte, den unbequemen Grafen Stadion nach Frankreich abzuschieben[2]; es kam auch wirklich bis zu einer Anfrage Bubnas beim Herzog von Bassano; indessen der lehnte höflich ab, und so verfiel man schliesslich auf den einfachsten Ausweg, den Fürsten

---

und wohin mithin unser ganzes Bestreben gerichtet werden mühsste." Die gesperrt gedruckten Worte sind doppelt unterstrichen und, wahrscheinlich von Metternichs Hand, mit NB. am Rand noch besonders vermerkt.

1. Instruktionen für Schwarzenberg 28. März 1813. Oncken I, 444.

2. Bubna an Metternich 2. Januar 1813: Wacken hat mich versichert, dass Ew. Excellenz nicht unangenehm wäre, wenn Graf Stadion einstweilen hier als Botschafter angestellt werden könnte. H.-A.

Schwarzenberg, den die eingeleiteten Waffenstillstandsverhandlungen bei der Armee entbehrlich machen mussten, auf
seinen alten Posten zurückzuschicken. Schon am 24. Januar
wurde diese Absicht offiziell nach Paris mitgeteilt.[1] Der
Feldmarschall erhielt Ordre, das Kommando einstweilen an
Baron Frimont abzugeben, und erschien am 14. Februar
in Wien.[2] Einer baldigen Abreise an den französischen
Hof wäre äusserlich nichts im Weg gewesen, und thatsächlich
bezeichnete sie Kaiser Franz in einem Handschreiben an
Napoleon als in etwa acht Tagen bevorstehend (17. Februar),
aber es ging ähnlich wie bei der Sendung Stadions ins
Hauptquartier der Verbündeten: aus der einen Woche
wurden fünf, und noch immer sass der Fürst ruhig in der
Kaiserstadt.

Wozu auch die Sache überstürzen? Floret hatte sehr
Recht: solange Oesterreichs Rolle negativ war, genügte
Bubna vollkommen; sein unverwüstliches Phlegma kam ihm
sogar prächtig zu statten. Für den Hauptschlag aber, den
auch der Botschaftsrat dem Fürsten vorbehalten wünschte,[3]
war das Ereignis abzuwarten, das die oesterreichische Diplomatie seit dem Januar begünstigt hatte. Stand Napoleon
erst vor dem russisch-preussischen Bündnis als einer
vollzogenen Thatsache, so durfte man hoffen, selbst für
grössere Ansprüche willigeres Gehör zu finden.

---

1. Kaiser Franz an Napoleon 24. Januar 1813. Oncken
I, 407.

2. Metternich an Bubna 18. Februar 1813. Oncken I, 430:
Le Prince de Schwarzenberg est arrivé ici le 14.

3. Floret an Metternich 1. Febr. 1813: Bubna en attendant
remplit bien l'intervalle, tant que notre rôle doit rester négatif,
son imperturbable flegme le sert admirablement, mais du moment qu'il faudra un grand coup de collier, il n'y a que le
Prince qui puisse le donner. H.-A.

Es war also weder ein zufälliges Zusammentreffen noch die Folge von Metternichs Unpässlichkeit,[1] dass der Botschafter gerade kurz nach Bekanntwerden der preussischen Kriegserklärung endlich nach Paris abgefertigt wurde (28. März). Die grössten Erwartungen begleiteten ihn. Gentz prophezeite dem Hospodar der Walachei, dass diese Mission, vor drei oder vier Wochen noch ein gewöhnlicher Schritt, jetzt unmittelbar auf die künftigen Geschicke Europas einwirken werde. Nichts berechtige zum Glauben an die Unversöhnlichkeit Napoleons. Da könne ihn der Fürst, glücklicherweise ein Mann, den er achte und zärtlich liebe wie wenig andere, recht wohl zu einer entscheidenden Erklärung zu gunsten des Friedens veranlassen.[2]

Es schien nicht an seinen Instruktionen zu liegen, dass das nicht geschah. Sie gehörten nach Form und Gedankengehalt zu dem Besten, was wir aus Metternichs Feder besitzen.[3] In grossen Zügen entrollten sie das Gesamtbild der politischen Verhältnisse, wie sie sich seit 1807 durch den Umsturz aller Gleichgewichtsideen entwickelt hätten. Von

---

1. Als solche beliebte es Metternich in einem ostensiblen Reskript für Lebzeltern 23. März 1813 hinzustellen: Schwarzenberg serait en route pour Paris sans la malheureuse incommodité qui pendant près de 15 jours m'a à peu près privé de toute possibilité de me livrer à un travail fort et assidu. Dagegen spricht, dass die Instruktionen für den Fürsten längst vorbereitet waren. Lebzeltern belehrt uns (Depesche vom 22. März. H.-A.), dass schon Humboldts Bericht vom 9. März Details aus ihnen mitteilte. Richtig ist nur, dass der Minister während des ganzen Winters und namentlich im März viel krankte, so dass der Kaiser zuweilen zu ihm kommen musste, um seinen Vortrag entgegenzunehmen. Lebzeltern beschwört ihn einmal (30. März), seine Gesundheit mehr zu schonen, weniger zu arbeiten.

2. Dépêches inédites I. 11 mars 1813.

3. Abgedruckt bei Oncken I, 439—445.

dem Krieg 1812 hiess es milde, er sei aus der Natur der Dinge selbst hervorgegangen, und zum ersten Mal erhob der Minister den Anspruch, sein Resultat in ganzer Ausdehnung vorausgefühlt zu haben. Die gegenwärtige Lage erschien durchaus als Produkt des Bundes von Kalisch. Vordem wollte man sich in Wien nur mit möglichst rascher Versöhnung der Kaiserhöfe von Paris und Petersburg beschäftigt haben. Durch die Allianz Preussens mit Russland aber, ein Ereignis von allerhöchster Bedeutung, sei die Stellung Kaiser Franz' zu Europa wie zu seinem eigenen Volk erschwert worden; alle Fragen hätten ein anderes Ansehen erhalten, es bedürfe neuer Massregeln, neuer Aussprachen zwischen Frankreich und Oesterreich. Damit wurde denn gleich jetzt ein verheissungsvoller Anfang gemacht. Während doch Napoleon den ganzen Kontinent seinem Willen hatte unterwerfen wollen, fand sich hier vier Mächten ein unbestreitbares Recht auf Unabhängigkeit zugesprochen: Frankreich und Russland zu beiden Seiten, Oesterreich und Preussen im Centrum des festländischen Europa; ja alle diese Staaten erschienen in ihrer sicheren und zufriedenen Existenz wechselseitig durch einander bedingt derart, dass das Interesse der Mittelmächte die gleichmässige Blüte der Kaiserreiche des Ostens und Westens fordere, die Ruhe dieser aber wieder von einer breiten, durch starke Mittelmächte zu bildenden Barriere abhänge. So wie die Dinge lagen, war es der letzte Punkt, auf den es ankam; denn dass Frankreich und Russland einer besonderen Fürsorge nicht bedürften, setzte Metternich umständlich auseinander, jenes, durch den Rhein und seinen dreifachen Festungsgürtel, dieses durch ein schreckliches Klima natürlich geschützt, ständen sie an ihrer einzigen Grenze unverwundbar da. Anders die Mittelmächte. Von beiden Seiten dauernd bedroht, könnten sie Heil nur in verständiger, massvoller Politik und treuem Zusammenhalten finden. Jede Schwächung der einen führe den unmittelbarsten Schlag

gegen den Bestand der andern. Die Anwendung auf die
Gegenwart war mit Händen zu greifen, überdies wurde sie
noch ausdrücklich gemacht: Oesterreich werde die Rückkehr
Preussens zu völligster Unabhängigkeit jeder Zeit mit Vergnügen sehen und könne umgekehrt die Möglichkeit von
dessen Zerstörung nicht zugeben, da es sonst das eigene
Todesurteil unterschreibe.

Das klang sehr würdig und entschieden; aber
was bedeuteten die gewundenen ▾ Sätze dazwischen?
Wollte man sich vielleicht eine Hinterthür offen halten,
durch die sich bei gänzlichem Zusammenbruch der
Monarchie Friedrichs des Grossen die alten schlesischen
Ansprüche einführen liessen?¹ Auch sonst zeigte sich ja
leider aller Orten, dass Oesterreich, wie Metternich ver-
traulich gestand,² zu offenem Bruch weder militärisch noch
finanziell genügend gerüstet war, um die rechte eindrucks-
volle Sprache zu führen. Es war doch eine sehr vage
Drohung, wenn gefragt wurde, welches Alliansystem je
dem Einfluss der Zeit und dem Gang der grossen Ereignisse
widerstanden habe, die sich nun einmal so oft unabhängig
von dem ausgesprochensten Willen der Fürsten entwickelten,

---

1. Die Stelle (Oncken I, 442) lautet: L'Autriche serait-
elle invitée a partager les dépouilles de la Prusse? L'Empereur éloigné de toutes vues de conquêtes qui lutteraient avec
ses principes les plus immuables, ne cherchera jamais un bien-
être illusoire dans la ruine d'un Etat ami. Cependant en renon-
çant à un aussi stérile profit, l'Autriche hors de toute pro-
portion avec les puissances voisines, succumberait bientôt victime
de futures et d'immanquables dissentions. Les résultats de la
marche politique la plus loyale et la plus désintéressée, mais en
même temps la moins prévoyante et la plus faible, tourneraient
en entier contre nous. — Sie passt so schlecht zum Vorangehenden
wie zum Folgenden, dass man sie für eingeschoben halten
möchte.

2. Gegen Humboldt. Oncken I, 319.

und zu einem „Ultimatum“[1] fehlte vor allem die Spe-
zialisierung irgend welcher Bedingungen. Wie man sich
in Wien den Frieden im einzelnen dachte, zu dessen allgemeiner Bezeichnung dem reichen Phrasenschatz der französischen Sprache immer neue schwungvolle Wendungen
entnommen wurden, darüber gestatteten eben auch die Instruktionen Schwarzenbergs nur Vermutungen. Das war
ja wohl klar: Jenseit des Rheins sollte der französische
Einfluss aufhören; denn nicht umsonst fand sich gleich ein-
gangs die Einverleibung Hollands und der 32. Militärdivision
unter den Gründen des Krieges von 1812 so stark hervorgehoben. Aber Italiens wurde mit keiner Silbe gedacht
und die spanische Frage als nur Frankreich und England
angehend ausdrücklich ausgeschieden.

Jedenfalls blieb es rätselhaft, wie der leitende Minister
dem preussischen Gesandten versichern konnte, eine
Unterhandlung werde überhaupt nur dann beginnen, wenn
Napoleon die nötigen Grundlagen durch Unterzeichnung
von Präliminarpunkten vollständig und ohne Rückhalt annehme.[2] Viel eher liess sich gerade umgekehrt der Wunsch
herauslesen, eine Negoziation um jeden Preis zu stande zu
bringen, und müsste man auch alles Andere der Zeit überlassen. Ja, der einzige konkrete Antrag ging dahin, der
französische Kaiser möge offiziell den Willen kundgeben,
einen Unterhändler an einen nach wechselseitiger Bequemlichkeit zu wählenden Ort zu schicken, vorausgesetzt, dass die
andern Mächte das Gleiche thäten. Das war eine Beschränkung auf das Leichteste und Nächstliegende, die schlecht
genug zu dem grossen Zug der vorhergegangenen syste-
matischen Erörterungen stimmte. Greller als irgend sonst

---

1. Als solches bezeichnete der Fürst in München seine Weisungen. Vgl. den Bericht des preussischen Geschäftsträgers
Jouffroy vom 5. April bei Oncken I, 339.
2. Vgl. Gebhardt S. 138.

trat hier der Zwiespalt zwischen Wollen und Können zu
Tage. Es musste sich zeigen, ob Napoleon mehr das
Raisonnement oder die Nutzanwendung ins Auge fasste.
Geschah das Letztere — und sein Charakter machte es wahrscheinlich —, so mochte der Wunsch, auf soviel Blutvergiessen
die Friedensströme fliessen zu sehen, wie er am Schluss
des Aktenstückes so schön ausgedrückt war, noch lange
seiner Erfüllung harren.

Am Abend des 7. April traf der Botschafter in Paris
ein, das er vor elf Monaten unter so ganz anderen Umständen verlassen hatte. Kaiser und Minister empfingen
ihn als alten Freund. Anfangs war Napoleon nicht mit
demselben Feuer wie Bassano auf den Vorschlag seiner
Rückkehr eingegangen.[1] Seitdem aber hatte er die be-
ruhigenden Momente darin besser gewürdigt. Es blieb nicht
ohne Eindruck, wenn Kaiser Franz ihn vorstellte, der Fürst
könne in seiner doppelten Eigenschaft als Gesandter und
Oberkommandant des Auxiliarkorps den Gang der Verhandlungen fördern, falls es zu solchen käme, und die Befehle für den nächsten Feldzug einholen, falls dieser
entgegen seinen teuersten Wünschen stattfände.[2] So schrieb
er eben am 7. April an Lebrün: Was Oesterreich anlangt,
so braucht man sich keine Sorge zu machen. Der Fürst
Schwarzenberg kommt heut an: zwischen beiden Höfen bestehen die innigsten Beziehungen.[3]

1. Bericht Florets 1. Februar II.-A.

2. Kaiser Franz an Napoleon 17. Februar: Le Prince de
Schwarzenberg en sa double qualité d'Ambassadeur et de Général
en chef du corps auxiliaire peut servir près de V. M. la marche
des négociations, s'il devait s'en établir, et prendre les ordres
pour une campagne prochaine, si contre mes vœux les plus chers
elle devait avoir lieu. H.-A.

3. Correspondance XXV, 195.

Am Vormittag des 9. fand in St. Cloud die erste Audienz statt.[1] Nicht ohne Befangenheit trat der Imperator dem Mann gegenüber, der durch dritthalb Jahre ein Zeuge seines höchsten Glückes gewesen war. Er fürchtete sichtlich, seitdem auch in dessen Augen an Ansehen verloren zu haben. Er war nachdenklicher, seine Haltung weniger sicher, seine Sprache weniger schneidend als sonst; aber die alte Frische und Gewandtheit der Konversation war ihm geblieben, und seine Liebenswürdigkeit hätte unmöglich grösser sein können. Recht geflissentlich bediente er sich der Anrede *„mon cher ami"*, ja er gewann es über sich, dem Feldmarschall, gegen dessen Kriegführung er doch manches auf dem Herzen hatte, lächelnd das feine Kompliment zu machen: *Vous avez fait une belle campagne — Vous.*[2] Vier volle Stunden behielt er ihn im Schlosse und berührte, nach seiner Art häufig von einem zum andern abspringend und reichlich Bonmots und saloppe Wendungen einstreuend, jede Frage der gegenwärtigen Situation.

In Sachen des Friedens zunächst spielte er die bekannte, diesmal noch etwas mehr sentimental gefärbte Komödie. Er wies zwar geschickt darauf hin, dass die Intervention Oesterreichs bisher in vier Monaten noch zu nichts geführt hätte, erklärte aber trotzdem seine unveränderte Bereitwilligkeit, auf Verhandlungen einzugehen. Dieser Krieg widerstehe ihm. Er werde noch mehr Blut kosten als der letzte, und es sei doch schon genug geflossen. Was er bei öffentlichen Gelegenheiten von Bedingungen gesagt, wollte er nicht ernst genommen wissen: So muss man zur Nation reden. um ihren Eifer aufzurufen; die

---

1. Vgl. Schwarzenbergs genauen Bericht 14. April A. bei Oncken II, 618—625.

2. A. Prokesch, Denkwürdigkeiten aus dem Leben des Feldmarschalls Fürsten Carl zu Schwarzenberg. Neue Ausgabe Wien 1861. S. 169.

Sprache, die man in den Kabinetten beim Unterhandeln führt, ist das nicht. Das grosse Hindernis eines Ausgleichs erblickte er in England, wo die Stimmung mehr als je erhitzt sei und jedes abgeschmackte Gerücht über seine Person Glauben und Verbreitung fände. Auch Russlands Neigung zum Frieden zog er stark in Zweifel; der Entschluss, zu dem es Preussen fortgerissen habe, beweise ihm das Gegenteil. Es war vergebens, dass Schwarzenberg ganz aus dem Geist der oesterreichischen Politik heraus darlegte, Russland werde gerade, um jenes Ziel desto rascher und wirksamer zu erreichen, möglichst viel Streitkräfte gesammelt haben. Indem es sich alles dessen bemächtigen wolle, was rechts des Rheins läge, glaube es am ehesten einen Frieden herbeiführen zu können, der die Ruhe Europa sichere. „Es hat sehr Unrecht, fuhr der Korse auf, dann würde die Frage noch viel schwieriger sein. Der Friede war im Dezember leichter als im Januar, im Januar leichter als im Februar und so fort. Wenn ich einen entehrenden Frieden schlösse, wäre das mein Untergang. Ich bin neu, ich muss auf die öffentliche Meinung mehr Rücksicht nehmen, weil ich ihrer bedarf. Der Franzose hat lebhafte Phantasie, er liebt den Ruhm, die Aufregung, er ist nervös. Wissen Sie, wo die Grundursache vom Sturz der Bourbonen zu suchen ist? Sie datiert von Rossbach her.“

Übrigens sprach er von dem Abfall Preussens sonst mit einer Mässigung, an der sich sein Herr Bruder in Kassel ein Beispiel hätte nehmen sollen.[1] Wohl gab er zu

---

1. Wie Jerome die preussische Kriegserklärung ansah, ergiebt sich aus einem Bericht des oesterreichischen Gesandten Baron Schall 15. April 1813, der wenigstens anmerkungsweise mitgeteilt werden mag: „Als nachher von der Allianz des Königs von Preussen mit Russland die Rede war, konnte der König seinen Unwillen über das mit aller Treulosigkeit und Verstellung ausgeführte Benehmen Preussens nicht bergen. S. Maj. erzählten mir ferner, dass der Kaiser von Russland den König von Preussen

verstehen, dass Oesterreich bei etwas gutem Willen den Nachbarn hätte hindern können, und gestattete sich einige Bosheiten gegen den grossen Friedrich und seine Leute, die niemals Treue gehalten hätten, dann aber meinte er ganz ruhig, man müsse sehen, was daraus erwachsen werde. Hätten die Preussen Erfolge, so könnten sie sicher bis an den Rhein kommen; sei das Schicksal ihm günstig, so stände sein Entschluss fest. Er werde drei Loose aus dem Land machen, von denen jedenfalls eins und das beste Oesterreich zufallen solle.

Verfing dieser Köder, so war der neue Feldzug freilich einfach genug, und der Kaiser brauchte im Ernst nicht zu fürchten, dass er das Fell des Bären geteilt habe, ehe er erlegt sei. Dann wurde eben, wie er sich nicht nur heute wohlgefällig ausmalte, das Auxiliarkorps durch die Polen Poniatowskys und Teile des Observationskorps auf 50000 Mann gebracht und kündigte im Augenblick des französischen Anmarsches gegen die Elbe den Waffenstillstand mit den Russen auf. Zugleich fiel ein zweites oesterreichisches Heer von 30 bis 40000 Mann, etwa unter Erzherzog Karl, von Böhmen aus in Schlesien ein, und es brauchte nur noch eines Sieges der Hauptarmee, der diese Provinz von aller Verbindung mit Russland und der Festung Kolberg d. h. England abschnitt, um den Untergang der Monarchie zu besiegeln.[1]

---

eher mit Verachtung als mit Hochachtung empfangen habe, hingegen dem Kronprinzen viel Zuneigung beweise, weswegen man eine besondere Absicht vermute; dass es lächerlich sei, aus Breslau, das man den Oesterreichern abgenommen habe, von Wiedererwerbung der väterlichen Erbschaft in Westphalen zu sprechen. Preussen werde wohl seinen Lohn bekommen und von niemand bedauert werden. H. A.

1. Vgl. den Bericht Schwarzenbergs. Oncken II, 621 f. u. 624. Daneben als wertvolle Ergänzung die im Anhang mitgeteilte Verbalnote Narbonnes vom 7. April 1813.

Aber wenn auch diese günstigste Kombination nicht
möglich sein sollte, stellte Napoleon den kommenden Ereignissen doch die Ruhe des Fatalisten entgegen. Mit einer
stolzen Gewissheit, der es an Grösse nicht fehlte, meinte er:
Ich bin sicher, dass ich sie schlage. Sie können mir im
einzelnen schaden, sie rechnen auf ihre Kavallerie, sie
wissen, dass meine noch nicht formiert ist, sie werden mir
vielleicht 3000 Mann hier und 5000 dort fangen; ich werde
sie gewähren lassen, das entscheidet nichts, ich werde
manövrieren, werde sie im ganzen aufsuchen, sie zu einer
Schlacht oder zur Preisgabe von Terrain zwingen, ich rechne
nur auf Danzig, wenn ich das verliere, täusche ich mich,
es wäre ein Fehlschlag, auf die andern Festungen gebe ich
nichts. Nur eine Möglichkeit liess ihn nicht gleichgültig:
dass Oesterreich offen gegen ihn aufträte. Das, gestand
er, würde ein grosses Unglück sein, das grösste, das ihm
zustossen könne. Selbst eine Niederlage schien er in diesem
Fall nicht für ausgeschlossen zu halten. Und indem er
davon sprach, suchte er zugleich gewandt vorzubeugen. In
richtiger Erkenntnis dessen, was dem ängstlichen Schwiegervater der schrecklichste der Schrecken war, stellte er als
Folge seines Sturzes den der Dynastie und als dessen Folge
wieder eine Jakobinerherrschaft hin, bei der dann nicht abzusehen sei, wo das Feuer Halt machen werde. Daneben
übte er in allem, was den Kaiserstaat betraf, eine ihm sonst
fremde, fast ängstliche Rücksicht, die Schwarzenberg mit
sichtlicher Befriedigung verzeichnete.[1] Aber weiter als auf
solche Äusserlichkeiten erstreckten sich die Wirkungen
jener Furcht augenscheinlich nicht. Von einem wirklichen
Zugeständnis im Sinn der Gleichgewichtsideen, die der Gesandte nicht eben glänzend entwickelte, war keine Rede.
Vielmehr hielt er sich, wie vorauszusehen, lediglich an die
Forderung der Beschickung eines Kongresses, und auch sie

---

1. Bericht vom 14. April C. Oncken II, 629.

wusste er unter der Hand in seinem Sinn umzugestalten.
Er schob die Initiative dem Zaren zu[1] und legte den Nachdruck statt auf Verhandlungen auf einen Waffenstillstand,
der die Gegner hinter die Elbe zurückführen sollte. Nun
stand Schwarzenberg für seine Person diesem letzteren
nicht unfreundlich gegenüber, er legte dar, die so gewonnene Zeit würde den Verbündeten von noch grösserem
Nutzen sein als dem französischen Kaiser, und dass der
eigne Staat in anbetracht seiner noch ganz unentwickelten
Streitkräfte sich etwas Besseres nicht wünschen konnte,
war ja ohne weiteres einleuchtend; aber von Wien aus,
wohin der Antrag schon vorher direkt gelangt war (7. April),
kam strikte Weisung, jeden Schritt in diesem Sinn als
zwecklos kompromittierend abzulehnen, solange nicht
Auseinandersetzungen über allgemeine Basen stattgehabt
hätten. Dergleichen Vorschläge, die man einfach als Beweis der Schwäche ansehen werde, könnten nur dazu
dienen, die Stellung Frankreichs und Oesterreichs in ein
falsches Licht zu setzen und die der Verbündeten in den
Augen der Völker mächtig zu erhöhen.[2]

Damit war die gänzliche Resultatlosigkeit einer Mission
besiegelt, die Europa wochenlang Stoff zu Hoffnungen und
Befürchtungen gegeben hatte. Auch eine zweite Audienz,
die der zur Armee abgehende Imperator dem Botschafter
am 14. bewilligte, verlief als einfaches Gespräch.[3] Einige

---

1. Schwarzenbergs Bericht 14. April A. Oncken II, 619: Je
suis prêt à faire la paix; que me demande-t-on? je ne puis pas
prendre l'initiative, ce serait devoir capituler, comme si j'étais
dans un fort; c'est aux autres à me faire des propositions. Und
weiter S. 621: Du moment que vous m'annoncerez que le négoci-
ateur russe arrive, le mien y sera rendu en même temps.

2. Verbalnote Schwarzenbergs 22. April bei Fain I, 461.
Sie beruht auf einem Reskript Metternichs vom 14. April.

3. Vgl. das von Floret geschriebene Journal remis par le Prince
de Schwarzenberg à Vienne le 4 mai 1813. Leider erfahren wir

Stimmungsberichte und Anekdoten, das war alles, was
der Fürst zur unverhohlenen Enttäuschung seiner Regierung in den ersten Maitagen nach Wien heimbrachte.
Als Diplomat hatte er Napoleon nicht zu besiegen ver-
mocht. Vielleicht gelang es ihm dereinst als Feldherrn
besser und erwies sich das Wort prophetisch, das jener ihm
beim Abschied zurief: *Vous avez le bâton de maréchal. Le
bâton, cela veut dire* schlagen *celui qu'on a devant soi.*[1]
Noch war es freilich soweit nicht, aber die Sache des
Krieges hatte doch, derweil er an der Seine Zeit und Mühe
verschwendete, an der Donau selbst die erfreulichsten Fortschritte gemacht.

Hier standen die Dinge unter dem Zeichen eines Per-
sonenwechsels in der französischen Gesandtschaft. Bis vor
wenigen Wochen hatte Graf Otto das erste Kaiserreich an
der Hofburg vertreten. Der war im Januar 1810 nicht
ohne Vorurteile nach Wien gekommen und hatte sich in
den ersten Jahren weder mit der hauptstädtischen Gesellschaft noch mit dem leitenden Minister befreunden können.[2]
Mit der Zeit aber war der Liebenswürdigkeit Metternichs
hier eine vollständige Eroberung gelungen. Der mürrische,
misstrauische Mann zeigte sich zuletzt wie entzückt von
dem jüngeren Kollegen, dem er Loyalität und Freimut an-

nur: il (Napoleon) parla au prince avec une confiance plus grande
encore qu'il n'avait temoignée à la première audience. Es ist
dieselbe Geschichte, der wir bei den Audienzen Metternichs in
Dresden begegnen werden.

1. Prokesch, Denkwürdigkeiten S. 169. Der Fürst erwiderte
mit der Bescheidenheit, die ihn überhaupt auszeichnete: Oui,
Sire, il faut le désirer, il s'agit de le pouvoir.

2. So berichtet Humboldt aus dem Jahr 1811. Gebhardt
S. 103. Übrigens besitzen wir auch direkte Beweise dafür in
den oft sehr amüsanten, immer aber boshaften Anekdoten und Cha-
rakteristiken, die Vandal, Napoléon et Alexandre I. v. III den
Depeschen Ottos entnimmt.

dichtete, ja das sonst gewiss selten gehörte Prädikat einer
âme honnête spendete,[1] und was die Hauptsache war, seine
Berichte atmeten eine so gute Gesinnung, als wenn man
sie in der Staatskanzlei diktiert hätte.[2] Der Grund davon
war doch nicht nur Düpierung,[3] sondern eine aufrichtige
Übereinstimmung mit den Zielen der oesterreichischen
Politik. Auch Otto gehörte eben zu jener zahlreichen
Klasse französischer Diplomaten und Militärs, die sich mehr
oder minder zu dem bekannten, was Talleyrand geistreich
in die Antithese zusammenfasste: Napoleon muss das Kaiserreich aufgeben und König von Frankreich werden.[4] Die
Mitwirkung beim Frieden von Amiens bildete zu sehr die
stolzeste Erinnerung seines Lebens, als dass er nicht das
System jener Jahre noch immer für das Europa und
dem eignen Land heilsamste hätte ansehen sollen. Jedenfalls
erklärte er sich ganz einverstanden mit den Instruktionen

1. Otto an Metternich 9. März: Je serai très heureux de
conserver les rapports d'amitié qu'une conformité de vues et de
principes a établis entre nous et d'être près de ma Cour l'inter-
prète et le garant de la loyauté qui caractérise si éminemment
le ministère de V. E.. — Ähnlich 10. März: Les marques d'amitié
que V. E. m'a données personnellement ne s'effaceront jamais
de mon souvenir. 30. März: J'emporte avec moi la ferme
conviction de la pureté et de la sagesse des vues de l'Empereur
Votre maître. En suivant la route que V. E. s'est tracée, elle
arrivera à la plus grande célébrité à laquelle une âme honnête
puisse aspirer, celle d'avoir contribué au repos du monde. H.-A.

2. So urteilte Bubna. Oncken I, 56.

3. Dagegen zuerst Bignon XI, 344f.

4. Das Journal remis par le Prince de Schwarzenberg erwähnt unter dem 15. April eine Gesellschaft bei Talleyrand: Le
Prince passa la soirée chez le Prince de Bénévent, qui disserta
beaucoup sur sa thèse favorite, la paix, pensant qu'il n'y avait
que l'Autriche qui puisse la donner, en s'y prenant bien et appuy-
ant sa médiation sur une grande armée. Le Prince lui assura

für Schwarzenberg, die ihm nicht minder als den Gesandten
der Verbündeten gezeigt wurden.[1]

Einem solchen Mann glaubte Napoleon in diesen
kritischen Zeiten seinen wichtigsten Gesandtschaftsposten
nicht länger anvertrauen zu dürfen. Schon um die Jahreswende hatte man in Paris von seiner Ersetzung durch
eine schneidigere, der kaiserlichen Politik unbedingter er-
gebene Persönlichkeit gesprochen. Bubna wusste zu berichten (2. Januar), dass Savary, als Polizeiminister blamiert,
sich eifrig um die Stellung bewerbe. Da aber dessen Ernennung in Wien den übelsten Eindruck gemacht haben
würde, so war die Wahl des Imperators schliesslich auf
seinen Flügeladjudanten Grafen Louis Narbonne gefallen.
Otto musste am 7. Februar seine Abberufung anzeigen,[2]
und am 17. März erschien sein Nachfolger in der Kaiserstadt.

Metternich war von diesem Tausch begreiflicherweise
wenig erbaut und sah nur darin einen schwachen Trost,
dass Napoleon den scheidenden Gesandten zum Staatsminister
und Präsidenten der diplomatischen Sektion im Staatsrat
ernannte; denn so sehr er das neugeschaffene Amt als Mon-
strosität belächelte, schien ihm der ganze Vorgang den Beweis zu liefern, dass der Kaiser dennoch Wahrheit in den
Berichten Ottos gefunden haben müsse und ihm also die

---

que c'était notre unique but et que nous étions prêts à l'appuyer
de tous nos efforts, que l'Empereur Napoléon lui-même nous invitait à prendre cette attitude. Il faut, dit l'autre, que l'Empereur
devienne Roi de France; jusqu'ici tout ce qu'il a fait, a été
fait pour l'Empire. Il a perdu l'Empire lorsqu'il a perdu l'armée:
du moment qu'il ne voudra plus faire la guerre pour l'armée,
il fera la paix pour le peuple français et alors il deviendra
roi. H.-A.

1. Vorträge Metternichs 29. März. H.-A.
2. Otto an Metternich 7. Februar. H.-A.

Lage der Dinge in ihrer wahren Ansicht einleuchtender
werde.[1] Auch diese Illusion aber sollte ihm durch das Auftreten
des neuen Mannes bald genommen werden. Ein Kavalier
der alten französischen Schule,[2] mit der Prätension, trotz
seiner 57 Jahre jedem Frauenherzen gefährlich zu werden,
liess Graf Narbonne doch durchaus jene feine und leise
Art der Geschäftsbehandlung vermissen, die den Diplomaten des *ancien régime* sonst so gut zu Gesichte steht.
Er kannte nur das eine Streben, dem Herrn zu gefallen,
der sich seit 1812 gern an seiner geistreichen Konversation ergötzte, und nur gar zu oft lag ihm weniger die
Sache als der Effekt am Herzen. Hinzu kam, dass er als
General und Hofmann für sein jetziges Amt entfernt nicht
die nötige Erfahrung mitbrachte. „Neu in Wien und neu
in den Geschäften" lautete denn auch sehr bald die Formel,
mit der man in der Staatskanzlei die fremde Erscheinung
glaubte begreifen zu können.[3] Übrigens war schon der
erste Eindruck auf beiden Seiten gleich unvorteilhaft.
Metternich schrieb bissig an Zichy[4]: Narbonne ist seit acht
Tagen hier, er ist gekommen ohne Instruktionen, ohne Gesichtspunkte, ohne Geld, mit einem Wort, wie ich voraus-
sah, dass der Mann kommen würde, von dem mir Napoleon
in Dresden sagte, er schicke ihn nur, wenn es sich nicht
um Unterhandlungen, sondern um Phrasen handele. Der
Franzose aber berichtete eine Woche später indigniert:
Überall hier, in den Cafés, an den Mauern, in dem Gerede
der Leute tritt der Abscheu vor dem Namen Frankreich
zu Tage. Alles Unglück, was das Land drückt, die

---

1. Vorträge Metternichs 10. März 1813. H.-A.
2. Vgl. Lefèbvre V, 254, Ernouf, Maret p. 516, Helfert,
Marie Luise S. 256, Bericht Schwarzenbergs vom 14. April 1813
A. Oncken II, 623, Berichte Bubnas 7., 20. Juli 1813. H.-A.
3. Ostensibles Reskript Metternichs an Bubna 19. Mai 1813:
ambassadeur neuf à Vienne et neuf aux affaires. H.-A.
4. 23. März 1813. Oncken I, 311.

Teurung, die Geldknappheit, schiebt man uns in die Schuhe. Der Hass der Salons gegen uns grenzt an Raserei (1. April).[1]

In der That durfte die Stimmung in Wien unter dem Einfluss der Erhebung Preussens gerade in diesen Tagen für sehr erhitzt gelten, und sie wurde es noch mehr, als sich in der zweiten Aprilwoche plötzlich das Gerücht verbreitete, eine neue Allianz mit Napoleon stelle 300000 Oesterreicher in den Dienst des „fürchterlichen Machtmenschen". Seit 1809 wollte man keine ähnliche Aufregung gesehen haben. Die Wut des Volkes gegen die verkauften Minister kannte keine Grenzen, insbesondere Metternich wurde ungescheut das Ende des schwedischen Reichskanzlers Axel Fersen prophezeit. Selbst der Armee teilt sich die Empörung mit. Es gab Offiziere, die erklärten, ihre Soldaten würden eher die Waffen wegwerfen als für Frankreich kämpfen, leicht könne man ein Seitenstück zur Kapitulation Yorks erleben.[2] Dabei blieb der Ursprung der aufreizenden Nachricht in geheimnisvolles Dunkel gehüllt. Einige wiesen mit Fingern auf die französische Botschaft und wollten an der Weiterverbreitung den Anhängern Stadions Schuld geben,[3] Metternich wieder sah in ihr „nichts als ein Hilfsmittel der Agioteurs, um ihrem unglücklichen Spiel zu Hilfe zu kommen."[4] Nur soviel liess sich mit einiger Sicherheit sagen: es bestand ein gewisser Zusammenhang zwischen ihr und der Note, die Narbonne am 7. April im Auftrag seiner Regierung übergab. Dann aber irrte das Publikum sich gründlich: Jenes Aktenstück half nicht eine neue engere Allianz schliessen, sondern wurde das äussere Mittel, die Bande der alten zu lösen. —

---

1. Lefèbvre V, 276 f.
2. Wertheimer S. 365 ff., 387 f.
3. Wertheimer S. 366.
4. Vorträge Metternichs 14. April 1813. H.-A.

Wir erinnern uns, dass Napoleon schon am 3. Februar, wenn auch nur ganz von fern, Änderungen des März-vertrages angeregt hatte.[1] Jetzt, wo durch den Bund von Kalisch die Lage so wesentlich kompliziert war, hielt man es in Paris für angezeigt, etwas deutlicher darauf zurück-zukommen. Es war am 26. März auf der gewöhnlichen Soiree beim Herzog von Bassano eben im Verlauf eines Gespräches über die Vorgänge in Preussen, als der Minister dem Grafen Bubna offen heraus sagte, sein Herr erwarte, dass Oesterreich neue Arrangements mit ihm träfe, und da-mit den Wunsch nach Vorschlägen von Wien her so ver-ständlich wie möglich durchblicken liess. Der General zeigte sich wie immer der Situation gewachsen. Er entgegnete ruhig und bestimmt, wenn die französische Regierung Ver-langen nach andern Vereinbarungen mit seinem Hof ver-spüre, so möge sie Narbonne in Stand setzen, eine offene Sprache zu führen und bestimmte Vorteile in Aussicht zu stellen. Da nämlich im gegenwärtigen Zeitalter leere Worte keinen Wert mehr hätten, könne Metternich nur solchen Vorschlägen Gehör schenken, die Fürst und Volk zur Ent-schädigung für neue Opfer wirkliche Gegenleistungen böten. Diese Sprache verfehlte ihres Eindrucks nicht. Bassano meinte nach einigem Nachdenken naiv genug: Sie glauben also, dass etwas Positives nötig ist?[2] und expedierte gleich am nächsten Tage nach Wien umfängliche Instruktionen, die nun in der That an Bestimmtheit nichts zu wünschen übrig liessen.

Sie eben waren es, von deren Inhalt der Gesandte dem oesterreichischen Minister erst mündlich und dann auf aus-drücklichen Wunsch auch schriftlich in Form einer Verbal-note[3] Mitteilung machte. Selbst der oberflächlichste Beob-

1. Siehe oben S. 86.
2. Bericht Bubnas 27. März 1813. H.-A.
3. Siehe den Anhang.

achter hätte erkannt, dass sie nach Gedanken und Form
unmittelbar auf den Imperator zurückgingen. Man glaubt
ihn zu Schwarzenberg reden zu hören: dasselbe abgerissene
Durcheinander von Kriegsplänen, Verhandlungsvorschlägen
und Anerbietungen, in das sich ein logischer Gedanken-
gang schlechthin nicht hineinbringen lässt. Und welch ein
Gegensatz zu jenen Weisungen, die Metternich fast am
gleichen Tage seinem Botschafter nach Paris mitgab! Dort
eine geschlossene Kette an sich trefflicher Prinzipien, die
doch nirgends auf den konkreten Fall angewandt wurden,
hier ausdrückliche Ablehnung jeder abstrakten Idee als
resultatlos in einem Augenblick, wo die Zeit mit reissender
Schnelligkeit enteile, „ein seltenes Vergessen aller Grundsätze, aller rechtlichen und politischen Begriffe" [1] und daneben die fesselndsten Züge einer genialen Realpolitik.

Freilich jetzt sollte diese einmal ihren Meister finden.
Das, woranf es Napoleon ankam, war ersichtlich nur,
Oesterreich statt mit dreissig- mit hunderttausend Mann in
den neuen Krieg hereinzuziehen. Aber indem er ihm zu
dem Zweck die Stellung einer Hauptmacht, in einigen
Wendungen fast die des Schiedsrichters zuwies, hatte eine
sophistische Staatskunst die Möglichkeit, die Nichtanwend-
barkeit der geheimen Artikel der Allianz auf die Umstände
des Augenblicks als von ihm selbst zugestanden zu behaupten.[2] Umschrieben jene nicht die Rolle des Staates
klar als die einer Auxiliarmacht, und konnte man etwa
zugleich das nach dem Buchstaben des Traktats und Haupt-

---

1. So urteilte Metternich. Vorträge 10. April 1813. H.-A.

2. Sehr hübsch heisst es in der von Schwarzenberg überreichten Verbalnote 22. April: S. M. ne peut donc que partager
l'opinion de S. M. L'Empereur des Français que les stipulations
des secours limités du traité de l'alliance ne sont pas applicables
aux circonstances du moment.

macht nach dem jetzigen Wunsch des Kontrahenten sein?[1]
Schloss nicht eines das andere mit Notwendigkeit aus?
Eigentlich zwingend war diese Beweisführung gewiss nicht,
aber sie hatte den Schein für sich und vor allem, was dem
Minister am meisten am Herzen liegen mochte, Kaiser
Franz beruhigte sich bei ihr. Bisher hatte der allem
Drängen stets entgegengehalten, dass man erst die Allianz
heraushaben müsse,[2] jetzt gelang es Metternich ihm plau-
sibel zu machen, Napoleon selbst gebe ihm das Recht, eine
schlechthin unabhängige Stellung einzunehmen. Der
Minister hatte während des Gespräches mit Narbonne eine
kühle Haltung zu bewahren verstanden;[3] als er dann aber
erst aus der Hofburg vom Vortrag zurückkam, erschien er
den befreundeten Diplomaten heiterer und zufriedener als
je.[4] Es mochten ihm die stolzen und frohlockenden Worte
auf dem Gesicht geschrieben stehen, die er seinem Herrn
zurief: Alles hängt nun von uns selbst ab, in uns selbst
müssen wir Kraft und Mittel finden, welche dem merkwürdigsten Augenblick den endlichen und glücklichen Ausschlag geben können und mit Gottes und Ew. Majestät
Hilfe auch geben werden.[5]

Zunächst brauchte man jetzt doch nicht länger mit der
offenen Proklamierung jener Idee zu warten, die, unaus-
gesprochen und verkümmert allerdings, schon der Mission
Schwarzenbergs zu Grunde gelegen hatte. Am 11. April
erging die Mitteilung ins Hauptquartier der Verbündeten:
Der Kaiser wird seiner Stellung als bewaffneter Ver-

---

1. Kaiser Franz an Napoleon 26. April: Je ne puis être à
la fois partie secondaire et principale. H.-A.
2. Springer 1, 216.
3. Lefèbvre V, 277.
4. Graf Hardenberg an Münster 11., Watzdorf an Senfft
10. April 1813. Oncken II, 200 u. 265.
5. Vorträge 10. April 1813. H.-A.

mittler[1] unverzüglich ihre ganze Entfaltung geben; und dem französischen Botschafter hatte Metternich gleich bei der Verlesung der Note bedeutet, der langen Rede kurzer Sinn liesse sich in drei Sätze zusammenfassen, wovon der erste und wichtigste: Napoleon hegt Vertrauen genug in die Grundsätze der Billigkeit des oesterreichischen Kaisers, um zu wünschen, dass er die Rolle einer blossen intervenierenden Macht mit jener einer armierten Mediation vertausche..

Das war denn auch das Thema der von Narbonne erbetenen offiziellen Antwort (14. April), die Schwarzenberg in Paris als Verbalnote überreichte (22. April). Sie gab sich äusserlich wie gewöhnlich sehr zahm und vorsichtig und überbot sich förmlich in Versicherungen der Bündnistreue: auch nicht ein Wort finde der Kaiser an seinen geschriebenen Beziehungen zu Frankreich zu ändern, das er vielmehr für seinen natürlichsten Alliierten ansehe.[3] Materiell aber trat sie ganz ungescheut mit einem Vorschlag ans Tageslicht, der dann später in den Verhandlungen des Juni so hohe Bedeutung gewann: man könne

---

1. L'Empereur va incontinent donner tout le développement à son attitude de médiateur armé. Oncken II, 205.

2. Vorträge 10. April 1813. H.-A. Gegenüber der Darstellung bei Oncken II, 200 und in dem von ihm II, 266 f. abgedruckten Bericht Watzdorfs muss darauf aufmerksam gemacht werden, dass sich von einer ausdrücklichen Anerkennung der bewaffneten Vermittlung Oesterreichs in der Note kein Wort findet. Die Phrase, in der sie Metternich implicite enthalten glaubte, lautet: L'Autriche qui s'est mise en avant pour la paix et qui la désire si vivement doit prendre pour tendre à ce but une couleur prononcée, insister sur l'ouverture immédiate d'une négociation, exiger que des plénipotentiaires soient nommés, qu'un armistice soit conclu, et entrer dans la lutte comme partie principale. Vgl. Verbalnote Schwarzenbergs 22. April. Fain I, 454 f.

3. Fain I, 458. 461.

für die Dauer eines Krieges, der Natur und Schauplatz
verändert habe, die nach dem Text des Vertrages Oesterreich in militärischer Beziehung auferlegten Beschränkungen
durch gemeinsames Abkommen suspendieren. Dass der
Traktat nur 30 000 Mann Hilfstruppen bedinge, werde den
Kaiser nicht hindern, seine Leistungen für den Kampf darüber hinaus auszudehnen, falls die Verbündeten sich vernünftigen Vorschlägen nicht fügten. — Noch war die Kehr-
seite der Medaille nicht ganz enthüllt, indessen mochte
der, so wie er dastand, unlogische Satz: die eine wie die
andere dieser Möglichkeiten entspringen aus der Macht der
Umstände, auch jetzt schon zeigen, was man verschwiegen hatte.[1]

Vollends klar wurde das, als sich sogleich Gelegenheit
bot, die neuen Theorien vor aller Welt in die Praxis zu
übertragen. Wieder waren es die Verhältnisse des Auxiliarkorps, die den Wiener Hof einen Schritt weiter drängten.
Die Stellung der Truppe, wie sie das Abkommen vom
30. Januar festgelegt hatte, konnte ihrer Natur nach nur
eine interimistische sein. Über kurz oder lang musste das
Verlangen siegen, sie mit den andern Armeeteilen zu vereinigen. Ein äusseres Ereignis half diese innere Entwicklung
beschleunigen.

Schon Mitte Februar nach der Vernichtung Reyniers
bei Kalisch geschah es, dass Fürst Joseph Poniatowsky,
allein nicht fähig, den Russen die Spitze zu bieten, sich zur
besseren Organisation seines beständig wachsenden Korps
hinter die oesterreichischen Linien in die Nähe der preussischen
Grenze zog. Durch diese Bewegung fühlten sich nun aber
sowohl der Zar wie namentlich sein hoher Verbündeter auf
das empfindlichste gestört. Es schien jetzt nicht mehr un-
bedenklich, Schlesien von Truppen zu entblössen,[2] und auch

---

1. Fain I, 457 f.
2. Ohne Scharnhorsts wohlthätige Eigenmacht hätte Friedrich
Wilhelm aus Furcht vor den Polen die brandenburgische Brigade,

abgesehen davon bildeten die Desertionen zu Poniatowsky, die in grosser Zahl gemeldet wurden, einen Grund zu Ärger und Besorgnis. So war der Marsch der Polen denn gleich einer der ersten Gegenstände, über die Alexander den neu angekommenen Lebzeltern befragte. Sonst so schonend, forderte er hier doch gebieterisch: Auf alle Fälle verbürgt mir ihre Ruhe für die Zukunft,[1] und überliess die weitern Verhandlungen über die besten Mittel dazu einer Konferenz, zu der der Gesandte mit Toll und Anstett am Morgen des 9. März zusammentrat. Die Diskussion gestaltete sich auch diesmal sehr lebhaft, und schliesslich übergaben die Russen ein Schriftstück, das in fünf Punkten ihre Vorschläge resümierte.

Am liebsten hätten sie es gesehen, wenn die Oesterreicher entweder ein russisches Korps zur „Vernichtung des Aufruhrherdes" in aller Stille in die Demarkationslinie hereingelassen oder die Polen ihrerseits mit Güte oder Gewalt entwaffnet hätten. Da aber nach den Erklärungen Lebzelterns nicht zu hoffen war, dass diese beiden zugleich einfachen und gründlichen Mittel in der Hofburg Gnade finden würden, so hatten sie noch drei andere zur Auswahl gestellt, die sich im Grunde mehr ergänzten als ausschlossen. Danach wollten sie gegen die rechte und linke Flanke des Auxiliarkorps Truppen vorschieben und so dem oesterreichischen Kommandanten die Möglichkeit geben, seine Stellung für unhaltbar zu erklären. Die weitere Folge wäre dann entweder der Rat an Poniatowsky, seine Regimenter auf-

---

das beste Drittel der in Schlesien stehenden Truppen, zurückbehalten. Auch so blieb das neumärkische Dragonerregiment an der Ostgrenze bei Gleiwitz bis zum 29. März, um im Verein mit der Garnison von Kosel die bedrohten Eisenwerke zu schützen. M. Lehmann, Scharnhorst II, 567 f., 576 f.

1. Enfin restez garants de leur tranquillité à l'avenir. Bericht Lebzelterns, Kalisch 10. März. H.-A., dem auch alles Andere entnommen ist.

zulösen, oder ein Rückzug hinter die Weichsel unter Besetzung von Krakau und Sandomierz als Brückenköpfen oder endlich eine zeitweilige Änderung der Demarkationslinie zu dem Zweck, die Verbindungen mit der Observationsarmee in Böhmen zu erhalten.[1]

Soweit die offiziellen Anträge. Sie gaben schon an und für sich reichliches Wasser auf die Mühle des Ministers. Zu allem Überfluss aber fügte der Gesandte noch berichtend hinzu, man sei in Kalisch bereit, nötigenfalls den Waffenstillstand aufzusagen, und werde die beiden Korps auf den Flügeln in der Richtung und Stärke marschieren lassen, die der Wiener Hof bestimme. Hinsichtlich der Polen sei es vielleicht das Beste, ihnen den Durchmarsch durch den Kaiserstaat anzubieten. Das würde zugleich Napoleon zu Dank verpflichten.

Es braucht keine grosse Phantasie, um sich die Freude Metternichs vorzustellen, als er Depesche und Beilage empfing. Das war doch einmal wieder eine würdige Aufgabe für seinen erfindungsreichen Kopf! Wie leicht liess sich mit den so freigebig dargebotenen Mitteln eine Komödie inscenieren, in deren Verlauf zwar auch Poniatowsky sein Heimatland verlassen würde, die aber der Hauptsache nach das weit höhere Ziel verfolgte, das Auxiliarkorps ohne offenen Bruch der Allianz auf oesterreichisches Territorium zurückzuziehen!

Man schob eben einfach die Kündigung der Konvention vom 30. Januar beherrschend in den Vordergrund und liess sie durch den Hinweis auf die unerträgliche Polengefahr motivieren. Alles Weitere ergaben dann schon die russischen Vorschläge, nämlich Scheinumgehung, Räumung des linken Weichselufers, aber Behauptung von Krakau und Sandomierz, zu denen zweckmässig wohl noch Opatovice hinzukam. War

---

1. Propositions du Commandant en chef des armées russes. Beilage zu Lebzelterns Bericht. Siehe Anhang.

das programmmässig geschehen, so mochte ein neuer Waffenstillstand auf vierzehntägige Kündigung das sinnvolle
Kriegsspiel beenden.

Einstweilen säumte der Minister nicht es ins Werk zu
setzen. Am 23. März entwickelte er den Plan in ausführlichen
Instruktionen für Lebzeltern; und da man im Lager des
Zaren natürlich mit beiden Händen zugriff, so konnte schon
sechs Tage später in tiefem Geheimnis ein formloses Abkommen unterzeichnet werden, das bis auf den Wortlaut
den Metternichschen Intentionen folgte. Nur brachte der
vorsichtige Gesandte noch die Bestimmung hinein, dass die
russischen Korps dem oesterreichischen an Stärke mindestens
gleich kommen müssten.[1] Kein Zweifel, bis dahin hatte die
Entwicklung den kühnsten Erwartungen der Wiener Staatsmänner entsprochen.

Von nun an aber lief die Sache so glatt nicht mehr
ab, wie sie gewünscht hätten. Gleich mit der Kündigung
der Waffenruhe wollte es nicht klappen. Statt in den
ersten Tagen des Monats, wie ausgemacht, übersandte sie
Sacken erst am 11. April.[2] Erlitt schon dadurch der seit
einer Woche bis ins Einzelste festgestellte Rückzug nach

---

1. Instruktionen und Vertrag bei Oncken II, 201—204. Es
ist Onckens Verdienst, zuerst den Zusammenhang der bis
dahin nicht einmal allgemein anerkannten Konvention mit
einer oesterreichischen Vorlage enthüllt zu haben. Diese selbst
aber entspringt bei ihm fertig aus dem Haupt Metternichs,
während ihn doch schon die Worte d'après le projet du commandant en chef de l'armée russe (S. 201) darüber hätten belehren
können, dass auch sie eine Vorgeschichte hat.
2. So Bignon XI, 443. 445. Lefèbvre V, 279. Wenn sich
daneben z. B. bei Oncken II, 206 und in einer Note Narbonnes
(Fain I, 465) der 12. angegeben findet, so liegt die Erklärung
vielleicht darin, dass der Brief Sackens vom 11. datiert, aber
erst am 12. in die Hände Frimonts gelangt sein mag. Darauf
weist namentlich die Angabe Metternichs an Lebzeltern 18. April

Galizien¹ die ärgerlichsten Verzögerungen, so wirkte vollends
das Verhältnis zu Poniatowsky kreuzend und hemmend auf
alle Dispositionen ein. Der stolze Pole hatte so garnicht
das Zeug, die Marionette Metternichs zu spielen, der sieges-
gewiss eben jetzt mit dem gefügigen Sachsen Watzdorf eine
Konvention über den waffenlosen Durchzug des Warschauischen Armeekorps zustande brachte (8. April).² Er war zwar
darauf eingegangen, die drohende Stellung an der schlesischen
Grenze mit Kantonierungen an der Weichsel zu vertauschen, und
erklärte sich sogar zum Rückzug in den Rayon von Podgorze bereit, als ihm Frimont mit biedermännischer Offenheit die kühne „Vermutung" mitteilte, dass die Russen die
Feindseligkeiten von neuem beginnen würden. Aber wenn
schon bis an dessen entfernteste Grenze, aus dem Herzogtum
heraus wollte er nicht gehen. Mindestens musste vorher
ein Äusserstes an schlauen Zögerungen versucht werden.
Die ersten Vorbesprechungen (2. und 4. April) blieben des-

(Oncken II, 212), wonach die vierzehn Tage Kündigungsfrist
courent depuis le 11 ou le 12 de ce mois. Metternichs Verstimmung über die Verzögerung ergiebt sich aus dem Reskript
an Lebzeltern 11. April 1813. Oncken II, 205.

1. „Verschiedene vorläufige Entwürfe, welche zwischen dem
FML. Baron Frimont mit dem Gefertigten in Absicht auf den
Rückzug des Auxiliar-Korps auf das rechte Weichselufer am
4. dieses zu Miechow verabredet wurden." Tarnow 6. April
gez. Prohaska (Kommandant der im westlichen Galizien stehenden
Division des Reservekorps). K-A. Danach kam am weitesten
östlich zwischen Dunajec und Raba die Division Trauttenberg
zu stehen. An sie sollten sich Bianchi, rückwärts an die Raba
gelehnt, vorwärts den Landweg von Krakau nach Mislenice als
Grenze, und Siegenthal, in weiter Aufstellung bis an die Sola
vorstossend, links anschliessen. Die äusserste Linke ward den
drei Husarenregimentern des Baron Fröhlich angewiesen, die in
der Gegend der Biala, also schon nahe der schlesischen Grenze,
Quartiere zu beziehen hatten.

2. Abgedruckt bei Fain I, 472—479.

12*

halb ganz resultatlos, und auch nachdem der Akt vom
11. April einen Zweifel über den Ernst der Lage nicht mehr
erlaubte, vermied der Fürst mit peinlicher Sorgfalt alles,
was als Einwilligung in den Übertritt auf oesterreichisches
Gebiet hätte gedeutet werden können. Immer wieder lehnte
er es in der verbindlichsten Form ab, Angaben über Stand
und Kolonnenzahl seines Korps einzureichen. Bald machte
er sein Handeln von Weisungen Narbonnes, bald von direkten
Befehlen Napoleons abhängig und zog sich im übrigen
auf den ganz korrekten Standpunkt zurück, vorerst den
wirklichen Ablauf des Waffenstillstandes abwarten zu wollen.
Diese Taktik trug ihre Früchte. Frimont, der ihm ursprünglich
den 19. April für Beginn des Abmarsches bestimmt hatte, sah
sich gezwungen, den Termin bis zum 3. Mai zu verlängern
und auch dann noch statt nach den Polen, wie er gerechnet,
schon vor ihnen die Weichsel zu überschreiten, wodurch zu
allem andern die Möglichkeit entfiel, die genannten drei
wichtigen Brückenköpfe für den Kaiserstaat zu halten.[1]

Und nicht genug mit diesen Strichen durch die militärische Rechnung, glückte der ganze Schritt auch politisch
entfernt nicht so gut wie der ähnliche, vorbereitende im
Januar. Der Grund lag darin, dass die Aktion Oesterreichs
mit einer sich in entgegengesetztem Sinne bewegenden französischen zusammenstiess.

Napoleon hatte, wie wir sahen, schon gegen Schwarzenberg, gleichsam sondierend, von einem Wiedereingreifen
des Auxiliarkorps in den Kampf gesprochen. Da aber aus
dem Fürsten nichts anderes herauszubekommen war als
halbe, ausweichende Redensarten,[2] so entschloss er sich

---

1. Frimont an Bellegarde 26. März 1813. K.-A. Metternich
an Lebzeltern 18. April 1813. Oncken II, 212. Bignon XI, 445,
446, 450, 461 f.

2. Vgl. Oncken II, 622 oben. Geradezu klassisch ist die
Antwort, die er auf eine letzte sehr kategorische Anfrage Bassanos am 16. April gab: quo sans doute on dénoncerait l'ar-

rasch, die Frage in Wien selbst zur Entscheidung zu bringen.
Er liess Narbonne anweisen (11. April), den Befehl zur
Kündigung des Waffenstillstandes als unmittelbare Folge
seiner bevorstehenden Ankunft in Mainz in Aussicht zu
stellen und sich über dessen vorbehaltlose Ausführung zu
vergewissern: „Es wird von höchster Wichtigkeit, dass General
Frimont aufs Wort gehorcht".[1]

Der Gesandte that, wie ihm geheissen, aber indem er
sich am 18. April mit seinen neuen Instruktionen bei Metternich einfand, musste er gewahr werden, dass sich die
Situation über Nacht von Grund aus verändert hatte. Der
Minister erklärte unter Hinweis auf den Tags vorher ein-
gelaufenen Brief Sackens, die Ordre des Kaisers sei überholt, die Russen wären ihrerseits vorgegangen,[2] und liess
keinen Zweifel, dass im weiteren Verlauf der Rückzug des
Auxiliarkorps unvermeidlich werde. Unter solchen Umständen blieb dem Franzosen nichts übrig, als dem Buchstaben seiner Weisungen entgegen zu handeln, um ihren
Geist zu retten. Es hiess, dieselbe Kündigung des Waffenstillstands, die er als Wunsch seines Herrn hatte voraussagen sollen, rückgängig machen oder besser aufhalten;
denn jetzt wäre ihr Effekt das Gegenteil des beabsichtigten
gewesen. Er bot also alles auf, um Metternich zu bewegen,
dass er sich beim russischen Hauptquartier für Zurücknahme
der Erklärung vom 11. oder für Festsetzung eines neuen
Rayons verwende, und liess sich nicht abschrecken, als
der Minister einen solchen Antrag als aussichtslos be-

---

mistice, mais qu'il était bien persuadé que l'Empereur n'exigerait
pas cette dénonciation, avant que son armée fût a la hauteur de
nous. Sans cela il aventurerait notre position. Vgl. das Journal
remis par le Prince de Schwarzenberg. H.-A.

1. Siehe das Exzerpt in Narbonnes Verbalnote vom 21. April
1813. Fain I, 464.

.2 Oncken II, 211 Anm.

zeichnete. Ihm kam es ja nicht so sehr auf den wirklichen
Erfolg als darauf an, Zeit zu gewinnen, die drohende Preisgabe des linken Weichselufers noch mindestens um die vierzehn Tage der Kündigungsfrist hinauszuschieben, vor deren
Ablauf die Befehle Napoleons den oesterreichischen Kommandanten erreicht haben konnten.[1] Zu dem Zweck schien ihm
selbst ein wertvolles Zugeständnis erlaubt. Er zeigte sich
bereit, Poniatowsky den Befehl zugehen zu lassen, ohne
weitere Anfrage den Weisungen Frimonts zu folgen
und die Übereinkunft vom 8. April pünktlich aus-

---

1. Das ergiebt sich namentlich aus der Note vom 21. April,
wo es heisst (Fain I, 465): Le soussigné était d'autant plus
fondé à croire qu'au moins le terme de quinze jours serait ob-
servé, que, lorsque S. Exc. Mr. le comte de Metternich s'était
décidé, le 16(?) du courant, à donner des ordres à M. de Lebzeltern,
pour demander la révocation de la dénonciation de l'armistice . .
il avait été calculé que la réponse portée directement au général
Frimont pouvait lui arriver, avant qu'il eût effectué son mouvement, et que des ordres lui seraient expédiés a ce sujet; il est
aisé de voir que si cet arrangement avait été rempli, les ordres
de S. M. l'empereur de France, qui doivent être expédiés d'Erfurth le 20, seraient facilement parvenus au commandant du corps
auxiliaire avant l'expiration de quinze jours. Wenn man diese
Worte als Schlüssel nimmt, so verschwindet der anfangs un-
lösbar scheinende Widerspruch zwischen der Darstellung bei
Lefèbvre V, 279 f, die auf Narbonnes Bericht beruht, und Metternichs Reskript an Lebzeltern 18. April bei Oncken II, 212.
Was Oncken II, 214 über die Gesinnung des Gaudten sagt, lässt
sich nicht halten. Man begreift schwer, wie er trotz der doch gewiss
authentischen Note vom 21. und der auch von Graf Hardenberg
(Oncken II, 217) bezeugten Sprache, die Narbonne wenige Tage
später gegen Kaiser Franz führte, die Behauptung aufstellen
kann, der Franzos habe sich in die Notwendigkeit des Rückzugs aus Polen le cits vollständig gefunden gehabt. — Wenn
die Berichte Narbonnes falsch „koloriert" sind, darf man auch
die Zeichnung o werfen?

zuführen.[1] Daneben freilich erlaubte er sich eine Sprache, die seine Instruktionen an Rücksichtslosigkeit weit überbot. Er teilte Metternich ganz lakonisch mit, der Kaiser sehe das Hilfskorps als Teil seines Heeres an und werde ihm seinen Platz anweisen, und als der Oesterreicher mit Hinblick auf die Schwäche der Truppe einwarf, dies einzige Bollwerk Galiziens einem ungleichen Kampf aussetzen hiesse das Herz der Monarchie preisgeben, fuhr er auf: Sorgen sie, dass das Korps in seiner jetzigen Stellung bleibt; wenn es sich zurückzieht, fällt Ihnen die Verantwortung für die Verwicklungen zu, die sich daraus ergeben werden.[2]

Ist es so unwahrscheinlich, dass diese Konferenz dem Minister den peinlichsten Eindruck machte?[3] Bisher war es so gut gelungen, die Bande des Märzvertrages unmerklich zu lockern. Eben erst hatte er mit der Auslegung der Note vom 7. April einen Meisterzug gethan; er stand im Begriff, durch klug begründete Fortnahme des letzten Pfandes das kunstvolle Gebäude zu krönen. Sollte es nun noch in elfter Stunde zu einem ernsten Konflikt kommen, ehe man militärisch gerüstet und eines Sieges der Verbündeten sicher war? Gewaltsame Scenen waren ohnehin nicht nach seinem Geschmack, und jetzt kam noch die Besorgnis hinzu, wie sie auf den immer ängstlichen Herrn wirken würden. Er beeiferte sich also, Narbonne Schein-

---

1. Dass dieses Zugeständnis nur unter der geschilderten Voraussetzung geschah, beweist das Verhalten des Gesandten, als die Konferenz vom 20. jede Hoffnung auf Zeitgewinn illusorisch machte. Er erklärte jetzt: So werde ich den Polen befehlen, sich allein zu schlagen und als Parteigänger sich den Russen entgegenzuwerfen. Bericht Watzdorfs 20. April 1813. Oncken II, 635.

2. Leföbvre V, 280.

3. Darum bleibt die Schilderung Narbonne-Leföbvres natürlich doch stark übertrieben.

befehle an Frimont und Lebzeltern vorzuzeigen, die dessen
Vorschlägen entsprachen, und dem Kaiser noch am späten
Abend davon „zu Allerhöchstdero Beruhigung" Mitteilung
zu machen.[1] In der Sache selbst aber wich er keinen
Schritt.

Als der Botschafter am 20. wieder bei ihm vorsprach,[2]
überraschte er ihn scheinbar verlegen mit der Nachricht,
wie man soeben erfahre, sei das Auxiliarkorps in vollem
Marsch gegen die Weichsel. Narbonne war nicht der
Mann, diesen Hohn auf alle seine Berechnungen ruhig hin-
zunehmen. Leidenschaftlich von Natur, kannte er kaum
noch ein Mass in Drohungen und Vorwürfen. Selbst dem
lang verhaltenen Groll über den Waffenstillstand im Januar
liess er jetzt auf einmal freien Lauf. Und noch
mehr. Er nahm keinen Anstand, die wesentlichen Punkte
Tags darauf in einer Verbalnote zu wiederholen. Sie entwickelte mit schneidender Schärfe, Seine Majestät hätten
noch niemals gehört oder hören können, dass der Wunsch
nach Frieden einen bestehenden Vertrag aufhöbe, dieser
Vertrag bedinge ein Hilfskorps, das unter den Befehlen des
Kaisers stehen solle; wenn es nun nicht gehorche, was
dürfe man daraus nicht alles schliessen? und klang unter
ausdrücklicher Anrufung des Traktats von Paris in die
kategorische Forderung aus, dass Frimont auf der Stelle

---

1. Vorträge 18. April 1813, 10 Uhr nachts. Ob die beiden
Erlasse am 18. nur vorgezeigt oder auch geschrieben und auf
den 17. etwa vordatiert sind, wird sich schwer entscheiden
lassen. Für das Letztere spricht, dass Metternich gegen Lebzeltern 18. April (Oncken II, 212) den ostensiblen Schritt bei
Russland als Folge der Wünsche des Gesandten darstellt.

2. Lefèbvre V, 280. Oncken II, 215 nach einem Bericht
Graf Hardenbergs v. 21.. Nach der Note vom 21. hätte Metternich die Erklärung aber schon le lendemain de cette communication (vom 18.), also am 19. abgegeben. Mit den Daten ist
eben nicht alles in Ordnung.

angowiesen werde, mit allen Mitteln die durch den Waffenstillstand bestimmte Stellung zu behaupten und in ihr die
Befehle zu erwarten, die es Napoleon belieben werde, ihm
zukommen zu lassen. [1]

Kaiser und Minister[2] bedauerten tief, dass durch diese
Behandlung in diplomatischer Form eine Sache, die sie gern
en bagatelle abgemacht hätten, an die grosse Glocke ge-
hängt war. Wie beharrlich sie auch von „nebensächlicher
Frage" und „untergeordnetem Gesichtspunkt" redeten, den
Befehlen Napoleons die durch den russischen Schritt gänzlich veränderte Lage entgegenhielten und dem unbequemen
Dränger Narbonne das Recht absprachen, im Namen seines
Herrn aufzutreten: einer prinzipiellen Erörterung der Streit-
frage war nun nicht mehr auszuweichen, und diese wieder
zwang, die letzten Konsequenzen der neuen Rolle zu enthüllen.

Die Antworten, die man schriftlich und mündlich erteilte, bewegten sich übereinstimmend um den Satz, dass
sich mit der von Napoleon doch selbst gewünschten bewaffneten Vermittlung eine partielle Teilnahme am Kampf
nicht vereinen lasse: Zugleich einen Waffenstillstand aufzusagen und widerstreitende Interessen vereinigen zu wollen.
sei ein Unding; und daneben machten sie immer weniger
ein Hehl daraus, dass die Vermittlung sich gegen den
jetzigen Bundesgenossen kehren könne. Noch versicherte
zwar Kaiser Franz in der Audienz, die er am 23. April
dem französischen Botschafter gewährte, alle seine Truppen,
nicht 100000 allein, ständen zu Napoleons Verfügung. wenn
er, wie zu hoffen, auf vernünftige Vorschläge einginge, und

---

1. Die Note in extenso bei Fain I, 463—466.

2. Für das Folgende: Die Berichte über die Audienz vom
23. April: Lefèbvre (Narbonne) V, 282 ff. und Oncken (Graf
Hardenberg) II, 217 f. Kaiser Franz an Napoleon 26. April. H.-A.
Metternich an Narbonne 26. April. Fain I, 467—471.

dass es mit diesen berühmten „vernünftigen" Vorschlägen nicht gar so viel auf sich hatte, zeigte die Äusserung, es wäre Wahnsinn, über den Rhein zu wollen und nicht noch einige Macht auf dem diesseitigen Ufer zu lassen, Abgeschmacktheit, etwas in Italien zu versuchen. Aber schon brach doch auch in derselben Stunde der harte Dynastenstolz des Habsburgers gegenüber dem Emporkömmling an der Seine sehr peinlich hervor: wenn Napoleon unterliege, so hätte die Kaiserherrlichkeit seiner Familie ein für alle Mal ein Ende, wenn er, Franz, dagegen geschlagen werde, sei seinem Sohn um nichts weniger die Krone sicher,[1] und in einem Brief an den Schwiegersohn hiess es drei Tage darauf deutlich genug, dass vor dem Wunsch nach Frieden jede andere Rücksicht schweigen müsse. Jede Verlängerung des Krieges wie jede dauerlose Vereinbarung, die den Fürsten nicht gestatte, sich mit beharrlichem Ernst der Unterdrückung des jakobinischen Gärungsstoffes zu widmen, würde in kurzem die Existenz der Throne bedrohen.[2]

Das war eine Sprache, die den Bruch mit Frankreich in bedenkliche Nähe rückte. Indem man sie führte, erwuchs die Notwendigkeit, mehr als bisher für einen möglichen Krieg vorzusorgen. Die bewaffnete Vermittlung liess sich nicht denken ohne ein scharfes, schneidiges Schwert in der Hand; einstweilen aber ruhte dies noch stumpf in der Scheide.

---

1. Graf Hardenberg an Münster 2. Mai. Oncken II, 218. Auch Humboldt weiss von dieser Ausserung zu erzählen (23. April). Vgl. Meerheimb. Ztschr. f. Pr. Gesch. X, 151.

2. Mon unique vœu est celui d'arriver à la paix. Je lui subordonne toute autre considération. — Toute prolongation de

Siebentes Kapitel

Vorbereitungen zum Kampf.

Es hatte in Oesterreich von Anfang an nicht an Männern gefehlt, die auf Entwicklung imposanter Streitkräfte drangen, damit man die Unabhängigkeit, die man diplomatisch zu erreichen suchte, gegebenen Falls auch militärisch zu behaupten vermöge. Unter dieser Bedingung: wenn höchste Anstrengung im Innern Hand in Hand damit ginge, wollte selbst ein Stadion die zuwartende, negative Haltung der Regierung nach Aussen, die nun einmal durch den augenblicklichen Mangel an Machtmitteln geboten schien, begreifen und billigen.[1]

Aber hier lag die schwere Versäumnis Metternichs. Theoretisch ganz einverstanden, besass er die Energie nicht, um sich mit ganzem Einfluss für jene Vorschläge einzusetzen, sondern liess es geschehen, dass wieder wie so oft die traditionelle Gemächlichkeit über die bessere Einsicht den Sieg davontrug. Für den Kaiser war der Gesichtspunkt massgebend, es dürfe nichts kosten, und die Minister, „wie Hund und Katze übereinander," konnten sich nicht einigen. Eiferte Baldacci für den Krieg, so sagte

---

la guerre comme tout arrangement précaire qui ne permettait pas aux Souverains de vouer des soins soutenus et très sérieux pour étouffer le ferment jakobin qui se développe journellement d'avantage, menacerait sous peu l'existence même des trônes. H.-A.

1. Undatiertes Memoire Stadions; Februar-Memoire. H.-A.

Wallis sein tiefsinniges Sprüchel: Oesterreich müsse sich vergessen machen; wenn es nichts habe, würden ihm weder Russen noch Franzosen etwas thun. Im Hofkriegsrat endlich feierte die geistloseste Pedanterie wahre Triumphe. Die Herren dort wollten jetzt die Armee aufstellen, mit dem 1. März die erste Reserve, mit dem 1. April die zweite, mit dem 1. Mai die erste Landwehr, 1. Juni die zweite und dann über den herfallen, der den Kürzeren gezogen hätte.[1] Wer aber gegen diesen Schlendrian protestierte wie Radetzky, der mochte sich hüten, dass ihm nicht Zeit wurde, „fern von Madrid" über seine tugendblündlerische Gesinnung nachzudenken.[2] So kam es während des ganzen Winters nur zu halben Massregeln, und auch dazu nur zögernd und am unrechten Orte.

Das erste war gewesen, dass man noch im Dezember 1812 die siebenbürgischen Truppen nach der Bukowina und die hier stehenden nach Galizien zur Vereinigung mit dem Reservekorps dirigierte.[3] Doch das entschlossene Vorrücken der Russen überzeugte bald, dass blosse Dislokationsveränderungen auf die Dauer nicht genügten, und es wurde beschlossen, durch neue Mobilisierungen die schlagfertige Armee einschliesslich der Korps Scharzenberg und Reuss auf 100 000 Mann zu ergänzen. Schon am 4. Januar wusste Graf Hardenberg davon zu berichten,[4] am 25. reichte der

---

1. Krones. Tagebuch Erzherzog Johanns. S. 76. 81. 86. 91.

2. Radetzky musste Anfang Februar die Direktion des Generalstabes abgeben und wurde, allerdings nur auf dem Papier, als Truppendivisionär nach Böhmen versetzt. Ebenda S. 82. 84. Die Biographie gleitet über diese Ungnade hinweg. Dass Radetzky als Tugendfreund beargwöhnt wurde, zeigt ein Schreiben Armbrusters an Hager 2. August 1813 bei Wertheimer S. 399.

3. 18. Dezember 1812. Vgl. Instruktionen für Bubna 20. Dezember 1812. Oncken I, 391. Bericht Reuss' an den Hofkriegsrat 5. Januar 1813. K.-A.

4. Oncken II, 103.

Hofkriegsratspräsident die verlangten Vorschläge ein, und
am 9. Februar — nach fünf Wochen — erging denn auch
glücklich das kaiserliche Handschreiben, das ihrem wichtigsten Teil die Ausführung sicherte. Bellegarde hatte in den
gegebenen Grenzen unzweifelhaft fein und sorgfältig gearbeitet. Ganz praktisch gewann er zu den sechzig und
einigen Tausend Mann der beiden mobilen Korps weitere
9456 durch Kompletierung ihrer Regimenter auf den Kriegs-
stand, und was dann noch an der gewünschten Zahl fehlte,
wollte er durch Errichtung einer neuen Armee von 22 Bataillonen und 34 Schwadronen, 27740 Mann und 5359 Pferden,
mit neun Batterien zu 62 Geschützen gedeckt wissen.[1] Insbesondere auch die Zusammensetzung dieses „Observationskorps" verdiente alles Lob. Es wurden von der Infanterie
diejenigen Regimenter gewählt, die im Stande am stärksten
waren und also die geringste Einberufung von Reserve-
männern erforderten, während bei der Kavallerie die grösste
Entfernung des Regimentes den Ausschlag gab, da die nahe
liegenden ohnehin nötigenfalls sogleich zur Verstärkung
herangezogen werden konnten.[1]

Aber was sollte es heissen, dass die neue Armee sich
nicht im Donauthal auf der Anmarschstrasse der Franzosen
oder zum Angriff gegen die Rheinbundsstaaten im Nord-
westwinkel Böhmens zu formieren hatte, sondern an der
mährischen und schlesischen Grenze?[2] Dort war sie für

---

1. Criste S. 223 f. K.-A. G 1—69, 12. Nach den angeführten
Grundsätzen entfielen von den neu mobil zu machenden Truppen
auf Böhmen 14 Bataillone, 6 Schwadronen, Inner-Oesterreich 2
Bat. (Marburg, Regiment Lusignan), Nieder-Oesterreich 1 Bat.
(Jäger, Mauthausen), auf Ungarn 2 Bat., 24 Schw., Mähren 4 Schw.,
Slavonien 1 Bat. (Grenzer, Mitrowitz), Banat 2 Bat. (Grenzer).

2. Bellegarde an Kolowrat, den Höchstkommandierenden des
Observationskorps, 12. März 1813 verordnete folgende Dislokation:
Division Weissenwolf: Gr. Skalitz, Neustadt, Dobruska, Solnitz

Russland eine ernste Bedrohung: um Napoleon gefährlich
zu werden, brauchte sie Wochen, und ohnehin dachte man
nicht, sie vor Anfang April zusammen zu haben.[1]

Wann vollends die andern 70000 Mann der auf dem
Papier so stattlich herausgerechneten Streitmacht auch nur
im östlichen Böhmen sein würden, liess sich einstweilen
noch garnicht absehen. Die Heranziehung des Auxiliarkorps war eine Frage der hohen Politik; und das Reservekorps, um die Jahreswende in weit zerstreuten Quartieren
an der russisch-galizischen Grenze, erhielt zwar Ordre
(25. Januar), successiv an der Weichsel aufwärts zu rücken,
beeilte sich aber so wenig, dass es mit Ausnahme der schon
zu Ende Februar nach Tarnow, Woynitz, Bochnia, Mislenice, Kalvarya vorgeschobenen Division Prohaska (8 Bataillone, 6 Schwadronen) erst in den letzten Apriltagen auf
neuen Befehl in der noch recht entfernten Stellung zwischen
San und Dunajec eintraf.[2]

Chlumetz, Neu-Bitschow, Horic, Smiritz. Division Colloredo:
Libczau, Königgrätz, Josephstadt, Hohenbruck und Kostelctz.
Division Radetzky: Czaslau, Prelouc, Pardubitz, Chrudim.
Division Chasteler: Chrast, Skutsch, Prossetsch, Policzka, Hohen-
mauth, Wildenschwert, Leitomischl. Pontons, Laufbrücken, Fuhr-
wesen und Artilleriereserve wurden bezeichnenderweise in den
Westen der Aufstellung nach Kollin, Kuttenberg, Deutschbrod
dirigiert. Das alles war aber schon eine Verbesserung gegen
den von Kolowrat 4. März eingereichten Entwurf, der sogar
Nachod, Schatzlar und Gabl als Standquartiere aufführte. — Dass
das oben ausgesprochene Urteil schon 1813 selbst gehört wurde,
ergiebt sich aus Gebhardt S. 127.

1. Bellegarde an Kolowrat 12. März. K.-A.

2. Bellegarde an Reuss 25. Januar. (K.-A. G 1—69, 15.)
Wirkung: Dislokation und Einteilung des Reservekorps und der
immobilen Truppen in Galizien 31. Januar (K.-A. Reservekorps I.
35). Danach das Gros der Truppen (20 Bat. 36 Schw.) in und
um Lemberg. Bellegarde an Reuss 27. März (K.-A. G 1—69,
37): „Die gegenwärtige Dislokation des R.-C. im ganzen den der-

Zu alledem kam hinzu, dass die neue Mobilisierung auf die ärgerlichsten finanziellen Schwierigkeiten stiess. Kaiser Franz wollte (5. Februar) zur Bestreitung ihrer Kosten nur den lächerlich kleinen Betrag von 600000 Gulden W. W. bewilligen und machte den Hofkriegsratspräsidenten noch ausdrücklich für Einhaltung der Summe „streng verantwortlich". Natürlich war das diesem trotzdem nicht möglich. Er berechnete, dass die erste Ausrüstung der zu errichtenden Armee 3,000 341 fl 7 kr und ihr fortlaufender Unterhalt monatlich 437 834 fl 28$^{1}/_{2}$ kr beanspruchen werde.[1] Mindestens weitere 2,202 724 fl 28$^{1}/_{2}$ kr also glaubte er von der Hofkammer fordern zu dürfen (25. Februar). Hier aber fand er wie gewöhnlich verschlossene Thüren. Wallis antwortete (27. Februar), durch Auszahlung jener 600000 fl an das Observations- und weiterer 100000 an das Auxiliarkorps, endlich einen soeben erfolgten Schuhankauf für 50000 sei der Staatssäckel vor der Hand erschöpft, und verwies kühl auf das bisherige ordinäre, doch ohnehin ganz unzureichende Geldquantum von 2,585 408 fl. 56$^{1}/_{2}$ kr.[2] Nicht viel glücklicher war ein zweiter Versuch direkt beim Kaiser (7. März). Dieser liess 12 Tage auf einen Bescheid warten und gewährte

---

maligen Verhältnissen, wo längs der ganzen von demselben besetzten Landes- und Grenzstrecke alle russischen Truppen verlängst sich weggezogen haben, keineswegs entsprechend." Darauf dann: Marschplan vom 4. April (K.-A. Reservekorps IV. 6), der Vorrücken auf der ganzen Linie befiehlt.

1. Vortrag Bellegardes 7. März. K.-A. D 1—17, 119.

2. Bellegarde bemerkt dazu: Selbst diese Anweisung, die gegen die berechnete monatliche Gelderfordernis von 3 718 430 um 1 133 021 zu gering ausfällt, ist jedoch z. T. nur auf dem Papier, indem hierunter 471889 fl 40 kr begriffen sind, die in Ungarn und' Siebenbürgen als Kontribution eingehen sollen, wovon aber die militärischen Kassen nach der bisherigen Erfahrung wenig zu erwarten haben.

auch dann nur kaum ein Fünftel, 400000, die zur Hälfte
sogleich, zur andern erst mit letztem März als Extra-
ordinarium anzuweisen seien. So blieb es denn bei dem
Zustand, den Bellegarde so bitter beklagt hatte: „Es können die neuauszuhebenden Rekruten weder gehörig gekleidet
und gerüstet noch verpflegt, die für die Kavallerie erforderlichen Pferde nicht erkauft, die Truppen nicht mit den zum
Marsch erforderlichen Geldverlägen versehen, die Fuhr-
wesens- und Artilleriebespannungen nicht geordnet, und
überhaupt die zur Formierung des Observationskorps in
Böhmen unausweichlich erforderlichen Massregeln nicht in
Ausübung gebracht werden.“

Aber das war eben wirklich die finanzielle Lage des
Staates, dass schon ein Schuhankauf in seinen Kassen eine
empfindliche Lücke verursachte. Jetzt zeigte sich recht,
was für ein Fehler das Patent vom 20. Februar 1811 gewesen
war. Nicht nur Metternich sehnte sich schmerzlich nach
den alten Bankozetteln zurück.[1] Sie hatte man nach Bedarf
vermehren können. Seitdem band eine feierliche Verpflichtung
der Regierung die Hände, auch nur einen Einlösungsschein
neu zu kreieren, und doch waren selbst nach bescheidenster
Berechnung mindestens 20 bis 30 Millionen Gulden notwendig,
um den Ansprüchen der Lage gerecht zu werden. Woher
sie nehmen, ohne dem im Umlauf befindlichen Papier durch
Emission eines neuen zu schaden oder das verarmte Volk
durch erhöhte Auflagen zu erbittern? Über diese verzwei-
felte Frage zerbrach man sich in der engen Konferenz seit
Anfang Januar vergebens den Kopf.[2] Wie sehr man auch

---

1. Vgl. seine Äusserungen gegen Knesebeck. Oncken I, 149.
Sehr hart urteilt der Verfasser des Februar-Memoires über ¦das
System Wallis, das die reiche Monarchie in weniger als zwei
Jahren verarmt und ausser Stand gesetzt habe, die durch 20
Jahre so reichlich geleistete Hilfe in Zukunft mehr verschaffen
zu können. H.-A.

2. Wenigstens brachten die Berlinischen Nachrichten vom

sann, aus nichts wollte sich nichts machen lassen, und die Erkenntnis war unabweisbar, dass man das eine oder das andere jener beiden Übel schliesslich doch werde auf sich nehmen müssen; welches, darüber gingen dann freilich die Meinungen weit auseinander, je nachdem wirtschaftliche oder politische Gesichtspunkte für den einzelnen massgebend waren. Der Hofkammerpräsident selbst, der die mühsam hergestellte Ordnung im Staatshaushalt um jeden Preis zu retten strebte, legte ein System drückendster Steuergesetze vor,[1] Graf Karl Zichy umgekehrt, aus der Zeit seiner eignen unseligen Ministerschaft (1802—1808) mit der Kunst des Geldmachens nur allzu vertraut,[2] erschien mit einem Entwurf zur Ausgabe hypothezierter Tresorscheine auf dem Plan[3] und wirkte so im Sinne Metternichs, dem vor allem daran lag, dass die neuen Massregeln auf der Stelle zum Ziel führten. Jedenfalls, was immer im Publikum und in Hofkreisen für Gerüchte schwirrten — man munkelte sogar von einer Zwangsanleihe von 30 Millionen[4] —, war die ganze Angelegenheit bis Mitte März in Wahrheit um keinen Schritt

---

30. Januar No. 13 einen 16. Januar datierten Artikel „Aus dem Oesterreichischen," in dem es hiess: der Finanzminister hat die Anweisung bekommen, sobald als möglich einen Plan zu entwerfen, wie die neuen Ausgaben zu bestreiten sind, ohne dem Papier zu schaden, welches jetzt im Umlauf ist. Man rechnet die ausserordentlichen Ausgaben ... auf 20 Milionen Gulden, und die Regierung wünscht zu keiner neuen Kontribution zu schreiten.

1. Bericht Ottos 20. März 1813. Fain I, 312.

2. Vgl. Springer I, 150f, 156.

3. Krones, Tagebuch Erzherzog Johanns 13. März. S. 86.

4. Schlesische privilegierte Zeitung No. 31. Sonnabend 13. März 1813 auf Grund Wiener Nachrichten vom 24. Februar. Sie bezeichnete zugleich die Gerüchte über neue Kasson- oder Tresorscheine als ganz unrichtig, „indem S. M. der Kaiser die Masse des zirkulierenden Papiergeldes unter keinem Vorwand oder Benennung vermehrt wissen will."

vorwärts gekommen. Da gelang es Metternich, über den
noch immer äusserst einflussreichen, vom Kaiser persönlich
hochgeschätzten Grafen Wallis einen vorläufigen Sieg davon-
zutragen. Er setzte durch, dass über dessen Kopf hinweg
aus Mitgliedern der Einlösungs- und Tilgungsdeputation,
Beamten der Hofkammer und dem Staatsrat v. Bedekowics [1]
unter dem Vorsitz des jetzt endlich wieder beschäftigten
Grafen Stadion [2] eine Kommission gebildet wurde zur „rück-
sichtslosesten Beleuchtung der Mittel, wie dem Staat die
freie Disposition von wenigstens 30 Millionen Gulden W. W.
am zweckmässigsten und schnellsten gesichert werden könne“.
Da neue Steuern nur bei vollster Sicherheit ihrer Einbring-
lichkeit und als partielle Hilfsmittel in Betracht kommen
sollten, war die Frage im Grund schon für das Papiergeld
entschieden, es handelte sich wesentlich nur noch um das
Wie. [3] In den Kreisen des Hofkammerpräsidenten spie man
denn auch Gift und Galle gegen das „Finanzkomité“: all’ die
Herren, die dort der Finanzverlegenheit steuern wollten,
hätten gerade an den Zerrüttungen des öffentlichen und

---

1. Nämlich Graf Wrbna, Graf Larisch, Graf Herberstein,
Barbier, Freiherr v. Lederer, Joseph v. Hauer. — Wallis wurde
die Verwendung „von Individuen seiner Stelle“ in einem bis zur
Grobheit kurzen Handschreiben mitgeteilt 17. März. H.-A.

2. Es verdient hervorgehoben zu werden, wie von Anfang
an seit der russischen Katastrophe die Überzeugung verbreitet
war, dieser Mann müsse in dieser Zeit gebraucht werden. Wir
sahen, dass er von Metternich zum Gesandten in Paris ausersehen
war. Jene „Berlinischen Nachrichten“ vom 30. Januar wollten
wissen, dass er sich unverzüglich als Kaiserlicher Kommissär zur
Armee begeben werde. In Kassel fragte Ende Februar der
Minister Jeromes, Graf Fürstenstein, mit sichtlicher Neugierde,
ob es wahr sei, dass Stadion eine grosse bedeutende Anstellung
erhalten habe. Berichte Schalls 25. Februar 1813. H.-A.

3. Vorträge Metternichs 16. März 1813. H.-A.

Privatvermögens unter den Lebenden und den Toten den
grössten Anteil gehabt;[1] und der Kurs des Metallgeldes,
Anfang 1813 schon 138, stieg auf 150—160.[2] Am 19. März
begann die Kommission ihre Sitzungen,[3] am 6. April konnte
Metternich ihre Vorschläge dem Kaiser unterbreiten,[4] und
am 22. brachte das Amtsblatt der Wiener Zeitung das vom
16. datierte Patent.

Es war, wie unschuldig es sich gab[5], ein offenbarer Bruch der Zusagen des Ediktes vom 20. Februar
1811, dessen Schöpfer denn auch am Tage vor der
Unterzeichnung unter gleichzeitiger Ernennung zum
Staats- und Konferenzminister den erbetenen Abschied erhielt. Der Grundgedanke, „im Weg der Antizipation auf
einen Teil des sichersten Staatseinkommens einen beträcht-
lichen und sogleich verfügbaren Fonds zu gründen," war ja
recht schön, und wenn zu diesem Zweck zwölf Jahre hindurch je $3^3/_4$ Millionen Gulden aus den Grundsteuerein-
nahmen der deutschen, böhmischen und galizischen Provinzen (§ 1) an die Einlösungs- und Tilgungsdeputation
abgeführt (§§ 2. 3), einstweilen in Höhe des Gesamt-
betrages 45 Millionen Antizipationsscheine mit Zwangskurs
ausgegeben werden sollten (§§ 4. 7), so liess sich auch dagegen
am Ende nicht viel sagen; aber indem kein Wort belehrte, wie
jener Entgang von jährlich $3^3/_4$ Millionen ersetzt werden

---

1. Prof. Watteroth an Hager 13. April. Wertheimer S. 389 ff.
2. Vgl. die Kursberichte der Wiener Zeitung.
3. Ottos Bericht 20. März. Fain I, 312: Cette commission a
commencé hier ses séances.
4. Vorträge 6. April. Den Eingang des Patentes übersandte
er 9. April. H.-A.
5. Es versicherte: Da wir nun fest bei dem Entschlusse
beharren, die durch das Patent vom 20. Februar 1811 festgesetzte
und bekannt gemachte Summe von Einlösungsscheinen nie und
in keinem Fall zu vermehren.

würde,[1] und wohl die regelmässige Vertilgung der entsprechenden Quote von Scheinen (§ 6), nicht aber die
Unvermehrbarkeit der ganzen Summe feierlich zugesichert
wurde, konnte es niemandem zweifelhaft bleiben, dass alles
doch nur auf eine thatsächlich unbeschränkte Vermehrung
der Einlösungsscheine unter anderm Namen hinauslief, wo-
mit denn auch die Verweisung der Verwaltung an die
gleiche Behörde stimmte.

Indessen zu wie böser Ernte die hier gestreute Saat
später auch reifte,[2] für den Augenblick waren endlich die
nötigen Geldmittel in den Händen der Regierung, und zumal
Metternich wusste zu gut, dass jeder weitere Augenblick
Verlust unersetzlich sei, um mit ihrer Ausnutzung zu
zögern.

Am selben Tage, wo er Frankreich gegenüber offiziell
von bewaffneter Vermittlung zu sprechen begann (14. April),
liess er dem Hofkriegsratspräsidenten durch kaiserliches
Handschreiben den Befehl zugehen, für den militärisch jetzt
zum ersten Mal ins Auge gefassten Fall eines Krieges mit
Napoleon ungesäumt eine Vorlage über die Einteilung zweier
Armeen zu machen, von denen die eine nach dem südlichen Deutschland, die andere nach Oberitalien zu bestimmen
sei. Die Aufstellung einer gehörigen Reserve verstehe sich
von selbst, nicht minder, dass das Reservekorps sich nach
Westen in Marsch setze und mit Ausnahme der zum Pest-
kordon benötigten Mannschaften die noch in Siebenbürgen
und der Bukowina stehenden Truppen nach Galizien vorgezogen würden.[3]

Bellegarde kam der erhaltenen Weisung pünktlichst

1. Vielmehr waren Massregeln dazu nur „vorbehalten." Man
scheint in der Kommission eine Einkommensteuer erwogen zu
haben. Vorträge Metternichs 6. April 1813. H.-A.

2. Die Antizipationsscheine wurden bis 1816 heimlich um
das Neunfache, auf 426556175 fl. vermehrt. Springer I, 175.

3. Siehe Anhang.

nach. Er veranlasste den Prinzen Reuss, die kaum im Gebiet des San angelangten Divisionen Novack und Mayer auf Bochnia und Radivojevich mit seinem bukowinischen Korps nach .Grodek, Janow, Jaworow in die Nähe von Lemberg zu dirigieren,[1] und machte sich selbst mit Fleiss und Umsicht daran, nach den etwas dilettantisch ober- flächlichen Angaben Metternichs einen umfänglichen Vortrag auszuarbeiten (16. April).[2] Ein Blick in die letzten Standes- rapporte zeigte ihm, dass gegenwärtig 101150 Mann und 17908 Pferde auf den Kriegsfuss formiert waren.[3] So brauchte es der Mobilisierung von neuen 21 Bataillonen und 10 Schwadronen, um das Material für die zwei ge- wünschten Armeen von je 60000 Mann zu gewinnen. Wie sich diese im einzelnen zusammenzusetzen hatten, war nicht schwer zu sagen. Für die erste, deutsche, bot sich als natürlicher Stamm das Observationskorps, weitere 11082 Mann erhielt man durch Heranziehung der noch auf dem Friedens- fuss befindlichen böhmischen Regimenter (10 Bataillone), und die dann verbleibende Lücke füllte zweckmässig das Auxiliarkorps aus. Dabei konnte es noch gern eine Divi- sion (8 Bataillone, 9380 Mann) an die zweite Armee ab- geben, die sich ihrerseits um das Reservekorps als gegebenen Mittelpunkt gruppierte. Sie würde die Stärke der ersten: 56 Bataillone, 84 Schwadronen, 64192 Mann, 11173 Pferde nicht erreichen, immerhin liess sie sich durch 11 Bataillone, 10 Schwadronen neuauszurüstender Truppen aus Ungarn,

---

1. Marschplan vom 24. April. K.-A. Reservekorps IV, 14.

2. Allerunterthänigster Präsidialvortrag. Wien 16. April, überreicht 18. April zusammen mit „Vorläufigem unterthänigsten Antrag". K.-A. G. 1—69|51.

3. Nämlich Auxiliarkorps: 32 Bat., 11 Komp., 50 Schw., 33340 Mann 5814 Pferde. Reservekorps: 28 Bat., 11 Komp., 42 Schw., 33383 Mann 5857 Pferde. Truppen in der Bukowina: 4 Bat., 1 Komp., 6 Schw., 5277 Mann 918 Pferde. Observationskorps: 22 Bat., 8 Komp., 34 Schw., 29150 Mann 5319 Pferde.

So fehlte auch diesen Anträgen noch viel an wirklicher Grösse und Kraft, aber gegen die Monate vorher bezeichneten sie doch einen entschiedenen Fortschritt, schon dadurch, dass nicht wieder Wochen dahinschwanden, ehe sie zur Ausführung gelangten. Gleich am 20. erliess der Kaiser, sogar noch etwas über sie hinausgehend, den Befehl, in Böhmen und Mähren 14 Bataillone und 4 Schwadronen zur Vereinigung mit dem Observationskorps vorzubereiten;[1] am 22. willigte er in die Einsetzung einer besonderen engen Konferenz für alle mit der Rüstung im Zusammenhang stehenden Fragen,[2] und am 28. genehmigte er ausdrücklich die Vorschläge seines Ministers „in Ansehung der Mobilmachung und Verstärkung der Truppen in ihrem ganzen Umfang," während er sich über Bestimmung und Aufstellung allerdings weitere Befehle vorbehielt und vor der Hand nur Heranziehung der entfernteren Regimenter anordnete. Kurz,

Armeen kamen ergänzend hinzu: ein Korps an der Illyrischen Grenze 8420 Mann 917 Pferde, 5 Bat., 6 Schw. und das Korps Radivojewich 3 Bat., 6 Schw., an das sich noch 13 dritte Bataillone und die 4. Division Palatinalhusaren anzuschliessen hatten. Alles in allem wirklich 180—190000 Mann, wie Metternich verkündigte (Oncken II, 216, 631).

1. Es waren die Grenadierbataillone Berger und Oklopsia, die Infanterieregimenter Vogelsang, Kolowrat, Reuss-Plauen, Reuss-Greiz, Fröhlich und Albert Gyulay und das Kürassierregiment Kaiser. Vgl. Bellegarde an das Generalkommando in Böhmen 20. April. K.-A. Wenn Bellegarde sechs Tage später in einen Präsidialvortrag von 20 in Böhmen neu mobilgemachten Bataillonen spricht, so zählt er die 6 dritten Bataillone mit, die indess nur auf den Friedensfuss von 400 Mann formiert wurden.

2. Vorträge Metternichs 22. April mit allerhöchster Resolution. Die Konferenz sollte aus Metternich, Ugarto, Bellegarde, „und wo es auf militärische Dispositionen ankommt," auch Duka bestehen und von dem genannten Grafen Zichy präsidiert werden.

alles deutete darauf hin, dass es endlich Ernst sei, und Gentz hatte Recht, seinen englischen Freunden zu schreiben: die Sachen gehen gut, zweifelt nicht daran: gebt uns ein wenig Zeit, und Ihr werdet mit uns zufrieden sein.[1]

Zeit freilich brauchte man nur zu nötig. Vor dem 24. Mai — darüber täuschte sich selbst Metternich nicht fort — konnte man keins der neuen Heere auch nur nach seinen wesentlichsten Bestandteilen gesammelt haben. Die Versäumnisse des Winters schienen nicht wieder gut zu machen. Wo blieb jetzt der stolze Traum, an der Spitze von 100—150000 Mann den Streitenden im entscheidenden Augenblick Halt und Frieden zu gebieten? Statt dessen musste man als ohnmächtiger Zuschauer die erste Schlacht herannahen sehen, die eben nicht auf die Vollendung der Rüstungen Oesterreichs wartete. Endete sie mit einem Sieg Napoleons, so war noch nichts verloren, und in dem Sinn durfte die Politik der Hofburg in der That als auf eine Niederlage der Verbündeten berechnet gelten.[2] Aber wie, wenn sich nun diesen das Glück günstig erwies? Dann lief man Gefahr, bei der Teilung der Welt leer auszugehen, falls man nicht gerade für Frankreich Partei nahm, was wieder die öffentliche Meinung verbot. In der That, Stadion sagte nicht zu viel, wenn er rückblickend meinte, man sei den ganzen Mai hindurch auf Gnade und Ungnade den Ereignissen preisgegeben gewesen.[3]

---

1. Diaries and letters of Sir George Jackson. Bath Archives II, 75.

2. Es ist bekannt, dass Metternich sie mit Vorliebe so darzustellen suchte. Vgl. den Bericht des Grafen Hardenberg vom 2. Mai bei Oncken II, 219.

3. An Metternich, Striegau 27. Mai: J'ai fréquemment déploré le malheur qui ne nous a pas permis d'avoir nos moyens prêts et en place déjà à la fin d'Avril, ce qui nous a mis aussi pendant tout le courant de Mai à la merci des événements. H.-A.

Doch vielleicht liess sich dem Prekären der ganzen
Stellung durch geschickte diplomatische Manöver einigermassen abhelfen. Es war ja nicht das erste Mal in seiner
Amtsführung, dass der leitende Staatsmann sich vor der
Aufgabe sah, den schreienden Widerspruch zwischen dem
altüberkommenen Ansehen der Monarchie und ihren realen
Machtmitteln auszugleichen. So baute er auch jetzt wieder
getrost auf die in langer Praxis erworbene Gewandtheit.
Er bemühte sich eifrigst, die Mittlerstellung Oesterreichs
durch Angliederung der kleineren Staaten politisch zu verstärken und suchte einstweilen die Verbündeten bei guter
Laune zu halten.

Am harmlosesten in jener Richtung waren seine Verhandlungen mit Neapel. König Joachim hatte die Vernichtung der grossen Armee zu sehr als eingeweihtester
Zeuge mit erlebt, als dass ihm nicht der Sturz Napoleons
im Bereich der Möglichkeit erschienen wäre, und da er mit
dem herrischen Schwager ohnehin nicht gut stand, so trug
er sich fortan nur noch mit Plänen, wie er bei einem allgemeinen Schiffbruch der kaiserlichen Dynastie den Thron,
den er „durch eine eigene Schickung der Vorsehung" be-
stiegen, „zum Besten seines ihm sehr ergebenen Volkes"
behaupten könne. Dabei fiel sein Auge auf Oesterreich,
nach Metternichs hübschem Wort: den „Beichtvater"[1] aller
Hilfsbedürftigen. Unter dem durchsichtigen Vorwand, es
handele sich um Pferdekäufe, fand sich in seinem Auftrag
kein Geringerer als der Fürst Cariatti gegen Ende März
über München in Wien ein.[2] Anfangs hielt er sich zweifelnd zurück; dann erbat er, der Gewährung vorher versichert, eine Unterredung mit Metternich und schilderte
diesem nun mit südlicher Lebhaftigkeit das Verlangen

1. Watzdorf an Senfft 26. März. Oncken II, 256.
2. Metternich an Lebzeltern 23. März No. 3. Vortrag vom
17. April, dem alles Folgende entnommen ist.

seines Herrn, sich ganz an den politischen Gang des Kaiserhofes anzuschliessen. Der Hinweis, dass dabei nicht nur Worte in Frage kämen, sondern auch Unterstützung dieser Worte, verwirrte ihn nicht im mindesten: eben auf d e n Zweck gingen die Absichten des Königs; und als der Minister sich teilnehmend nach der neapolitanischen Armee erkundigte, versicherte er, Seine Majestät würden 40000 Mann zu den Befehlen Oesterreichs stellen, indem er nicht ohne Stolz hinzufügte, dass diese Zahl unter der persönlichen Führung eines so berühmten Generals nur als eine sehr ausgiebige Beihilfe angesehen werden könne. Das alles klang umso verlockender, als irgendwelche Gebietsvergrösserung nicht verlangt, vielmehr ausdrücklicher Verzicht auf das freilich nie besessene Sizilien angeboten wurde; aber da der Italiener die gesprächsweise hingeworfene Frage nach Kreditiv und Vollmachten verneinte und nur deren baldige Herbeischaffung durch zwei ihm beigegebene Gardeoffiziere versprach, so fehlte für ein näheres Eingehen auf die Anträge im Augenblick noch der Boden. Metternich begnügte sich also, die Autorisation seines Kaisers zu einer Antwort einzuholen, die unter Versicherungen des allgemeinen Wohlwollens für den König wie der besonderen Freude über seinen jetzigen Schritt den Wunsch nach weiteren Eröffnungen ausdrückte.[1] Man weiss, dass der Verlauf der Ereignisse solchen weiteren Eröffnungen zunächst nicht günstig war. Es sollte viel Wasser die Donau hinabfliessen, ehe sich aus der Konferenz vom 17. April 1813 der Vertrag vom 11. Januar 1814 entwickelte.[2]

---

1. Ew. Majestät seyen bereit, die eigentlichen Absichten des Königs näher zu vernehmen, dass Allerhöchst dieselben keinen Anstand nehmen würden, demselben in allen Gelegenheiten Beweise Ihrer Freundschaft zu geben und übrigens den Anschluss an Ew. Majestät politischen, nur auf allgemeine Ruhe und Frieden gerichteten Gang mit Vergnügen sehen dürften.

2. Über eine Zwischenstufe in dieser Entwicklung unter-

Immerhin gegen das Verhalten des Ministers liess sich dabei kaum etwas einwenden: desto ernsteren Vorwürfen begegnete seine Politik gegen die Rheinbundsstaaten; denn wenn sie sich gleich in sehr ähnlichen Bahnen bewegte, so stand hier doch ganz Anderes und Grösseres auf dem Spiel.

Alle zeitgenössischen Beobachter stimmen überein, dass das russische Gottesgericht auch im napoleonischen Deutschland patriotische Hoffnungen erweckte. Aus Westphalen kam Kunde von Aufständen und Desertionen in bedenklichstem Umfang; sogar in der Residenz sollte sich die Konskriptionsziehung unter dem Ruf: es lebe Kaiser Alexander! vollzogen haben.[1] In Baiern durfte der preussische Gesandte dem Grafen Montgelas drohen, das Beispiel Norddeutschlands werde sich wie ein Steppenfeuer den Völkern des Südens mitteilen,[2] und über Würtemberg schrieb der eigene König, dass das Missvergnügen mit allem, was französisch sei, täglich steige. Schon sehe man in Biberach und anderer Orten auf dem Land Aufrufe an den

richtet uns ein Bericht des Freiherrn von Hruby vom 26. Aug. 1813: „Der neapolitanische Gesandte, Herr Graf von Caracciolo erhielt von seinem König während dessen Aufenthaltes in München den Auftrag, mir zu eröffnen, dass Er zu dem Schritt, sich in das französische Hauptquartier zu begeben, durch Oesterreichs fortwährendes Stillschweigen über seine wahren Absichten gezwungen worden sey. Selbsterhaltung, um nicht zwischen Thür und Angel zu kommen, sey seiner Handlungsweise eigentlicher Beweggrund. Er sey jedoch fest entschlossen, sobald sich das Kriegstheater auf italienischem Boden befinden werde, die Armee zu verlassen und zur Verteidigung seiner eignen Staaten zurückzukehren. H.-A.

1. Bericht Schalls, Kassel 6. Februar. H.-A.

2. Oncken I, 337. Dass er es durfte, zeigt die Angabe des Prinzen Ferdinand von Koburg (an Metternich. Breslau 29. März H.-A.): Die Stimmung des Volkes, und was noch wichtiger ist, der Truppen und deren Chefs ist ganz gegen Frankreich.

Mauern, die Befreiung von dem drückenden Joch verlangten.[1]
Selbst ein Mann, der für die Gefühle der Volksseele so sehr
jedes Verständnisses entbehrte wie Fürst Hatzfeld, bekannte,
nicht mit zu starken Farben die Begeisterung schildern zu
können, die er auf der Fahrt durch Schwaben und Franken
allüberall für die gute Sache gefunden habe.[2]

Bis in die höchsten Kreise hinauf war der Umschlag
der Stimmung mehr oder minder deutlich zu spüren. Einzig
in Kassel konnte von einer ernsthaften Erschütterung des
französischen Systems nicht die Rede sein, so gern die
Minister Napoleon die überrheinischen Departements abgenommen und damit dem eigenen Staate eine grössere Selb-
ständigkeit ermöglicht gesehen hätten.[3] Aber schon am
Dresdener Hof, wo die rheinbündische Gesinnung in der
Furcht für das Herzogtum Warschau und der alten Riva-
lität gegen Preussen doch einen starken Rückhalt hatte,
hörte man Äusserungen wie: wer weiss? wir werden vielleicht bald von unseren Ketten frei sein.[4] In München

---

1. A. Pfister. Aus dem Lager des Rheinbunds 1812. 1813.
S. 182. 204.

2. Bericht vom 13. April. Oncken I, 322.

3. Metternich hat denn auch garnicht erst, wie die Note
Bassanos vom 18. August (Fain II, 217) und ihr folgend manche
Schriftsteller andeuten, den Versuch gemacht, Jerome auf seine
Seite zu ziehen. Er liess dem Kasseler Hof Ende Februar die
Annahme der Intervention Oesterreichs durch Napoleon notifizieren
(Berichte Schalls 25. Februar), das war alles. Von weiteren Ver-
handlungen wissen die Berichte Schalls absolut nichts, umso-
mehr von allerlei offenen und verstockten Feindseligkeiten gegen
Oesterreich zu erzählen, die die Stellung des Gesandten wenig
beneidenswert machten (z. B. 25. April und 16. Mai). — Den im
Text angedeuteten Wunsch äusserte Graf Fürstenstein am
25. Februar.

4. Vorträge Metternichs 20. März 1813. H.-A.

schwankten Max Joseph[1] und Montgelas[2], dafür war der
einflussreiche Graf Wrede, der sich durch die jüngst er-
fahrene Behandlung seitens der kaiserlichen Marschälle in
seinem Ehrgeiz tötlich verletzt fand, zur antifranzösischen
Partei übergegangen,[3] und deren anerkanntes Haupt, Kronprinz Ludwig, trug sich, wie sein Vertrauter Prinz Ferdinand
von Sachsen-Koburg nach Wien berichtete,[4] mit fast aben-
teuerlichen Plänen. Er wollte im äussersten Fall bei einer
Annäherung der Verbündeten an die bairische Grenze als
einstweiliger Regent die Zügel der Regierung ergreifen,
seine Truppen zu jenen stossen lassen und alle der französischen Sache treuen Landsleute zurückrufen, im Weigerungs-
falle aber für Feinde des Vaterlandes erklären. Vollends
endlich in Stuttgart, wo man nun einmal im Guten und
Bösen immer am stärksten empfand, schien alles auf den
Bruch mit Frankreich hinzutreiben.[5] König Friedrich sagte
gleich zu Neujahr ostentativ alle Festlichkeiten ab, liess
ohne Rücksicht auf Pariser Wünsche die langen Totenlisten
seines furchtbar, von 14000 auf 143 brauchbare Soldaten,
zusammengeschmolzenen Bundeskontingentes in den Blättern
veröffentlichen, verhängte über den missliebigen Gesandten

---

1. Prinz Ferdinand von Sachsen Koburg s. o. urteilt: Der
König schwankt, fürchtet Preussen, sodann Oesterreich, vorzüglich
aber Insurrektionen.

2. Über ihn schreibt Baron Binder, Stuttgart 4. April:
Montgelas ne me parait jouer que le rôle de monsieur de Haugwitz en 1806 et de monsieur de Romanzoff en 1812, celui de se
mettre à la tête du parti de l'opposition qu'il n'est pas assez fort
de réprimer. H.-A.

3. Berichte Hrubys 19. März en chiffres. H.-A.

4. 29. März. Siehe oben.

5. Über diese Dinge besitzen wir neuerdings das soeben
zitierte Buch von Pfister. Interessante Ergänzungen dazu geben
die geistvollen Berichte des oesterreichischen Geschäftsträgers
Baron Binder auf dem Haus- Hof- und Staatsarchiv in Wien.

Dümoustier eine Art gesellschaftlichen Boykotts[1] und gab dem Imperator, der sich über dies Verhalten beschwerte (18. Januar), in einem stolzen Brief zu verstehen, dass die Herren von Würtemberg acht Jahrhunderte lang ohne fremde Ratschläge regiert hätten (26. Januar).[2] Schon hatte er auch die Formel gefunden, die einen Abfall vor seinem weiten Gewissen rechtfertigte: die Rheinbundsakte bände ihre Unterzeichner nur so lange, als Napoleon seinen Verpflichtungen als „Protektor" nachkommen könnte.[3] Noch weiter ging natürlich der Kronprinz, in diesen Dingen einmal ausnahmsweise ganz mit dem ungeliebten Vater einverstanden. Er hatte am dritten Ort geheime Zusammenkünfte mit dem k. k. Geschäftsträger, erklärte, tausendmal einen fremden Dienst der traurigen Aussicht vorzuziehen, als Sklave über Sklaven zu herrschen, und verstieg sich gar zu dem Bekenntnis: er sei von Herzen noch ebenso guter Oesterreicher wie damals, als er die weisse Uniform getragen.[4] Dasselbe beeiferte sich der leitende Minister Graf Zeppelin zu versichern: ich habe meine schönsten Jahre in Ihrem Dienst verbracht, und

1. Pfister S. 179, 190 f.
2. Schlossberger, Polit. u. militär. Korrespondenz König Friedrichs v. Würtemberg S. 267—272. Die im Text gegebene, nur dem Sinn, nicht den Worten entsprechende Version kursierte in der diplomatischen Welt.
3. Binder berichtet über die Audienz des Fürsten Schwarzenberg 4. April. La principale idée que le Roi a mise en avant dans cette conversation et qu'il a retournée de mille manières était que les engagements des souverains de la Confédération n'étaient obligatoires, qu'autant que la France pouvait leur accorder la protection qu'elle leur avait promise. C'est là le grand argument que la sagacité du roi de Würtemberg a saisi avec force et qui peut appuyer aujourd'hui la défection de tous les souverains du second ordre qui se trouvent enveloppés au rayon russe.
4. Berichte Binders 3., 4. April, 19. Mai. H.-A.

fügte mit fast komischem Pathos hinzu: doch wenn Oester-
reich die Sache Europas verriete, könnte ich zu seinem
Untergang Beifall klatschen und mit eigner Hand den
Feuerbrand in die Stadt Wien werfen.[1]

Das gerade aber war nun im höchsten Mass bezeichnend.
Die Sache stand in der That so, dass die Rheinbundsfürsten
noch mehr als Mürat ihr Schicksal im Fall grosser russischer
oder französischer Erfolge nur durch Kaiser Franz glaubten
sichern zu können.[2] Sie wussten sehr gut, wie Recht
Napoleon hatte, wenn er drohte, der Löwe sei so tot noch
nicht, dass man ihm einen Fusstritt geben dürfe.[3] Leicht
mochte der Sieger so vieler Schlachten auch diesmal wieder
das Glück an seine Fahnen fesseln und dann unter den
Abtrünnigen fürchterlich Musterung halten. Selbst König
Friedrich hatte es deshalb für notwendig erachtet, im
Februar durch die ausserordentliche Mission des Grafen
Zeppelin nach Paris eine Art Kanossagang zu thun.[4] Doch
gesetzt auch, der grosse Kriegsfürst unterlag, so schienen
die Mittelstaaten der Scylla nur entronnen zu sein, um
in die Charybdis zu fallen. In dem Verhalten der Verbündeten war manches, was sie deren Vordringen bis an
den Rhein nicht minder als die Fortdauer des französischen

---

1. Mr. de Zeppelin se surpasse dans ce moment; la droiture
de son cœur lui tient lieu de génie. Je suis Autrichien de cœur
et d'âme, me dit-il l'autre jour, et j'ai passé mes plus belles
années à Votre service; mais si l'Autriche pouvait trahir la cause
de l'Europe, je pourrais applaudir à sa ruine et de ma main
mettre le feu à la ville de Vienne. Berichte Binders 3. April.
H.-A.

2. Der Ausdruck stammt von Mürat. Vorträge Metternichs
17. April. H.-A.

3. Gegen Wintzingerode in der stürmischen Audienz vom
3. Februar. Die Äusserung lautete eigentlich noch derber.
Pfister S. 191.

4. Pfister S. 198—206.

ist"; [1] doppelt schade, dass der Gang seiner Politik ihn
hinderte, sie anders denn als schlechter Komödiant zu
spielen. Am sichersten hätte auch jetzt noch jener Weg
zum Ziel geführt, den Gentz 1808 gewiesen hatte: unter
gleichzeitiger Vorlegung der Grundzüge einer deutschen
Bundesverfassung den Fürsten Souverainität und Gebiets-
umfang zu garantieren und als Gegenleistung sofortige Absage an Frankreich zu fordern. Das wäre den Königen
von Napoleons Gnaden wohl zuerst überraschend gekommen,
schliesslich hätten sie sich willig gefügt. [2] Aber für eine
solche Sprache fehlten so, wie die Dinge in der Hofburg
nun einmal lagen, alle Voraussetzungen. Es war unmöglich,
auf offenen Bruch mit dem Imperator zu dringen, solange
man sich selbst ängstlich die Möglichkeit einer Rückkehr
zu den Verpflichtungen von 1812 offen hielt; und wie wollte
man ein deutsches Programm aufstellen, während man am
liebsten alle Länder des alten Reiches sich selbst überlassen
hätte?

So begnügte sich der Minister mit einer Halbheit; er
versprach auf das bündigste jene Garantie und verlangte
dafür nichts weiter, als dass die Höfe des Südens nicht
neue Zerstörungswaffen lieferten, sondern Oesterreich die
Zeit liessen, seine Massregeln zu entfalten. „Alles, was
Süddeutschland thäte, um sie nicht zu unterstützen oder
gar um ihnen entgegenzuarbeiten, wäre ohne Widerspruch
der schlagendste Beweis, dass jedes Nationalgefühl und
jede Hoffnung auf eine bessere Ordnung der Dinge verloren ist." [3]

---

1. Vorträge 4. April. H.-A.
2. Mindestens für Würtemberg ist das ausdrücklich bezeugt
durch den Bericht des preussischen Geschäftsträgers Scholz 9. März.
Oncken I, 321.
3. Metternich an Binder 7. April. H.-A. Die Stelle verdient
die ausführliche Wiedergabe, weil der hier beliebte Appell an

Die günstige Aufnahme dieser Eröffnungen in München und Stuttgart war vorauszusehen. Fürst Schwarzenberg, der auf der Durchreise nach Paris nicht verfehlte, sich den Majestäten vorzustellen, wurde hier wie dort mit ausgezeichneter Höflichkeit empfangen. Man gab deutlich die Freude darüber zu erkennen, mit keinen direkten Anträgen gedrängt zu werden und doch für jeden möglichen Fall die Versicherung zu erhalten, dass Kaiser Franz von den diesseitigen Provinzen nichts ohne wechselseitige Übereinkunft und Entschädigung ansprechen wolle.[1] Und als dann nach kaum zwei Wochen von Wien aus (d. d. 7. April) die ausdrückliche Aufforderung kam, zu weiteren Verhandlungen eine Vertrauensperson mit ausgedehnten Vollmachten zu delegieren, entschloss sich wenigstens König Friedrich sogleich zur Absendung des Obersten v. Varnbüler[2], während man an der Isar allerdings mehr Freude als Eifer zeigte.[3]

Aber was nützte das alles? Gleichzeitig mit den ersten schüchternen Schritten zur Annäherung an Oesterreich spielten sich zwei Vorgänge ab, die die trübsten Befürchtungen für die Zukunft erwecken mussten. Montgelas

das Nationalgefühl in Metternichs Mund ungemein seltsam ist. — Ähnliche Anträge schon im Februar: Metternich an Binder 18. Februar. Oncken I, 445. Beidemal wurde natürlich auch der bairische Hof nicht vergessen.

1. Berichte Hrubys 2. April, Binders 3. und 4. April. H.-A.
2. Bericht Binders 14. April. H.-A.
3. Bericht Hrubys 11. April. Montgelas versprach nur, den in Wien ohnehin beglaubigten Grafen Rechberg mit den erforderlichen Instruktionen zu versehen, und diese Instruktionen scheinen Metternich nicht befriedigt zu haben, wenigstens schreibt er in den Weisungen für Stadion: La communication bavaroise a porté toute l'empreinte de la fausseté et de la peur . . nous réglerons notre conduite vis-à-vis de la Bavière d'après la marche seule des événements militaires. H.-A. So schlimm kam es bekanntlich ganz und garnicht.

stellte dem preussischen Geschäftsträger brüsk seine Pässe
zu (11. April),[1] und der württembergische Despot, der sich
bis dahin standhaft geweigert hatte, Truppen ausser Landes
zu schicken, erteilte auf neues Drängen Napoleons trotz
aller Abmahnungen von Sohn und Minister sechs Bataillonen
Infanterie und zwei Regimentern Kavallerie Marschbefehl
nach Würzburg.[2] Es liess sich nicht ändern: Solange kein
oesterreichisches Heer an den Grenzen von Süddeutschland
erschien, konnten die Rheinbundsfürsten sich den französischen Befehlen nicht entziehen; und Metternich sollte sich
sehr bald überzeugen, dass man ein Ziel nicht immer auch
umso leichter erreicht, je niedriger man es sich steckt:
aktives Auftreten der Mittelstaaten gegen Napoleon wäre
vielleicht zu erwirken gewesen, Neutralität war es nicht.

Diese Erfahrung blieb schliesslich auch da nicht erspart, wo zunächst ein Scheinerfolg die eifrigsten Bemühungen gekrönt hatte, bei den Verhandlungen mit
Sachsen.[3] Es war natürlich, dass es dem Minister auf
dessen Gewinnung mehr noch als auf die der andern
deutschen Staaten ankam. Sie bot anfangs die glänzende
Chance, die nordböhmische Grenze zu decken und, nur das
nördlichste Deutschland freilassend, sich mit breiter Masse
neutralen Landes zwischen die Kämpfer zu schieben; und
wenn diese günstigste Möglichkeit mit dem Vorrücken der
Verbündeten an die Elbe fortfiel, so blieben doch sonst
Gründe genug in ihrer Vollkraft bestehen. Es galt, einen
friedlichen Nachbarn vor den von Russland geförderten
Eroberungsgelüsten einer Macht zu schützen, die man um

---

1. Oncken I, 348.

2. Bericht Binders 14. April H.-A. Der entscheidende Brief
Napoleons Saint-Cloud 8. April. Corr. XXV, 203.

8. Sehr ausführlich dargestellt von Oncken im vierten Ka-
pitel des zweiten Bandes „Graf Metternich und Graf Senfft"
S. 229—297.

keinen Preis nach dieser Seite vergrössert wünschte, ja
auch ein weit weniger schönes Motiv spielte hinein, das
Napoleon bei seinem Blick für das Niedrige im Menschen
sofort erkannte: der Anschluss Friedrich Augusts an Oesterreich musste den Herzog von Warschau mit Frankreich
entzweien und damit eine Einigung in der polnischen Frage
erleichtern. [1]

So gingen denn die ersten Versuche einer Anknüpfung
bis Anfang Februar zurück. Schon damals erklärte Kaiser
Franz dem sächsischen Gesandten Grafen Watzdorf, wenn
der König sein Land verlassen sollte, werde er ihn mit
Freuden als Gast bei sich aufnehmen. Aber erst nachdem
der Hof vor den in die Lausitz eingerückten Kosaken
nach Plauen geflohen war (25. Februar) und das brutale
Verfahren der napoleonischen Generale auch die über-
zeugtesten Franzosenfreunde bekehrt hatte, trat Metternich
endgiltig aus seiner bisher mehr beobachtenden Haltung
heraus. Mitte März überbrachte sein Gesandter Fürst
Esterhazy Friedrich August die schriftliche Einladung in
die kaiserlichen Staaten und fügte mündlich hinzu, Seine
Majestät, die sicherlich ebenso wie Kaiser Franz den
Frieden wünschten, möchten diesem Wunsch auch Ihrerseits
offen Ausdruck geben. Eine solche Erklärung wäre bei
aller anscheinenden Harmlosigkeit nichts anderes gewesen
als eine Schwenkung von Frankreich zu Oesterreich, und
da Esterhazy als Entgelt nur Garantie des Königreichs
Sachsen, nicht auch des Herzogtums Warschau bieten
konnte, so zögerte Graf Senfft, der Dresdener Premier-
minister, anfangs beharrlich darauf einzugehen. Einer jener
mittelstaatlichen Plänemacher, die auf sächsischem Boden
auch sonst wohl gediehen sind, gefiel er sich in Phantasien,
wie man den Grossherzog von Würzburg nach Warschau
verpflanzen und mit einer wettinischen Prinzessin ver-

---

1. Bignon XII, 39.

mählen, Sachsen durch Teile von Oesterreich und dieses
wieder durch Schlesien schadlos halten könne, und kam demgemäss immer auf die Forderung zurück, dass, wenn schon
sein Herr den „namenlosen Seelenschmerz" einer Trennung
von seinen treuen Polen auf sich nähme, er mindestens
volle Bürgschaft für seine gerechten Entschädigungsan-
sprüche verlangen müsse. Indessen die Lage der Dinge
erlaubte doch offenbar nicht, Bedingungen zu stellen. Je
mehr sich die Verbündeten als Herrn des Landes auf-
spielten, desto dringender wurde es, durch eine Abkunft
mit Oesterreich um jeden Preis etwas Schriftliches, wenigstens
für die Integrität der schon angetasteten deutschen Gebiete
zu erhalten; und da Metternich Klugheit genug besass, um
den Herren durch scheinbares Entgegenkommen den unvermeidlichen Rückzug zu erleichtern, so brachte er nach
einigem Hin und Her mit dem arglosen Watzdorf am 20.
April eine Konvention¹ zustande, die sich schon durch
ihren Titel — Senfft hätte einen öffentlichen „Vertrag" ge-
wünscht² — als Sieg seiner Anschauungen bekundete. Darin
gewährleistete die Hofburg dem König mit bewusstem
Doppelsinn² den Besitz seiner „Erblande" und verpflichtete
sich, wenn die Abtretung Warschaus ganz unvermeidlich
wäre, eine angemessene Entschädigung auszuwirken, jedenfalls über die Territorien der mitteldeutschen Kleinfürsten
nicht anders als zu seinem Vorteil zu verfügen. Umgekehrt
schloss sich Sachsen in aller Form der bewaffneten Vermittlung Oesterreichs an und stellte für den Fall eines

---

1. Abgedruckt bei Oncken II, 636 f.

2. Mémoires du Cte de Senfft p. 217 f. Siehe auch die begleitende Depesche Watzdorfs 20. April. Oncken II, 634 f.

3. Ebenda. Le Comte Metternich dans nos discussions a
cependant à ce qu'il me parait trouvé un terme moyen assez
heureux, pour éviter cette question, celui de parler d'états héré-
ditaires de S. M. Or comme le Duché serait aussi héréditaire
sans doute, il n'est pas nominativement exclus de la garantie.

Krieges seine Truppen unter kaiserlichen Oberbefehl. — Kaum je sind Vertragsbestimmungen rascher ausgeführt worden. Friedrich August hatte die wirkliche Unterzeichnung gar nicht abgewartet, um Regensburg zu verlassen, wo er seit drei Wochen Schutz vor den Russen suchte. Die Ratifikation erteilte er am 21. schon in Linz und begab sich von da sogleich nach Prag. Bald darauf überschritten die Garde zu Fuss und die von Napoleon so heiss begehrte Kavallerie bei Waldmünchen die böhmische Grenze.[1]

Es konnte nicht fehlen, dass diese Dinge bei den kriegführenden Mächten das grösste Aufsehen erregten. Vergebens sagte Metternich Narbonne mit freundlichem Scherz, der König sei wie eine Bombe nach Oesterreich hineingeplatzt,[2] und versicherte in einem Reskript an Lebzeltern mit echt jesuitischer *reservatio mentalis,* der sächsische Hof habe keiner schriftlichen Zusagen und Verpflichtungen bedurft, um seinen Sitz in Prag zu nehmen[3]: von den Verhandlungen, so geheim sie geführt wurden, war doch zuviel in die Öffentlichkeit gedrungen, um nicht hüben und drüben zu verstimmen.

Nun stand man mit Frankreich gegenwärtig ohnehin so schlecht, dass es auf einen Beschwerdepunkt mehr oder weniger so sehr nicht ankam. Aber durfte man es zugleich mit den Verbündeten verderben? und auch hier lag die Gefahr vor, dass das Mass überlief.

Die Leiter der russischen und preussischen Politik hatten in den letzten Wochen gerade genug Enttäuschungen ertragen müssen. Wie war es denn Hardenberg ergangen, als er unter dem Eindruck gewisser Kalischer Beobachtungen

<hr />

1. Oncken II, 273, 284. Mémoires de Senfft p. 212.
2. Bignon XII, 39. Nach Ernouf, Maret p. 591 lautete die Äusserung anders: Il nous est arrivé comme la foudre. Narbonne erwiderte mit schlagfertigem Witz: Comme la foudre soit! mais je vous crois aussi habile que Franklin à la diriger.
3. Oncken II, 284 f.

zweimal kurz hintereinander an den oesterreichischen Kollegen
mit der Bitte herantrat, Nesselrode und ihm zur Besprechung
der deutschen und polnischen Frage eine geheime Zusammenkunft, etwa eine Tagereise von Wien, zu gewähren?[1] E>
erhielt trotz aller lebhaften Beredsamkeit eine höfliche Ab-
weisung, die durch den ewigen Hinweis auf die in drei
oder vier Tagen bevorstehende Ankunft Stadions kaum
wesentlich versüsst wurde.[2] Und ganz ähnlich betrauerte
der Zar gescheiterte Entrevüeprojekte. Schon im März
hatte er wiederholt den Wunsch geäussert, durch direkte
Aussprache mit Kaiser Franz die persönlichen Vorurteile
von 1805 und 1809 zu zerstören. Bald waren es Seine
Majestät selbst, die er wiederzusehen, bald die Kaiserin,
bald die Stadt Wien, die er kennen zu lernen verlangte.
Einige Wochen später versicherte gar sein Hofmarschall
Graf Tolstoy mit etwas barbarischer Aufdringlichkeit: ein
Wort von Euch, und wir fliegen, wohin Ihr wollt.[3] Aber
statt dass dies eine Wort gesprochen wurde, hatten weder
Franz noch Metternich bis Ende April auch nur auf die
Breslauer Briefe Alexanders zu antworten geruht. Der
empfindliche Selbstherrscher fühlte sich tief gekränkt und
verfehlte nicht, seinen Ärger gelegentlich offen zu zeigen.[4]

Doch verschwanden all diese kleineren Beschwerden
neben dem Entrüstungssturm, den die sächsische Politik
Metternichs im verbündeten Hauptquartier entfesselte.[5] Die
Minister begriffen schon nicht, warum er ihnen überhaupt
ihre norddeutschen Zirkel störte, da sie seiner Thätigkeit
im Süden ein so weites Feld anstandslos eingeräumt hätten.

1. An Metternich, Breslau 11., 18. April. Oncken I, 446 f.
2. Oncken I, 328.
3. Berichte Lebzelterns 25. März, 11. April. H.-A.
4. Berichte Lebzelterns 30. April. H.-A.
5. Für das Folgende die Berichte Lebzelterns 24 April.
H.-A., 27., 30. April. Oncken II, 277, 637 ff.

Vollends, was sie durch Humboldt von den einzelnen Bestimmungen des geheimen Vertrages erfuhren, gab immer
von neuem Stoff zu den erregtesten Auseinandersetzungen
mit dem armen Lebzeltern. Selbst das verhältnismässig
Unschuldigste, die Garantie des königlichen Sachsens, passte
offenbar nicht in ihre Rechnung, da sie das Land längst
als gute Beute ins Auge gefasst hatten; und wagten sie
das nicht gerade heraus zu sagen, so fragten sie umso
piquierter, wo und wie eine Entschädigung für Warschau
beschafft werden sollte, ja warum sie überhaupt notwendig
sei, indem das Herzogtum für seinen Besitzer doch nur
eine lästige Bürde und überdies geraubtes Gut dargestellt
habe. Noch weniger wollten sie von Neutralität hören.
Die Zukunft hätten sie vielleicht schliesslich der Zukunft
überlassen, aber dass sich auch in der Gegenwart durch
ein paar Federzüge hinter ihrem Rücken alle Dispositionen
auf das peinlichste durchkreuzt fanden, dass die königliche
Immediatkommission mit verstecktem Hinweis auf Oesterreich
den billigsten Anforderungen des Zentral-Verwaltungsrates
zähen Widerstand entgegensetzte und der Kommandant von
Torgau, anfangs einer Auslieferung der wichtigen Festung
nicht abgeneigt, mit einem Mal Schwierigkeiten machte,
war schlechthin unerträglich; und Nesselrode wie Hardenberg erklärten denn auch ausdrücklich, eine Neutralität
Friedrich Augusts ihrerseits unter keinen Umständen aner-
kennen zu können. Was, stellten sie vor, hätte man in
Wien gesagt, wenn Russland 1809, als die k. k. Armeen
in Baiern einrückten, diesen Staat als neutral unter seinen
Schutz genommen hätte? Jedenfalls war das Ende vom
Lied: das Verhalten der Hofburg sei weder klar noch ver-
trauenerweckend.

Lebzeltern beobachtete diese Entwicklung, auch abgesehen von den persönlichen Unannehmlichkeiten, die sie ihm
reichlich brachte, mit steigender Sorge. Schon am 24., vor
den letzten kritischen Auftritten, schrieb er beschwörend an

den Herrn und Meister, noch sei Oesterreich imstande, nach dem Rezept: *suaviter in modo, fortiter in re* Alles nach seinem Willen zu lenken, „aber ich möchte mich nicht verbürgen, dass diese Möglichkeit dauern wird, wenn wir weiter mit Erklärungen zögern, zumal falls von den Alliierten eine Schlacht gewonnen würde."

Die Mahnung fiel auf fruchtbaren Boden. Wahrscheinlich unter ihrem Eindruck[1] fertigte Metternich am 29. zwei Depeschen nach Dresden ab, die wohl geeignet waren, hier wieder jenes Vertrauen einzuflössen, ohne das die Verbündeten als Sieger die Interessen der Hofburg, als Besiegte mit dem Kampf die Sache Europas preisgeben konnten.[2] So offen und positiv hatte er in all den Wochen vorher noch niemals gesprochen. Wer die ersten Weisungen für Lebzeltern noch frisch im Gedächtnis hatte, traute seinen Augen nicht, jetzt plötzlich von dem schönsten Impuls, der gesundesten politischen Berechnung und der hohen Weisheit des Zaren zu lesen. Dagegen redete der Minister von der eignen Politik beinahe im Ton der Entschuldigung. Dass sie wirklich dem Frieden hatte dienen sollen, erwähnte er nur nebenbei, als wichtigere Zwecke erschienen die Verstärkung und Vorschiebung der Armeen und die Lösung der „diplomatischen Beziehungen" zu Frankreich, wie er die Allianz von 1812 beschönigend nannte. Für die schwächliche Haltung bisher fand er fast ein Zuviel von Rechtfertigungsgründen: den Mangel an Truppen, die Loyalität des Kaisers, die Finanznot, die Furcht vor den Rheinbündlern, endlich die Scheu, Oberitalien, Tirol und Illyrien in unnützen Kämpfen ohne rechte Unterstützung sich verbluten zu lassen. Wichtiger waren die Zusicherungen für die Zukunft. Jetzt wurde amtlich wiederholt, was Humboldt mit einer kleinen

1. Darauf deutet der Eingang. Das Präsentatum des Berichtes vom 24. ist 28. morgens.
2. Abgedruckt bei Oncken II, 630—634.

Verstärkung schon am 21. berichtet hatte,[1] dass am 24. Mai
125—130000 Mann mit einer Reserve von mindestens 50000
bereit stehen würden. Davon sollten 60000 im vorderen
Böhmen nötigenfalls französische Fortschritte aufhalten;
denn das wurde wieder und wieder betont, dass auch die
völligste augenblickliche Niederlage der Verbündeten nicht
nur nicht eine Änderung in Oesterreichs Vorgehen bewirken, sondern nur zu umso kräftigeren Massregeln bestimmen werde; und am Schluss hiess es gar unter stolzer
Erinnerung an die Geschichte des Kaiserstaates in den
letzten 20 Jahren: der Krieg wird mit einem Sieg Napoleons
sowenig zu Ende sein, wie mit seinem Rückzug hinter den
Rhein. In dem einen wie dem andern Fall wird Oesterreich
sich in die vorderste Reihe gestellt sehen. Die erste und
schwerste Last wird auf uns fallen. Wir fürchten grosse
Aufgaben nicht.

Solche hohen Worte schienen keine ausweichende
Deutung mehr zuzulassen. Es war offenbar wirklich so,
wie auch der preussische Gesandte in Wien verhiess: in
vier bis fünf Wochen stand der gänzliche Anschluss an den
Bund von Kalisch bevor[2]; und Lebzeltern hatte ein Recht
zu jubeln: Wie sich nun die Dinge wenden mögen, Oesterreich wird immer die schönste Palme gepflückt haben, und
Europa wird es als seinen wahren Befreier betrachten.[3]

Aber währenddem hatten sich die Dinge thatsächlich
gewandt. An demselben Nachmittag des 2. Mai, als er
seine neuen Instruktionen empfing, fiel auf dem blutge-
düngten Felde von Lützen jene Entscheidung, die wie soviele andere Hoffnungen auch die auf den Beitritt Oesterreichs für lange Monate vertagen sollte.

---

1. M. Lehmann, Scharnhorst II, 609.
2. Gebhardt S. 143.
3. Bericht vom 4. Mai H.-A.

Achtes Kapitel.

Rückwärts.

Die deutsche Geschichte verzeichnet wenig grausamere Enttäuschungen als den Frühjahrsfeldzug von 1813. Auf die vielverheissenden Anfänge der ersten Apriltage folgten Wochen des schädlichsten Stillstands an Saale und Elster; und als endlich die allzu lang verzögerte Ankunft der russischen Hauptarmee ein kräftigeres Vorrücken nach Westen erlaubt hätte, zog auch Napoleon schon auf der Strasse von 1806 heran, um bei Leipzig seine Vereinigung mit dem Vizekönig zu bewirken. Sein Heer bestand zum grossen Teil aus Knaben,[1] die vielleicht erst auf dem Marsch den Gebrauch des Gewehres lernten,[2] zumal seine Kavallerie war nach Mann und Ross zu jeder ernsten Aufgabe untauglich, aber er hatte die Überlegenheit der Zahl und zeigte, was das schlechtere Werkzeug in Händen des geübteren Meisters vermag. Die Schlacht bei Gross-Görschen, an sich unentschieden, war in ihren Ergebnissen für die Verbündeten einer Niederlage gleich zu achten. Sie gingen hinter die Elbe, ja die Spree zurück; und wer wollte sagen, wo ein Aufhalten sein würde, wenn auch hier das Kriegs-

---

1. Der Würtemberger Zeppelin schrieb Paris 14. Februar an seinen König über französische Truppen, die er gesehen: Kein einziger Soldat konnte 18 Jahre alt sein, und diese jungen Knaben erlagen unter der Last ihrer Gewehre und Tornister. Pfister, Aus dem Lager des Rheinbunds S. 191.

2. Bignon XII, 4.

glück sich gegen sie wandte? Nicht nur Friedrich Wilhelm mochten bange Erinnerungen an Auerstädt beschleichen.[1]

An diesem Ausgang trug Oesterreich sein gut Teil der Schuld. Ohne seine zweideutige, zuwartende Politik wäre Kutusoff früher von Kalisch aufgebrochen,[2] hätte Sacken, statt in der langwierigen Polenkomödie eine Statistenrolle zu spielen, die numerische Schwäche des alliierten Heeres wirksam ausgleichen können,[3] wäre mindestens durch Einnahme Torgaus die Behauptung der Elblinie erleichtert worden.[4] Ganz abgesehen von den entscheidenden Folgen, die ein rasches, aktives Auftreten des Kaiserstaates im März oder April gehabt hätte.

Umso gebieterischer erwuchs die Pflicht, durch treue Erfüllung der letzten Versprechungen das Versäumte und Verdorbene wieder gut zu machen, und noch war es nicht zu spät dazu. Je weiter Napoleon längs der böhmischen Grenze vorstiess, desto günstiger stellten sich die Chancen für einen oesterreichischen Angriff in Flanke und Rücken. Schon von 25000 Mann k. k. Infanterie versprach sich Stein, dass sie den Korsen über den Rhein jagen könnten;[5] und jedenfalls hatte die verheissene Armee von 60000 bei gleichzeitiger Wiederaufnahme der Offensive durch die Alliierten gewonnenes Spiel für die Befreiung Oesterreichs

1. Droysen, York II, 61.
2. S. oben S. 139.
3. Bignon XI, 463.
4. Knesebeck „Über die militärische Lage der Russischen und Preussischen Armeen" Bautzen 11. Mai: Die Elbe bei Dresden zu halten, wollte man nicht wagen in der Ungewissheit, in welcher man mit Torgau war. H.-A. Möglich wäre das vielleicht doch gewesen. Wenigstens urteilt Gneisenau: Man verliess solche (die Elbe) ohne Not, obgleich man vorgegeben hatte, hinter dieser Schutzwehr verweilen zu wollen. An Münster, Puschkau b. Striegau 29. Mai. Lebensbilder II, 285.
5. Lebensbilder II, 203.

und Europas.[1] Nie, ausgenommen den letzten Feldzug von 1812, meinte Gneisenau, sei Napoleon in gefährlicherer Lage gewesen.[2] Aus dem verbündeten Hauptquartier kamen denn auch Mahnungen auf Mahnungen: man zähle die Minuten zum Beitritt Kaiser Franz'.[3] Weniger Truppen früher in die Wagschale geworfen, würden sicherer zum Ziel führen als zögern, bis alle Mittel vereint wären.[4] Noch am Tage nach der Lützener Schlacht hatte Knesebeck tief erschüttert geschrieben: Möchte sich doch der oesterreichische Hof erklären und unmittelbar handeln, so wäre die Freiheit Europas gerettet. Es ist aber Zeit — O, mein Gott, wie kann man das nicht fühlen? Sollen wir denn der Übermacht erliegen?[5] Und bald darauf wurde kein Geringerer als der wunde Scharnhorst nach Wien abgefertigt, um an Ort und Stelle auf raschen Beginn der Operationen zu dringen.

Er sollte die Kaiserstadt nicht mehr betreten. Anfangs hatte sich Metternich den Anschein gegeben, als erwarte er ihn mit Ungeduld. Aber als der General nun wirklich auf der Reise und schon hinter Znaym war, liess er ihm den höflichen Wink zukommen, lieber nach Prag, an den

---

1. Stadion an Metternich 26. Mai (eigenhändig). Il est certain que si on considère la position militaire sur la carte, on devrait croire qu'une armée autrichienne, débouchant de quelque partie que ce fût de la Bohème dans les derrières de l'armée française, jouerait le jeu sûr pour la délivrance de l'Autriche et de l'Europe. H.-A.

2. Pertz, Gneisenau II, 665.

3. Nesselrode an Metternich 29. April/11. Mai. H.-A.

4. Nesselrode an Stadion 22. Mai zur Mitteilung nach Wien: En débouchant avec moins de moyens, mais au plus tôt et en devançant même, si c'est possible, l'époque fixée, elle (l'Autriche) est plus sure d'attendre le but qu'en différant, jusqu'à ce que tous ses moyens soyent réunis. H.-A.

5. Oncken II, 299.

Sitz des neuen Armeekommandos, umzukehren. Die Dinge
hatten in der Hofburg mittlerweile wieder einmal ein ander
Gesicht erhalten.

In den ersten Maitagen war zunächst alles in bestem
Zuge gewesen. Die Mission Stadions fand jetzt, wo ihre
Vorbedingung, die erste Schlacht, nach menschlicher Berechnung eingetreten sein musste, thatsächlich statt (7. Mai),
und die Instruktionen, die der Gesandte mitnahm,[1] enthielten
neben anderem Deutungsfähigeren doch den bezeichnenden
Auftrag, die Grundlagen eines militärischen Zusammen-
wirkens zu vereinbaren.[2] Vollends das begleitende kaiserliche Handschreiben wurde von Nesselrode nicht ohne
Grund als mehr wert denn ein Vertrag gerühmt.[3] Da
stand zu lesen von der „Sache, die uns gemeinsam ist“,
und ward die Hoffnung ausgedrückt, dass, falls der ersehnte Friede nicht ohne Blutvergiessen erreichbar wäre,
„unsere vereinten Kräfte“ zu dem edelsten Ziel führen
würden, das die Mächte sich stecken könnten.[4] Die militärischen Massregeln entsprachen diesen Worten. Es erging Befehl, die böhmische Armee auf 120 000 Mann zu
vermehren und deshalb zunächst noch zwei Divisionen,
Prohaska und Civalart, vom Reservekorps zu ihr stossen
zu lassen.[5] Zugleich wurde endlich der Oberkommandant
ernannt (8. Mai); und wenn die Wahl auch nicht den Erzherzog Karl traf, den die Aktionspartei während des

---

1. Die Hauptinstruktion bei Oncken II, 640 ff.

2. Il (Stadion) ne négligera rien . . pour convenir des bases
d'une coopération active militaire de notre part dans le cas de
la non-réussite de nos soins en faveur de la paix.

3. Nesselrode an Stadion 4.|16. Mai: La lettre de l'Em-
pereur François est parfaite, elle est pour nous plus qu'un
traité. H.-A.

4. Oncken II, 644.

5. Criste S. 249.

Winters vergebens vorgeschlagen hatte,[1] so sollte doch der
an seiner Statt erhobene Schwarzenberg seinen französischen
Sympathien gänzlich entsagt haben[2] und gesellte sich
obenein auf Empfehlung des Fürsten Lichtenstein[3] in dem
wieder zu Gnaden angenommenen Radetzky einen anerkannt energischen und kriegseifrigen Generalstabschef bei.
Jedenfalls musste es das günstigste Vorurteil erwecken, dass
die neue Armeeleitung, gleichgiltig ob Napoleon siege oder
unterliege, für die erste Aufstellung der Truppen die Gegend
von Eger, Saatz, Prag, Beraun und Pilsen ins Auge
fasste.[4].

Da fielen mitten in solche heroischen Anläufe die
immer bestimmteren Nachrichten von dem Rückzug, der
dem anfänglich signalisierten Sieg der Verbündeten gefolgt
sei; und was man auch in Wien vorher versprochen hatte
oder gar nachher versicherte,[5] sie wirkten ebenso überraschend wie niederschmetternd. Nun die Stunde schlug,
fühlte man sich doch nicht stark, die „grossen Aufgaben"

---

1. Krones, Tagebuch Erzherzog Johanns S. 79. 91.

2. Bignon XII, 102.

3. Erinnerungen aus dem Leben des Feldmarschalls Grafen
Radetzky. Eine Selbstbiographie. Mitth. des k. k. Kriegsarchivs
1887. S. 71.

4. Radetzky, Denkschriften S. 94.

5. Es handelt sich um die berufenen Worte, mit denen
Kaiser Franz seinem Schwiegersohn die Mission Stadions schmack-
hafter machen wollte (11. Mai): J'ai cru devoir attendre pour
effectuer cet envoi le moment que depuis longtemps j'ai prévu;
celui où une première affaire aurait amorti bien des passions
et dissipé beaucoup de chimères. Oncken II, 648. Dass es auch
mit dieser Voraussicht soviel nicht auf sich hatte, zeigt ein Brief
Metternichs an Nesselrode 21. April: Si Napoléon veut faire la
folie de se battre, tâchez que l'on ne se démonte pas par un
revers que je ne crois pas trop possible. Nachgelassene Papiere
I, 243.

wirklich auf sich zu nehmen. Zumal an allerhöchster Stelle
gewannen Stimmungen die Oberhand, die bisher wohl zurückgedrängt, aber nicht überwunden waren.

Kaiser Franz hatte sich halb gegen seinen Willen von
Metternich zu der entschiedenen Stellungnahme der letzten
Wochen fortreissen lassen. Zuletzt war in ihm immer
wieder der Wunsch durchgebrochen, „Frankreich gegenüber
in keine Verlegenheit zu kommen.“ Die Antwort auf die
neapolitanischen Anträge befahl er so einzurichten, dass sie
auch von Napoleon gewusst werden könnte, den grossen
Rüstungsplan genehmigte er nur mit dem ausdrücklichen
Hinzufügen, dass man auf das sorgfältigste alles vermeiden
müsse, was zu voreiligen Gerüchten Anlass gebe, bei den
letzten Weisungen für Lebzeltern fragte er zweifelnd, ob
die Erklärung, so zu sagen in jedem Fall gegen Frankreich
zu halten, nicht zu gewagt und zu frühzeitig sei[1]. Jetzt
vollends hätte er gern alles zurückgenommen. Es machte
ihm den tiefsten Eindruck, dass nicht einmal der Mangel
an Kavallerie für Napoleon ein Hindernis gewesen war, die
Alliierten zurückzudrängen. Der Schlachtengewaltige, gegen
den er viermal mit stets gleich ungünstigem Erfolg die
Kriegsfurie entfesselt hatte, erschien ihm unbesiegbarer als
je. Schon sah er die französischen Armeen an der Weichsel
oder gar im Herzen der eigenen Staaten. Die Sache stand
so, dass selbst Graf Hardenberg mit seiner freundlichen
Beurteilung aller Wiener Verhältnisse sich der Überzeugung
nicht erwehren konnte, es würde „absolute Neutralität“ die
Antwort gewesen sein, wenn der Imperator kategorisch eine
Erklärung über Oesterreichs künftige Stellung verlangt hätte;
und auch ohne das machte die geängstigte Majestät Metternich

---

1. Allerhöchste Resolutionen auf Vorträge Metternichs 17.,
18., 30. April. II.-A. und den Vortrag Bollegardes 16. April. K.-A.

sehr lebhafte Scenen über die Zweckmässigkeit seiner diplomatischen Künste.[1]

Dieser selbst bewahrte etwas mehr Haltung. Er liebte es sogar, sich als Opfer des kaiserlichen Kleinmuts hinzustellen. Wenn er Souverain wäre, versicherte er wohl in der Folge, würde er seine Lage als vorzüglich ansehen: für einen oesterreichischen Minister sei sie zum wenigsten recht schwierig.[2] Oder er warf sich in die Brust: Der Politik einer grossen Macht zieme Unveränderlichkeit, er sei kein Haugwitz, der sich mit dem Winde drehe.[3] Aber solch Tugendstolz stand dem Mann schlecht, der noch vor vier Monaten das Glaubensbekenntnis gethan hatte: *quand on épouse les circonstances, on est toujours fort,*[4] und überhaupt lag viel Heuchelei in alledem. Auch ihn schreckten die Fehler der Verbündeten. Er meinte mit bitterem Spott: „Schwerlich möchte es etwas schlechter Ersonnenes und schlechter Ausgeführtes geben als ihren Feldzugsplan, auf den wir nicht haben einwirken können, weil es niemals möglich war, sich ihn zu verschaffen; und warum das? Er existiert nicht!"[5] Ja, noch Mitte Juni, als der Waffenstillstand schon die Gemüter beruhigt hatte, gestand er, die Möglichkeit, dass sich die Erfahrungen des Frühjahrs erneuten, lasse ihn den Frieden dem Würfelspiel eines Krieges vorziehen, der in der Folge eben so schlecht geführt werden könnte, wie er bis jetzt geführt worden sei.[6] Jedenfalls gab er sich

---

1. Graf Hardenberg an Münster 24. Mai. Oncken II, 310.

2. Meerheimb a. a. O. S. 153.

3. Lefèbvre V, 318.

4. Gegen Kneseheck. Meerheimb S. 142.

5. An Binder 12. Mai: Il serait difficile de rien voir ni de plus mal combiné ni de plus mal défendu que leur plan militaire, sur lequel nous n'avons pas pu influer parcequ'il n'a jamais été possible de se le procurer, faute sans doute d'existence. H.-A.

6. An denselben 15. Juni: Et c'est le calcul sur la possibi-

willig dazu her, den diplomatischen Rückzug anzutreten, mit
dem man nach bewährtem Grundsatz den Kriegsereignissen
„zur Seite blieb".

Zunächst sah er geduldig zu, wie die deutschen Mittelstaaten, auf deren Gewinnung er einen so grossen Teil der
Arbeit des April verwandt hatte, einer nach dem andern
ihren Weg zu dem Sieger von Lützen zurückfanden. Aus
München erhielt er Nachricht, Max Joseph sei ganz vom
Vizekönig Eugen gewonnen und umgestimmt, Montgelas die
personifizierte Furcht, der Kronprinz so tief in Ungnade,
dass er nicht einmal zum Besuch des Vaters nach der
Hauptstadt kommen dürfe.[1] Von Stuttgart schrieb Binder:
meine Rolle hier ist ausgespielt.[2] Varnbüler wurde abbe-
rufen, und Zeppelin begleitete die Ankündigung dieses Entschlusses mit dem verständlichen Hinweis, dass man die Unterhandlungen erst wieder aufnehmen könne, wenn sich die
oesterreichischen Heere im Süden Deutschlands befänden.[3]
Der König aber überliess sich seinem „natürlichen Hang
für den Tyrannen Europas"[4] in dem Grade, dass er die eben
erst umworbene Macht auf das schamloseste denunzierte.[5]

Noch betrübender waren die Vorgänge, die sich auf
die Kunde von den neuen Erfolgen Napoleons am sächsischen Hoflager in Prag abspielten. Hier hatte es gleich
in den ersten Maitagen Aufregungen genug gegeben. Am

---

lité du renouvellement de ces mêmes fautes qui nous fait préférer
la paix aux chances de la continuation d'une guerre qui pourra
être aussi mal conduite dans la suite, qu'elle l'a été jusqu'à
présent. H.-A.

1. Berichte Hrubys 25. Mai. H.-A.

2. Privatbrief an Metternich 15. Mai. H.-A.

3. Bericht Binders 19. Mai. H.-A.

4. Ausserung des Kronprinzen ebenda: Despote par principe comme il l'est, il a un penchant naturel pour le Tyran de
l'Europe.

5. Schlossberger S. 296 f. 299. 301. 305.

3. traf ein Brief Karl Augusts von Weimar ein, der dem königlichen Vetter die Drohung des Imperators übermittelte: wenn er gegen mich ist, wird er alles, was er bat, verlieren,[1] und Tags darauf erschien der französische Gesandte Serra, um Torgau und die Kavallerie für Napoleon zurückzufordern. Friedrich August blieb zur grossen Freude seines Ministers zunächst noch fest, aber als am Abend des 6. der Ausgang der Lützener Schlacht bekannt wurde, war es um die mühsam behauptete Standhaftigkeit geschehen. Er gab die Sache der Verbündeten verloren und sagte sich nicht ohne Grund, dass bei der zögernden Langsamkeit, die Oesterreich in seinen Rüstungen und seinem diplomatischen Gang beliebe, auch von dieser Seite wenig zu erwarten sei. Seine Angst kannte keine Grenzen. Er fiel bei offener Tafel in Krämpfe.[2] Zu allem Unglück bestürmten ihn auch die Königin und Prinzessin Auguste, die Verzeihung des Schrecklichen anzuflehen. Graf Senfft, mit Vorwürfen überhäuft, konnte trotz besserer Einsicht die Entwicklung nicht aufhalten und nahm seine Entlassung, nachdem er in letzter Amtshandlung den Systemwechsel nach Wien hin zu rechtfertigen gesucht hatte. Schon am Morgen des 7. wurde Serra die Gewährung seines Verlangens mündlich angekündigt, und am 8. bestätigte sie der gebeugte Monarch in einem Brief, der an Unterwürfigkeit nichts zu wünschen übrig liess.[3] Doch war das Mass der Demütigung noch nicht voll. Gleich der nächste Tag brachte ein französisches Ultimatum, das unter Gewährung von nur sechs Stunden Bedenkzeit zu den beiden andern Forderungen noch die dritte kränkendste stellte, der König solle sich durch schriftliche Erklärung ausdrücklich als dem Rheinbund an-

---

1. Flathe, Geschichte Sachsens III, 164.
2. Lebensbilder II, 199.
3. Flathe III, 349 f.

5*

gehörig bekennen.[1] Natürlich wurde auch dem gewillfahrtet, und in der Frühe des 10. verliess Friedrich August sein böhmisches Asyl, um die Erfahrung reicher, dass ein Mittelstaat im Kampf grosser Nachbarn eine Neutralität nicht zu bewahren vermag.

Dass das einen offenen Bruch des kaum drei Wochen vorher geschlossenen Vertrages bedeutete, liess sich durch keine Senfftische Dialektik fortdemonstrieren[2]; und schon die Ehre, wie vielmehr die Zweckmässigkeit hätte gefordert, diesen Affront oesterreichischerseits mit Repressalien zu erwidern. Gelegenheit dazu bot sich genug. Man konnte den König mit seinen Schätzen und Soldaten im Land zurückhalten,[3] oder wenn das zu gewaltsam schien, nun wohl so blieb der Rat, mit Annullierung der Konvention vom 8. April und Auflösung des polnischen Korps zu antworten.

Die Verbündeten hätten nichts sehnlicher gewünscht. Dieser Poniatowsky war ihnen ein Dorn im Auge. Er durfte seine Regimenter Napoleon durchaus nicht zuführen; denn es handelte sich dabei um keine unbedeutende Verstärkung des Gegners. Schon an sich war das Korps ganz ansehnlich: oesterreichische Offiziere, die es nachher auf dem Durchmarsch beobachteten, zählten 13 768 Mann,[4] und dann kamen noch zwei besondere Rücksichten hinzu; eine

---

1. Flathe III, 168.
2. Senfft an Watzdorf 8. Mai machte das Geschehene als Ausfluss einer juste délicatesse vis-à-vis de S. M. l'Empereur d'Autriche geltend. Oncken II, 290.
3. Metternich begnügte sich auch hier mit einem seiner beliebten kleinen Mittel: er versprach in seinem Vortrag vom 12. Mai, sich unverzüglich mit dem Hofkriegsratspräsidenten ins Einvernehmen über die zu ergreifenden Nuancen zu setzen, um auf die einzige, nicht kompromittierende Weise den Übergang der Sachsen aus Böhmen soviel thunlichst zu verzögern. H.-A.
4. K.-A. Hauptarmee VI, 83, 91, 92, 97.

militärische: es bestand fast zur Hälfte aus Kavallerie (6456 Pferde), die, gut beritten, nur wenig mit Rekruten durchsetzt, den empfindlichsten Mangel des französischen Heeres ausglich; und eine politische: unter seinen Fahnen dienten eine Menge Söhne der ersten Familien Polens, die, von neuem an das System des Imperators gefesselt, die schädlichsten Verbindungen mit ihrem Vaterland aufrecht erhalten konnten.[1] So hatte man denn von Breslau aus Mitte April auf eigene Hand einen schüchternen Versuch gemacht, den Fürsten zu gewinnen. Man verfasste eine Proklamation, die den Polen in allgemeinen Ausdrücken Schutz und eine politische Existenz zusicherte, und schickte damit den Fürsten Anton Radziwill, von dem das Ganze ausging, nach Krakau. Aber der wachsame Bignon stellte dem vornehmen Emissär zwei Gensdarmen vor sein Hotel, nahm ihm seine Papiere ab und liess ihn abends darauf (21. April) durch einen Offizier über die Grenze geleiten.[2] Die Staatsaktion hatte mit einer Farce geendet.

Um so nötiger wurde es, dass Oesterreich eingriff. Alexander und Nesselrode hatten schon vorher Andeutungen fallen lassen, jetzt (Mitte Mai) traten sie mit förmlichen Anträgen hervor.[3] Metternich hielt sie hin wie gewöhnlich. Er gab Stackelberg die beruhigendsten Versicherungen und verwies im übrigen auf Stadion, der gerade über diesen Punkt die weitgehendsten Instruktionen habe; jedoch es fand sich, dass der Gesandte selbst von solchen Instruktionen am allerwenigsten wusste,[4] und in Wirklichkeit geschah das Gegenteil des Erbetenen. Mächtiger als jede andre Erwägung

1. Hardenberg an Metternich 18. April. Oncken I, 446 f.

2. Ebenda; Kundschaftsnachrichten, Lemberg 28. April. K.-A. Reservekorps IV. 24; Mémoires de Senfft p. 219.

3. Berichte Lebzelterns 24. April, Stadions 14., 19. Mai, Brief Nesselrodes 20. Mai. H.-A.

4. Berichte Stadions 19. Mai. H.-A.

zeigte sich in Wien die Furcht vor Napoleon. Man erkannte
nicht nur jene Vereinbarung vom 8. April nach wie vor als
bindend an, sondern fügte sich geduldig allen Launen
Poniatowskys, der heute marschierte, morgen in den Rayon
von Podgorze zurückwollte und übermorgen erklärte, nicht
vom Platz zu weichen.[1] „Seine Majestät sind so entfernt
wie je, auf die Bewegungen des Korps einwirken zu wollen"
schrieb der Minister an den französischen Botschafter und
fügte hinzu, auch Frimont habe erneuten Befehl vom Hofkriegsrat erhalten, die Polen in keiner Weise zu hindern.[2]

Ja, nicht genug selbst damit. Es brauchte nur einiger
Drohungen, dass das Mass voll sei, um die Bedingungen
des Durchmarsches trotz Prag erheblich günstiger zu gestalten. Schon am 16. Mai verzichtete Metternich auf die
„entehrende" Bestimmung, dass die Polen auf oesterreichischem
Staatsgebiet die Waffen niederlegen müssten. Am 20. präsen-
tierte er als „neuen Beweis der Rücksicht und Willfährigkeit
gegen den Kaiser der Franzosen" einen abgekürzten Marschplan, der sie, statt wie ursprünglich bestimmt, an die bairische
Grenze, Neuhaus links lassend, in achtzehn Märschen von
Austerlitz nach Giesshübel führte, und vierzehn Tage später
(4. Juni) gestand er gar die damals noch aus „zwingenden
Gründen" verweigerte Direktion auf Zittau zu, um dem
allerdings unerfüllbaren Verlangen, Poniatowsky sollte nach
Schweidnitz vorbrechen, nicht eine nackte Ablehnung ent-
gegenzusetzen.[3]

---

1. Hudelist an Stadion 25. Mai: Les colonnes polonaises qui
marchent un jour, veulent retourner l'autre dans le rayon de
Podgorze et déclarent le troisième qu'elles ne bougeront pas sans
un nouvel ordre de l'Empereur Napoléon. H.-A.
2. Lettre officielle Metternichs an Narbonne 14. Mai. H.-A.
3. Bignon XI, 464f.; Lettres officielles an Narbonne 16.,
20. Mai; kaiserliches Handschreiben an Friedrich August 22. Mai;
Reskript an Bubna 4. Juni. H.-A.

Es war im Kleinen dasselbe Schauspiel, das die all-
gemeinpolitischen Verhandlungen mit Napoleon im Grossen
boten. Sie hatten sehr bald nach der Lützener Schlacht von
neuem begonnen. Schon bevor deren Ausfall bekannt wurde,
war als Gegenstück zur Mission Stadions die Zurücksendung
Bubnas ins französische Hauptquartier geplant gewesen.
Aber während diese erst nur der diplomatischen Symmetrie
hatte dienen sollen,[1] gewann sie unter den veränderten Verhältnissen eine sehr reelle Bedeutung. Gleich an einem
ganz äusserlichen Umstand trat das zu Tage. Noch im
Moment der Abreise wurde dem General in aller Eile das
Kommandeurkreuz des Leopoldsordens verliehen, nicht so
sehr wegen seiner zweifellosen Verdienste, als damit der
Imperator, der eine Auszeichnung für ihn gewünscht hatte,[2]
sich durch den prompten Erfolg der Empfehlung geschmeichelt
fühle.[3] Und vollends deutlich zeigten seine Instruktionen[4]
den Umschlag der Stimmung. Sie reichten in ihrem
ersten Entwurf gewiss in die Tage der Hoffnung zurück;
denn noch redeten sie davon, dass die bevorstehenden Eröffnungen die Beziehungen zu Frankreich endgiltig regeln
sollten, wiesen wiederholt und mit Nachdruck auf die militärischen Mittel des Staates hin und wollten keinen Zweifel
darüber gelassen wissen, dass, wenn Napoleon sich der
Stimme der Vernunft verschliesse, der Wiener Hof zu seinem
Bedauern gezwungen sein werde, seinen auf das Wohl aller
gerichteten Absichten mit Waffengewalt Gehör zu verschaffen.
Aber im eigentlich Wesentlichen, den Friedensbedingungen,
bezeichneten sie bereits einen Rückschritt selbst hinter das,
was vor vier Tagen Stadion den Verbündeten als Minimum

1. Oncken II, 308 nach einem Ausdruck Stadions.
2. Napoleon an Kaiser Franz 13. April. Corr. XXV, 226.
3. Vorträge Metternichs 11. Mai. H.-A.
4. Oncken II, 645 ff.

der Ansprüche hatte mitteilen dürfen.[1] Sie verlangten vorbehaltlos lediglich die Auflösung des Herzogtums Warschau,
die Rückgabe Illyriens und den Verzicht auf die rechts-
rheinischen Departements: von der Frage des Rheinbundes
hiess es, sie ginge Oesterreich unmittelbar nichts an, und
die Grenzberichtigung gegen Baiern sollte nur gesprächsweise gestreift werden.

In Wahrheit, das kaiserliche Handschreiben[2] konnte
mit gutem Gewissen versichern: „Der Vermittler ist der
Freund Ew. Majestät", und an und für sich gab es einen
neuen Beweis dafür. Sehr möglich, dass Franz die Vorlage
seines Ministers höchstselbst im Sinn grösserer Hingabe
geändert hatte.[3] So wie er es abschickte, schmeichelte es
in nicht eben glänzendem Französisch: Ich werde mich
beglückwünschen, zu dem heilsamsten Werk beigetragen zu
haben, wenn Ew. Majestät meine Anstrengungen durch die
Mässigung unterstützen, die Ihre Regierung unter die glor-
reichsten versetzen und Ew. Majestät die glücklichste Zukunft
sichern wird, indem sie auf unerschütterliche Grundlagen die
Dynastie stellt, die Sie begründet haben, und deren Existenz
mit der meinen eins geworden ist.

---

1. In seinen Instruktionen (Oncken II, 644) heisst es: Le
Minimum des prétentions de l'Autriche dans une paix devrait être:
1. Le recouvrement des provinces Illyriennes y compris la Dalmatie.
2. La cessation du Duché de Varsovie. 3. Une nouvelle frontière
contre la Bavière. Le Minimum des prétentions des Puissances:
1. Le retour de la Prusse méridionale au Roi de Prusse. 2. La
renonciation de l'Empereur des Français à ses départemens d'outre-
Rhin. 3. La renonciation à la confédération du Rhin, du moins en
partie ou avec modifications.

2. Oncken II, 648 f.

3. So berichtet Graf Hardenberg. Oncken II, 810. Welches
im einzelnen diese Veränderungen waren, liess sich leider nicht
feststellen, da der erste Entwurf Metternichs nicht mehr bei den
Akten war.

Und doch erschien alles schon am nächsten Morgen zu
mutig. Eine Zusatzinstruktion vom 12. befahl dem Gesandten,
für den Fall, dass er den Imperator sehr aufgebracht fände,
das heikle Thema des Protektorats über Deutschland überhaupt nicht zu berühren und bis auf Weiteres nur als
Oesterreicher, nicht als Vermittler zu sprechen.[1] Das Letztere
war offenbar die Brücke zu weiterem Rückzug. Wozu
denn bei einer Halbheit stehen bleiben und nicht einfach auf
die „Verwendung" des Winters zurückgreifen? Eine Woche
später wurde dieser Schritt thatsächlich gemacht. Metternich schickte Bubna jetzt (19. Mai) zur Mitteilung an den
Herzog von Bassano ein wohlstilisiertes Schreiben,[2] in dem
er versprach, als „Intervenant" die Bedingungen Napoleons
zu unterstützen. Auch sonst kam er dem geschmähten
Haugwitz darin recht nahe. Mit den stärksten Farben
schilderte er die Friedensliebe seines Herren: „Er verabscheut
den Krieg. Er würde ihn zumal gegen Frankreich nur aus
Notwehr beginnen. Er hält aus voller Überzeugung fest
an der Allianz"[3]; und von der Schlacht bei Lützen wagte er
zu sagen: „Sie hat unserer Erwartung entsprochen. Eine

---

1. Supplément d'instruction au Comte de Bubna, Vienne le
12 mai: Dans le cas que vous dussiez trouver l'Empereur Napoléon très monté, vous ne toucherez pas la question du Protec-
torat sur l'Allemagne et vous attendrez que nous vous donnions
les directions de parler en médiateur, tandis que actuellement
encore vous ne parlez qu'en Autrichien. H.-A.

2. Da Bubna am 19. Mai bereits auf der Rückreise von
Dresden war, konnte er den Brief erst bei seiner zweiten Mission
am 31. Mai in Liegnitz dem Herzog vorlesen. Vgl. seinen
Bericht vom 2. Juni. H.-A.

3. l'Empereur ne veut que la paix, il déteste la guerre. Il
ne ferait surtout la guerre à la France qu'à son corps défendant.
Il tient à l'alliance de pleine conviction.

neue Schlacht scheint sich vorzubereiten. Der Kaiser wird sie gewinnen wie die erste".[1]

Ihren Höhepunkt aber erreichte die ganze Entwicklung, als am 21. Bubna unerwartet aus Dresden wieder in Wien auftauchte: Seine Berichte zeigten auf der einen Seite den gewaltigen Zorn Napoleons und eröffneten doch auf der andern allerlei Aussichten für einen mindestens Oesterreich nicht ungünstigen Frieden. Es galt also durch doppelte Mässigung jenen zu beschwichtigen und diesen aufzuhelfen. Kaiser und Minister beschlossen, den General unverzüglich auf seinen Posten zurückreisen zu lassen, und gaben ihm ein Handschreiben und Weisungen mit auf den Weg, denen gegenüber die Sprache vom 11. Mai noch fest und würdig erscheinen musste.

Franz durfte diesmal auf einen der herrlichsten Briefe antworten, die aus der Feder seines grossen Schwiegersohnes hervorgegangen waren. „Wenn Ew. Majestät noch einiges Interesse an meinem Wohlergehen nehmen, hatte Napoleon ihn beschworen,[2] so sorgen Sie für meine Ehre! Ich bin entschlossen, nötigenfalls lieber zu sterben an der Spitze alles dessen, was Frankreich an hochgesinnten Männern nährt, als zum Gelächter der Engländer zu werden. Denken Ew. Majestät an die Zukunft. Zerstören Sie nicht die Frucht von drei Jahren der Freundschaft. Opfern Sie nicht das Glück unserer Generation, das Ihres Lebens und das wahre Beste Ihrer Unterthanen, warum soll ich nicht sagen: eines Teiles Ihrer Familie, der Ihnen so aufrichtig zugethan ist."

---

1. Elle a répondu à notre attente. Une nouvelle bataille a l'air de se préparer. Il (Napoléon) la gagnera comme la première.

2. Dresden 17. Mai. Corr. XXV, 350. Metternich erklärte den Brief ganz fein für „ein seltenes Gemisch von Natürlichkeit — ich möchte fast sagen — Herzlichkeit und zugleich von grosser Kunst." Vorträge 21. Mai. H.-A.

Es lag nabe, daran anzuknüpfen. Aber war es nötig zu beteuern: „Legen Ew. Majestät die Sorge für Ihre Ehre in meine Hand! An dem Tag, wo ich Ihnen die Tochter gab, ist diese Ehre die meine geworden, und ich werde sie, wenn Sie mir beistehen, als die meine zu verteidigen wissen"?[1] Es schien ja fast, als sei man durch Zauberschlag in das Jahr vorher zurückversetzt worden, wo eben in den Tagen die Dresdener Verbrüderungsfeste stattgefunden hatten.

Die eigentlichen Instruktionen[2] schwächten diesen Eindruck kaum ab. Mit peinlicher Kasuistik schieden sie die drei Fälle, dass Napoleon gesiegt, nichts Entscheidendes unternommen, eine Niederlage erlitten habe. Selbst im letzten durfte der Gesandte sich nicht mit den Forderungen identifizieren, die soeben (d. d. Wurschen 16. Mai) von den Verbündeten offiziell mitgeteilt wurden[3]: „unsere Ideen weichen nach Umfang und Einzelheiten wesentlich ab"; und doch enthielt jenes Programm nichts, was nicht vor zwei Wochen auch Metternich als Vorbedingungen für einen guten Festlandsfrieden bezeichnet hatte.[4] Vollends für den ersten, der

---

1. Que Votre Majesté dépose entre mes mains le soin de Son honneur! Le jour où je lui ai donné ma fille cet honneur est devenu le mien, et je saurai, si Elle me seconde, le défendre comme le mien. Kaiser Franz an Napoleon 23. Mai. H.-A.

2. Oncken II, 673 ff.

3. Oncken II, 318.

4. In den Weisungen für Stadion 7. Mai (Oncken II, 644) heisst es: Une paix continentale bonne serait: 1. Le rétablissement des pays constituant l'ancien royaume de Pologne dans l'état avant la dernière paix de Vienne. 2. Le rétablissement de la Prusse dans ses anciennes possessions dans le nord de l'Allemagne. 3. La restitution de la part de la France de tout ce qu'elle a en Allemagne au-delà du Rhin. 4. La Hollande, pays indépendant le la France. 5. La restitution de toutes les provinces françaises en Italie. 6. Le rétablissement du pape dans ses possessions Italiennes.

als der wahrscheinlichste die ausführlichste Erörterung fand,
sollte Bubna nicht einmal an dem abgeschwächten Minimum
vom 11. festhalten. Vielmehr wurde hinsichtlich der rechts-
rheinischen Departements nur noch ein mindestens eventuelles
Abkommen gewünscht, „das im letzten Ende sich auf ein
Abkommen über das rechte Elbufer beschränken könnte,"
und die Frage des Rheinbundes sah sich gar mit der
spanischen auf eine Linie gestellt, *ad kalendas graecas*, bis
zu einem allgemeinen Kongress vertagt. Von der Grenze
gegen Baiern verlautete überhaupt kein Wort mehr; der
Gesandte hatte gleich beim ersten Mal davon geschwiegen,
weil er fürchtete, der Imperator werde das Max Joseph in
schwärzestem Licht darstellen.[1]

Und solche offenbar ungenügenden Friedensbasen versicherte der Wiener Hof nicht etwa als kleineres Übel sich
gefallen zu lassen, sondern mit der ganzen Kraft seiner
Stellung zu unterstützen.[2] Dem entsprach es, dass das allgemeine Verhältnis zu Napoleon als weit inniger dargestellt
wurde als das zu den Verbündeten: Oesterreich sei frei von
jedem politischen Band ausser gegenüber Frankreich. Es
stand wieder alles wie in den Wintermonaten. Auch die

---

7. Pour l'Autriche, la frontière en Italie, telle qu'elle avait jusqu'à
la paix de Luneville. La frontière du Mincio ou de l'Oglio avec
les forteresses; le Tirol et l'Inn, les provinces Dalmatiennes et le
retour de tout ce q'elle a perdu de ce côté-là par la paix de Vienne.
8. Pour l'Allemagne, cessation de la suprématie de Napoléon. Eta-
blissement d'un système quelconque qui réunisse les intérêts de
ce pays à ceux de l'Europe. 9. Le royaume d'Italie hors des
mains de l'Empereur des Français.

1. Bericht Bubnas 16. Mai. Oncken II, 654.

2. Es heisst: Vous aurez, monsieur le Comte, à faire entrevoir
à l'Empereur des Français que dans le cas que S. M. J. dût
entrer dans ces points de vue, notre auguste maître . . . ap-
puyerait de toute la force de son attitude l'acceptation de
ces conditions comme bases de pacification.

Lieblingsphrase von damals holte der Minister von neuem hervor: Wir können nichts für den Kaiser der Franzosen thun, aber alles für unsere gemeinsamen Interessen. Kurz, es durfte nicht wunder nehmen, wenn der Mann, dem diese Sprache vorgeschrieben ward, noch immer mit der Möglichkeit rechnete, dass die Mediation in den Krieg für Frankreich führe;[1] und jedenfalls waren die Aussichten auf den Krieg gegen Frankreich geringer als je. Es warf ein grelles Licht auf die Lage, dass eben jetzt die „Berliner Zeitung" in Wien polizeilichem Verbot verfiel aus keinem andern Grunde, als weil sie verkündigte, Oesterreich werde bis zum 24. Mai gemeinsame Sache mit den Russen machen.[2] Man wollte nicht mehr an das Wort erinnert sein, das man vor nicht vier Wochen in so feierlicher Weise gegeben hatte.

Übrigens war man thatsächlich schon nicht mehr imstande, es einzulösen. Es fehlten die 60,000 Mann an der Eger, die den Fortschritten Napoleons hatten Halt gebieten sollen. Auch auf militärischem Gebiet war die Schlacht bei Gross-Görschen, wie Stadion klagte,[3] das Signal für „Hindernisse und Aufenthalte ärgerlichster Natur" geworden, und dabei hätte hier allein unausgesetzte Anspannung aller Kräfte zum Ziel geführt.

Denn zunächst, Anfang Mai, stand die „Hauptarmee in Böhmen" so sehr nur auf dem Papier, dass der neue Generalissimus, ohne seinen Geschäften das Geringste zu vergeben, noch zwei Wochen lang die Annehmlichkeiten des

---

1. Bubna sagt in den feinen Bemerkungen, mit denen er (Wien 22. Mai. Oncken II, 658) seinen ausführlichen Bericht begleitet: Sollte die Mediation in den Krieg für Frankreich führen, so sind die dermaligen aufgestellten Streitkräfte hinlänglich.

2. Krones, Tagebuch Erzherzog Johanns S. 20.

3. Bericht 3. Juni. Oncken II, 661.

Wiener Lebens geniessen durfte.[1] Wirklich zur Stelle war nur
das Observationskorps; die neu mobilgemachten 14 Bataillone
und vier Schwadronen exerzierten noch ruhig in ihren
Friedensquartieren; dio beiden Divisionen des Reservekorps
konnten, Prohaska nicht vor dem 20. Mai Czaslau, Civalart
nicht vor dem 31. Deutschbrod erreichen; und was die Truppen
vom Auxiliarkorps anbetraf, so liess sich über die 14 Bataillone
und 26 Schwadronen unter Bianchi, Fröhlich und Scheither
etwas Gewisses solange überhaupt nicht sagen, als die
Entschlüsse Poniatowskys in Dunkel gehüllt blieben, Siegenthal aber führte seine 10 Bataillone und 12 Schwadronen
günstigsten Falls zum 26. nach Czaslau.[2]

Dazu fehlte auch innerhalb der einzelnen Divisionen
und Regimenter viel an wirklicher Kriegsbereitschaft. Insbesondere das Auxiliarkorps, sonst berufen, den moralischen
Kern des Heeres zu bilden, hatte den bescheidenen Ruhm
des russischen Feldzugs mit grossen Verlusten an Menschen
und Material erkauft. Die Zahl seiner Kranken betrug
Anfang April 6000[3]; noch Mitte Juni war der Stand seiner
leichten Kavallerieregimenter so niedrig, dass manche
Schwadron nur 60 bis 80 Pferde aufwies.[4] Es war die
ganze Zeit hindurch garnicht oder schlecht besoldet worden,
Schwarzenberg hatte aus eigener Tasche an 8000 Gulden

1. Das Datum seiner Abreise steht nicht genau fest. Metternich in einem Vortrag vom 18. Mai schreibt: Schwarzenberg
geht morgen früh nach Böhmen ab; nach Radetzky, Biographie
S. 138 hätten sich Feldmarschall und Generalstabschef seit dem
23. in Prag befunden. Der in den Lebensbildern II, 203 f. abgedruckte Brief des Ministers F. v. — Prag 31. Mai spricht von
der „endlich gestern" erfolgten Ankunft des Kommandierenden
Generals.

2. Radetzky, Memoire über die Aufstellung und Bedürfnisse
der Observationsarmee in Böhmen, Wien 9. Mai 1813, in den
Denkschriften S. 93 ff., übrigens nicht vollständig, abgedruckt.

3. Prohaska, „Verschiedene vorläufige Entwürfe" 6. April. K.-A.

4. Vortrag Schwarzenbergs 14. Juni. K.-A.

auslegen müssen, um seine Offiziere nicht darben zu lassen.[1] Der gemeine Mann vollends war abgerissen, und der Mangel am Nötigsten wirkte nachteilig auf seine Disziplin.[2]

Bei der Ausrüstung der neuen Truppen aber rächte sich das Sparsystem der letzten Jahre, von dem Lebzeltern sehr richtig bemerkte, dass es eintretenden Falls das Doppelte koste. Für nichts war vorgesorgt. Während man 120000 Stück Tuch brauchte, liessen sich kaum 33000 beschaffen. Es blieb nichts übrig, als Linienkompagnien in die unförmigen Mäntel zu stecken, die von der Landwehr her in Prag lagen. Als Radetzky in die böhmische Hauptstadt kam, musste er die Handwerker aller Zünfte in Reitbahnen und Tanzsälen zu emsigster Arbeit vereinen, um die nötigen Monturen und Rüstungen herzustellen, und das gelang erst, nachdem er eigenmächtig eine Million Gulden Landeseinnahmen zu *a conto*-Zahlungen an die Fabriken und Handelsleute verwandt hatte[3]; denn überall wirkte es hemmend ein, dass der Kredit der Militärverwaltung verloren war. Wenn die Lieferanten auf Forderungen von zwei Millionen Gulden aus dem Vorjahr bisher auch nicht einen Kreuzer Abschlagszahlung erhalten hatten, so war es ihnen freilich nicht zu verdenken, dass sie keine Geschäfte mehr mit dem Staat machen wollten.[4] Sie hatten vielleicht nicht einmal mehr die Mittel, um das nötige Rohmaterial zu beschaffen. So stellten die Schuhmacher die Arbeit ein, weil ihnen das

---

1. Vortrag Bellegardes 26. April. K.-A.

2. Criste S. 225. Lebzeltern schreibt in einem Privatbrief an Metternich vom 26. März über les détails que l'on a ici sur le mauvais état de notre armée, sur la misère des officiers réduits à l'aumône, sur le mauvais genre d'économie qui finit par coûter le double à l'occasion. H.-A.

3. Autobiographie. Mitth. des k. k. Kriegsarchivs 1887, S. 72.

4. Wie alle übrigen Einzelheiten aus dem Vortrag Bellegardes 13. Juni. K.-A.

Geld zu Leder fehlte.[1] Im Grossen sah es mit dem Material kaum besser aus. Statt acht Kompagnien Pionieren mit 60 Pontons gab es nur vier mit 30, statt 40 Batterien noch am 3. Juni nur elf, und die Transportdivisionen waren noch nicht recht verwendbar.[2]

Der Generalstabschef hatte gleich anfangs (9. Mai) auf die wichtigsten dieser Mängel hingewiesen und allerlei Vorschläge gemacht, wie man die gegenwärtig selbst auf dem Papier nur 87000 Mann starke Armee wirklich auf 120000 bringen könne.[3] Als nun vollends die Erfolge Napoleons bekannt wurden, erschien ihm die Waffe, mit der man den schweren Kampf wagen wollte, doppelt unzureichend. Auch ihm hatte der Rückzug alles Vertrauen in die Verbündeten benommen. Er empfahl, ihre Operationen nur als accessorischen Nutzen zu betrachten, und redete sich ein, dass, sobald Oesterreich sich erklärt habe, der Imperator von den alten Gegnern ablassen und mit ganzer Macht über den neuen herfallen würde.[4] Der Feldmarschall teilte diese Ansicht, und so einigten sich beide leicht über eine Reihe weitaussehender Anträge, die die Monarchie noch in elfter Stunde in Stand setzen sollten, solchem Angriff mit Ehren zu begegnen (11., 14. Mai).

Ihre erste Sorge galt natürlich dem eignen Heer. Sie wünschten nicht nur seine Feldtruppen durch 19 Bataillone und 32 Schwadronen verstärkt, sondern auch die dritten Bataillone und dritten und vierten Divisionen seiner Regimenter auf den Kriegsfuss gesetzt und nach Böhmen verlegt, damit die leichte Ergänzung von Verlusten gesichert sei. Demnächst drangen sie auf grösseren Schutz der West- und Südgrenze. Es empfahl sich offenbar, „wenngleich zur Vermeidung auswärtiger Aufsichtigkeit nicht gleich itzt, so doch in Zeiten„

1. Cristo S. 226.
2. Radetzky, Denkschriften S. 97 f. Vortrag Schwarzenbergs 3. Juni. K.-A.
3. Radetzky, Denkschriften S. 93 ff.
4. Radetzky, Denkschriften S. 103 f.

auf Verschanzungen im Donauthal vorzudenken; und uner-
lässlich war die Mobilisierung aller noch irgend verfügbarer
Truppen. Erfolgte sie, so liessen sich aus den Feld-
bataillonen und -schwadronen zwei Armeen von 50000 und
14000, jene an der Enns, diese zur Deckung Wiens bilden,
und stellten die dritten Bataillone und vierten Divisionen
an 53000 Mann für Garnisonen und Reserven.[1]

Es kam nun alles darauf an, dass diese Rüstungspläne
rasch und vollständig zur Durchführung gelangten. Einen
Augenblick schien es so, als ob mindestens dem wichtigsten,
der Vermehrung der Hauptarmee, ein günstiges Schicksal
beschieden sei. Der Kaiser blieb bei dem Wunsch, 120000
Mann in Böhmen zu haben, und vollzog anstandslos das
Handschreiben, dessen Entwurf Schwarzenberg gleich seinem
Vortrag beigelegt hatte. Es verfügte, dass neben andern
sechs Bataillonen und 18 Schwadronen die Divisionen
Novack und Pflacher, 13 Bataillone 14 Schwadronen, aus
Galizien herangezogen würden (12. Mai).

Da aber erhob sich im Schosse des Hofkriegsrats eine
umso heftigere Opposition. Bellegarde mochte es schon
nicht gern gesehen haben, dass entgegen seinen Vorschlägen
vom 16. April Prohaska und Civalart vom Reservekorps
abgezweigt worden waren. Indessen er hatte sich gefügt
und aus dem Rest sowie der Division Pflacher vom Auxiliarkorps die „Observationsarmee in Galizien" unter Reuss in
Stärke von vorläufig 19 Bataillonen und 38 Schwadronen
gebildet. Diese abermals um fast zwei Drittel geduldig ver-
mindern zu lassen, wie es der neueste kaiserliche Befehl
wollte, vertrug sich nicht mit seinem Stolz. Er erhob
Protest gegen ihre „grosse Schwächung und beinahe gänzliche Auflösung". Sechs Bataillone und 24 Schwadronen,
von denen die drei Bataillone und sechs Schwadronen unter
Radivojevich noch dazu erst am 5. Juni in Bochnia ein-

---

1. Criste S. 252.

träfen, seien die Macht nicht, um wichtigen Ereignissen, wie
sie eine schnelle Veränderung des Kriegstheaters mit sich
bringen könnte, die Stirn zu bieten; schon die zweifelhafte
Haltung Poniatowskys mache ein angemessenes Observationskorps notwendig. — All seine Mühe schien ihm ver-
schwendet. Mit schlecht verhehltem Unmut fragte er, „ob
nunmehr auch und in welcher Stärke die Aufstellung der
zweiten Armee stattfinden solle, und was Seine Majestät
rücksichtlich der Vorbereitung zu einer Reservearmee an-
zuordnen geruhen würden". Man kannte sich ja vor Ordre
und Kontreordre kaum mehr aus. Am 8. Mai war der
dafür vorzüglich geeignete Frimont zum Interimskomman-
danten der zweiten Armee bestimmt worden, jetzt figurierte
er auf einmal unter den Divisionären der ersten.[1]

Ohne Eindruck blieben diese Vorstellungen nicht.
Franz vereinigte die beiden Gegner mit Metternich und
Duka zu einer Konferenz und überwies ihr die Beratung
der Schwarzenbergischen Anträge (13. Mai). Damit war
deren Loos in die Hände von Männern gelegt, die nur den
einen Wunsch kannten, dem drohenden Krieg zu entgehen
und deshalb jede Ombrage zu vermeiden. Die Verstärkung
der böhmischen Armee wurde glatt abgelehnt: 80 Bataillone
und 98 Schwadronen wären ausreichend; und den andern
Vorschlägen bezeigte man höchstens ein platonisches Wohlwollen. Am meisten noch der kriegsmässigen Aufstellung
der Ergänzungsmannschaft fürs Haupttheer. Bellegarde erkannte sie als eine sehr kräftige und wünschenswerte Massregel an; aber er verwies auf die bekannten Schwierigkeiten,
denen die Beschaffung von Montur und Remonten be-
gegne. Einstweilen habe man — und die Herren hielten
das für sehr „rücksichtswürdig" — mit der Ausrüstung
der seit vierzehn Tagen in Formierung begriffenen Truppen
gerade genug zu thun, ja es sei eine traurige Thatsache,

---

1. Vortrag Bellegardes 13. Mai. K.-A.

dass die dritten Bataillone und dritten und vierten Divisionen
des Auxiliarkorps, die nach allerhöchstem Befehl schon im
vorigen Jahr auf den Kriegsfuss hätten gesetzt werden
sollen, noch heute entfernt nicht in richtiger Stärke da-
ständen. Würde da die gleiche Massregel bei einer soviel
grösseren Zahl von Regimentern etwa besser glücken? Der
Präsident bezeichnete es, solange nicht für Material vorgesorgt sei, als eine „platte Unmöglichkeit" und stellte eindringlich vor, wie die einzige Folge die sein werde, dass
man ungekleidete und unausgerüstete Rekruten, statt
Kavallerie unberittene, zu keinem Dienst verwendbare Leute
zu ernähren und neue Chargen zu kreieren habe, die, ohne
etwas Wesentliches zu effektuieren, nachher dem Staat als
Supernumerare lästig fielen, „welches besonders auf den
Fall empfindlich wäre, wenn es, wie es doch nach allen
diesen Prämissen sehr zu wünschen ist, zu garkeinem
Krieg kommen sollte."

Wo solche Argumente verfingen, konnte die Mobilmachung aller noch übrigen Regimenter und Formierung
eines Korps an der Enns noch weniger auf günstige Aufnahme rechnen. Mindestens wollte die Konferenzmehrheit
zuvor die ersten Depeschen von Bubna und Stadion abwarten; denn gleich jetzt damit anzufangen, erschien ihr
kaum anders als verbrecherische Tollkühnheit, „weil, wie es
im Protokoll heisst, Napoleon durch Truppenaufstellungen
und Verschanzungen gegen Baiern, Italien und Illyrien sowie auch durch alle Schritte, die nur bloss als gegen Ihn
gerichtet angesehen werden können, sich aufgefordert finden
dürfte, den Ausbruch des Krieges, den man zu vermeiden
suchet, wirklich herbeizuführen und zu beschleunigen."

So war denn das Resultat der Beratung der armselige
Beschluss, zunächst nur die präsenten mobilen Truppen mit
allem auszurüsten, alsdann erst die zugehörigen dritten
Bataillone und dritten und vierten Divisionen auf den
Kriegsfuss zu setzen und vollends zur Errichtung der Re-

servedivisionen und -schwadronen nicht eher zu schreiten,
als bis der Krieg wirklich ausbräche oder die Wahrscheinlichkeit dafür so gross sei, dass kein Aufschub mehr
stattfinden könne.[1] Das hiess wirklich vergessen, in welcher
Zeit man lebte, und welchem Gegner man gegenüberstand.
Radetzky glaubte sich denn auch nicht dabei beruhigen zu
dürfen. Er entschloss sich zu einem letzten Versuch, der
Sache der Kraft zum Siege zu verhelfen, und wandte seine
ganze ruhige Beredsamkeit an eine Denkschrift, die besser,
als Schwarzenberg das in der Debatte gethan haben mochte,
die Einwürfe Bellegardes gegen das grosse Rüstungsprogramm
zurückwies (17. Mai).[2] Wenn die Konferenz, um „alles unnötige Aufsehen und jede daraus entstehende Missdeutung"
zu vermeiden, sogar die angeordnete Mobilmachung der
Wiener Kavallerieregimenter Moritz Lichtenstein-Kuirassiere
und Schwarzenberg-Uhlanen vor der Hand unterlassen
wünschte, so sprach er es offen aus: die Rüstungen unserer

1. Konferenz-Protokoll vom 14. Mai 1813, welches in Gemäss-
heit des allerhöchsten Handschreibens vom 13. dieses Monats die
Anwesenden: Metternich, Bellegarde, Schwarzenberg, Duka über
die von Schwarzenberg überreichten Anträge . . zu unterlegen
die Gnade haben. K.-A.

2. Über die Aufstellung einer Armee zur Vermittlung eines
dauerhaften Friedens. Wien 17. May 1813. K.-A. Der Abdruck
in den „Denkschriften" S. 85 ff. trägt das falsche Datum des
17. März; und dieser Lesefehler eines flüchtigen Herausgebers:
rz statt y ist seit fast 40 Jahren in die Darstellung aller derer
übergegangen, die das Memoire überhaupt benutzten, wobei dann
noch dazu die Bezeichnung Napoleons als „mutmasslichen Gegners" nach dieser oder jener Richtung allerlei Schlüsse auf die
oesterreichische Politik des Winters veranlasst hat. Die einzige
Spur, die vielleicht auf Entdeckung des Irrtums hätte leiten
können, die Angabe nämlich, dass „jeder der beiden kriegführenden Teile bereits in voller Schlagfertigkeit dastehet" (was
Mitte März doch bekanntlich noch nicht der Fall war), ist, soweit
ch sehe, von niemand beachtet worden.

Armee sind schon dermassen weit vorgeschritten, dass trotz aller Vermittlungsversuche man sich unmöglich verhehlen darf, welch ernsthafte Deutung unserm Benehmen gegeben werde; und führte den Friedensaposteln zu Gemüt: die Hoffnung, es werde nicht zum Krieg kommen, wiegt den unendlichen Nachteil bei weitem nicht auf, der entstehen muss, falls nicht alle Vorbereitungen noch vor dem wirklichen Ausbruch der Feindseligkeiten getroffen werden.

Es scheint, dass der Kaiser sich der zwingenden Logik dieser Sätze nicht ganz entziehen konnte. Vielleicht auch sah er ohnehin weiter als sein Hofkriegsratspräsident. Genug, er kam der Aktionspartei einen Schritt entgegen.

Zunächst hatten ihn die Klagen über die mangelhafte Ausrüstung der mobilen Truppen sichtlich auf das peinlichste berührt. Er schärfte ein, mit unausgesetzter Eile Montur und Remonten in solcher Ausdehnung zu beschaffen, „dass dadurch, wenn ich auch alle meine Truppen mobil zu machen beschliesse, die Erfordernis vollkommen und in gehöriger Zeit bedeckt werden kann"; und es war ihm offenbar sehr ernst mit diesem Befehl: sonst hätte er den Minister hinsichtlich der Kosten nicht von den gewöhnlichen Vorschriften entbunden und allein an den Hofkanzler Grafen Ugarte verwiesen, der seit Wallis' Abgang provisorisch die Finanzen verwaltete. Die Mahnung zu „möglichster Wirtschaft" konnte sich sein sparsamer Sinn allerdings auch jetzt nicht erlassen.

Schon das alles war, wenn derselbe Faden, so doch eine stärkere Nummer als die Konferenzbeschlüsse, und in einem andern Punkte ging das Handschreiben gar ausdrücklich über diese hinaus. Es befahl, die Ergänzungsmannschaft für die in Böhmen stehenden Regimenter sogleich auf den Kriegsfuss zu setzen.

So hatte Radetzky immerhin einen Erfolg zu verzeichnen. Aber freilich in dem, was für den Augenblick das Wichtigste war, behaupteten die Gegner den am 14. errungenen Sieg. Franz willigte ein, dass die Truppen, über

die der ganze Streit entbrannt war, der zweiten Armee
verblieben, und behielt sich nur vor, die weitere Entschliessung
wegen der Verstärkung der ersten nächstens zu erteilen.[1]

Alles in allem: es konnte nach den Vorgängen der
letzten acht Tage kein Zweifel sein, dass ein rasches Eingreifen zu gunsten der Verbündeten für die leitenden Wiener
Kreise nicht mehr in Frage kam. Auch die Aufstellung
der Armee trug dem Rechnung. Gerade hier liessen sich
die Wirkungen der Kriegsereignisse auf das deutlichste
verfolgen.

Ursprünglich hatten sich, wie wir sahen, die Truppen
zwischen Elbe und Böhmerwald an der Eger konzentrieren
sollen. Aber kaum war Radetzky zu schriftlicher Formulierung
dieses Planes geschritten (9. Mai), als ihn auch schon die
Kunde vom Vordringen Napoleons veranlasste, ihn zu wider-
raten (10. Mai). Seine kühnsten Hoffnungen beschränkten
sich jetzt darauf, dass das russisch-preussische Heer sich
bis Mitte Juni an der Oder hielte, und dem schien eine
Dislokation à cheval der Elbe besser zu entsprechen.[2] Er
dachte sich die Armee, in zwei Treffen mit Avantgarde und
Reserve gegliedert, thatsächlich ganz gleichmässig auf beide
Ufer des Flusses verteilt, so dass auf dem linken doch noch
die erste leichte Division an der Strasse von Saaz und

---

1. Allerhöchstes Handschreiben an Bellegarde, Laxenburg
20. Mai. K.-A. Es verordnete endlich im Einverständnis mit
dem Hofkriegsratspräsidenten noch einige Mobilisierungen, die
aber zu unbedeutend sind, um anders als anmerkungsweise erwähnt zu werden. Es handelte sich nämlich bei den „in Ungarn
und Inner-Oesterreich noch nicht mobilgemachten Infanterie-
regimentern" im Grunde nur um 6 Bataillone in Ungarn; die
7 aus Inner-Oesterreich waren schon am 16. April zur 2. Armee
angetragen, nur dass damals bei 5 von ihnen noch nicht gleich
volle Mobilisierung, sondern Verstärkung des Friedensstandes
beliebt wurde. Siehe oben S. 198.

2. Radetzky, Biographie S. 135.

Budin nach Sachsen, drei Linieninfanteriedivisionen an der
Eger von Saaz bis Theresienstadt, endlich je eine Infanterie-
und Kavalleriereservedivision in der Linie Prag-Beraun
Standquartiere beziehen sollten. Leider aber blieb es nicht
bei dieser ersten, vielleicht nicht ganz unzweckmässigen
Änderung. Schon als Schwarzenberg den Entwurf seines
Stabschefs übersandte, sprach er in dem Begleitschreiben
nicht eben zuversichtlich von „einer etwaigen wirklichen
Erklärung" für die Alliierten und versicherte: „Ich habe
für dermalen mich befliessen, die Truppen etwas von der
Grenze entfernt zu halten, um dadurch eine eifersucht-
gebende Aufsichtigkeit zu beseitigen."[1] Dieses Bestreben
trug bald weitere Früchte. Auch die *Ordre de bataille* vom
11. wurde verworfen, und eine neue vom 25.[2] liess auf dem
linken Elbufer nur noch die eine leichte Division Lichtenstein, 4 Bataillone 12 Schwadronen, alle andern Truppen
hatten nunmehr auf dem rechten Stellung zu nehmen: die
zweite leichte Division Schneller als Grenzwache längs des
Gebirgs von Gabel bis Trautenau, die sechs Liniendivisionen
in zwei Treffen von Jaroměř über Gitschin, Münchengrätz,
Hühnerwasser bis Leitmeritz und von Smiřitz über Neu-
Bitschow, Rozdalowitz, Jungbunzlau, Sowinka bis Melnik,
die Reserve aber zum grössten Teil (eine Kavallerie-, eine
gemischte und zwei Infanteriedivisionen) in und um Prag,
in dem Winkel zwischen Elbe und Moldau und an der
Strasse nach Beneschau, nur die zweite Kavalleriereservedivision noch weit auf dem rechten Flügel bis an die
mährische Grenze. —

Solche Befehle und Gegenbefehle konnten nicht

---

1. 14. Mai. K.-A. Auch Kolowrat an Hardegg 24. Mai erwähnt die „herabgelangte Direktion, in den gegenwärtigen Verhältnissen so wenig als möglich durch zu nahe vorgeschobene
Vortruppen die auswärtige Aufmerksamkeit zu erregen." K.-A.

2. K.-A. Hauptarmee V, 60$\frac{1}{2}$.

anders als auch ausserhalb des Kaiserstaates überall
das lebhafteste Aufsehen erregen. Nicht der König
von Würtemberg allein, dem seine Spione zutrugen, dass
mehrere böhmische Regimenter neuerdings in ihre Garnisonen
zurückgekehrt wären, mochte daraus hämisch auf einen
Systemwechsel der Hofburg schliessen.[1] Und dem Aufsehen
gab die Wirkung nichts nach. Indem die Rüstungen Oesterreichs zu weit vorgeschritten waren, um nicht Napoleon
zu beunruhigen, und doch nicht weit genug, um den Verbündeten eine Stütze zu gewähren, sahen sich beide krieg-
führende Teile gezwungen, den Waffenstillstandswünschen
ein günstiges Ohr zu leihen, die seit längerem von Wien
her mit steigender Dringlichkeit geäussert wurden. Frankreich, um den alten Bundesgenossen wiederzugewinnen,
Russland und Preussen, um sich des neuen völlig zu versichern, willigten sie noch einmal ein, dass die Waffen den
Federn der Diplomaten Platz machten.

---

1. An Napoleon 5. Juni. Schlossberger S. 305.

Neuntes Kapitel.

Waffenstillstand.

Der Gedanke, die Entscheidung des ungeheuren Kampfes durch eine Waffenruhe für längere oder kürzere Zeit zu vertagen, tauchte nicht erst jetzt zum ersten Mal auf. Schon im März und April hatte Napoleon ein solches Abkommen von Oesterreich vermittelt gewünscht. Aber damals war Metternich ein bezüglicher Antrag bei den Alliierten zu aussichtslos erschienen, als dass er der Anregung Folge gegeben hätte.[1]

Durch die Schlacht bei Grossgörschen war diese Sachlage offenbar verändert worden. Sie hatte im verbündeten Lager die hindernden Illusionen gewiss zerstört, und andrerseits machten die raschen Fortschritte der französischen Waffen, dass auch der Wiener Hof selbst einen Stillstand in den Operationen, der ohnehin in der Tendenz seiner Politik lag, mit jedem Tag für notwendiger ansah. In den Instruktionen, die Bubna am 11. Mai nach Dresden mitnahm, hiess es noch mehr beiläufig: „Wenn der Kaiser eine augenblickliche Waffenruhe in seinem Interesse finden sollte, so ist der Herr Graf autorisiert, diesen Wunsch ins russische und preussische Hauptquartier mitzuteilen,“ und war die Elbe als Demarkationslinie empfohlen.[2] Aber schon am 13. schickte ihm der Minister Vollmacht, die Oder bis

---

1. Vgl. oben S. 165 f.
2. Oncken II, 647 f.

zum Punkt der alten Schlesien durchschneidenden Militär-
strasse und damit Debloquierung der Festungen an diesem
Fluss anzubieten.[1] Das hätte den Alliierten, die damals
doch noch an der Spree standen, neben 40 Meilen Terrain
alle Verbindungen mit dem Norden gekostet[2] und gab also
den besten Beweis, welchen entscheidenden Wert man in
der Hofburg auf eine zustimmende Erklärung des Imperators
legte.

Es war die grosse Frage, ob sie erfolgen würde.

Die Erfahrungen des Feldzugs waren an sich kaum danach
angethan, Napoleon auf die Anträge der Monate vorher
zurückkommen zu lassen. Zwar, es fehlte auch hier nicht
an Schattenseiten. Die Kavallerie erwies sich der That
als ungenügend. Die Gegner zeigten eine ungewohnte
wilde Tapferkeit. Man verlor mehr Gefangene und Trophäen, als man erbeutete.[3] Nirgends endlich zeigte sich noch
die rechte Lust am Krieg. Der Kaiser musste seinen alten
Waffengefährten höhnisch die Sehnsucht nach den Annehmlichkeiten des Privatlebens vorhalten, und aus der Heimat
berichtete der Polizeiminister, dass der Sieg bei Lützen
nur deshalb bejubelt sei, weil er Aussicht auf Frieden er-
öffne.[4] Aber schliesslich, es ging doch vorwärts. Schon
gebot in Sachsen wieder französischer Einfluss. Ein zweiter
Sieg mochte den Feind an die äussersten Grenzen deutschen Landes führen. Dann noch ein letzter Versuch, und
Russland zog sich auf sich selbst zurück, Preussen wie

---

1. Metternich an Bubna 13. Mai, pr. 17. vormittags. H.-A.

2. Stadion an Metternich 19. Mai. H.-A.

3. Besonders ungehalten war Napoleon darüber bekanntlich
nach der Schlacht von Bautzen. Er sagte (Loföbvre V, 350)
Comment après une telle boucherie aucun résultat, point de
prisonniers! Ces gens-là no me laisseront pas un clou.

4. Fain 1, 430; Bericht Bubnas 22. Mai. Oncken II, 658.

nach dem Tag von Friedland seinem Schicksal überlassend.[1]
Napoleon hätte nicht mehr er selbst sein müssen, wenn vor
solchen Aussichten nicht alle anderen Erwägungen ver-
stummt wären.

Nur freilich eins bildete dafür die unerlässliche Voraussetzung: dass die Partie bis zuletzt allein zwischen ihm
und den Verbündeten blieb und keine neue Macht ihm im
entscheidenden Augenblick das Spiel umwarf; und hier eben
häuften sich seit einigen Wochen die Zweifel.

Auch schon im Winter war der Imperator wohl jezu-
weilen von Misstrauen gegen das Wiener Kabinet befallen
worden. Aber es hatte sich dabei doch mehr um vorüber-
gehende Stimmungen gehandelt, und noch am 24. April
schrieb er aus Mainz: Wie ich die Dinge ansehen mag,
ich gelange zu dem Schluss, Oesterreich wird dem alten
System treu oder neutral bleiben.[2] Erst als er zwei Tage
darauf in Erfurt die Berichte Narbonnes über seine letzten
Auseinandersetzungen mit Metternich erhielt, wurde er
stutzig; er fand, dass sie mit den Versicherungen Schwarzenbergs nicht zusammenstimmten. Vollends dann nach der
Schlacht vom 2. Mai in Dresden kamen ihm von allen
Seiten Nachrichten zu, die ihm das falsche Spiel der Hofburg und ihr völliges Einverständnis mit seinen Feinden zu
beweisen schienen. Der König von Sachsen berichtete ihm
reuig jede Einzelheit seiner Verhandlungen mit der Wiener
Regierung. Aufgefangene Depeschen Humboldts und Stackelbergs erzählten, dass der oesterreichische Minister versprochen

---

1. Schon am 4. Mai schrieb Napoleon an König Friedrich
(Corr. XXV, 313): L'Empereur de Russie et le Roi de Prusse se
dirigent sur Dresde, je les y poursuis. Ceci nous mènera à
la Vistule.

2. Tous les calculs possibles me portent à penser que l'Autriche persistera dans son systòme ou sera neutre. Corr. XXV,
265. Er schrieb es allerdings an den König von Würtemberg.

habe, sie in der Nacht wecken zu lassen, wenn wichtige
Ereignisse gemeldet würden, ja sogar genaue Angaben über
die Stärke der französischen Armeen sollte Metternich dem
Russen gemacht haben. Aus Stuttgart aber warnte König
Friedrich: Oesterreich rüste Tag und Nacht, schon wären
in Böhmen 130000, an der bairischen Grenze 30000 Mann
auf dem Kriegsfuss.[1]

Und trug das allzudeutlich den Stempel der Über-
treibung, Napoleon wusste doch so gut wie seine Gegner,
dass auch die Hälfte jener Zahl ihn in die kritischte Lage
bringen könnte. Die Truppenkonzentrationen in seiner
Flanke genierten ihn merklich.[2] Wie, wenn plötzlich,
während er vielleicht schon in Schlesien stand, der Bund
der drei Ostmächte, ihn rings umklammernd, emporwuchs?

Er beschloss, dieser Gefahr entgegenzuarbeiten, solange
es noch Zeit war. Dazu boten sich offenbar zwei Mittel.
Er musste Russland zum Austritt aus der Allianz bewegen
oder Oesterreich vom Eintritt zurückhalten. Das erste
hatte seine unstreitigen Vorzüge. Nicht nur, dass es sich
schon einmal vor sechs Jahren aufs beste bewährt hatte:
einer Versöhnungsscene zwischen den beiden mächtigsten
Herrschern des Abendlands nach unerhört blutigem und
ruhmvollem Kampf konnte auch jener Effekt auf das grosse
Publikum nicht fehlen, mit dem der Schüler Talmas zu
rechnen gewohnt war; und endlich kamen noch Gründe
hinzu, die der sonst weniger Wählerische allerdings mehr
auf der Zunge als im Herzen tragen mochte. Der Zar
hatte ihm einen „guten Krieg" gemacht: warum da nicht

1. Lebensbilder III, 464; Caulaincourt an Narbonne 14. Mai.
Lefèbvre V, 321; Ausserungen Napoleons gegen Bubna. Oncken
II, 649 f.; Bignon XI, 462; Schlossberger S. 296.

2. Zu Bubna sagte er: Votre armement en Bohême est fait
pour me donner des inquiétudos; il me gène dans mes opérations. Oncken II, 652.

einige Opfer in Polen bringen? Die Hofburg für ihre Zwei-
züngigkeit und Anmassung noch durch Abtretungen zu be-
lohnen, ging gegen seinen Stolz. Was er mit Blut gewonnen, wollte er nur gegen Blut herausgeben und sich
nicht durch Verhandeln und berechnetes Zuwarten abdringen
lassen. Ihn ärgerte der „honigsüsse, sentimentale Ton" der
oesterreichischen ‚Forderungen. Mit Rosenwasser verführe
man nur Frauen, meinte er bitter und redete sich je länger
je mehr in Zorn gegen Metternich hinein, der die Intrigue
für Politik nehme.[1]

Indessen gab es auf der andern Seite doch auch Erwägungen, die ihm, zumal wenn Alexander fest blieb, eine
Wiederherstellung des guten Verhältnisses von 1812
wünschenswert machten. Er war zu sehr Parvenü, um
nicht auf die Freundschaft des ältesten Herrscherhauses
Europas den grössten Wert zu legen. Durch sie fiel
gleichsam ein Abglanz jener Legitimität auf sein Haupt,
die er zu Zeiten schmerzlich vermisste. Es fehlte ihm nicht
an Gefühl für die Eintagsnatur seiner Schöpfungen: die
Ehe mit der habsburgischen Prinzessin hatte ihnen Dauer
verleihen sollen. Ob das der richtige Weg gewesen war,
stand jetzt nicht mehr in Frage. Der Versuch, „das Neue
mit dem Alten zu verschmelzen, die gothischen Vorurteile
mit den Institutionen meines Jahrhunderts"[2], war einmal
geschehen, und mit seinen Konsequenzen musste gerechnet
werden. Dazu aber gehörte die Notwendigkeit, „das oesterreichische Blut in Frankreich nicht verhasst zu machen."[3]
Wenn jetzt sein Schwiegervater in die Reihen der Gegner

1. Instruktionen für Caulaincourt 17. Mai. Corr. XXV, 348;
Napoleon an Eugen 2. Juni. Corr. XXV, 405; Äusserungen
gegen Bubna. Oncken II, 651; Lebensbilder III, 461.

2. Als solchen bezeichnete Napoleon die Ehe gegen Metternich am 26. Juni. Aus Metternichs nachgelassenen Papieren I, 156.

3. Je ne veux pas rendre odieux le sang autrichien à la
France, mehrmals wiederholt gegen Bubna. Oncken II, 651 f.

übertrat, so war die Zukunft seiner Dynastie wieder ins
Ungewisse gestellt; dann durfte sein Erbe einmal nicht auf
die Gunst des Volkes rechnen, weil, nicht auf die der
Kabinette, obwohl er der Sohn einer Erzherzogin war.

Zum Glück schienen solche Interessen Kaiser Franz
seinerseits nicht fremd sein zu können, und so lag neben
dem möglichen Übel zugleich das Heilmittel. Der Imperator riet nicht nur Narbonne bei dessen Abreise nach
Wien, die Familiensaite anzuschlagen,[1] sondern handelte
auch selbst auf das geschickteste nach diesem Rezept. Er
wurde nicht müde, dem Vater die Liebenswürdigkeit, die
Tugenden und Talente der Tochter zu preisen, die er liebe
wie nichts anderes auf der Welt,[2] die sein erster Minister
sei,[3] und es geschah nicht zum wenigsten in der irrigen
Hoffnung, damit in der Hofburg zu gefallen, dass er sie
zur Regentin ernannte, eine Zeit lang sogar ihre feierliche
Krönung ins Auge fasste.[4] Marie Luise aber musste seit
Monaten in immer neuen Briefen an den liebsten Papa die
Themata von der „bis zum Thränen" rührenden Anhäng-
lichkeit und dem kriegerischen und aktiven Geist der Nation,
der erstaunlichen Menge Truppen und der Lustigkeit und
Zufriedenheit des Gatten variieren. Stets hiess es dann:

---

1. Villemain, Souvenirs Contemporains d'Histoire et de
Littérature I, 291.

2. Certes on ne me reproche pas d'avoir le cœur trop ai-
mant, mais si j'aime quelque chose au monde, c'est ma femme.
Gegen Bubna. Oncken II, 651.

3. Napoleon an Kaiser Franz 4. Mai. J'ai des nouvelles
journalières de l'Impératrice, dont je continue d'être extrêmement
satisfait. Elle est aujourd'hui mon premier ministre, et elle
s'en acquitte à mon grand contentement; je ne veux pas le
laisser ignorer à Votre Majesté, sachant, combien cela fera plaisir
à son cœur paternel. Corr. XXV, 312.

4. Ernouf, Maret p. 500; dass diese Hoffnung irrig war, zeigt
Gentz' Brief an Caradja 14. April. Dépêches inédites I, 14 ff.

Der Kaiser trägt mir auf, Ihnen viel Schönes zu sagen.
Der Kaiser zeigt sich sehr gut für Sie, es vergeht kein
Tag, wo er mir nicht sagt, wie er Sie liebt, besonders seit
er Sie in Dresden gesehen hat, oder es wurde gar eine
förmliche Familienidylle ausgemalt: Wenn der Kaiser von
der Krönung redet, sagt er mir immer, ich hoffe, dass,
wenn dann der Friede und ein Waffenstillstand geschlossen
ist, Papa auch hierher kommen wird, und diese Idee macht
uns recht glücklich.[1] Jetzt, nach der Schlacht bei Lützen
schien die Zeit für einen Hauptschlag da zu sein. Die
Regentin berief, kaum ohne höheren Befehl, Herrn v. Floret
zu sich, der seit Schwarzenbergs Fortgang die Geschäfte
der Pariser Botschaft versah, und sprach ihm von der Unruhe, die ihr die neuerdings auftauchenden Gerüchte von
einem nahen Bruche verursachten (10. Mai). Die Erbitterung
Napoleons gegen ihren Vater werde in dem Fall keine
Grenzen haben, er werde dann alle andern bei Seite lassen
und seine Kräfte ganz gegen Oesterreich wenden: über
diese Kräfte aber möge man sich keinen Illusionen hingeben; es sei unermesslich, was alle Tage zur Armee ab-
ginge. Kurz, sie müsste das grösste Unglück für Familie
und Heimat besorgen. Zugleich mahnte sie Franz direkt
in einem bei aller Zärtlichkeit sehr energischen Brief: Seyn
Sie versichert, dass Sie nie einen Nutzen vom Krieg haben
werden. Der Kaiser hat sich darauf erwartet, er hat eine
Million Streiter unter den Waffen.[2]

---

1. Briefe vom 31. Januar, 18., 19. März, 13., 24. April. Helfert
S. 237 ff., 242.

2. Helfert S. 248 f. Die Million Streiter begegnet auch sonst
öfter in französischen Kommunikationen. So bezifferte der Herzog von Bassano in einem Reskript an Narbonne d. d. 11. April,
das dieser im Auszug Metternich mitteilte, die Truppen
Napoleons auf 640000 neue, 200000 alte Soldaten, 260000 in
Spanien, zusammen 1100000, ungerechnet Gensdarmerie, National-

Würde die Mahnung den beabsichtigten Erfolg haben?
Die Äusserungen Florets machten es nicht unwahrscheinlich. Er erklärte der Kaiserin, der Charakter ihres er-
lauchten Vaters müsse ihr Bürgschaft sein, dass er von
einem Bündnis nicht lassen werde, das so sehr im Interesse
beider Teile liege. Und überhaupt gab der Imperator die
Hoffnung noch lange nicht auf, mit Oesterreich in Güte
fertig zu werden. Was in den letzten Wochen an feindseligen Noten aus Wien gekommen war, schob er wesentlich auf das allzu hitzige Vorgehen seines Gesandten. Narbonne hätte die oesterreichische Regierung zu keiner Aussprache zwingen sollen. Dann wäre ihr „der erste Schritt
vom Wege der Allianz" erspart geblieben, und die französischen Erfolge hätten sie von selbst zu ihren Verpflichtungen zurückgeführt.[1] Auch jetzt noch brachten einige
freundliche Briefe und allgemeine Versprechungen gewiss
vieles wieder ins Gleiche, und das Übrige besorgten dann
wirksame Drohungen. Zumal in Italien musste der Zustand dahin geändert werden, „dass ich es bin, der
beunruhigt, nicht Oesterreich." Schon am 12. Mai wurde
deshalb der Vizekönig Eugen über die Alpen geschickt,
um die Observationsarmee an der Etsch auf 80 bis 90 Bataillone zu bringen und durch Zeitungsnachrichten und private Ausstreuungen dafür zu sorgen, dass man in Wien
150000 Mann zum Einfall von Süden her bereit glaube.[2]
So durch Hoffnung und Furcht gezügelt, liess sich die Hofburg vielleicht bis zur Vernichtung der Verbündeten hin-
halten, und war die Aussicht auf diese günstigste Lösung

garde und die 60000 Mann Rheinbundskontingente. Und diese
Berechnung bezeichnete er mit naiver Frechheit als ein aperçu
qui porte avec soi la conviction. H.-A.

1. Caulaincourt an Narbonne 4. Mai. Lefèbvre V, 311. Bignon
XI, 456 f.

2. Napoleon an Eugen 12., 18. Mai. Corr. XXV, 334,
357 ff.

zu gering, so mochte ein längerer Waffenstillstand Stärke
und Schlagfertigkeit des Heeres so erhöhen, das es schlimmsten Falls auch einem dritten Gegner siegreich widerstehen
konnte.

Die Aufnahme der neuesten oesterreichischen Vorschläge
entsprach diesen Stimmungen und Entwürfen. Kaum hatte
der Imperator, von einem Ritt heimkehrend, die Ankunft
Bubnas in Dresden erfahren, als er ihn auch trotz der
späten Stunde — es ging bereits auf acht — in das königliche Schloss zu sich bescheiden liess (16. Mai).[1] Er empfing
ihn anfangs ganz freundlich, dann aber fand er es angezeigt, eine seiner beliebten Jähzornsscenen aufzuführen.
„Was thut man bei Euch?“ brach er los. „Ihr rüstet! Gegen
wen rüstet ihr? Es kann nur gegen mich sein; denn Ihr
habt mir seiner Zeit gesagt, dass die Stimmung des Landes
zu sehr gegen mich ist, als dass der Kaiser etwas für mich
thun könne. Eure Rüstungen müssen mich also beunruhigen.“ Und nun ging es durch fünf Stunden bis nach
Mitternacht mit glühender Vehemenz über die oesterreichische
Politik her. „Ich will nichts wissen von Eurer bewaffneten
Vermittlung. Ihr bringt die Fragen nur in Verwirrung.
Lasst mich meine Sachen mit dem Kaiser von Russland allein ordnen. Wir werden uns einigen, wir sind
immer auf gutem Fuss mit einander geblieben. — Wer seid
denn Ihr? Sprecht Ihr mir als Herzog von Lothringen?
als Herzog von Mailand? von Brabant? Oder als Grossherzog von Florenz? Was will man von mir? Durch
Stockschläge erhält man nichts von einem Franzosen. —
Ich werde nichts abtreten, nicht ein Dorf von dem, was
dem Reich verfassungsmässig einverleibt ist. Ein Mann,
der vom einfachen Bürger zum Thron gelangt ist und
20 Jahre im Feuer gestanden hat, fürchtet die Kugeln

---

1. Alles Folgende nach dem Berichte Bubnas. Oncken II,
649 ff.

nicht, fürchtet die Drohungen nicht. Ich mache mir nichts aus meinem Leben und ebenso wenig aus dem Leben der andern. Ich schwanke nicht mein Leben zu opfern und achte das von 100000 Mann nicht höher; ich würde eine Million opfern, wenn es sein muss. Ihr werdet mit Gewalt nichts erreichen, wir werden uns in vielen Feldzügen schlagen, Ihr werdet mich nur durch wiederholte Siege bezwingen. Ich werde vielleicht untergehen und meine Dynastie mit mir. Alles das gilt mir gleich. Ihr wollt mir Italien und Deutschland entreissen, Ihr wollt mich entehren. Mein Herr, die Ehre über alles, dann Weib, dann Kind, dann Dynastie! Wir werden die Welt und die bestehende Ordnung der Dinge umwälzen. Die Existenz der Monarchien wird problematisch werden. Die beste der Frauen wird das Opfer sein. Frankreich fällt den Jakobinern zur Beute. Und das Kind, in dessen Adern das oesterreichische Blut fliesst, was wird aus ihm?" Der Imperator verfiel auf einige Zeit in jenen elegischen Ton, der ihm so garnicht stand. Aber bald klang es wieder zornig und hart: „Ich habe Illyrien mit einer Million Menschen erkauft. Ihr werdet es mir nicht entreissen, ohne die gleiche Summe zu verausgaben. Ihr wollt im Trüben fischen . . . Ihr könnt mir keinen Krieg machen mit 45 Millionen neuer Scheine. Ihr müsst 400000 Mann aufbringen, um mir mit Erfolg entgegenzutreten. Die Begeisterung Eurer Nation, von der Ihr soviel Aufhebens macht, wird sich verlieren, wenn der Kaiser erst Opfer von ihr fordert. Ihr nennt Euch noch meine Alliierten, dabei erleichtert Ihr die Bewegungen der Russen, indem Ihr Eure Truppen abzieht und die Polen aus Krakau jagt. Und was habt Ihr für mich gethan; für Euren sogenannten Bundesgenossen? Ihr nehmt mir das Hilfskorps in dem Augenblick, in dem mir Schwarzenberg in Paris versichert, dass diese Truppe marschieren wird, wohin ich befehle. Ich kenne diese Spitzfindigkeiten nicht, ich bin wohl zuweilen grob in der Politik, aber niemals

falsch! Ich betrachte den Pariser Vertrag als gebrochen.
Wenn Ihr noch meine Alliierten seid, so muss ein anderer
an die Stelle treten. — Garantiert mir zuerst meine Staaten,
ich meine die verfassungsmässig einverleibten Provinzen.
Sobald Oesterreich nicht mehr mein Bundesgenosse ist,
kann es nicht Vermittler sein. Das regierende Haus ist
italienisch, die Familie der Erzherzogin Beatrix[1] ist italienisch.
Oesterreich ist die einzige Macht, die viel eingebüsst hat
in Italien und anderswo. Wie sollte ich einen Staat, der
selbst interessiert ist und soviel Verlorenes zurückzufordern
hat, zum Vermittler nehmen? — Ehemals heischten die
Barbarenhorden den Tribut der zivilisierten Völker; diese
bezahlten ihn auch, aber die Barbaren kamen jeden Augenblick wieder, und schliesslich schlug man sich. So fordert
Ihr mir erst nur Illyrien ab, dann werdet Ihr Venedig
fordern, dann Mailand, dann Toskana und werdet mich
also doch zum Krieg zwingen, da ist es schon besser, gleich
damit zu beginnen. Ja! Wenn Ihr Provinzen haben wollt,
so muss Blut fliessen."

Erst gegen Ende der Audienz beruhigte er sich etwas.
Er fragte, ob Bubna Vollmacht zu einer Unterhandlung
habe, und als der verneinte, beauftragte er ihn, sogleich
nach Wien zurückzukehren und dort offiziell zu erklären,
dass er bereit sei, für das Haus Oesterreich Opfer zu
bringen.

Wer mit Napoleons Taktik vertraut war, konnte vor-
aussehen, dass die weitere Entwicklung sich im Sinn der
letzten Worte, nicht der wilden Ergüsse zuvor, vollziehen
würde. Wirklich erschien Caulaincourt, den der Imperator
noch in der Nacht gerufen hatte, am nächsten Morgen in
aller Frühe im Hotel des Gesandten, hörte mit vieler Ruhe
und einer durch verständnisvolle Fragen bezeugten Teilnahme alles an, was dieser als Wünsche seines Kabinets

---

1. Mutter der Kaiserin Maria Ludovika.

17*

entwickelte, und gab schliesslich eine längere Erklärung ab, die die Vorwürfe von gestern zurücknahm und ausdrücklich wiederholte: der Kaiser scheint geneigt, Oesterreich einige Vorteile zuzuwenden, wenn sie der Wiederherstellung des Friedens dienen könnten. Nur will er nicht, dass man den Kreis des Popilius um ihn beschreibe. — Damit nicht genug, entschuldigte sich Napoleon auch direkt. Er empfing Bubna am Mittag noch einmal und war jetzt ganz gelassen und freundlich. Er scherzte, frischte alte Erinnerungen aus seinen italienischen Feldzügen auf und nahm es mit hellem Lachen hin, als der Oesterreicher launig den allgemeinen Wunsch dahin definierte, Seine Majestät möchten endlich *Empereur* werden und Ihre Vorliebe für den *Imperator in castris* ablegen. Was aber aller äusserlichen Liebenswürdigkeit erst den rechten Wert gab, er zeigte sich dem Gedanken einer Waffenruhe günstig, von der er noch vor vierzehn Stunden gepoltert hatte, sie führe zu nichts. „Schreiben Sie, beantwortete er die erneute Frage des Generals, dass ich zum Frieden geneigt bin, — die Herren sollen Bevollmächtigte senden und hören lassen, was sie wollen. Sagen Sie, dass ich einen Waffenstillstand annehme; macht man ihn gleich, so gehe ich hinter die Elbe, und die alliierte Armee ziehe hinter die Oder . . . Wenn in der Zwischenzeit eine Schlacht geliefert wird, sie mag glücklich oder unglücklich für mich ausfallen, so . . . muss dann jede Armee aus der Stellung, in welcher sie sich befinden wird, einen gleichen Rückschritt machen, und zwischen beiden ein neutrales Terrain bleiben."

Bubna beeiferte sich, der Weisung nachzukommen. Noch am Abend dieses wichtigen 17. Mai reichte er dem Herzog von Vicenza den Entwurf für den gewünschten Brief an Stadion ein. Am nächsten Mittag erhielt er ihn mit einigen eigenhändigen Abänderungen Napoleons zurück, und bald darauf eilte der Legationssekretär v. Neumann auf dem kürzesten Weg über Lobositz-Gabel nach Görlitz, um das schicksalsschwere Schreiben[1] an seine Adresse zu befördern.

Nunmehr hatten die Verbündeten das Wort. Ihnen war das Verlangen nach einer Waffenruhe bisher ganz fremd gewesen. Dieselbe Aussicht auf ein Eingreifen Oesterreichs, das ihrem Feind eine Unterbrechung des Kampfes nahelegte, liess sie an seiner kräftigen Fortführung ihr Interesse finden; und auf dem Kriegsschauplatz standen die Dinge mindestens noch nicht verzweifelt. Es musste sich zeigen, ob vielleicht doch jene Hoffnung in so weite Ferne rückte und die militärische Lage sich zugleich fortdauernd so verschlechterte, dass auch sie einer Zeit der Erholung und Sammlung zu bedürfen glaubten.

Einstweilen jedenfalls schien es nicht, als sollte der Antrag des Imperators auf günstigen Boden fallen. Gleich das war kein gutes Omen, dass der Kurier statt am 19. abends, wie Bubna gerechnet hatte,[2] erst am Morgen der Bautzener Schlacht bei Stadion eintraf.[3] Der Graf freute sich der Überraschung wenig. Schon über die Depesche

---

1. Abgedruckt bei Fain I, 393 ff. Es erwähnt zunächst den Wunsch Napoleons nach einem Kongress zur Regelung des allgemeinen oder auch des Kontinentalfriedens, dann fährt es fort: Le congrès une fois arrêté, si les puissances belligérantes voulaient conclure un armistice ou une suspension d'armes, l'empereur m'a paru aussi disposé à s'y prêter. Ayant l'honneur d'informer V. E. de ces dispositions de l'empereur des Français, roi d'Italie, je pense qu'Elle voudra bien intervenir près des souverains alliés, s'ils trouvent cet armistice de leur convenance, pour que les ouvertures d'usage en pareil cas soient faites en conséquence aux avant-postes français. Das Versprechen, dass die französische Armee sich hinter die Elbe zurückziehen werde, enthielt es nicht. Napoleon hatte es aus dem Entwurf gestrichen. Bignon XII, 98.

2. Vgl. seinen Bericht. Oncken II, 656.

3. Berichte Stadions 21. Mai. H.-A.

Metternichs, die ihn von der Vollmacht seines Kollegen im
französischen Hauptquartier unterrichtete, war er erschrocken
gewesen. Hoffentlich, schrieb er zurück, werde der General
nicht davon Gebrauch machen; denn sonst könne Napoleon
mit beiden Händen zugreifen, und gerade für Oesterreich
sei ein Waffenstillstand das wenigst Wünschenswerte.[1]
Mindestens er selbst mochte nicht dazu beitragen und hatte
deshalb entgegen den Direktiven seines Hofes bisher mit
Nesselrode noch nie im Ernst über die grosse Frage verhandelt.[2] Jetzt freilich durfte er sich der lästigen Pflicht
nicht länger entziehen. Er schickte Hardenberg eine Kopie
des Schreibens und machte sich mit dem Original sogleich
nach Wurschen ins nahe Hauptquartier der Monarchen auf
den Weg.[3] Hier fand er alles in Unruhe und Aufregung
wegen des beginnenden Kampfes. Der Zar war gerade im
Begriff, zu Pferde zu steigen. Er fragte, ob Annahme oder
Nichtannahme des Waffenstillstandes auf die Haltung Oesterreichs Einfluss haben werde, und wie Stadion darüber denke.
Der Gesandte vermied eine offene Antwort. Er versicherte
nicht eben wahrheitsgemäss, dass die Vorschläge ohne Zuthun
des Wiener Kabinets gemacht wären und also in einer
höflichen Ablehnung nichts Kränkendes für die Hofburg
liegen könne.[4] Das genügte Alexander. Er ritt ab und
überliess die weitere Erörterung seinem Staatssekretär. Der
wurde dann mit dem Oesterreicher leicht eins, man solle
ausweichend an Bubna schreiben, dass sein Brief im Augenblick einer Schlacht angekommen sei, die beide Souveraine

---

1. Berichte und Briefe 19., 21. Mai. H.-A.

2. Bericht vom 19. Mai. H.-A.

3. Wie alles Folgende nach dem Bericht vom 21. Mai.
H.-A.

4. Que ces propositions n'ayant point leur origine à Vienne,
mais ayant été faites par l'Empereur des Français sans avoir
passé par notre cabinet, il ne pouvait rien y avoir de désobli-
geant pour ce dernier dans un refus. H.-A.

aus dem Hauptquartier entfernt habe, und eine Erklärung darauf erst nach deren Rückkehr erfolgen werde.[1] Übrigens sprach er sich selbst für den Fall einer Niederlage gegen die Waffenruhe aus, es müsste sich denn darum handeln, dem offenbaren Untergang zu entrinnen; und auch Hardenberg äusserte sich sehr stark in ablehnendem Sinn.

Diese Stimmung schien anfangs vorzuhalten, obwohl man am Nachmittag des 21. den Rückzug angetreten hatte. Noch am frühen Morgen des 22. entwickelte Nesselrode dem Gesandten die Idee, in der Antwort an Bubna, ganz wie dessen Brief selbst es andeute, die Frage des Waffenstillstandes von der des Kongresses abhängen zu lassen und in diesen nur zu willigen, wenn sich Frankreich zuvor über die Friedensbedingungen erklärt habe.[2] In den nächsten Stunden aber vollzog sich, vom preussischen Lager ausgehend, ein entscheidender Umschwung. Um die Mittagszeit erschien der Russe von neuem bei Stadion und brachte diesmal Knesebeck mit, der einen Wunsch seines Hofes zu entwickeln begehre. Der einflussreiche General schickte sich dem auch alsbald an, in längerer Rede für einen Waffenstillstand auf kurze Kündigung zu plaidieren, der den Alliierten Berlin und die untere Elbe beliesse. Er leugnete nicht, dass, wenn Oesterreich Ende des Monats losschlüge, dies eine unnötige, ja schädliche Massregel sei, aber da der Termin des Eingreifens umgekehrt bis Mitte Juni hinausgeschoben zu werden schiene, sähe er kein

---

1. Que sa lettre ayant été présentée au moment d'une bataille qui avait éloigné les deux Souverains du quartier général, je recevrais la réponse, aussitôt que j'aurais pu prendre les ordres de L. L. M. M.

2. d'accepter le congrès, dès que la France se serait expliquée sur les conditions de paix . . et de laisser aussi que la lettre même du Comte Bubna paraît l'indiquer la question de l'armistice dépendante de cette première. Berichte Stadions 22. Mai. H.-A.

anderes Mittel, um die Staaten seines Königs nicht ganz zu
opfern und nicht völlig aus der Stellung zu weichen, in der
der Wiener Hof bei seiner Erklärung die Verbündeten
wünschen müsse. Auch der Russe trat jetzt wenigstens
nicht mehr dagegen ein: eine Waffenruhe sei den Interessen
seines Staates nicht zuwider und könne Preussen nützen,
also wünsche der Zar sie ebenfalls. Der Gesandte selbst
redete in keiner Weise zu. Er glaubte nicht, dass Napoleon
hinsichtlich der Demarkation nachgiebiger sein werde als
vor der Schlacht in Dresden. Da aber der russische Stolz
einem direkten Schritt widerstrebte, so willigte er gern ein,
nach den Angaben Nesselrodes und des inzwischen auch
noch hinzugekommenen Hardenberg an den Herzog von
Neufchatel zu schreiben, dass die Verbündeten jederzeit
bereit wären, in Verhandlungen über einen Waffenstillstand
einzutreten und bevollmächtigte Offiziere zu den Vorposten
zu schicken. Ohnehin war dieser Brief[1] so kurz und unverbindlich gehalten, dass er sich keinen Erfolg davon
versprach; ihn in freundlicherem Sinn zu ändern, hatte er
kein Interesse gefunden.

Wirklich verlautete in den nächsten Tagen nichts aus
dem französischen Hauptquartier; und Knesebeck und seine
Gesinnungsgenossen, über Berlin und die Terrainverluste
ruhiger geworden, hatten sich bereits mit der Fortdauer
des Kampfes ausgesöhnt.[2] Da traf am 27. Mai doch noch
ein wesentlich zustimmendes Schreiben des Herzogs von
Bassano (d. d. Görlitz 25. Mai) ein, der um den politischen
Charakter der Sache zu betonen, die Beantwortung statt
Berthiers übernommen hatte, und bewirkte im Verein mit
dem gleichzeitigen Ansuchen Caulaincourts,[3] dass die

---

1. Fain I, 433 f.
2. Berichte Stadions 26. Mai. H.-A.
3. Sein Brief bei Fain I, 434 f. Nach Bignon XII, 122 hätte
Nesselrode 26. Mai geantwortet; nun aber trägt die Kopie dieser

Generale Grafen Schouwaloff und Kleist zu den feindlichen
Vorposten gesandt wurden. Allerdings zeigten die Verbündeten in der Sache auch jetzt noch wenig Entgegenkommen. Von einem Kongress, wie ihn der französische
Minister wieder in den Vordergrund gestellt hatte, wollten
sie nichts wissen; das wäre eine Zerstörung der Allianz,
äusserte Alexander neuerdings.[1] Die Bevollmächtigten erhielten die strikte Weisung, sich auf keine politische Erörterung einzulassen; und die militärischen Bedingungen,
unter denen sie abschliessen durften, waren recht anspruchs-
voll. Napoleon konnte schon die gewünschte Demarkationslinie: preussische Grenze bis zur Elbe, Elbe bis zur Mündung,
also Hamburg frei, nicht wohl gewähren, und eine vierzehntägige Dauer des Stillstandes bei drei- bis sechstägiger
Kündigung bot ihm vollends nur Nachteile. Er brauchte
drei Monate zur Vollendung seiner Rüstungen und zur Einleitung erfolgreicher Sonderverhandlungen; acht oder allenfalls sechs Wochen aber stellten das Äusserste dar, mit
dem sich der von ihm delegierte Caulaincourt begnügen
durfte.[2] So war in den ersten stürmischen Sitzungen eine
Einigung nicht zu erzielen. Dem Imperator riss die Geduld
ob des schädlichen Zeitverlustes. Er griff nach seiner Gewohnheit durch, und am 3. Juni hielt man im verbündeten

Antwort auf dem Haus- Hof- und Staatsarchiv in Wien das
Datum Striegau 16./28. Mai, und dafür spricht, dass auch die
Vollmachten (Fain I, 483) und Instruktionen für die Delegierten
der Verbündeten Striegau 16./28. Mai ausgestellt sind. Man
konnte sich den Luxus, zwei Tage unnötig mit der Bevollmächtigung zu warten, nicht mehr gestatten.

1. Berichte Stadions 28. Mai. H.-A.

2. Vgl. die Instruktionen für Caulaincourt 26. Mai (wohl irr-
tümlich für 29., da die Vollmachten für Schouwaloff und Kleist
d. d. 28. als bekannt vorausgesetzt werden), 30. Mai, 1. Juni
10 Uhr vormittags, 1. Juni 3 Uhr nachmittags, 2., 3., 4. Juni.
Corr. XXV, 383ff., 388f., 394ff., 400f., 405f., 416f.

Hauptquartier ein Ultimatum in Händen, das sehr liberal
im Punkt der Demarkation, umso kategorischer auf dem
27. Juli als frühestem Anfang der Feindseligkeiten bestand.[1]
Sollte man annehmen oder ablehnen? Man fühlte tief
den ganzen Ernst der Entscheidung. Ein vierzehntägiger
Waffenstillstand war eine rein militärische Massregel, ein
sechswöchentlicher hatte auch seine politische und moralische
Seite. Ihn abschliessen hiess offen bekennen, dass man
nicht fähig gewesen war, die Vorteile der geübteren Truppe
auszunutzen, und jedenfalls auf diese Vorteile in Zukunft
verzichten; denn nach seinem Ablauf musste das napoleonische
Heer wieder in alter Herrlichkeit dastehen. Wie leicht
konnte ferner das Feuer der Begeisterung, schon jetzt ab-
gekühlt, ganz verrauchen; und waren nicht Verhandlungen
unvermeidlich, durch die es Napoleon vielleicht glückte,
seine Gegner zu trennen und einen faulen Frieden herbeizuführen? Manch einem erschien ein Eingehen auf die französische Forderung als Preisgabe der Sache Europas.[2]

Auf der andern Seite aber bot doch auch eine Fortsetzung der Feindseligkeiten die bedenklichsten Aussichten.
Man war in Stellungen, die sich ohne Schlacht nur noch
wenige Tage halten liessen,[3] eben jetzt schnitt der Fall
Breslaus den Weg nach Norden völlig ab (1. Juni), schon
drängte der russische Oberfeldherr auf den Rückzug an die
Weichsel; und kam es dazu, so war es um das Einverständnis zwischen den Verbündeten von Kalisch geschehen,
vor allem: es war dann illusorisch, auf den Beitritt Oesterreichs zu rechnen.[4]

1. Bericht Stadions 3. Juni. Oncken II, 661.
2. Anstett erklärte Stadion (Oncken II, 662), que dès que
cet armistice de deux mois à peu près serait accepté, il regarde-
rait la cause de l'Europe comme abandonnée, les trois grandes
Puissances comme perdues.
3. Berichte Stadions 27. Mai. H.-A.
4. Blücher an Barklay 1. Juni. Droysen, York II, 93.

Diese Rücksicht auf die Hofburg musste den Ausschlag geben. Am Nachmittag jenes 3. Juni erschienen Knesebeck und Anstett, die beiden Häupter der Waffenstillstands- und der Kriegspartei bei Stadion.[1] um ihm die Entscheidung der grossen Frage anheimzustellen. Wieder wie schon am 22. Mai fehlte es nicht an offenen und versteckten Vorwürfen gegen die Haltung des Wiener Kabinets, das, wie Anstett polterte, doch wohl nicht den Untergang Russlands und Preussens mit seinem eignen Sturz erkaufen wolle; und schon an sich war die Lage des Gesandten peinlich genug. Im persönlichen wie im Staatsinteresse konnte er die schwere Verantwortung eines offenen Ja oder Nein unmöglich auf sich nehmen. Eine äusserliche Neutralität verstand sich von selbst. Aber ganz zu schweigen ging auch nicht an. Er versicherte, dass ein Waffenstillstand bis Ende Juni Oesterreich sehr viel stärker machen werde, und gab auf eine ausdrückliche Anfrage Knesebecks zu: sein Herr habe in der That nicht genug Vertrauen in das Waffenglück, um nicht am liebsten durch Unterhandlung und ohne Schwertstreich die wesentlichsten Bedingungen für die Ruhe Europas zu erlangen. Mehr brauchte es nicht, um den Herren zu zeigen, wohin die Wünsche der Hofburg gingen. Sie beschlossen die Bevollmächtigten zu instruieren, dass man in einen vierwöchentlichen Waffenstillstand mit sechstägiger Kündigung willige, der, falls man inzwischen über die Grundlagen der Verhandlung einig geworden sei, um weitere vier Wochen verlängert werden könne. Von diesem unglücklichen Kompromiss[2] bis zur völligen Unterwerfung unter das Ultimatum Napoleons war nur ein Schritt; er wurde gethan. Am 4. Juni nachmittags 2 Uhr[3] unterzeichneten die Generale mit Caulaincourt zu

---

1. Vgl. dessen Bericht Oncken II, 660 ff.
2. Napoleons Zorn darüber siehe Corr. XXV, 416.
3. Napoleon an Bassano 4. Juni 4 Uhr nm. Corr. XXV, 418.

Poischwitz die Konvention, nach der der Kriegslärm bis zum 27. Juli zu schweigen hatte.[1]

Doch wollte weder hüben noch drüben eine rechte Freude über den gelungenen Abschluss aufkommen. Man weiss, mit welchem Schmerz die preussischen Patrioten die „dunkelste Trauerbotschaft" empfingen;[2] und auch den Imperator quälten allerlei Zweifel. Er glaubte nachgiebiger gewesen zu sein, als sich mit seiner Ehre vertrüge, und verschloss sich der trüben Ahnung nicht, dass sein jüngster Schritt ihm leicht sehr verhängnisvoll werden könnte.[3]

Nur am oesterreichischen Hoflager hätte die Befriedigung unmöglich grösser sein können. Gleich als Bubna berichtete, dass Napoleon sich einem Waffenstillstand noch immer willig zeige, war Metternich ein Stein vom Herzen gefallen. Er redete von dem „besten Erfolg" der Mission und schrieb dem Kaiser triumphierend: „Ich hoffe, Ew. Majestät werden sich neuerdings zu überzeugen geruhen, dass unser Gang der Rechte ist." Wirklich versicherte Franz den gescholtenen Minister wieder seines vollen Vertrauens: „Gerechtfertiget ist gewiss durch das, was bisher geschieht, der Gang, den Sie mir angerathen",[4] und beide fassten nun ernstlicher den Plan ins Auge, den sie schon am 11. nach Dresden hin angekündigt hatten[5]: sich zur Erleichterung der Verhandlungen in die Nähe des Kriegsschauplatzes zu verfügen.[6]

---

1. Abgedruckt bei Fain I, 484 ff.

2. Arndt: Meine Wanderungen und Wandelungen mit dem Reichsfreiherrn von Stein. Herausg. v. R. Geerds. S. 137.

3. Corr. XXV, 406. Lefèbvre V, 354.

4. Vortrag vom 21. Mai mit allerhöchster Resolution darauf. Vgl. auch den Bericht des Grafen Hardenberg 24. Mai. Oncken II, 311.

5. Kaiser Franz an Napoleon 11. Mai. Oncken II, 648 f.

6. Bereits am 27. bat Metternich (Vorträge. H.-A.), „sich in der Stille bereit zu halten, um sich, in dem Fall der Waffen-

Das eigentliche Signal dazu aber gab doch erst eine
am 30. eintreffende Depesche Stadions (d. d. 26.), die, den
Waffenstillstand in Frage stellend, zugleich die sensationelle
Nachricht enthielt, die Verbündeten hätten die bis Bunzlau
und Goldberg verfolgte Richtung auf Breslau verlassen und
plötzlich im tiefsten Geheimnis die Strasse nach Schweidnitz,
Brieg und Oppeln eingeschlagen.[1] Damit gewann die Lage
ein sehr kritisches Ansehen; denn wie wenig die Bewegung
bei der Unmöglichkeit, die durch französische Festungen
beherrschte Oderlinie zu halten, strategisch einer auch in
Wien anerkannten[2] Begründung entbehrte, man witterte
daneben die Absicht, „Oesterreich an die Wand zu drücken",[3]
moralisch und politisch zum Anschluss zu zwingen. Wurde
jetzt der Krieg fortgesetzt, so war die sorglich vermiedene
offene Erklärung am Ende doch vielleicht unausweichlich.
Es schien kein Augenblick mehr zu verlieren. Metternich
fuhr sofort zum Kaiser nach Laxenburg heraus und bat
ihn, womöglich schon folgenden Tags an die ·nordböhmische

stillstand angenommen werden sollte, selbst nach Böhmen zu
verfügen, um so der Negociation näher zu sein."

1. Bericht Stadions 26. Mai pr. 30. H.-A. Metternich an Stadion
30. Mai. Oncken II, 659 f.

2. La direction que prend l'armée alliée est fort approuvée
par l'Empereur et sans contredit préférable à la retraite sur
l'Oder. Ebenda.

3. Aus Metternichs nachgelassenen Papieren I, 143. So
Unrecht hatte man damit kaum. Die Verbündeten selbst
machten den Entschluss geltend als „la plus forte preuve de
confiance qu'on avait dans les assurances et dans les paroles du
Cabinet de Vienne, puisque ce n'est qu'autant qu'on pouvait
compter avec certitude sur une prompte coopération de l'Autriche
que cette position de l'armée dans les camps retranchés pouvait
être bonne et pouvait être soutenue pendant quelque temps."
Berichte Stadions 26. Mai. H.-A.

Grenze abzureisen.[1] Dabei sollte der Ort als Residenz gewählt werden, der zwischen Dresden und dem Hauptquartier
der Verbündeten am meisten in der Mitte läge. Man nahm
eine Karte zur Hand und entschied sich leicht für Gitschin,
ein Schloss des Fürsten Trautmannsdorf bei Jungbunzlau.[2]
Alle Vorbereitungen wurden mit grösster Schnelligkeit getroffen. Am 1. Juni morgens um 6 Uhr verliess Franz
mit kleinem Gefolge die Hauptstadt, am 3. schon war die
Verlegung des Hofes eine vollzogene Thatsache.

Natürlich erregte sie überall das grösste Aufsehen. In
Wien selbst stand man wie vor einem Rätsel. Man sprach
tagelang von nichts anderm und sehr verschieden wie die
Parteien waren die Kommentare. Noch immer gab es, zu-

---

1. Aus Metternichs nachgelassenen Papieren I, 142 ff. Wenn
Metternich behauptet, auf die Nachricht vom Verlust der Bautzener Schlacht, die er am 29. Mai 4 Uhr nachmittags gehabt,
nach Laxenburg geeilt zu sein, so muss das trotz der genauen
Angabe der Tagesstunde ein Irrtum sein. Denn der Bericht
Stadions vom 22., der über den Ausgang keinen Zweifel lässt,
trägt das Präsentatum des 25., und wenn der Minister selbst an
diesem Tag auch nicht in Wien war, so kehrte er doch spätestens
am 27. zurück.

2. Häusser IV, 216 behauptet: „Das Schloss Gitschin . . . lag
von Dresden ziemlich weit weg, aber nahe genug beim Hauptquartier der Verbündeten." Thatsächlich sind die Entfernungen
ziemlich gleich. — Überhaupt waren Kaiser Franz und sein
Minister ängstlich bemüht, Licht und Schatten bei allen Massregeln gleichmässig auf beide Parteien zu verteilen. So resol-
vierte Franz auf die Gesuche um Gestattung von Getreideausfuhr:
Ich gestatte jedem der vier Höfe (Frankreich, Sachsen, Russland,
Preussen) nur den Ankauf und die Ausfuhr von 20,000 Metzen
Weizen, 20,000 Metzen Roggen, 10,000 Metzen Gerste und 10,000
Metzen Hafer. Sachsen und Frankreich müssen in Böhmen, Preussen
und Russland in Mähren und Galizien kaufen (31. Mai. H.-A.). Es
bedarf das ausdrücklicher Erwähnung, weil Oncken (II, 335) versichert, dass dieser „grosse Dienst" nur den Verbündeten geleistet sei.

mal im Adel, einen stattlichen Kreis von Leuten, die den Tag nicht erwarten konnten, wo das Wort Krieg ausgesprochen würde. Nach ihnen hätte es nur eines herzhaften Entschlusses bedurft, um den Knoten mit einem Schlag zu zerhauen, und besonders eifrige Friedensgegner wie der fahrende Ritter Nugent setzten denn auch mit Erfolg die Taktik des Winters fort: den Imperator von allen ihm feindseligen Schritten Oesterreichs zu unterrichten, damit Metternich, unrettbar kompromittiert, schliesslich keine Wahl mehr habe.[1] Die andern begnügten sich in den Salons über die Politik der Regierung zu Gericht zu sitzen, wo zum Entsetzen des ruheseligen Gentz[2] jedes gesellschaftliche Behagen seit lange einem wüsten Raisonnieren und Deraisonnieren gewichen war. Man durfte zweifeln, ob überhaupt eine Massregel Gnade vor ihren Augen finden würde. Die gegenwärtige jedenfalls galt ihnen als erstes Glied schmählicher Friedensverhandlungen.[3]

Doch liessen sich daneben in steigender Zahl auch sehr andere Stimmen vernehmen. Die Zeiten waren gewesen, wo ein selbst nicht einmal kriegslustiger Mann hatte dafür bürgen wollen, dass es in Oesterreich ebenso leicht sei wie in Deutschland und Preussen eine allgemeine Bewaffnung hervorzubringen.[4] Wesentlich nur noch in Böhmen und seiner herrlichen Hauptstadt, wo Schwarzenberg, Radetzky und der Oberstburggraf Kolowrat in edlem Wetteifer für die gute Sache wirkten, konnte sich der Patriot über Schwung und Begeisterung freuen.[5] Sonst begann sich bereits jener hässliche Kleinmut zu regen, von dem die Berichte aus dem

1. Nugent an Münster 31. Mai. Lebensbilder II, 144f.
2. Vgl. namentlich seinen Brief an Metternich 10. Juni. Aus Metternichs nachgelassenen Papieren I, 245f.
3. Gentz an Metternich 5. Juni. Ebenda I, 244f.
4. Prof. Watteroth an Hager 14. April. Wertheimer S. 366.
5. Stadion an Metternich 8. Juni nach Äusserungen Steins. Siehe den Anhang.

Juli so peinliche Einzelheiten erzählen.[1] Die Ansicht durfte
noch Anspruch auf Grösse machen, die Oesterreich einem
rechtlichen Mann verglich, der durch den ungerechtesten
Gegner zu einem Zweikampf gezwungen werden könne,
wenngleich er und alle seine Freunde sich nicht verbärgen,
dass der Gegner zehnmal besser schösse.[2] Gar manchem
erschien selbst die Reise nach Gitschin als ein fre
Beginnen, an dessen Verantwortung die Urheber dereinst
schwer würden zu tragen haben; denn was sei sie anders
wenn nicht das Signal zum Krieg?

Die so sprachen, zeigten, dass sie von der Stimmung
in den höchsten Regionen keine Ahnung hatten. Hier rief
alles nach Frieden. Duka mit seiner ängstlichen Beschränktheit war der Mann der Situation. Eben in den Tagen nach
Abschluss des Waffenstillstandes (8. Juni) gab er eine neue
glänzende Probe von der natürlichen Verkehrtheit seines
Geistes. Schwarzenberg hatte beantragt, bei Prag ein be-
festigtes Lager, bei Theresienstadt und an der Donau
Brückenköpfe anzulegen. Die militärische Notwendigkeit
dieser Massregeln leuchtete ein, und zudem griffen sie, wie
der Feldmarschall gleich vorsorglich betonte, als rein
defensiver Art durchaus in den Geist der Vermittlung ein.
Trotzdem brachte es der Generaladjutant fertig, ihre vorläufige Ablehnung zu empfehlen. Er benutzte die Gelegenheit, um dem Kaiser die ohnehin nur allzu oft bedachte
Thatsache in Erinnerung zu bringen, dass man diesmal kaum
etwas über ein Drittel der Streitkräfte von 1809 aufgestellt
habe, und tadelte, dass die vorgeschlagenen Rüstungen sich
bestimmt nur gegen Frankreich allein und nicht gegen
Russland und Preussen zugleich aussprächen, „welches nach
meiner wenigen Einsicht doch notwendig wäre, um die
kriegführenden Mächte zu überzeugen, dass man nichts Ein-

---

1. Wertheimer 368 f., 393 ff.
2. Gentz an Metternich 5. Juni. Oncken II, 370 f.

seitiges — nur einen billigen Frieden von beiden Teilen fordert."[1] Selbst Metternich sah sich genötigt, mit diesen Einflüssen zu rechnen. Vielleicht, dass er in anderer Umgebung kräftiger aufgetreten wäre; so begrüsste er den Waffenstillstand als die „grösste aller Wohlthaten" und lebte der Hoffnung, dass über seine bescheidenen Forderungen eine Einigung möglich sein werde.[2] Schon am 29. Mai hatte er Franz in einem Erlass an Graf Wallis die Worte in den Mund gelegt: Die Entwickelung des gegenwärtigen politischen Standes dürfte mir bald erlauben, meine hauptsächliche Aufmerksamkeit auf die inneren Verhältnisse meiner Monarchie zu richten[3]; und als sein Freund Gentz sechs Tage später am Schluss eines Rückblicks auf die letzten Ereignisse seit dem Untergang der grossen Armee die verschiedenen Möglichkeiten der endlichen Lösung erörterte, erklärte er die Wahrscheinlichkeit eines friedlichen Ausgleichs für überwiegend.[4] Die Jämmerlichkeit des dann Erreichten zu bemänteln, hatte der grosse Publizist ein System blendender Scheingründe ersonnen. Nach ihm war die Herrschaft Napoleons wesentlich erschüttert und untergraben. Es handelte sich also nicht sowohl darum, ihren Sturz herbeizuführen oder nicht, als vielmehr um die Art, wie man ihn am besten beschleunigte. Dazu aber schien ein vorteilhafter „Waffenstillstand", und brachte er nur den Verzicht auf Polen, das beste Mittel. Das Grösste und Entscheidendste durfte man ja ohnehin bereits als unwiderruflich gewonnen verzeichnen: die enge Verbindung zwischen Oesterreich, Russland und Preussen und die Verbreitung der Überzeugung, dass die Hofburg den gegenwärtigen Zustand von

---

1. Duka an Kaiser Franz 8. Juni. K.-A. Hauptarmee VI, 45 1/2.
2. An Stadion 6. Juni. Oncken II, 663 f.
3. Vorträge 29. Mai. H.-A.
4. Résumé de la situation actuelle des affaires. Siehe den Anhang.

Europa für unzulässig, mit allen Ideen von Ordnung, Ruhe und Gerechtigkeit streitend, mithin durchaus anormalisch und unerträglich ansehe. Es gehörte viel Idealismus dazu, in dem Letzteren mehr als in sechs der französischen Oberherrschaft entrissenen Provinzen zu erblicken.[1] Doch bewegte sich auch der Minister wesentlich in diesem Gedankenkreis. Er tröstete den Grafen Hardenberg[2] damit, dass der abzuschliessende Friede nur ein Waffenstillstand sei, in dem man sich zu neuen Anstrengungen sammeln werde. Deren Erfolg aber wäre sehr gut vorbereitet, wenn man sich eine Operationslinie sichern könne, die am adriatischen Meer begönne und am baltischen endige.

Das innerlich Hohle und Nichtige solcher Worte blieb dem schärferen Auge nicht verborgen. Jene Linie mochte sich auf der Karte recht gut ausnehmen: thatsächlich liess sie den besten Teil Europas in Händen des einzigen Napoleon und teilte den schlechteren unter drei Mächte auf, von denen die beiden Frankreich benachbarten notwendig zu dessen Provinzen herabsanken, vorausgesetzt, dass Russland nicht die Kraft oder den Willen hatte, sie zu seinen Sklaven zu machen. Wer wollte für Illyrien auch nur ein halbes Jahr gutsagen, wenn die Macht des Imperators in Italien und Deutschland ungebrochen blieb? Preussen stand

---

1. Diese Theorien zuerst ausführlich entwickelt in dem Brief an Metternich 10. Juni (aus Metternichs nachgelassenen Papieren I, 245 ff.). Seine Überzeugung von der Erschütterung des napoleonischen Systems hat G. auch sonst ausgesprochen z. B. sehr stark 10. Juli gegen George Jackson: „Je suis persuadé que nous l'atteindrons (meinen Lebenszweck: die Vernichtung Napoleons) . . Je ne vous parle pas de ce qui se fera d'ici à trois mois ou dans un an ou dans tel ou tel espace de temps terminé, mais je sais que nous vivrons pour voir le triomphe de notre cause et que „les portes de l'enfer ne prévaudront pas contre" cette conviction. Jackson, Diairies. Bath Archives II, 160.

2. Vgl. dessen Bericht vom 31. Mai. Oncken II, 325.

dann nach wie vor jeder Invasion offen, die man von Paris aus zu befehlen beliebte. Russland würde zum zweiten Mal der Narr nicht sein mitzuthun. Gewiss musste ein fauler Frieden nach zwei Jahren einen neuen Krieg heraufführen. Aber eitel war die Hoffnung, ihn unter besseren Aussichten zu beginnen. Gerade umgekehrt liess sich voraussagen, dass man nicht den Mut haben würde, ihn zu beginnen, nicht die Kraft ihn auszufechten, nicht den politischen Kredit, ihn einem andern europäischen Staat gemeinsam zu machen.

Es war ein Glück für Oesterreich und die Welt, dass sich unter seinen Diplomaten ein Mann fand, der feurigen Herzens und klaren Kopfes mit sieghafter Beredsamkeit immer wieder auf diese Folgen hinwies und dabei an einem Platze stand, wo seine Worte sich auch in Thaten umsetzen konnten. Wer will sagen, ob ohne den Grafen Stadion im Hauptquartier der Alliierten jener von Gentz gepriesene Bund der drei Ostmächte die Krisen des Mai und Juni überdauert hätte?

Der Vertrag von Reichenbach ist wesentlich sein Werk.

———

Zehntes Kapitel.

Der Vertrag von Reichenbach.

Von vornherein hatte sich an die Mission des Grafen Stadion für die Verbündeten die Hoffnung geknüpft, dass er die Allianz mit Oesterreich bringen werde. Als „Träger von Gesetz und Propheten"[1] war er mit jeder Woche ungeduldiger erwartet worden. Endlich am 12. Mai traf die ersehnte Nachricht ein, dass er nur noch wenige Stunden vom Hauptquartier entfernt sei, und nun jubelte alles mit dem aus peinlichster Lage befreiten Lebzeltern: Dem Himmel sei Dank, da sind Ew. Excellenz angekommen.[2]

Der also Begrüsste überliess sich derweilen im Reisewagen den ernstesten Reflexionen.[3] Er gedachte, wieviele Punkte seiner Instruktionen in den wenigen Tagen seit ihrer Ausfertigung durch den ehernen Schritt der Ereignisse überholt seien, und war nicht ohne Sorge wegen eines stürmischen Empfanges bei den Alliierten, der doppelt unangenehm werden konnte, wenn man sich einfallen liess, nach Wallensteinischem Muster den Mann vom Amt zu unterscheiden. Würde man ihm nicht die Langsamkeit seines Hofes als die Ursache alles Unglücks vorwerfen, darauf dringen, dass die oesterreichische Armee mindestens

---

1. Berichte Lebzelterns 18. April. H.-A.
2. Graces au Ciel, voilà V. E. arrivée. Lebzeltern an Stadion 12. Mai. H.-A.
3. Stadion an Metternich, Friedland 12. Mai. H.-A.

jetzt unverzüglich in Aktion trete? Und er durfte das frühestens nach vierzehn Tagen versprechen!

Es waren wenig angenehme Aussichten, aber was galt auch das Behagen des einzelnen unter so einzigartigen, entscheidungsvollen Umständen? Der Graf durchdrang sich mit der Überzeugung, dass jetzt der Augenblick gekommen sei, wo die Haltung und Festigkeit der verbündeten Monarchen über die Politik Oesterreichs und das Schicksal Europas bestimmen' müsse, und klar stand ihm als seine Aufgabe vor Augen: „diese Leute auf deutschem Gebiet festzuhalten und den Russen den Mut zu wahren, Europäer zu bleiben". Dazu gab es offenbar nur einen Weg. Er musste ihnen unbedingtes Vertrauen in die Gesinnung seiner Regierung einflössen, nötigenfalls indem er über unzureichende Instruktionen hinausging und schädliche ignorierte. So erklärte er Metternich gleich jetzt offen heraus: für diesen wesentlichen Punkt kann ich mich nicht zu sehr kompromittieren, und legte später dem Grafen Hardenberg das Geständnis ab, er mache sich kein Gewissen daraus, seine Pflichten als guter Oesterreicher mehr als die eines abhängigen Ministers anzusehen.²

Zunächst freilich blieb er noch einigermassen in den Grenzen seines Auftrages, wenn er eine Militärkonvention anregte und den russischen Vertragswünschen gegenüber versicherte, er habe zwar keine Vollmachten oder genaueren Instruktionen nach dieser Richtung, werde jedoch mit den Ministern der verbündeten Mächte gern über einen Eventualtraktat verhandeln, der das Verhalten Oesterreichs nach Ablehnung seiner Vorschläge durch Napoleon regele. Zeit verlöre man dabei nicht, da man ja die Form der Bestätigung wählen könne, die von Alexander und Friedrich

---

1. Stadion an Metternich 10. Mai. H.-A.
2. Graf Hardenberg an Münster 21. Juni. Oncken II, 350

Wilhelm im Februar beliebt sei.[1] Aber das war unzweifelhaft nicht mehr im Sinne Metternichs, dass er Nesselrode
ein Friedensprogramm entwickelte, welches, weit mehr dem
Maximum als dem Minimum seiner Weisungen entsprechend, für
Oesterreich die Grenzen vor 1805, für Preussen Durchführung
der Kalischer Abmachungen, für ganz Deutschland Freiheit
von französischem Einfluss forderte[2]; und seine abweisende
Haltung gegenüber dem Wiener Lieblingswunsch des Waffenstillstandes kennen wir bereits. Er sah die Dinge eben mit
ganz andern Augen an. Während man in der Hofburg
geneigt war, alles verloren zu geben, schrieb er, als handele
es sich um etwas Selbstverständliches: Ich habe unbedenk-
lich nach allen Seiten hin den Gang befolgt, zu dem ich
bei meiner Abreise aus Wien für den Fall autorisiert wurde,
dass die Dinge den Alliierten günstig erschienen.[3]

Natürlich fehlte es da nicht an schweren inneren
Kämpfen. Er fühlte sich oft so unglücklich, dass ihn nur
die Furcht, der guten Sache zu schaden, auf seinem Posten
zurückhielt. Wenn er wieder einmal eine Ordre im Sinn
des diplomatischen Rückzugs erhalten hatte, konnte es
kommen, dass er einige Stunden brauchte, um sich über
die ungeheure Verschiedenheit seiner Thätigkeit und der
daheim massgebenden Gesichtspunkte zu beruhigen.[4]

Aber er liess nichts unversucht, diese Verschiedenheit
durch eine günstige Schilderung der Lage in ihrer Quelle,
der Furcht und Hoffnungslosigkeit des Hofes, zu beseitigen.
Gleich in seinem ersten Bericht (13. Mai) versicherte er, die
Sachen stünden weit besser, als er gedacht, man sei von

1. Berichte 14. Mai. H.-A.
2. Relation Nesselrodes über eine Unterredung mit Stadion
bei dessen Berichten vom 16. Mai. H.-A.
3. Berichte 16. Mai. H.-A.
4. Graf Hardenberg an Münster 21. Juni. Oncken II, 351.
Stadion an Metternich ohne Datum, wahrscheinlich 18. oder
20. Mai. H.-A.

Ubermut und Kleinmut gleich weit entfernt, und fortan
rühmte er immer wieder die Ruhe, Ausdauer und Standhaftigkeit seiner Umgebung. Zumal Alexander hatte es ihm
angethan. Schon in der Antrittsaudienz war er von der
Sachkenntnis und Urteilsschärfe des Zaren entzückt gewesen,
und einen noch stärkeren Eindruck nahm er aus einer
Unterredung hinfort, die er sich nach der Bautzener Schlacht
nicht ohne vorheriges Zögern erbat. Konnte sich das
Wiener Kabinet eine bessere Gesinnung wünschen, als sie aus
dem Geständnis sprach, man werde in offener Feldschlacht
immer geschlagen werden, aber bei der Erschöpfung Napoleons
lasse zähes Ausharren auf schliesslichen Erfolg hoffen?[1]
Die Bürgschaft für solche Worte lag in den Verhältnissen
selbst; Stadion bemerkte sehr richtig, dass Oesterreich, wenn
überhaupt je, so jetzt auf die Festigkeit der Gegner Frankreichs rechnen dürfe, wo der eine von ihnen nur in ihr die
Hoffnung auf irgend welche Existenz finde und der andere,
durch die Erfahrungen des letzten Jahres über die Unverletzlichkeit des eigenen Gebietes beruhigt, dem alten panischen
Schrecken nicht mehr zugänglich sei. Er leugnete die
militärischen und politischen Fehler der Verbündeten nicht,
den Rückzug am 3. Mai nannte er hart genug eine ungeheure Ungeschicklichkeit, aber er hielt dem gegenüber, wie
leicht man von Wien aus Einfluss auf ihre Operationen gewinnen
könne: sie wollen nichts Besseres als unsern Ratschlägen
folgen.[2] Und der schönen Armee zollte er das höchste Lob.
Er wurde nicht müde, die gute Ordnung des Rückzugs hervorzuheben, der in der Geschichte einzig dastehe, insofern
die Weichenden Trophäen gewönnen und die Verfolger
stündlich Verluste erführen.[3] Jeden Tag könne das verbündete Heer die Offensive wieder aufnehmen. Soldaten,

1. Berichte 23. Mai. Oncken II, 329 f.
2. Berichte 16. Mai, Brief 2. Juni. H.-A.
3. Berichte 22., 26., 27. Mai, 2. Juni. H.-A.

Offiziere, Generäle, alle forderten sie, nur das Misstrauen
der Souveraine in die Fähigkeit der leitenden Männer und
die eitle Scheu, eine dritte Schlacht zu verlieren, lasse es
nicht dazu kommen. 85000 Mann mit 570 bis 600 Geschützen
seien bei Schweidnitz versammelt.[1]

Das *ceterum censeo* solcher Beobachtungen war stets:
Halten wir Wort, brechen wir mit unserer Armee aus Böhmen
vor! Er warnte: das sei die böseste aller Möglichkeiten,
dass Napoleon Oesterreich durch ein Einzelzugeständnis bei
Seite schöbe und so in seinen Händen behielte, um es später
das Gewicht seiner Rache fühlen zu lassen; denn die
Beziehungen zu Frankreich müssten seit mehr als einem
Monat als entschieden betrachtet werden. Man habe zuviel
gethan oder vielmehr zuviel unterlassen, als dass Napoleon
ernstlich an den wahren Absichten Oesterreichs zweifeln
könne. Und mit grosser Geschicklichkeit spielte er den
Metternich des April gegen den des Mai aus: sie wären
doch früher einig gewesen, dass jeder Marsch vorwärts die
Lage des Imperators umso kritischer und prekärer mache,
wenn nur die Alliierten festblieben; dass eine anfängliche
Niederlage der Russen das Beste sei.[2]

Diese Sprache wurde umso stärker, je mehr sich das
verbündete Heer den Grenzen jenes deutschen Landes
näherte, auf dem er es um jeden Preis hatte festhalten
wollen. Mit dem Rechtsabmarsch an die böhmische Grenze
schien ihm die letzte Stunde gekommen, bis zu der Oesterreich das Zögern und die Unschlüssigkeit seiner militärischen
und politischen Haltung hatte treiben dürfen.[3] Erklärte es sich

---

1. Bericht No. 11 D und Brief vom 2. Juni. II.-A.

2. Stadion an Metternich [18. oder 20. Mai]; an denselben 26. Mai:
Rappelez-vous ce que nous avons parlé et discuté ensemble
plus d'une fois sur le cas de revers de la Russie, pourvu qu'elle
entrât en jeu et qu'elle ne quittât pas la partie. Eh bien, nous
sommes tout à fait dans cette situation supposée alors la meilleure.
H.-A.

3. Berichte 27. Mai. H.-A.

auch jetzt nicht binnen acht bis zehn Tagen, so zog der
Zar seine Russen hinter die Weichsel zurück oder machte
gar Frieden mit einem Feind, gegen den er von der be-
rufensten Macht ohne Unterstützung gelassen war.

Das abzuwenden, nahm Stadion alle Kraft seiner Beredsamkeit und Dialektik zu einer Reihe feuriger Mahnungen
an die kriegsscheue Regierung zusammen.[1] Mit rücksichts-
loser Offenheit hielt er der oesterreichischen Politik ihre
Sünden vor: „Diese Leute sind geschlagen durch unsere
Schuld, durch die Halbheit unseres Wollens, unserer Mittel,
unserer Sprache; sie werden immer noch gut davonkommen
und Oesterreich die Kosten des Vergleichs tragen lassen.
Frankreich und Russland, milde, einem Hof Komplimente zu
machen, der seine Macht freiwillig gelähmt hat, werden sich
in Güte einigen und uns unserem Untergang preisgeben.“
Er protestierte gegen eine Unterhandlung, „die durch ihre
Dauer Napoleon aus aller Verlegenheit zieht und unsere
Fesseln für immer zusammennietet“, er protestierte vor allem
gegen die Metternichschen Bedingungen, die den Weg des
Todes für die Monarchie bedeuteten, zu einem Frieden führen
würden, der noch weniger einer sei als alle seine Vorgänger
seit 1797. „Und warum, fragte er weiter, warum all diese
Zerstörung dessen, was bisher dem reissenden Strom der
Ereignisse widerstand? Weil die Russen und Preussen mit
hundert und so und soviel tausend Mann jenseit der Oder
sind und Verstärkungen von fast gleicher Zahl erwarten!
weil es Napoleon in seiner augenblicklichen Lage wenig
behaglich ist und er das Zurückweichen Oesterreichs
brauchen kann, um einige Monate zu gewinnen, seine
Kavallerie zu reorganisieren, zahlreiche Verstärkungen heranzuziehen und sich von neuem zum Herrn über das gegen
ihn verschworene Europa zu machen!“ Er wusste wohl,

---

1. 27. Mai, 30. Mai, 2. Juni. H.-A.

wo der Hauptgrund dieser Unbegreiflichkeiten zu suchen
sei, dass es in erster Linie darauf ankomme, die ängstliche
Friedensliebe des Kaisers zu überwinden. So wagte er die
Vermutung, schon eine starke Demonstration werde genügen,
um wenigstens leidliche Bedingungen zu erhalten, und versicherte aus voller Überzeugung: „Das Urteil unseres guten
Herrn ist bereits gesprochen im Herzen Napoleons, alles
beweist, dass er der Rache geweiht ist." Metternich selbst
aber rief er am Schluss eines solchen Briefes die herrlichen
Worte zu: „Denken Sie zwei-, zehn-, hundertmal nach über
die Partei, die Oesterreich zu ergreifen hat. Sie wird uns
entweder in Wahrheit zu der grossen Rolle des Friedens-
vermittlers oder zu Knechtung und Auflösung führen. Zeit
verloren, alles verloren. Die Schäferstunde hat geschlagen,
aber während wir über sie reden, entweicht sie. Leben Sie
wohl. Ich glaubte, unsere Parole sei: Mut, Festigkeit und
Ausdauer."

Man kann diese vergilbten Blätter mit den kleinen,
kritzligen Schriftzügen noch heute nicht ohne Ergriffenheit
lesen. Vollends damals machten sie den tiefsten Eindruck.
Metternich schrieb dem Rivalen bewundernd: Sie schlagen
sich so heldenhaft, dass man durch Sie und noch einmal
durch Sie und zum dritten Mal durch Sie viel in unserm
traurigen Land erreichen würde; ja selbst der Kaiser, auf
den das „traurige Land" nicht zum wenigsten gemünzt war,
liess ihm seine denkbar grösste Zufriedenheit ausdrücken,
er würdige die ganze Haltung des Gesandten umsomehr,
als er aus dessen Privatbriefen ersehe, dass er sich dabei
unendlich oft sozusagen seines eigenen Selbst entäussern
müsse.[1]

Und mit solcher persönlichen Anerkennung behielt es
nicht sein Bewenden. Auch in der Sache selbst durfte der

---

1. Metternich an Stadion 14. Juni, 6. Juni. Oncken II,
671, 663.

Patriot sich eines bescheidenen Erfolges freuen. Dabei
kam ihm zu Statten, dass eins seiner stärksten Argumente,
die Gefahr einer Neuauflage von Tilsit, durch gewisse Vorgänge auf französischer Seite eine ernste Bestätigung fand.

Zuerst am 19., dann unter dem Vorwand, es handele sich
nur um den Waffenstillstand, am 25. Mai hatte der beim
Zaren von früher her so beliebte Caulaincourt um die Ehre
einer persönlichen Unterredung gebeten.[1] Nun war der
Erfolg zunächst freilich ein sehr negativer gewesen.
Alexander hatte „die goldene Brücke zur Befreiung von
den Intriguen Metternichs", „die schöne Gelegenheit zu
glänzender Rache für den albernen Zug der Oesterreicher nach Russland" nicht benutzt. Vielmehr hatte
er den Herzog das erste Mal gebeten, ihm durch Vermittlung des oesterreichischen Kabinets die Eröffnungen zu
machen, mit denen er beauftragt sei,[2] und das zweite nicht
ohne Ironie antworten lassen, man wolle ihm die Mühe einer
Reise um einen rein militärischen Gegenstand sparen.[3]
Aber der französische Diplomat setzte diese Versuche bei
den Waffenstillstandsverhandlungen mit der ihm angeborenen
Liebenswürdigkeit fort. Er bereitete den bevollmächtigten
Generälen einen ausgezeichneten Empfang und trank bei
einem ihm zu Ehren veranstalteten Diner gar auf die russische
Armee, was umsomehr bemerkt wurde, als nun auch Schouwaloff mit einem Toast auf das brave französische Heer
erwiderte.[4] — Die Festigkeit des Zaren konnte ihre Grenzen
finden. Schon jetzt drohte Wilhelm v. Humboldt mit der
Möglichkeit, dass die Verbündeten sich ohne Rücksicht auf
die Interessen der Hofburg mit Napoleon vertrügen[5]; und

---

1. Seine Instruktionen bei Lefèbvre V, 331 ff.
2. Lefèbvre V, 343.
3. Nesselrode an Caulaincourt 28. Mai. Bignon XII, 122.
4. Berichte Stadions 29. Mai. H.-A. Criste S. 281.
5. Berichte Stadions 2. Juni No. 11 C. H.-A.

wenn Alexander selbst Stadion beteuerte, er fürchte alle
französischen Sendlinge, werde sich nicht auf Gespräche
mit ihnen einlassen, so fügte er doch sogleich hinzu: solange
ich noch nicht alle Hoffnung auf Oesterreich verloren habe. [1]

Es musste also wohl oder übel etwas Positives geschehen, damit diese Hoffnung gegenüber den Lockungen
des Korsen erhalten blieb; und zwar gleich nach zwei
Seiten hin. Napoleon hatte Bubna in Dresden offen heraus
gesagt, er werde Russland das Herzogtum Warschau anbieten. [2] Das war ein Köder, dessen Anziehungskraft Oesterreich doppelt zu fürchten hatte, wenn es fortfuhr, das Herzogtum wesentlich nur für sich und Preussen in Anspruch zu
nehmen. So besann sich Metternich schleunigst auf die
Ehrenpflicht, dafür zu sorgen, dass der Zar seinem Volk
Trophäen heimbringe, und bevollmächtigte Stadion zu Vorbesprechungen über ein Abkommen, das die Verteilung der
warschauischen Länder zwischen Oesterreich, Russland und
Preussen regelte. [3]

Sodann begann er nun endlich auch jenen Vertrag mit
freundlicheren Augen anzusehen, den Nesselrode schon
Anfang Februar angeregt hatte, und der seither von Stackelberg und Humboldt um die Wette erbeten war. Gewiss
die Verpflichtung, bei Ablehnung festumschriebener
Bedingungen an einem festumschriebenen Zeitpunkt die
Waffen zu ergreifen, widerstrebte ihm und seiner
Mobilitätspolitik noch immer. Er schalt sie „entweder
unnütz an sich oder unverträglich mit unserer Mittlerrolle"[4].
Aber dafür würde derselbe Vertrag dann auch die Garantie
enthalten, dass die Verbündeten sich auf keinerlei Sonderverhandlungen mit Frankreich einliessen, und eine solche

1. Bericht Stadions 29. Mai. H.-A.
2. Bericht Bubnas 16. Mai. Oncken II, 652.
3. Metternich an Stadion 8. Juni. Oncken II, 664 f.
4. Metternich an Stadion 11. Juni. Oncken II, 665 ff.

Garantie erschien, zumal angesichts des langen Waffenstillstandes, mit jedem Tage mehr unentbehrlich.

Es traf sich gut, dass während sich derart der Boden
für sie günstiger gestaltete, die alten russischen Wünsche
mit verstärkter Energie erneuert wurden.

Im verbündeten Hauptquartier hatte man trotz Stadion
von der rückläufigen Wendung der oesterreichischen Politik
zu viel erfahren, um nicht ernstlich in Unruhe zu geraten.
Die unbegreifliche Nachsicht gegen Friedrich August und
Poniatowsky, die ewige Verlängerung des zur Vollendung
der Rüstungen beanspruchten Zeitraumes waren Gegenstände
lebhaftesten Bedauerns gewesen. Auch daran hatte man
Anstoss genommen, dass Metternich seinen Gesandten fast
vierzehn Tage lang ohne jede Nachricht oder Weisung liess.[1]
Den Höhepunkt jedoch erreichte die Missstimmung, als
durch Stackelberg und dann auch durch direkte Mitteilung
des Wiener Kabinets Auszüge aus jenen Instruktionen bekannt wurden, mit denen Bubna am 23. Mai zu Napoleon
zurückgekehrt war. Darum also hatte man auf dringendes
Verlangen Stadions sein Friedensprogramm in zwei schönen,
von Wohlwollen für Oesterreich überfliessenden Noten
formuliert, damit es dem Imperator nicht einmal vorgelegt,
geschweige denn von Wien aus unterstützt wurde! Vielmehr
schien es, als sollte der General die französische Regierung
um ihre Bedingungen fragen. Aufregung und Empörung
waren allgemein. Hardenberg, wie zu Boden geschmettert,
überliess sich dumpfer Trauer. Nesselrode, der sich persönlich für ein Bündnis mit Oesterreich engagiert hatte, fühlte
seinen jungen Einfluss wanken. Er eilte zu Stadion und
überhäufte ihn mit Vorwürfen. Das hiesse alles widerrufen,
was die Depeschen Metternichs und die Briefe Kaiser
Franz' versprochen hätten oder wenigstens geschienen hätten

---

1. Bericht Stadions 27. Mai. H.-A. Der Expedition vom 13.
folgte erst am 25. eine neue.

zu versprechen, wenn man sie im natürlichen Sinn läse.
Eine Stunde darauf beschied der Zar den Gesandten zu
sich. Er bewahrte mehr Ruhe, aber urteilte nicht weniger
bitter über die Wiener Staatsweisheit, die Napoleon in einer
fast verzweifelten Lage das Mittel gebe, Zeit zu gewinnen
und alle Federn treuloser Verhandlung spielen zu lassen;
sie müsse die Monarchie zum Untergang führen. Jedenfalls
beschloss er, sich Klarheit zu verschaffen. Endlich einmal
sollte der Schleier fallen, welche Bedingungen die Hofburg
mit Heeresmacht unterstützen und welchen Endtermin sie
für die Unterhandlung festsetzen würde. Nesselrode hatte
ihm Vertrauen zu Metternich eingeflösst, so mochte er jetzt
sehen, was er in Wien erreichen konnte.[1] Entschluss und
Ausführung waren eins. Schon der nächste Tag fand den
Staatssekretär auf der Reise, ausgestattet mit einer Reihe
von Briefen, die, einer drängender als der andere, an die
Beharrlichkeit und Gewissenhaftigkeit Kaiser Franz' appel-
lierten.[2] „Mit einem einzigen Wort, schrieb Alexander,
können Ew. Majestät über das Schicksal Europas entscheiden," und Hardenberg stellte beweglich vor: „Der geringste Aufschub wird die schrecklichsten Folgen für uns
alle haben."

Es war derselbe Ton, den man bei der Sendung Scharnhorsts vergebens angeschlagen hatte. Aber dem Russen
lächelte das Glück, das sich dem würdigeren Preussen ver-
sagt hatte. Freilich in die Kaiserstadt kam auch er nicht
hinein. Als er in Brünn anlangte, erfuhr er die Abreise
des Hofes nach Gitschin und machte sich nun gleichfalls
dahin auf den Weg. In Kollin holte er den oesterreichischen
Minister ein, der ihn zum guten Anfang alsbald einlud, das

---

1. Bericht Stadions 29. Mai. H.-A.

2. Alexander an Kaiser Franz, Friedrich Wilhelm an Kaiser
Franz, Hardenberg an Metternich 30. Mai. H.-A.

lästige Inkognito aufzugeben.[1] Die beiden Staatsmänner kannten sich von früher her und verstanden sich rasch. Wenn Stadion gefürchtet hatte, die Mission werde wenig gelegen kommen, so erklärte sie Metternich nach einigen Tagen für ein wirkliches Glück, und auch der Kaiser, sonst so leicht zu verstimmen, bezeigte seine unbegrenzte Zufriedenheit mit dem Abgesandten, der, geschmeidig und bestimmbar wie er war, den oesterreichischen Wünschen nach Möglichkeit entgegenkam.[2] Die eigentliche Verhandlung wurde durch die Nachricht vom Abschluss des Waffenstillstandes in letzter Stunde auf das wesentlichste erleichtert. Damit nämlich ergab sich ein Endpunkt für die Friedensvermittlung von selbst, und was deren Grundlagen anbetraf, so wagte Metternich jetzt, wo die unmittelbare Gefahr fürs erste noch einmal abgewandt war, seine Bedingungen wieder ein wenig heraufzusetzen. In einer Note, die er unter den Augen des Russen am 7. Juni niederschrieb,[3] bezeichnete er vier Punkte als. *conditiones sine quibus non:* Auflösung des Herzogtums Warschau; Vergrösserung Preussens infolge dieser Auflösung und Rückgabe von Danzig; Rückgabe der illyrischen Provinzen an Oesterreich; endlich Wiederherstellung der Hansestädte, zum mindesten Hamburgs und Lübecks und ein wenigstens eventuelles, mit dem allgemeinen Frieden verbundenes Abkommen über die Freigabe der übrigen Teile der 32. Militärdivision. Zwei weitere Punkte: Auflösung des Rheinbundes und Wiederaufbau Preussens annähernd in der Ausdehnung vor 1805 versprach er mit

1. Metternich an Stadion 3. Juni. Oncken II, 660. Was Metternich später (1. Juni 1820. Nachgelassene Papiere III, 332) über das Zusammentreffen mit Nesselrode erzählte, hat nur insofern Interesse, als es uns seine lebhafte Phantasie erkennen lässt.

2. Metternich an Stadion 6. Juni. Oncken II, 663 f. u. H.-A.

3. Bericht Stadions 9. Juni. H.-A.

aller möglichen Wärme zu unterstützen. Auf dieser Basis
sollte Stadion zur Unterzeichnung eines Bündnisvertrages
bevollmächtigt werden, während zugleich ein militärischer
Kongress in Prag über den künftigen Feldzugsplan zu
beraten hätte.[1] Das begleitende kaiserliche Handschreiben
atmete dasselbe Wohlwollen. Es betonte die Überzeugung,
dass nur in der innigsten Verbindung der drei Ostmächte
Aussichten des Heils lägen, und schloss mit den zwiefach
bedeutsamen Worten: Von diesem Weg, abweichen hiesse
den eigenen Untergang wollen; ihn zu verfolgen, werden
mich Ew. Majestät ebenso treu finden, wie Sie mir gelobt
haben es Ihrerseits zu sein.[2]

Auch nachdem Nesselrode auf seinen dermalen sehr
gefährdeten Posten zurückgekehrt war, dauerte die gute
Stimmung fort. Anstett hatte an die offizielle Mitteilung
des Waffenstillstandes den Wunsch geknüpft, man möge nun
keinen Augenblick mehr verlieren, um die Oesterreich und
den Verbündeten gemeinsamen Gesichtspunkte so unzweideutig festzulegen, dass weder für Zweifel noch für Erörterungen irgend welcher Art Raum bliebe[3]: Sofort beeiferte
sich Metternich, dem Zaren die grosse Befriedigung seines
Herrn darüber auszudrücken[4]; und als man russischerseits
ziemlich gereizt über den Ausbleib der Vollmachten für
Stadion Klage führte,[5] traf er schleunigst das Auskunfts-
mittel, den Gesandten stattdessen mit gleichwertigen kaiserlichen Handschreiben zu versehen, damit der langsame

---

1. Oncken II, 336 ff., der die Note aber auf Grund eines
mit leichtester Mühe zu berichtigenden Schreib- oder Gedächtnis-
fehlers des Grafen Hardenberg durch Stadion übergeben lässt.
Warum dann wohl die erste Konferenz darüber (Oncken II, 339)
erst am 10. stattgefunden hätte?!

2. Kaiser Franz an Alexander 7. Juni. H.-A.

3. Anstett an Stadion 5. Juni. H.-A.

4. Metternich an Stadion 8. Juni. Oncken II, 664 f.

5. Nesselrode an Metternich 9. Juni. H.-A.

Geschäftsgang der Kanzlei die Geduld der Herren jenseit der Berge nicht auf zu harte Proben setze.[1]

Es war klar: die Zeit der Ausflüchte und des Versteckspielens hatte ihr Ende erreicht; man hatte sich entschlossen, die mittlerweile gefährlich gewordene Freiheit zu gunsten eines zunächst allerdings noch sehr problematischen Bündnisses aufzugeben.

Neue ausgedehnte Rüstungsmassregeln zeigten, dass man sich der Tragweite des bevorstehenden Schrittes bewusst war. Kaum war der Waffenstillstand geschlossen, als Kaiser Franz auch schon von Prag und Reichenbach aus gleichmässig bestürmt wurde, die kostbare Zeit zur Verstärkung seiner militärischen Stellung zu benutzen. Der Beweis für die Notwendigkeit liess sich leicht erbringen. Man brauchte nur einen flüchtigen Blick in die Kundschaftsnachrichten zu werfen, um zu erkennen, wie auf feindlicher Seite alles Thätigkeit und Bewegung sei. In ganz Frankreich sollten Aushebungen stattfinden. Vom Rhein her wurde der Anmarsch beträchtlicher Truppenmassen gemeldet. Aus Spanien zog der grösste Teil des Heeres ab und konnte bis zum 27. Juli recht wohl an der Elbe sein. Die italienische Armee unter Eugen wuchs täglich. In Deutschland ging der König von Sachsen den andern Rheinbundsfürsten mit gutem Beispiel voran, indem er sein Kontingent verdoppelte. Umgekehrt sah es um das eigne Heer noch immer sehr traurig aus. Nur die wenigsten Regimenter erfreuten sich kompletten Standes. Durchschnittlich fehlten 80 Mann auf das Bataillon und 10 Mann auf die Schwadron, und hier und da stieg der Abgang noch weit höher, bis auf das Dreifache. Alles in allem hatte man statt 100000 nur etwa 80000 Mann den wahrscheinlich 150 bis 180000 Napoleons entgegenzustellen. Es war Radetzky, der zum grossen Ärger des Hofkriegsratspräsidenten mit ganzer Energie auf dies

---

1. Metternich an Stadion 11. Juni. Oncken II, 665 ff.

19

Missverhältnis hinwies.[1] Stadion aber mahnte: Bringen wir uns nicht in die Lage, morgen zu beklagen, was wir heute nicht gethan haben, und traf sich mit dem militärischen Gesinnungsgenossen[2] in der Betrachtung: der Kampf, der für uns leicht gewesen wäre im Laufe des Maimonats, lebhafter, aber vielleicht noch vorteilhafter und entscheidender, wenn wir zwischen dem 1. und 8. oder 10. Juni aus unseren Grenzen hätten vorbrechen können, wird nun zweifelhaft und mühevoll werden, aber wenn er, wie ich davon überzeugt bin, am letzten Ende unvermeidlich ist, so wollen wir wenigstens nicht durch Schwanken und Zögern die Aussichten ganz gegen Oesterreich wenden.[3]

Die konkreten Anträge, die hinter solchen und ähnlichen Worten standen, bezogen sich zunächst auf alles das, was sich im Mai gegen die Opposition des Hofkriegsratspräsidenten nicht hatte durchsetzen lassen: Mobilisierung der dritten Bataillone, Aufstellung der Reservedivisionen, Heranziehung der galizischen Truppen von Bochnia und Lemberg; schritten dann aber auch, wenngleich nicht ohne Vorbehalt, zu dem Wunsch nach Organisierung der Landwehr fort.[4] Die in Prag herrschende Animosität gegen Bellegarde fand dabei in dem Verlangen Ausdruck, dass die betreffenden Befehle von Seiner Majestät selbst ausgehen und nicht dem Hofkriegsrat wie gewöhnlich vor der Resolution noch besondere Vorschläge abverlangt werden möchten: Sonst lähmt der bureaukratische Geschäftsgang die Ausführung, und das

---

1. Über den Waffenstillstand, und was derselbe für Folgen haben wird. Prag 10. Juni. Denkschriften S. 104 ff. Der Widerspruch des Hofkriegsratspräsidenten: Allerunterthänigster Präsidialvortrag 13. Juni; an Schwarzenberg 14. Juni. K.-A.

2. Vgl. Radetzky, Denkschriften S. 180 f.

3. Stadion an Metternich 8. Juni. Siehe den Anhang.

4. Zuerst in einem Vortrag Schwarzenbergs vom 3. Juni. K.-A.

Kostbarste von allem, die Zeit, ist unwiederbringlich verloren.[1]

Diesem Grundsatz entsprechend liess es Schwarzenberg, der sich die Pläne seines Stabschefs wie immer zu
eigen machte, nicht beim Hin- und Herkorrespondieren
bewenden, sondern eilte in dessen Begleitung nach Gitschin, dem Kaiser persönlich Vortrag zu halten (13. Juni).[2]
In einer militärischen Konferenz, an der unter dem Vorsitz
Metternichs ausserdem noch der Oberstburggraf und der
unvermeidliche Duka teilnahmen, entwickelte er hier seine
Anträge und drang durch (14. Juni). Ein kaiserliches
Handschreiben vom 15. verordnete bis herab zu der übrigens
schon seit dem 5. vorbereiteten[3] Formierung der Landwehr
alles, was zur Mobilisierung der ganzen Armee bisher noch
gefehlt hatte, und traf nun endlich Fürsorge, dass zum
Schutz des Donauthales in Ober- und Inner-Oesterreich je
ein Reservekorps gebildet wurde. Die Stämme dazu musste
natürlich die Observationsarmee in Galizien hergeben, die in
ihrer gegenwärtigen Stellung zwischen Dunajec und Skawa[4]
offenbar überflüssig geworden war; und zwar sollte sich
die kleinere Hälfte, sieben Bataillone 26 Schwadronen,
unter dem Befehl des bisherigen Kommandanten Fürsten
Reuss im südlichen Böhmen und Mähren zwischen Budweis
und Znaym mit 16 Bataillonen acht Schwadronen aus
Mähren und den ungarischen Ländern gleich jetzt, später
auch mit 20 Bataillonen und 10 Schwadronen aus Ober-
und Nieder-Oesterreich vereinigen, die aber einstweilen noch
zweckmässig in ihren Quartieren blieben. Der grösseren
dagegen wurde als vorläufiges Marschziel die Strecke Trenc-

---

1. Radetzky, Denkschriften S. 109 f.
2. Metternich an Stadion 14. Juni. Oncken II, 671.
3. Schon an diesem Tage hatte ein Handbillet die Standes-
regulierung der Landwehr anbefohlen.
4. Dislokationstabelle 1. Juni. K.-A.

sin-Pressburg bestimmt, damit sie an der Donau den ungarischen und slavonischen Regimentern die Hand reiche,
die in Stärke von neun Bataillonen 28 Schwadronen auf
dem rechten Ufer von Komorn und Veszprim an die oesterreichische Grenze rücken würden. War das geschehen, so zog
sie nach Inner-Oesterreich und Kroatien hinein, wo weitere elf
Bataillone sie erwarteten. Der Kommandant, Feldzeugmeister Baron Hiller, hatte sich seinen Truppen voraus sogleich nach Oedenburg zu begeben.[1]

Es leuchtet ein, wieviel wehrhafter Oesterreich dastehen
musste, wenn diese Beschlüsse erst Wirklichkeit geworden
waren. Dann konnte es den Truppenkonzentrationen an
den westlichen und südwestlichen Grenzen mit einigem Gleich-
mut zusehen, es verfügte wirklich über jene 180000 Mann
Feldtruppen, deren es sich schon Ende April zu Unrecht gerühmt hatte, allenthalben einberufene Reserven stellten un-
verzüglichen Ersatz jedes Verlustes sicher, und die Land-
wehren ergänzten die Garnisonen der Festungen auf das
Zweckmässigste. Kurz, die Patrioten hatten allen Grund
mit der neuesten Entwicklung auf militärischem Gebiet zufrieden zu sein. Leider aber war es auf diplomatischem derweilen nicht so ganz nach Wunsch gegangen.

Die Verhandlungen über die Vertragsgrundlagen vom
7. Juni wollten anfangs den glatten Verlauf durchaus nicht
nehmen, auf den Metternich vielleicht gehofft hatte. Der
Zar, während Nesselrodes Abwesenheit von dem rücksichts-
loseren Anstett bearbeitet, war von dem wenig entscheidenden
Ausgang der Reise seines Staatssekretärs nicht sonderlich
erbaut.[2] Die Bedingungen, die Oesterreich zu vertreten
versprach, erschienen ihm denn doch gar zu bescheiden,
verglichen mit denen, die er und sein hoher Verbündeter,
Wurschen 16. Mai, aufgestellt und auch nach der Schlacht

---

1. Criste S. 288 ff.
2. Bericht Stadions 9. Juni. H.-A.

bei Bautzen ausdrücklich aufrecht erhalten hatten.[1] Statt „Wiederherstellung Oesterreichs in dem Umfang von Macht, Gebiet und Bevölkerung vor 1805" beanspruchten sie entfernt nicht die Grenzen vor 1809; der „Wiederaufbau Preussens in den Verhältnissen vor 1806" wurde in den *conditiones sine quibus non* auf Rückerwerb Danzigs und der polnischen Besitzungen beschränkt, auch sonst nur „annähernd" versprochen. Von „Auflösung des Rheinbundes, Unabhängigkeit Deutschlands und Rückgabe der in Norddeutschland einverleibten Provinzen" war nur eventuell, von „Trennung Hollands von Frankreich", „Wiedereinsetzung der alten Dynastie in Spanien" und „Befreiung Italiens in all seinen Teilen" überhaupt nicht die Rede. Einzig die vierte ihrer sieben Forderungen, die Auflösung des Herzogtums Warschau, fand sich unverkürzt auf dem oesterreichischen Programm. Es war ein hartes Ansinnen, dass man es trotzdem annehmen sollte. Mindestens das Prinzip musste gewahrt werden. So verlangten denn Nesselrode und Hardenberg in den Konferenzen, die am 10. und 12. Juni bei Stadion abgehalten wurden, zunächst kategorisch die Mitteilung der Wurschener Artikel an Napoleon[2] und liessen sich dann erst auf eine Diskussion der Metternichschen Note ein. Auch hierbei kam es noch zu heftigen Auseinandersetzungen. Wie Stadion es vorausgesehen hatte, wurde namentlich das Minimum für Preussen beanstandet. Hardenberg forderte mindestens Magdeburg und einige andere Punkte am linken Elbufer. Überhaupt zeigte er sich sehr schwierig. Er meinte bitter, etwas besser als ein schlechter Waffenstillstand müsse der künftige Frieden denn

---

1. Oncken II, 318 f. Nesselrode und Hardenberg an Stadion 22. Mai. H.-A.

2. Résumé des conférences tenues le 10 et le 12 juin entre L. L. E. E. Mrs. le Baron de Hardenberg, le Comte de Nesselrode et le Comte de Stadion au sujet de la Pièce rapportée par Mr. le Comte de Nesselrode de Gitschin. H.-A.

doch sein, und fragte, wie sich Kaiser Franz die Konsoli-
dierung Oesterreichs und Preussens durch einen Gebietser-
werb denke, der schon an sich keine fühlbare Verstärkung
darstelle, und dessen Sicherheit zudem von dem guten
Willen Napoleons abhänge.[1] Der Gesandte beruhigte, so
gut er konnte, dann und wann von Nesselrode unterstützt,
der in Gitschin vollends für Oesterreich gewonnen war. Er
erklärte zunächst auf das bestimmteste, dass das Minimum
nicht so gemeint sei, als ob seine Ablehnung durch die
Verbündeten die Hofburg auf die Gegenseite führen
würde. Vielmehr bezeichne es nur das Mass dessen, was
sie mit den Waffen gegen Napoleon zu unterstützen bereit
wäre. Alsdann bat er, überhaupt die sechs Bedingungen in
der Beratung nicht scheiden zu wollen, es handele sich für
heute ja nicht um den Krieg, sondern um die Unterhandlung, und bei dieser werde sein Kabinet eben alle sechs
Artikel und nicht nur die vier *conditiones sine quibus non*
zu Grunde legen. Die Note vom 7. Juni, die beide trenne,
habe rein konfidentiellen Charakter.[2]

Damit war nun aber die eigentliche Schwierigkeit nur
umgangen, nicht überwunden. Es blieb bestehen, dass die
Verbündeten das Minimum Oesterreichs verwarfen; und dass
man es in Gitschin daraufhin erhöhen würde, war keinerlei
Aussicht. Gerade umgekehrt zeigte man Lust, es noch
weiter herabzusetzen. Sehr bald nach Nesselrodes Abreise
hatte sich die Nachricht verbreitet, dass Hamburg und
Lübeck von den Franzosen und Dänen noch rechtzeitig vor
Beginn des Waffenstillstandes zurückerobert wären, und
diese Thatsache, schon an sich höchlich zu beklagen, erschien in doppelt traurigem Licht, wenn man eine andere,
kurz vorher bekannt gewordene, mit ihr zusammenhielt.

---

1. Stadions Bericht 11. Juni. H.-A. Einiges daraus auch bei
Oncken II, 339 f.
2. Bericht 12. Juni. H.-A.

Durch einen Zufall nämlich war Metternich (6. Juni) ein
Reskript Bassanos an Narbonne[1] in die Hände gespielt
worden, nach dem der König von Dänemark alle seine
holsteinischen Truppen unter den Befehl Davousts und
Vandammes gestellt und den Baron von Kaas als ausserordentlichen Gesandten nach Dresden geschickt hätte.
Damit tauchte die Möglichkeit eines neuen französisch-
dänischen Bündnisses am politischen Horizont auf, und wie
leicht konnte Friedrich VI., nachdem er von Russland und
England so thöricht brüskiert war, um eine Garantie für
das bedrohte Norwegen zu erhalten, Napoleon den Besitz
der rechtselbischen Gebiete verbürgen. Geschah das aber,
so schwand jede Hoffnung, in einem blossen Kontinentalfrieden jene Freiheit der Hansestädte zu erwirken, die man
unvorsichtig genug als *conditio sine qua non* bezeichnet
hatte. Kaiser Franz geriet in lebhafte Unruhe, und Metternich musste an Stadion schreiben, er möge sehen, ob sich
dem Artikel 4 nicht eine minder gefährliche Fassung geben
lasse. Es werde wünschenswert, dass auch für Hamburg
und Lübeck wie für die andern Teile der 32. Militärdivision nur ein eventuelles, mit dem allgemeinen Frieden
verbundenes Abkommen unbedingt gefordert werde. Er
fügte auf besonderem Blatt hinzu, der Gesandte werde sich
durch seine Bemühungen in dieser Richtung in den Augen
des Kaisers ein besonderes Verdienst erwerben.[2]

Indessen er sah doch ein, dass man in einer so delikaten Frage den Bogen nicht überspannen dürfe. Es war
nicht ohne Eindruck auf ihn geblieben, dass Nesselrode ihn
in richtiger Vorahnung schon am 9. beschworen hatte: Vor
allem weichen Sie hinsichtlich Hamburgs nicht zurück, das

---

1. 4. Juni, abschriftlich bei dem Reskript Metternichs an
Stadion 6. Juni. H.-A.

2. 11. Juni. H.-A. Das ausführliche Reskript Oncken II,
665 f.

würde alles Vertrauen zerstören.[1] So ermächtigte er
Stadion, falls der neue Vorbehalt einen zu grossen Sturm
hervorriefe, nicht weiter darauf zu bestehen.

Ohnehin gab es für den Augenblick noch andere
Differenzen, deren Lösung weit mehr drängte. Sie betrafen
die Form der einzuleitenden Friedensverhandlungen. Metternich dachte sich die Sache so, dass sich Bevollmächtigte
Russlands, Preussens und Frankreichs in Gitschin versammeln
und unter seiner Vermittlung das Friedenswerk fördern
würden. Das sicherte Oesterreich Einfluss auf alle Beschlüsse und setzte es doch gegenüber Napoleon nicht zu
sehr aus. Nur schade, dass sich die Verbündeten so ganz
andere Ideen gemacht hatten. Zumal der Zar wollte schon
aus Rücksicht auf England und Schweden ein für allemal
nichts von einer direkten Berührung mit Frankreich hören
und sträubte sich insbesondere gegen jeden selbständigen
Schritt zu einer Negoziation auf beschränkterer Grundlage
als der von Wurschen.[2] Deshalb schlugen die Minister am
10. Juni vor, die Unterhandlung möge sich ohne unmittel-
bares Eingreifen russischer und preussischer Bevollmächtigter
rein zwischen den Höfen von Paris und Wien abspielen,[3]
und jedenfalls war es das Höchste, dass sie einen Ver-
mittlungsvorschlag Stadions annahmen, wonach die Friedens-
konferenzen thatsächlich nur von Oesterreichern und Franzosen abgehalten werden, jedoch beglaubigte Gesandte der
Alliierten am selben Ort anwesend sein sollten, um etwaige
Streitigkeiten sogleich zu schlichten.[4] Metternich wieder
fand das unzulässig und abgeschmackt. Es vertrug sich

1. Nesselrode an Metternich 9. Juni. H.-A.
2. Bericht Stadions 12. Juni. H.-A.
3. Que la négociation se conduise directement entre la France
et l'Autriche sans l'intervention immédiate des Plénipotentiaires
Russes et Prussiens. Résumé des conférences etc. H.-A.
4. Qu'effectivement les conférences pourraient se tenir entre les
Plénipotentiaires Autrichiens et Français, mais que des personnes

offenbar nicht mit der bisherigen Stellung der Hofburg, die
derart aus einem Vermittler zwischen beiden Parteien
zum Sachwalter der einen geworden wäre. Und dann ging
Napoleon niemals darauf ein. Ihm lag vor allem an direkten
Verhandlungen mit den Verbündeten: das wusste man zur
Genüge. Erwiesen sich diese als unmöglich, so schickte er
entweder überhaupt keinen Bevollmächtigten nach Gitschin
oder rief den bereits abgesandten sofort zurück. Es kamen
also gar keine Konferenzen zu Stande; und Kaiser Franz
hatte sich die nun einmal in den Kopf gesetzt. Er verlangte den materiellen Beweis für die Unnachgiebigkeit
seines Schwiegersohns. Sonst blieb sein Schwert in der
Scheide.[1]

Mindestens für jetzt kreuzte der Eigensinn des Zaren
alle Dispositionen. Metternich hatte gerade das Schreiben
expedieren wollen, das die französischen Bevollmächtigten
auf den 20. Juni nach Gitschin einlud, als die Berichte über
die Reichenbacher Verhandlungen einliefen. Natürlich behielt er es nunmehr zurück.[2]

Auch auf verbündeter Seite war die Stimmung nicht
die beste. Wilhelm v. Humboldt, der seit dem 10. aus Wien
zurück war und mit ungewohntem Eifer in die Debatten
eingriff, gefiel sich darin, Stadion zu erklären, er sehe den
Augenblick kommen, wo man den Krieg ohne Oesterreich
fortsetzen müsste.[3] Es schien schlecht zu stehen um das junge
Vertragswerk.

Da brachten eine Reihe persönlicher Besprechungen der
leitenden Männer in weniger als einer Woche alles ins rechte
Geleis. Den Anlass dazu gab ein Besuch Alexanders bei seinen Schwestern in Böhmen. Es war nicht das erste Mal

---

accreditées par les cours alliées fussent dans le même lieu pour
aplanir sur le champ les discussions qui s'élèveraient.

1. Metternich an Stadion 14. Juni. Oncken II, 670f.
2. Ebenda.
3. Bericht Stadions 12. Juni. H.-A.

in diesem Jahre, dass er oesterreichischen Boden betrat. Schon Ende April, ganz kurz vor der Schlacht bei Lützen, hatte er unter dem Namen eines Grafen Romanoff als „freiwilliger Gefangener" Kaiser Franz' einen Abstecher nach Teplitz gemacht, um sich dort mit der Grossfürstin Maria zu treffen. Zugleich war für den 7. Mai ein zweites Rendezvous mit der Grossfürstin Katharina, verwitweten Prinzessin von Oldenburg, verabredet worden; aber die Kriegsereignisse hatten es vereitelt.[1] Mit Abschluss des Waffenstillstandes kam man darauf wie auf so manches andere zurück; und Kaiser Franz liess das Colloredosche Schloss Opotschna, drei Meilen von der schlesischen Grenze schön gelegen, zum Ort der Begegnung anbieten.[2] Nun wäre es nur natürlich gewesen, dass er als Landesherr dort die Honneurs gemacht hätte; denn diesmal konnte er sich offenbar nicht wie bei Teplitz mit der weiten Entfernung seiner Residenz entschuldigen[3]; und der Zar, den durchaus nicht brüderliche Liebe allein bestimmte, hegte denn auch die sehr entschiedene Hoffnung, jetzt endlich der ersehnten Zusammenkunft gewürdigt zu werden.[4] Vielleicht liess er sogar durch den in militärischem Auftrag nach Gitschin gesandten Grafen Toll ausdrücklich darum anfragen.[5] Aber Franz glaubte die Dinge für einen so auf-

---

1. Bericht Lebzelterns 27. April. H.-A. König Friedrich von Würtemberg an Napoleon 11. Mai. Schlossberger S. 297.

2. Oncken II, 351. Wahrscheinlich durch den zurückkehrenden Nesselrode. Wenigstens ist in dessen Schreiben an Metternich vom 9. Juni von einer Reise des Zaren nach Opotschna zuerst und doch schon als von etwas Bekanntem die Rede.

3. An Alexander 7. Mai. Oncken II, 644f.

4. Bericht Stadions 22. Juni. H.-A.

5. Metternich an Bubna 16. Juni: S. M. J. a envoyé ici de son quartier général de Reichenbach un de ses généraux pour prévenir notre auguste Maître qu'Elle avait fixé son arrivée à Opotschna pour le 16 juin et qu'Elle désirait savoir, si à

fälligen Schritt wie eine Entrevüe der Monarchen von Russland und Oesterreich noch nicht reif. Er begnügte sich zu erlauben, dass man sonst alles that, um dem fürstlichen Gast den Aufenthalt angenehm zu machen. Als Alexander am Nachmittag des 16. bei Nachod die böhmische Erde betrat, scholl ihm der Jubelruf des zahlreich versammelten Landvolkes entgegen.[1] Im nahen Ratiborschitz begrüsste ihn die anmutige Schlossherrin, Herzogin von Sagan. In Opotschna selbst, wohin er noch am Abend weiterreiste, waren zwei ungarische Infanterie- und zwei Kavallerieregimenter zu seinen Ehren versammelt, deren Führer, der lustige Prinz Louis Lichtenstein, sich im Fluge das Herz des gefühlvollen Selbstherrschers eroberte.[2] Vor allem jedoch der leitende Minister eilte in Person herbei, ihn willkommen zu heissen. Es war für Metternich nicht ohne Gefahr, den Herrn, den nur sein Einfluss von Unterwerfung unter Napoleon fernhielt, allein den Einflüsterungen der Duka und Konsorten zu überlassen,[3] aber mächtiger als solche Befürchtungen erwies sich die Hoffnung, durch eine mündliche Aussprache aus dem Dilemma der letzten Verhandlungen herauszukommen. Namentlich eine Begegnung mit Stadion lag ihm am Herzen; er hätte sie veranlasst, auch wenn aus der Zarenreise nichts ge-

cette occasion il serait agréable à l'Empereur de se rencontrer avec Elle. L'Empereur a décliné cette dernière proposition, en ajoutant que la paix faite, un rendez-vous avec l'Empereur Alexandre lui fera le plus grand plaisir. H.-A.

1. Vgl. die anschauliche Schilderung Gentz' (Ratiborzicz le 17 juin). Briefe an Pilat I, 14.

2. Bericht Stadions 22. Juni. H.-A.

3. Metternich an Stadion [15. Juni]. Je resterai le jeudi et le vendredi matin (17. u. 18.), s'il le faut, avec l'Empereur (Alexandre) et je retournerai droit ici, parcequ'il est du plus haut intérêt que je n'y laisse pas seul l'Empereur (François). H.-A.

worden wäre.[1] Nachdem er, am Morgen des 16. aus Gitschin abgereist, die Nacht auf Ratiborschitz bei seiner Geliebten verbracht hatte, stellte er sich am nächsten Mittag
dem Zaren vor. Der Eindruck, den beide Männer in den
Konferenzen dieses und des folgenden Tages auf einander
machten, war ein sehr günstiger. Alexander gestand, man
habe ihm gegen den Grafen grosses Misstrauen eingeflösst,
aber das sei jetzt ganz ausgelöscht, er hege vielmehr die feste
Zuversicht, dass der Minister thun werde und gethan habe, was
in seinen Kräften stehe. Metternich aber sagte, als er von
Opotschna zurückkehrte, voll ehrlicher Bewunderung: er ist
ein Kaiser im vollsten Sinne des Wortes. Noch begeisterter
war Gentz, der seit dem 11. Juni kaum ohne Zuthun des
Freundes und Chefs auf dem „wahrhaft himmlischen" Landhaus
der Herzogin Wohnung genommen hatte und die Kaisertage von
Ratiborschitz und Opotschna mit gewohnter Anschaulichkeit
dem treuen Pilat beschrieb. Er glaubte beim Zaren „nichts
als uninteressierte, reine und edle Absichten" wahrzunehmen
und meinte rückblickend, als der fürstliche Gast die
Grenze schon seit 36 Stunden hinter sich hatte: „Wir sind
alle entzückt von ihm, nur eine Stimme über die in seiner
Person aufs glücklichste gemischte Würde und Grazie, über
seinen Verstand, seine durchaus vortreffliche Konversation,
seinen Edelmut, seine Offenheit und seine unendliche
Liebenswürdigkeit." Diese Zuneigung beruhte auf Gegenseitigkeit. Auch Alexander war vielleicht mehr noch
als durch die Darlegungen des Ministers durch die
geistvolle Beredsamkeit des grossen Publizisten für die
Sache Oesterreichs gewonnen worden. Er hatte ihn als
alten Gegner Napoleons gleich am ersten Tage auf das
schmeichelhafteste ausgezeichnet. Am 22. zog er ihn „trotz
aller Protestationen wegen ermangelnder hochzeitlicher
Kleider" zur Tafel und besprach sich nachher drei Stunden

---

1. An Stadion 14. Juni. Oncken II, 670 f.

lang mit ihm über die politische Lage. Gentz entwickelte
wesentlich sein uns bekanntes System von den beiden ungeheuren Resultaten, die man bereits gewonnen habe. Einigkeit sei die Hauptsache. Wenn der Kaiser von Oesterreich
ihn frage, was er thun sollte, falls Russland und Preussen
unerschütterlich auf Fortsetzung des Kampfes beständen,
so würde sein Rat sein: lieber Krieg als ein Vorgehen, das
uns neuerdings von jenen beiden Mächten trennt. Aber
ebenso umgekehrt empfehle er dem Zaren Frieden, wenn
die Hofburg absolut keinen Krieg wolle. Alexander hörte
mit gespannter Aufmerksamkeit zu und sagte zum Schluss:
Das ist sehr wahr, sehr schön. Das nenne ich doch noch
als Staatsmann reden. Einigkeit ist nötiger als alles Übrige.[1]

Neben solchen Gesprächen mit dem Souverain gingen
nicht minder erfolgreiche Ministerkonferenzen her. Am 17.
und 18. verhandelte Metternich mit Nesselrode zu Opotschna,
am 19. und am Vormittag des 20. mit den Preussen Hardenberg und Humboldt, die dringend um ein Rendezvous gebeten hatten,[2] zu Ratiborschitz; und hier wie dort nahm
er die befriedigende Gewissheit mit fort, „in einigen Unterredungen mehr als in drei Wochen Korrespondenz bewirkt
zu haben.“[3] Zunächst gelang es ihm, den Ministern endlich
die unbequeme Forderung auszureden, dass ihre Wurschener
Artikel Napoleon zur Kenntnis gebracht würden: das wäre
Wasser auf die Mühle des Korsen, der darauf brenne,
seinem kriegsmüden Volk durch das Bild der verlangten
Opfer die unausweichliche Notwendigkeit weiteren Kampfes
darzuthun: warum sonst dringe er gegen Bubna so eifrig
auf die Mitteilung jener Bedingungen? Nun bliebe es aber
ihm gegenüber das einzig wahre und heilsame Prinzip, stets

---

1. Gentz an Pilat 11., 17., 25. Juni. I, 7, 13 ff., 18; an
Metternich 22. Juni. Nachgelassene Papiere I, 251 ff.

2. Vorträge Metternichs 18. Juni. H.-A.

3. Vorträge 19. Juni. H.-A.

das Gegenteil von dem zu thun, was er wünsche.[1] — Weniger einfach lag die Sache hinsichtlich des oesterreichischen Friedensprogramms. Hier machten Nesselrode wie die beiden Preussen wiederum die verzweifeltsten Anstrengungen, damit mindestens die Punkte 5 und 6 unter die *conditiones sine quibus non* aufgenommen würden. Mit der Waffenstillstandstheorie konnten sie sich nicht befreunden. Sie hoben hervor, dass ein Zusammenwirken wie jetzt auch bei fortdauernder Verbindung zwischen den drei Höfen so bald nicht wieder möglich sein werde. Heute fänden sich deren Streitkräfte versammelt, zu wechselseitiger Unterstützung fähig und bereit; Organisierung und Geist liessen nichts zu wünschen übrig; auch die numerische Überlegenheit spräche zu ihren Gunsten. Später würde der erste Stoss erfolgen, bevor die russischen Heere Zeit hätten, die Überzahl der französischen auszugleichen; und man wisse aus den Erfahrungen der letzten Kriege, wie schwer Fehlschläge zu Beginn eines Feldzugs wieder gut zu machen wären. Es half alles nichts. Der Oesterreicher zog sich auf die persönliche Abneigung seines Kaisers gegen weiteres Entgegenkommen zurück, und sie mussten sich begnügen in zwei wesentlich gleichlautenden Noten (d. d. Opotschna 7/19. und Ratiborschitz 20. Juni) ihre Bitte schriftlich zu wiederholen, indem sie zugleich die ausdrückliche Erklärung abgaben, dass man auf das oesterreichische Minimum hin einen Frieden nicht schliessen könnte.[2] Metternich liess das gern zu; ihm kam es darauf an, dass die Verbündeten einstweilen in Verhandlungen willigten; ob sie sich schliesslich bei dem von der Hofburg zugewiesenen Loos beruhigten oder nicht, war eine *cura posterior*. Jenes aber setzte er durch, und auch in dem heiklen Streit über den Ver-

---

1. Graf Hardenberg an Münster 21. Juni. Oncken II, 354. Lebzeltern an Metternich 5. Juli. H.-A.

2. Oncken II, 357 ff.

handlungsmodus fand er eine mindestens scheinbare Lösung.
Gewandt, wie er gerade in solchen Dingen war, griff er
jenen Vorschlag Stadions auf und modelte ihn dahin um,
dass die vermittelnde Macht die kriegführenden Teile ein-
laden sollte, bei ihr beglaubigte Bevollmächtigte abzu-
schicken, die zunächst .allein zum Zusammentritt und zur
Beratung ermächtigt sein und ihren Charakter als Bevollmächtigte erst in dem Augenblick enthüllen würden, wo es
nach Feststellung der Grundlagen nur noch abzuschliessen
gelte.[1] Was dabei unter „Ermächtigung zum Zusammentritt" zu verstehen sei, blieb dunkel. Die Verbündeten
mochten sich sagen, dass Ermächtigung noch lange nicht
Verpflichtung bedeute, und Metternich umgekehrt hatte
offenbar nur eine bescheidenere Form der Bevollmächtigung
im Sinne. Aber diese selbe Deutungsfähigkeit, die bald
neue Meinungsverschiedenheiten veranlassen sollte, machte
für den Augenblick, dass man sich allerseits mit dem Kompromiss zufrieden gab. Es wurde beschlossen, die Verhandlung in Gitschin am 27. Juni zu eröffnen.[2]

Nach alledem unterlag der Abschluss des vorbereitenden
Bündnisvertrages keinen weiteren Bedenken mehr. Metternich und Hardenberg hielten es nicht einmal für nötig,
seine endgiltige Redigierung zu überwachen, sondern kehrten
am Mittag des 20. nach Gitschin und Reichenbach zurück

---

1. Graf Hardenberg an Münster 21. Juni. Oncken II, 355.
Wenn irgendwo, so macht sich hier jener Mangel an authentischen
Mitteilungen über die Konferenzen von Opotschna bemerkbar,
den auch Ranke: Denkwürdigkeiten des Staatskanzlers Fürsten
von Hardenberg III, 320 beklagt. Man weiss nicht, wieviel von
der Unklarheit den wirklichen Beschlüssen, wieviel dem Refe-
renten zur Last fällt. Mindestens das erste „Bevollmächtigte" ist
offenbar irreführend, man möchte es durch „Unterhändler" ersetzen. Zu allem Unglück teilt Oncken gegen seine Gewohnheit
nur die deutsche Übersetzung, nicht den Originaltext mit.

2. Gentz an Pilat 20. Juni. I, 17.

und legten jene in die Hände von Humboldt und Gentz, die deshalb am folgenden Morgen zu Nesselrode, Stadion und Lebzeltern nach Opotschna herüberfuhren. Nur Gentz war nicht wohl bei dem aufgetragenen Werk; alle andern wetteiferten mit offenbarer Lust, die Form zu finden, die Oesterreich am festesten bände und am stärksten kompromittiere.[1] Wirklich gelang das überraschend gut. Die Fassung der entscheidenden beiden ersten Artikel liess keine Lücke, durch die die geschmeidige Auslegungskunst eines Metternich hätte entwischen können.[2] Artikel 1 verpflichtete den Kaiser von Oesterreich, seine Waffen mit denen Russlands und Preussens zu vereinigen, falls bis zum 20. Juli d. J. Frankreich die von ihm gestellten Bedingungen nicht angenommen hätte. Artikel 2 führte diese Bedingungen: das Minimum vom 7. Juni ausdrücklich auf, ohne dass dabei den Wünschen Franz' hinsichtlich der Hansestädte Rechnung getragen wäre. Vielmehr bedeutete die einzige Änderung eine Erweiterung. Humboldt hatte schon in Reichenbach angeregt, die im Grunde selbstverständliche Räumung der preussischen und polnischen Festungen unter 2 *explicite* zu fordern[3]: das geschah jetzt thatsächlich. — Es war ein voller Erfolg der Verbündeten, und kein irgend empfindlicheres Opfer an Bewegungsfreiheit verbitterte ihn. Sie versprachen ja ihrerseits nur, was sie sich ohnehin zum Gesetz gemacht hatten: keinerlei Einflüsterungen oder Anträge anzuhören, die während des Waffenstillstandes mittelbar oder unmittelbar durch das französische Kabinet an sie gelangen würden (Art. 9). Von einer Verpflichtung auf das oesterreichische *sine qua non* war nicht die Rede; es wurde einfach konstatiert, dass der Kaiser von Oesterreich die Höfe von Russland und Preussen eingeladen habe, unter seiner Ver-

---

1. Gentz an Metternich 6. Juli. Oncken II, 372.
2. Der Vertrag gedruckt bei Martens III, 105 ff.
3. Gebhardt, W. v. Humboldt als Staatsmann I, 441 f., 447.

mittlung mit Frankreich in Unterhandlung zu treten über
einen vorläufigen Frieden, der einem allgemeinen als Grundlage dienen könne, und dass er die Bedingungen bestimmt
habe, die er notwendig fände zur Wiederherstellung eines
Zustandes des Gleichgewichts und dauernder Ruhe in Europa:
wie die andern Kontrahenten sich dazu verhielten, verriet
keine Silbe.[1]

Trotzdem machte der Zar noch einen letzten Versuch,
das Minimum zu erweitern. Nesselrode musste den Vertragsentwurf persönlich nach Gitschin überbringen und bei dieser
Gelegenheit die Vorstellungen der Note vom 19. Juni
mündlich und unmittelbar beim Kaiser erneuern. Natürlich
war das verlorene Liebesmüh. Franz spielte nach dem Rat
seines Ministers[2] ein wenig den Gekränkten. Er bemerkte
nicht unzutreffend, dass die ganze Konvention unnötig
gewesen wäre, wenn man ihm das verdiente Vertrauen
geschenkt hätte, und erklärte gar, die Nichtannahme seiner
conditiones sine quibus non würde ihn berechtigen, nun auch
die Verpflichtungen, welche für ihn aus der Note vom 7. Juni
entsprängen, als annulliert zu betrachten. Jedenfalls lehnte
er ein Hinausgehen über das Minimum entschieden ab, da
er es mit vielem Vorbedacht so zusammengestellt habe, dass
es allen Interessenten wünschenswerte Vorteile biete. Dafür

---

1. Gut auseinandergesetzt bei Oncken II, 365. Artikel 1
lautet wörtlich: S. M. l'Empereur d'Autriche ayant invité les
Cours de Russie et de Prusse à entrer sous Sa médiation en
négociation avec la France pour une paix préalable et qui
puisse servir de base à une paix générale et S. M. ayant fixé les
conditions qu'Elle croit nécessaires au rétablissement d'un état
d'équilibre et de tranquillité durable en Europe, Elle s'engage
à déclarer la guerre à la France et à joindre Ses armes à celles
de la Russie et de la Prusse, si jusqu'au vingt juillet de cette
année la France n'a point accepté ces conditions.

2. Vorträge Metternichs 24. Juni mit allerh. Res.: Nach ihrem
Einrathen habe ich mich gegen Graf Nesselrode geäussert. H.-A.

aber lauteten seine sonstigen Äusserungen umso befriedigender.
Er betonte, dass er Alexander voll vertraue, versprach,
sicher alles, was über die vier, sogar über die sechs Punkte
zu erlangen sein könnte, zu unterstützen, und liess keinen
Zweifel an dem Entschluss, seine Ansichten mit bewaffneter
Hand verfechten zu wollen. Einmal im Krieg werde er sich
dann an keiner Nebenkonsideration mehr stossen, sondern
dem höchsten Ziel nachstreben. Das Handschreiben, das er dem
Grafen nach Reichenbach mitgab, kam dem Eindruck solcher
Versicherungen mächtig zu Hilfe. Es erwiderte das Lob,
das der Zar den „schönen" oesterreichischen Regimentern
gespendet hatte, mit den vielverheissenden Worten: Ich
zweifle nicht, dass, wenn der Tag der grossen Entscheidung
gekommen ist, die Truppen, die Ew. Majestät mit Ihrer
Aufmerksamkeit beehrt haben, die würdigen Nebenbuhler
der tapferen russischen Armee sein, und vereinigt für dieselbe Sache, die schmeichelhafte Meinung Ew. Majestät
rechtfertigen werden.[1]

So war denn im verbündeten Hauptquartier nach der
Rückkehr der leitenden Persönlichkeiten alles eitel Freude
und Hoffnung. Alexander, von dessen Übellaunigkeit,
Zweifel und Argwohn Stadion in den Tagen vor Opotschna
manches zu leiden gehabt hatte, zeigte sich in einer Audienz
am Abend des 25. so heiter und vergnügt wie noch nie,
und sein grosser Mentor Stein schrieb befriedigt über die
oesterreichischen Verhältnisse: Das Materielle zum Krieg
ist da, der Geist in der Armee und Nation vortrefflich,
nach der Meinung aller an diesen Angelegenheiten teil-
nehmenden Personen die Gesinnungen Metternichs Vertrauen
verdienend. Auch Stadion glaubte sich am Ziel seiner
Wünsche. Er versicherte dem Grafen Hardenberg glücklich,
die Zusammenkunft Metternichs mit dem Zaren habe sehr

---

1. Kaiser Franz an Alexander 24. Juni. H.-A.

gut gethan; viele Wolken, die vor seinen Augen aufgestiegen
wären, hätten sich zerstreut.[1]

Das Bündnis mit Oesterreich galt als besiegelt. Schon
trank der preussische Staatskanzler an offener Tafel auf
„die nicht mehr Neutralen“, und der Gesandte that ihm
nach kurzem Besinnen Bescheid.[2] Die bevorstehenden Verhandlungen beunruhigten niemand. Napoleon würde schon
nicht auf die vier Bedingungen eingehen. Nur die Wartezeit bis zum Beginn des gemeinsamen Kampfes war peinlich.
Aber vielleicht liess sie sich abkürzen. Der Überfall der
Lützower, der eben in diesen Tagen bekannt wurde, machte
weitere Verletzungen des Waffenstillstandes nicht unwahrscheinlich. Dann wollten sich die Verbündeten nicht mehr
an eine Verpflichtung gebunden halten, deren Vorteile nur
noch auf Seiten des Gegners lagen. Gleich jetzt erbaten
sie vom Kaiser von Oesterreich die Erklärung, dass auch
er einen schweren Bruch der Waffenruhe durch Frankreich
als Beweggrund ansehen werde, den Zeitpunkt seiner Mitwirkung vorzurücken.[3]

Nur wenige Tage noch, und sie sollten aus allen
Himmeln gerissen werden. Der Vertrag von Reichenbach
war kaum förmlich unterzeichnet (27. Juni), als sich in Dresden
bereits Abmachungen vorbereiteten, die seinen eventuellen
Charakter in Erinnerung riefen, ja den Bruch seiner wichtigsten Zusage bedeuteten.

Noch einmal wurde alles ins Ungewisse gestellt.

---

1. Berichte Stadions 26. Juni. H.-A.; Stein an Münster
29. Juni. Pertz III, 380; Graf Hardenberg an Münster 25. Juni.
Oncken II, 356.

2. Jackson, Diairies. Bath Archives II, 135.

3. Noten Nesselrodes und Hardenbergs 28. Juni. H.-A.

Elftes Kapitel

Neue Ungewissheit.

Die Entwicklung der oesterreichischen Politik vom Abschluss der französischen Allianz bis zum Kongress von Prag vollzieht sich fast nach den Gesetzen des Dramas. Aus den Verhältnissen des Krieges von 1812, der Exposition, bildet sich in den Wintermonaten, immer steigend, der Konflikt heraus, dargestellt durch die nach der Intention auf das gleiche Ziel gerichteten, in Wirklichkeit widerstreitenden Verhandlungen mit Frankreich einer-, mit Russland, England, Preussen andrerseits. Im April und in den ersten Maitagen erreicht er den Höhepunkt: Metternich schreitet in seinen Erklärungen gegen Narbonne bis nahe an den Bruch vor und giebt den Alliierten Zusagen, die fast einem Bündnis gleichkommen. Aber kaum ist das Wort von der „Sache, die uns gemeinsam ist," gefallen, als auch schon, veranlasst durch die Nachricht von den Erfolgen Napoleons, rasch und entschieden der Umschwung eintritt. Er wird durch die zumal in einigen Persönlichkeiten noch mächtigen Tendenzen des April überwunden, alles scheint dem glücklichen Ende nahe zu sein, — da, wie auf der Bühne bei herannahender Katastrophe noch einmal die Hoffnung oder Furcht geweckt zu werden pflegt, es möchte schliesslich doch anders kommen, schiebt sich auch hier als erregendes Moment zwischen die Beschlüsse von Opotschna und die Kriegserklärung die Dresdener Reise Metternichs mit ihren Folgen.

Sie konnte die Eingeweihteren freilich an sich allzusehr
nicht überraschen; denn während die Verhandlungen mit
den Alliierten eifrigst betrieben wurden, hatten doch die
mit ihrem Gegner keinen Augenblick geruht. Noch in den
Tagen vor Abschluss des Waffenstillstandes war Graf
Bubna, dessen ewiges Hin- und Herreisen bereits Aufsehen
zu erregen begann, mit seinen Instruktionen vom 23. Mai
in der Nähe des französischen Hauptquartiers erschienen
(31. Mai). Er durfte in Liegnitz dem Herzog v. Bassano
die Ansichten seines Kabinets in verschiedenen Unterredungen ausführlich entwickeln und dafür allerlei mehr
oder minder befriedigende Friedenswünsche und -pläne ein-
tauschen.[1] Aber der Zutritt zu Napoleon selbst blieb ihm
versperrt. Der Imperator fühlte sich gerade damals mehr
noch als sonst von den „lächerlichen Ansprüchen" Oesterreichs und seiner „grenzenlosen Frechheit" angewidert[2] und
wünschte vor allem nicht, dass man ihm bei seinen Verhandlungen mit den Verbündeten irgend in die Karten sähe.
So begnügte er sich, dem Gesandten durch seinen Minister
das Handschreiben des Schwiegervaters abfordern zu lassen,
und schickte nach dessen Lektüre Befehl, gemeinsam nach
Dresden zu gehen und sich dort weiter zu besprechen.
Auf der Fahrt vernahm der Oesterreicher die Übersiedlung
des Hofes nach Gitschin und benutzte die dadurch gebotene
Gelegenheit, noch einmal persönlich die Befehle seines
Chefs einzuholen.[3] Erst am 9. Juni betrat er zum dritten
Mal in diesem Jahr die sächsische Hauptstadt.

---

1. Berichte 2. Juni. H.-A; Einiges bei Oncken II, 382.

2. Corr. XXV. 401, 403, 404. Wer diese Briefe an Eugen
und Clarke liest, begreift schwer, wie Bassano Bubna aus einem
kaiserlichen Schreiben am 3. Juni den Passus vorlesen konnte:
Je suis très satisfait des communications qu'il (Bubna) vous a
faites, j'ai vu avec plaisir que nos rapports de famille et d'alliance
restent permanens. Berichte Bubnas 3. Juni. H.-A.

3. Metternich an Stadion 6. Juni. H.-A.

Und auch jetzt hatte er kein Glück mit seinen Bemühungen, in das allmählich ganz verwirrte Verhältnis der beiden Alliierten von 1812 Ordnung und Klarheit zu bringen. Es wollte sich keine Lösung zeigen für jene zwei grossen Fragen, die schon durch die Verhandlungen des April aufgeworfen waren: wie denn Frankreich eigentlich zur bewaffneten Vermittlung Oesterreichs, und wie dieses wieder zum Pariser Vertrag stünde. Dabei empfand man in Gitschin mit jedem Tage mehr die Notwendigkeit, mindestens den ersten Punkt zu regeln. Es durfte nicht so weitergehen, dass man zugleich von den Verbündeten mit Ostentation fast als Schiedsrichter vorgeschoben und von Napoleon höchstens als die intervenierende Macht vom Winter respektiert wurde. Der Geniestreich mit der Auslegung der Note vom 7. April war offenbar misslungen. Man wusste, dass bei den Waffenstillstandskonferenzen die französischen Bevollmächtigten sichtlich vermieden hatten, der oesterreichischen Mediation zu gedenken;[1] und zu allem Überfluss wandte sich der Herzog von Bassano im Gespräch mit Bubna ausdrücklich gegen die Fiktion, als gehe ihre Übernahme auf den Wunsch des Pariser Kabinets zurück, das gelte vielmehr lediglich von der Verwendung. Er schien nicht übel Lust zu haben, die Hofburg bei dem geplanten Kongress mit der Rolle des Zeugen abzuspeisen.[2] Jedenfalls forderte er für Anerkennung ihrer Mittlerstellung den höchsten Preis. Er komplizierte die an sich einfache Frage in wohlverstandenem Interesse mit der andern heikleren nach dem Fortbestand der Allianz, indem er die Antwort auf diese letztere zur Vorbedingung jeder weiteren Entscheidung machte: ehe man sich über die bewaffnete Vermittlung Oesterreichs ausspreche, müsse man wissen, ob

---

1. Bericht Schouwaloffs an Nesselrode 31. Mai bei den Depeschen Stadions vom 2. Juni. H.-A.

2. Berichte Bubnas 16., 18. Juni. H.-A.

es noch gemäss des Traktats vom 14. März 1812 Garant
des französischen Staatsgebietes sei.¹ Und damit war wieder
Metternich ganz und garnicht gedient. Er hatte zwar selbst
schon vor acht Wochen und sehr bestimmt noch eben
durch Bubna ein Abkommen vorgeschlagen, das unter Be-
kräftigung der allgemeinen Grundsätze des Bündnisvertrages
dessen einzelne Artikel, soweit sie auf die augenblickliche
Lage keine Anwendung zuliessen, einstweilen unter Vorbehalt stellen würde, aber er gedachte die Verhandlungen
darüber solange hinauszuschieben, bis Napoleon die oesterreichischen Friedensbedingungen angenommen hätte. Als
daher der französische Minister Bubna neuerdings nach
seinen Vollmachten fragte, musste dieser, wie bei seiner
ersten Anwesenheit in Dresden, verneinend antworten. Die
Strafe blieb nicht aus. Unter nichtigen Vorwänden wurde
ihm eine bereits zugesagte Audienz beim Kaiser entzogen
(14. Juni).²

Wie bei den Verhandlungen mit den Verbündeten konnte,
wenn überhaupt etwas, nur eine mündliche Aussprache der
leitenden Männer einen Ausweg aus der Zwickmühle eröffnen.
War es aber hier bisher nicht dazu gekommen, so lag
die Schuld nicht an Metternich. Lange schon, bevor
von einer Begegnung mit dem Zaren die Rede gewesen war,
noch aus Wien hatte er Bassano ein Rendezvous angeboten,
Prag schiene ihm der geeignetste Ort, nötigenfalls werde er
bis Teplitz entgegenreisen.⁴ Aber der Herzog, ohne die
ausgestreckte Hand schroff zurückzuweisen, zeigte doch keinen
Eifer einzuschlagen. Bubna musste in Liegnitz schon ziemlich aufdringlich werden, damit er nur eben die kühle Erlaubnis erhielt, seinen Chef zu benachrichtigen, es sei wahr-

1. Note Bassanos 15. Juni. Fain II, 117 ff.
2. Instruktionen für Bubna 23. Mai. Oncken II, 677. Berichte
Bubnas 14. Juni. H.-A.
3. Oncken II, 383.
4. Ostensibles Reskript an Bubna 19. Mai. H.-A.

scheinlich, dass er bald zu einer Zusammenkunft gerufen werde. Und in Dresden bot sich zunächst dasselbe Bild. Selbst ein Generalsturm, den der Gesandte nach mehreren andern vergeblichen Versuchen am 14. Juni unternahm, hatte keinen Erfolg. Auf seine Mitteilung, dass Metternich ihm durch den gestrigen Kurier abermals den Wunsch bezeigt habe, sich über die Formen der zu eröffnenden Friedensunterhandlung mit dem französischen Minister persönlich zu verständigen, ward ihm die trockene Antwort, es komme auf die Formen ja garnicht an; und auch als er sich mit dieser Ablehnung nicht zufrieden gab, vielmehr den sonstigen Nutzen einer Entrevüe beredt hervorhob, verstand sich der Herzog nur zu dem vagen Versprechen, er werde versuchen die Erlaubnis des Kaisers zu erhalten. Natürlich erhielt er sie nicht und rückte stattdessen zwei Tage darauf mit dem Vorschlag heraus, Metternich möge sich auf ein paar Stunden inkognito nach Dresden begeben. Das wies nun aber wieder Bubna mit Entrüstung zurück, Minister des Auswärtigen pflegten nicht inkognito zu reisen, und so schien das Hin und Her schliesslich mit der gewiss nicht willkommenen Sendung eines französischen Diplomaten nach Gitschin enden zu sollen.[1] Da brachte der folgenreiche Besuch des Zaren in Opotschna auch diese Sache zu glücklichem Abschluss. Kaum nämlich hatte sich das Gerücht davon in Dresden verbreitet, als Bassano mit einem Mal liebenswürdigere Saiten aufzog. Er sprach erfreut die Hoffnung aus, jetzt werde Metternich doch wohl auch zu Napoleon unter seinem wahren Namen kommen können, und begleitete diese Einladung mit den verheissungsvollen Worten, der Kaiser erstrebe nichts anderes als einen Frieden von der Art, dass jeder gern in der durch ihn vereinbarten Stellung bliebe.[2]

---

1. Berichte Bubnas 3., 14., 16., 17. Juni. H.-A.
2. Berichte Bubnas 18. Juni. H.-A.

Dem oesterreichischen Minister genügte das. Als er, von der schlesischen Grenze zurückkehrend, den Bericht Bubnas in Gitschin vorfand (21. Juni), klagte er wohl halb scherzend über sein trauriges Schicksal, das ihn nach Dresden rufe, aber entschloss sich doch sofort, dem Rufe Folge zu leisten. Hätte nicht die Sendung Nesselrodes Aufschub gebracht, er wäre schon am 23. nachts abgereist; so fuhr er am Mittag des 24. nach Sachsen zu.[1] Eine weltgeschichtliche Entscheidung schien sich vorzubereiten. Gentz schrieb: „Von diesem Punkt aus muss die Welt, sei es nun durch Krieg oder Frieden, wieder in ihre Angeln gehoben werden." Und nicht weniger harrte Humboldt, der bei dem Freund in Ratiborschitz zurückgeblieben war, mit äusserster Spannung auf die ersten Nachrichten von Metternich. Aber ein Tag nach dem andern verging, und das erhoffte „grosse Licht" wollte sich nicht „über die ganze Scene verbreiten." Aus der Erwartung wurde Ungeduld, aus der Ungeduld Verzweiflung. Woher auf einmal diese tötliche Stockung nach vierzehn Tagen des höchsten Interesses? Hatte nicht der Minister ursprünglich nur 24 Stunden bei Napoleon bleiben wollen? Und nun kehrte und kehrte er nicht zurück. Würde etwa wieder wie bei der Mission Schwarzenbergs eine grosse Enttäuschung das Ende sein?[2]

Thatsächlich hatten die Dinge in Dresden einen sehr merkwürdigen Verlauf genommen. Metternich war am Mittag des 25. Juni angekommen. Da sich aber der Kaiser gerade auf einer Fahrt nach Königsbrücke befand und nicht vor Nacht zurücksein konnte, musste er sich für diesen Tag mit einem Besuch beim Herzog von Bassano begnügen. Erst am Morgen des 26. wurde er zu Napoleon ins Palais Markolini berufen. Als er die Dienstsäle betrat, las er auf

---

1. Metternich an Stadion 23. Juni. Oncken II, 672 f.
2. Gentz an Pilat 25., 27., 29. Juni, 2. Juli I, 18. ff. Humboldt an Metternich 30. Juni. H. A.

den Gesichtern all der bekannten ordengeschmückten
Generäle gespannteste Erwartung. Berthier geleitete ihn.
Er flüsterte ihm noch gerade zu: „Vergessen Sie nicht, dass
Europa den Frieden braucht und namentlich Frankreich,
welches nur den Frieden will." Dann öffneten sich die
Thüren der nach dem Garten heraus gelegenen kaiserlichen
Gemächer: Der Gewaltige stand allein da in der Mitte des
Zimmers, den Degen an der Seite, den Hut unter dem Arm.
Alsbald kam er dem Minister ruhig, ja heiter entgegen und
that die übliche Frage nach dem Befinden des kaiserlichen
Schwiegervaters. Die berühmte achteinhalbstündige Unter-
redung begann. Es war ein Viertel auf zwölf Uhr.

Wer heute die Geschichte diplomatischer Verhandlungen
schreibt, ist im allgemeinen übel daran. Er läuft Gefahr,
vor lauter Bäumen den Wald, vor lauter Noten, Reskripten
und Depeschen die grossen Umrisse zu übersehen und übersehen zu lassen, und neidet zu Zeiten den Historikern des
Altertums die Möglichkeit, in freierfundener Rede und Gegen-
rede der handelnden Männer das eigentlich Wesentliche und
Charakteristische hervorzuheben. Aber doch auch er kommt
hier und da an Scenen, wo der Inhalt langer politischer.
Einzelkämpfe in dem offenen Gegenübertreten der entscheidenden Persönlichkeiten kurz und dramatisch der Anschauung vermittelt wird; und dann kann es geschehen,
dass er ihnen, weil sie einen so unschätzbaren Wert für
die Erkenntnis haben, auch für die thatsächliche Entwicklung eine Bedeutung beimisst, die sie überhaupt nicht,
oder nicht in dem Masse und nach der Seite gehabt haben.
Das eben ist der Fall bei der Dresdener Audienz vom
26. Juni 1813. Sie liess die oesterreichische und französische
Politik in ihren eigentlichen Trägern gleichsam personifiziert
aufeinander prallen. Was lag da näher als die Annahme,
dass sie zugleich jenen kriegerischen Ausgang entschieden
habe, den das Gegenspiel beider Mächte schliesslich nahm?
In Wirklichkeit war dem nicht so.

Äusserlich ging es allerdings hart genug her. Ein Zeuge hätte mehr als einmal den Bruch für unvermeidlich gehalten.[1] Napoleon überliess sich ganz seinem ungezügelten korsischen Temperament. Bald durchmass er mit hastigen Schritten das Zimmer, bald stürmte er, den Minister neben sich, in den Garten hinaus. Drohen und Schmeicheln, Poltern und Plaudern, Cynismen und pathetische Deklamationen wechselten jäh mit einander ab. Vergangenheit, Gegenwart und Zukunft zogen an seinem aufgeregten Geist vorüber. Er sprach von der inneren Lage in Frankreich, dem Stärkeverhältnis der Armeen, vertiefte sich in lange und kleinliche Einzel-erörterungen über den russischen Feldzug, dessen ungünstigen Eindruck abzuschwächen, er offenbar auch jetzt noch für nötig hielt. Schliesslich aber kehrte er doch immer wieder zu wilden Anklagen gegen die oesterreichische Diplomatie zurück, wilderen, als sie selbst Bubna in jener Mainacht hatte hören müssen. „Ihr wollt also den Krieg? fuhr er Metternich gleich nach den ersten Worten an. Schön, wir werden ihn machen. Bei Lützen habe ich die preussische Armee vernichtet, bei Bautzen die Russen besiegt. Jetzt wünscht Ihr an die Reihe zu kommen. Es sei. Wir geben uns Stelldichein in Wien. Je mehr Ihr Verbündete seid, umso leichter und sicherer werde ich Euch schlagen. Die Menschen sind unverbesserlich, die Erfahrung ist für sie

1. Gentz an Caradja 4. Juli. Dépêches inédites I, 25 ff. Vgl. für das Folgende sonst die beiden gleichzeitigen, leider ganz kurzen Berichte Metternichs an den Kaiser: Oncken II, 384 f. u. 678, dann aber auch die späteren Erzählungen von Fain: Manuscrit de 1813. II, 36 ff. und Metternich selbst: Nach-gelassene Papiere I, 150 ff. Beide, und zwar, wie schon Ranke, Hardenberg III, 329 hervorhebt, jene nicht weniger als diese, enthalten eine Fülle charakteristischer Einzelheiten, die die au-thentischen Dokumente auf das wünschenswerteste ergänzen und nur da zu verwerfen sind, wo sie mit letzteren in Wider-spruch stehen. Einiges endlich bei Marmont, Mémoires IV, 82 f.

verloren. Dreimal habe ich den Kaiser Franz wieder auf
seinen Thron gesetzt. Ich habe ihm versprochen, mein Leben
lang in Frieden mit ihm zu bleiben. Ich habe seine Tochter
geheiratet. Gleich damals sagte ich mir: Du machst eine
Dummheit. Ich habe sie gemacht und bereue es heute."
Er tadelte, dass der Minister erst so spät komme. Ein
Monat sei schon verloren, und die oesterreichische Vermittlung
würde durch ihre Unthätigkeit fast feindlich. „Es scheint,
dass es Euch nicht mehr passt, die Unverletzlichkeit des
französischen Reiches zu garantieren: gut, es mag sein;
aber warum es mir nicht eher erklären, warum es mir nicht
offen heraussagen lassen bei meiner Rückkehr aus Russland
durch Bubna oder später durch Schwarzenberg? Vielleicht
hätte ich dann meine Pläne geändert, vielleicht sogar wäre
ich garnicht erst ins Feld gezogen. Indem Ihr mich meine
Kräfte in neuen Anstrengungen erschöpfen liesst, rechnetet
Ihr ohne Zweifel auf eine weniger reissende Entwicklung
der Dinge. Diese kühnen Anstrengungen, der Sieg hat sie
gekrönt. Ich gewinne zwei Schlachten, meine geschwächten
Feinde sind auf dem Punkt, von ihren Illusionen zurück-
zukommen. Plötzlich schiebt Ihr Euch dazwischen, sprecht
mir von Waffenstillstand und Vermittlung, sprecht ihnen
von Bündnis, und alles verwirrt sich. Ohne Eure unselige
Intervention wäre der Frieden zwischen den Alliierten und
mir geschlossen. Was hat denn der Waffenstillstand bisher
für Früchte gezeitigt? Ich kenne keine anderen als die beiden
Verträge von Reichenbach, die England soeben von Preussen
und Russland erlangt hat. Man spricht auch von einem
Vertrag mit einer dritten Macht, aber Sie haben ja Herrn
von Stadion an Ort und Stelle, Metternich, und müssen also
in dieser Hinsicht besser unterrichtet sein als ich. Gestehen
Sie nur: seit Oesterreich den Titel 'Vermittler' angenommen
hat, ist es nicht mehr auf meiner Seite, es ist nicht mehr
unparteiisch, es ist Feind! Ihr wolltet Euch erklären, als
der Sieg von Lützen Euch zurückhielt. Da Ihr mich noch

in so furchtgebietender Verfassung saht, habt Ihr das Bedürfnis gefühlt, Eure Streitkräfte zu verstärken, und deshalb gestrebt, Zeit zu gewinnen. Jetzt ist die grosse Frage für Euch, ob Ihr mich prellen könnt, ohne das Schwert zu ziehen, oder ob Ihr Euch offen in die Reihen meiner Gegner werfen müsst." Wenn es wirklich so stand, liessen seine heutigen Äusserungen jedenfalls keinen Zweifel, dass der zweite Fall der bei weitem wahrscheinlichere sei. Er gab nur eben die gewohnte Versicherung, dass er nichts gegen einen Frieden habe, und fügte sofort drohend hinzu, lieber aber als einen entehrenden schliessen, werde er untergehen: „Ich habe es dem Kaiser geschrieben: meine Ehre über Alles und dann erst der Friede." Die eifrige Verwahrung Metternichs, dass entehrende Vorschläge für seinen Herrn überhaupt nicht in Frage kämen, machte ihm keinen Eindruck. Er liess ihn nicht einmal ausreden: „Wohlan, was verstehen Sie unter Frieden, welches sind ihre Bedingungen? Wollen Sie mich plündern? Wollen Sie Italien, Brabant, Lothringen? Ich werde nicht einen Zoll Erde abtreten; ich schliesse Frieden auf dem *status quo ante bellum*. Ich werde sogar einen Teil des Herzogtums Warschau an Russland geben. Euch werde ich nichts geben, weil Ihr mich nicht geschlagen habt, auch an Preussen nichts, weil es mich verriet. Wenn Ihr Westgalizien wollt, wenn Preussen einen Teil seiner alten Besitzungen will, so kann sich das machen, aber gegen Entschädigungen. Illyrien zu erobern, hat mir 300000 Mann gekostet. Wünscht Ihr es wieder, so müsst Ihr die gleiche Zahl Menschen verausgaben." Dann höhnte er: „Ihr denkt nur daran, wie Ihr Euer Schäfchen ins Trockene bringen könnt auf jeden Fall. Ihr tragt Eure Allianz von einem Hauptquartier ins andere, um immer dort zu sein, wo geteilt wird. Und Ihr sprecht mir von Eurer Achtung vor den Rechten unabhängiger Staaten! In Wahrheit wollt Ihr Italien, Russland will Polen, Schweden will Norwegen, Preussen will Sachsen, und England will Holland und Belgien. Mit einem Wort: Der Friede ist nur ein Vorwand. Ihr habt alle nur das eine Ziel der Zertrümmerung des französischen Reiches. Und solchen Plan heisst mein Schwiegervater gut! Er schickt Sie! In welche Stellung will er mich gegenüber dem französischen Volk bringen? Er täuscht sich sehr, wenn er glaubt, ein verstümmelter Thron könne ein Asyl sein für seine Tochter und seinen Enkel." Wieder wie in den Audienzen des Frühjahrs durchzuckte ihn die Ahnung, dass die Würfel doch wohl gegen ihn fallen möchten, und wieder wie damals bemerkte er, halb Schauspieler, halb wirklich überzeugt: „Ich werde vielleicht untergehen, aber ich werde die Throne und die ganze menschliche Gesellschaft in meinen Sturz mitreissen."[1]

Metternich hielt sich demgegenüber sehr würdig. Er war nach dem Zeugnis Gentz' von vornherein in einer grossen, ja erhabenen Gemütsstimmung nach Dresden gekommen.[2] Als er nun vollends wirklich vor Napoleon stand und der Völkerbezwinger seine hässlichsten Seiten enthüllte, wuchs in ihm mit jeder Minute das Gefühl von der Stärke seiner Stellung. Er betrachtete sich als den Vertreter der gesamten europäischen Gesellschaft. Der tobende Imperator erschien ihm klein. Es war bezeichnend, dass er sich nicht bückte, als jener im Zorn den Hut zur Erde warf, sondern dem ruhiger Gewordenen überliess, ihn selbst aufzuheben. Mit ernsten, leidenschaftslosen Worten, *mots de protocole,* wie Bignon spöttelt,[3] denen es doch zur rechten Zeit an

---

1. So erzählt Metternich in seiner Studie: Napoleon Bonaparte. Ein Portrait. Nachgelassene Papiere I, 287.

2. Gentz an Pilat 27. Juni. I, 23: Graf Metternich ist in einer grossen, ich glaube mich berechtigt zu sagen: erhabenen Gemütsstimmung nach Dresden gereist. Ich wollte, dass die, welche ihn bloss für einen feinen, gewandten, kalkulierenden Staatsmann halten, den Brief lesen könnten, den er mir vor seiner Abreise geschrieben hat.

3. Bignon XII, 165.

Schwung und Kraft nicht fehlte, wiederholte er mündlich all das, was er in den Noten und Instruktionen der Monate vorher zu predigen nicht müde geworden war. Er komme in dem wichtigsten Augenblick für die zukünftigen Beziehungen zwischen den beiden Reichen, ja für ganz Europa. Von Napoleon hänge es ab, der Welt den Frieden und damit seiner Regierung die festeste aller Grundlagen, allgemeine Dankbarkeit, zu geben. Wenn er diesen Moment entweichen liesse, wo würden dann die Umwälzungen Grenze und Ziel finden? „Der Kaiser mein Herr hat Pflichten zu erfüllen, vor denen Erwägungen zweiten Ranges in seinen Augen stets verschwinden werden. Das Schicksal Europas, seine Zukunft wie die Ihre, alles das ruht heute in Ihrer Hand. Es besteht ein unlöslicher Widerspruch zwischen Europa und den Plänen, die Sie bisher verfolgt haben. Die Welt braucht den Frieden; um ihn zu sichern, müssen Sie in Machtgrenzen zurückkehren, die mit der allgemeinen Ruhe verträglich sind, oder Sie werden unterliegen im Kampf. Heute können Sie noch Frieden machen, morgen können Sie es nicht mehr. Mein Kaiser wird sein Verfahren regeln nach der Stimme seines Gewissens; an Ihnen, Sire, ist es die Ihrige zu hören." Das war eine starke Sprache, und auch sonst gab es mehr als einen Moment, wo nach Metternichs eignem Geständnis seine Worte ganz das Gewicht einer förmlichen Kriegserklärung hatten. Aber wie hoch die Wogen der Debatte zuweilen gingen, er verlor doch das nächste Ziel seiner Reise nie aus dem Auge. Er hob hervor, dass er nicht berufen sei, hier die Bedingungen des künftigen Friedens zu erörtern. Vielmehr habe er nur auf möglichst beschleunigte Vereinigung von Bevollmächtigten unter oesterreichischer Vermittlung oder aber darauf zu dringen, dass der Kaiser sich ausdrücklich weigere, unter dieser Vermittlung zu unterhandeln. Wären dann die Diplomaten erst einmal zusammen, so stände einer Diskussion über die Grundlagen des Friedenswerkes nichts mehr im Wege; jedenfalls würde Oesterreich in dieser wichtigen

Situation mit vollster Unparteilichkeit seines Mittleramtes walten. Solche Mässigung trug ihre Früchte. Es zeigte sich wieder, dass bei stürmischen Verhandlungen stets der den Sieg gewinnt, der die Herrschaft über sich selbst behält. Napoleon lenkte gegen Ende der Audienz ein. Als er den Minister entliess, war der Ton seiner Rede ruhig und milde geworden. Die Züge seines Gesichtes waren wegen der einfallenden Dunkelheit nicht mehr zu erkennen. Er begleitete Metternich bis an die Thür des Dienstsalons, und die Hand auf die Thürklinke legend, sagte er: Wir sehen uns doch wieder?[1]

Wirklich verlängerte der Minister seinen Aufenthalt, und nun wiederholten sich die Vorgänge vom 17. Mai. Der Imperator bewies sich, nachdem er seinen

---

1. Aus Metternichs nachgelassenen Papieren I, 156. Metternich erzählt dann freilich weiter: „Zu Befehl, Majestät, war meine Antwort, aber ich habe keine Hoffnung, den Zweck meiner Mission zu erreichen". „Nun wohl, entgegnete Napoleon, indem er mir auf die Schultern klopfte, wissen Sie, was geschehen wird? Sie werden mir nicht den Krieg machen". — „Sie sind verloren, Sire, rief ich lebhaft aus, ich hatte ein Vorgefühl davon beim Kommen, jetzt beim Gehen habe ich die Gewissheit". — Und das Gleiche will er zu Berthier gesagt haben, als dieser ihn fragte, ob er mit dem Kaiser zufrieden gewesen sei: „Ja, er hat mir vollen Aufschluss gewährt. Mit dem Mann ist's aus". Aber es scheint nicht, als ob es sich hier um mehr als ein *vaticinium ex eventu* handelte. Zunächst ist mit Ernouf, Maret p. 562 auf die zitierte Depesche Gentz' an Caradja hinzuweisen, in der es heisst: on se sépara dans des dispositions très amicales; und dann kennen wir seit kurzem durch Pfister, Aus dem Lager des Rheinbunds S. 301 auch von Metternich selbst eine gleichzeitige Äusserung, die ganz anders lautet. Als ihn nämlich am Tage nach der Audienz der würtembergische Gesandte um Auskunft bat, was er dem König berichten könne, war die Antwort: Schreiben Sie, ich sei in der ihm bewussten Angelegenheit hier, sehe aber noch nicht klar.

Zorn ausgetobt hatte, in den eigentlichen Verhandlungen nachgiebiger und umgänglicher, als anzunehmen gewesen wäre. Immerhin boten sie auch so noch Schwierigkeiten in Fülle. Metternich kam in den nächsten vier Tagen kaum zur Ruhe. Fortwährend hiess es Besuche machen und empfangen. Konferenzen mit dem Herzog von Bassano und dem Kaiser selbst lösten sich ab. In der Zwischenzeit mussten offizielle Aktenstücke gelesen und beantwortet werden. Kurz, er hatte nicht so unrecht, wenn er seinem Herrn von „beispiellosen Kämpfen" berichtete.[1]

Am raschesten und gründlichsten ordnete sich wider Erwarten die Angelegenheit der Allianz. Nachdem sich die Minister gegenseitig über ihre Vollmachten verständigt hatten, ging der französische in einer Note vom 27. die Artikel des Bündnisses einzeln durch und fragte bei jedem, ob Oesterreich ihn geändert wünsche oder nicht. Metternichs Antwort war sehr merkwürdig. Er zeigte jetzt wirklich die „eiserne Stirn", mit der allein man nach seiner Meinung gegen Napoleon aufkommen konnte, erklärte kurzab, die Unabhängigkeit, die im Wesen des Vermittlers liege, vertrage sich wohl mit dem Geist, nicht aber mit dem Buchstaben des Pariser Bündnisses, und beantragte demgemäss eine Vereinbarung, nach der ganz allgemein „die Bestimmungen besagten Traktats, welche der Unparteilichkeit des Vermittlers Abbruch thun würden," für die ganze Dauer der Verhandlung ausser Kraft gesetzt werden sollten, vorbehaltlich der Möglichkeit, sie später mit den durch den Frieden gegebenen Modifikationen wiederaufleben zu lassen. Was eine solche Vereinbarung in Wirklichkeit bedeutete, konnte der scharfen Logik Napoleons nicht unklar sein. Er erwiderte durch Bassano: „Es ist in Niemandes Macht, zu bewirken, dass das bestehe, was nicht besteht. Also könnte

---

1. Metternich an Kaiser Franz 28. Juni. Oncken II, 394 f. Vgl. sonst Nachgelassene Papiere I, 159.

man nicht sagen, dass der Allianzvertrag besteht, wenn
alle seine Bestimmungen unter Vorbehalt gestellt wären,"
und verzichtete nicht ohne Würde auf eine Verpflichtung,
von der er nicht wolle, dass sie seinen Freunden lästig falle.[1]
Aber was wurde nun aus der Annahme der oesterreichischen Vermittlung, die er bisher stets von erneuter
vertragsmässiger Garantie des französischen Staatsgebietes
abhängig gemacht hatte? Indem die eine Frage glatt aus-
schied, gewann die andere nur ein umso kritischeres Ansehen.
An Stelle der alten traten neue, nicht weniger unerfüllbare
Forderungen. Sie betrafen Art und Form der einzuleitenden Unterhandlung. Weder der vorläufige Kontinentalfrieden, auf den sich Metternich zunächst beschränken
wollte, noch die bescheidene Vereinigung weniger Bevollmächtigter passten in Napoleons Entwürfe. Er konnte den
doppelten Zweck des Zeitgewinnes und der Irreleitung der
öffentlichen Meinung voll nur erreichen, wenn er mit dem
Gedanken eines allgemeinen Friedens kokettierte und den
schwerfälligen Apparat eines Kongresses *à la* Münster,
Nymwegen, Ryswyk und Utrecht in Scene setzte. So ma-
nifestierte denn sein Minister in schwungvollen Worten den
Wunsch, „das durch dreissig (sic!) Kriegsjahre erschütterte
Europa wieder in seinen Grundlagen zu festigen und an
die Stelle von Teilfrieden einen allgemeinen zu setzen, der
nicht im Kabinet, sondern vor ganz Europa und im Angesicht aller Völker verhandelt wird"; ja, er legte einen
ausgeführten Vertragsentwurf vor, nach dem sich die Vermittlung Oesterreichs auch auf England, die Vereinigten
Staaten, den König von Spanien, die Regentschaft in Cadiz,
überhaupt sämtliche Mächte der beiden kriegführenden
Parteien zu erstrecken hätte. Als Ort des Kongresses
würde man Prag oder Wien vorziehen.[2] Und zugleich er-

---

1. Fain II, 187 ff.
2. Réplique du duc de Bassano relativement à la médiation;
Canevas de Convention, Dresde le 29 juin 1818. Fain II, 142 ff.

schien hier *implicite* noch ein anderer, weit wichtigerer
Wunsch des französischen Kaisers. Er hatte sich gleich in
der Audienz vom 26. Mühe gegeben, Oesterreich auf den
Stand der bewaffneten Neutralität zu fixieren, möglicherweise sogar Illyrien als Preis dafür angeboten.[1] Jetzt
sollte das damals Versagte auf Umwegen erreicht werden.
Es wurde verlangt, dass die Unterhandlung, auch wenn eine
der kriegführenden Mächte am 20. Juli den Waffenstillstand
aufsagte, keine Unterbrechung erlitte, und gleichzeitig dem
Vermittler strengste Unparteilichkeit zur Pflicht gemacht.
Das hiess nicht mehr und nicht weniger, als Oesterreich
musste zusehen, wie Napoleon die Verbündeten zu Paaren
trieb.[2] Metternich war über die Zumutung empört. Er will
die Übersendung des Entwurfes mit der einfachen Anzeige
beantwortet haben, dass er Dresden unverzüglich verlassen
werde. Indessen kam es nicht zur Ausführung dieser
Drohung. In der Frühe des nächsten Tages (30. Juni),
kurz vor der für seine Abreise bestimmten Stunde, erhielt
er ein Billet des Herzogs von Bassano, das ihn zu acht ins
Palais Markolini bestellte. Der Imperator ging gerade im
Garten spazieren. Er empfing den Grafen mit dem scherzen-
den Vorwurf: Nun, Sie spielen den Gekränkten, weshalb
denn? Dann prüfte er das Elaborat seines Ministers Artikel
für Artikel und sagte schliesslich: Vielleicht verstehen wir
zwei uns besser, Sie und ich; kommen Sie in mein Kabinet
und verständigen wir uns. — So geschah es denn auch.
Als Metternich ihn nach fünfstündiger Audienz verliess,
hatte er die definitive Anerkennung der oesterreichischen
Vermittlung in der Tasche; und was etwa sonst noch zu

---

1. Fournier, Napoleon I, Bd. III, 144. Dass der Imperator
Illyrien bot, erzählt Fain, und auch Metternich behauptete es
am 4. Juli gegen Graf Hardenberg. Vgl. Oncken II, 399 f.
Sicher ist es trotzdem nicht.

2. Gut auseinandergesetzt von Beitzke, Geschichte der
Deutschen Freiheitskriege I, 626.

ordnen war, brachte der Herzog von Bassano ins Reine.
Dieser fuhr dreimal bei ihm vor; das letzte Mal noch um
ein Uhr nach Mitternacht. Da aber war der Graf schon
fort; ein Adjudant Bubnas musste sich aufs Pferd werfen
und ihm ein Handschreiben Napoleons an Kaiser Franz
nachbringen.[1] Es warnte vor einem Krieg, der das Unglück
der oesterreichischen Staaten sein und die Leiden der Welt
vermehren würde, und zeigte durch den ungewöhnlich kalten
Ton, dass der Imperator mit dem Ergebnis der letzten
Verhandlungen alles andere eher als zufrieden war.[2]

Thatsächlich entsprach die Konvention vom 30. Juni
1813 nur in dem einen Punkt ganz dem französischen Entwurf, dass sie Prag und nicht mehr Gitschin als Sitz des
zu eröffnenden Kongresses bezeichnete. Dagegen war · die
Frage, ob Kontinental-, ob allgemeiner Frieden, unentschieden
gelassen. Es wurde die Vermittlung Oesterreichs für den
einen oder den andern angenommen (Art. 1 und 2) und einst-

1. Vgl. Metternichs eigne Erzählung in den Nachgelassenen
Papieren und den Bericht des Würtembergers Beroldingen bei
Pfister, Aus dem Lager des Rheinbunds S. 301. Dieser Bericht
bestätigt auf das erwünschteste, dass erst am 30. die Vermittlung
des Wiener Hofes endgiltig angenommen worden ist. Sonst
könnten darüber trotz des Datums der Konvention Zweifel ob-
walten. Gentz nämlich meldet Caradja, dass diese la veille de
son (Metternichs) départ vereinbart sei. — Sehr schwierig liegen
die Dinge bei dem Oncken II, 394 f. abgedruckten Schreiben
Metternichs, das über „die definitive Annahme der Mediation
Ew. Majestät" triumphiert. Es ist datiert 28. Juni, wo davon
noch nicht die Rede sein konnte; deshalb glaubt Oncken an
einen Schreibfehler für 29., aber sicher ist das nicht, und jedenfalls charakteriesiert die Thatsache, dass' noch Gitschin als Ver-
sammlungsort für die Bevollmächtigten erscheint, den Siegesjubel
als verfrüht.

2. Corr. XXV, 514. Der Ärger Napoleons geht noch deutlicher aus zwei Briefen an Eugen vom 28. Juni und 1. Juli
hervor. Da heisst es: L'Autriche continue à se comporter mal
. . Toutes les probalités paraissent pour la guerre.

weilen einfach bestimmt, dass sich die Bevollmächtigten
Frankreichs, Russlands und **Preussens** vor dem 5. Juli
versammeln sollten (Art. 3). Bassano musste sich begnügen
seine weitergehenden Wünsche in einem ganz unverbindlichen
„zweiten Projekt für die Anwendung der oesterreichischen
Vermittlung auf den allgemeinen Frieden"[1] niederzulegen,
das er Metternich zur Mitteilung an die Verbündeten
einhändigte. Vollends von einer bewaffneten Neutralität
Oesterreichs in irgend welcher Form fand sich kein Wort
mehr. Hinsichtlich der Dauer der Unterhandlung war es
zu einem Kompromiss gekommen, das geradezu die Grundlage der ganzen Verständigung bildete. Der Kongress sollte
nun entgegen dem französischen Antrag nach Wiederaufnahme
der Feindseligkeiten nicht weitertagen, dafür aber wurde
diese soweit hinausgeschoben, dass doch genügend Zeit für
seine Beratungen blieb. Im vierten Artikel verpflichtete
sich der französische Kaiser, den Waffenstillstand nicht vor
dem 10. August zu kündigen, und der oesterreichische behielt sich vor, dieselbe Zusage von den Verbündeten zu erwirken.

Wer dabei eigentlich die Initiative ergriffen hat, wird
sich wohl nie mit völliger Sicherheit sagen lassen. Schon
nach wenigen Wochen leugnete man hüben und drüben um
die Wette, als erster die Verlängerung der Waffenruhe erbeten zu haben.[2] Und vielleicht brauchte es wirklich keiner

---

1. Fain II, 145 f. Die Konvention vom 30. ebenda S. 45 f.

2. Vgl. das von Napoleon inspirierte Schreiben der Kommissäre Dumoustier und Flahault d. d. 19. Juli 1813. Corr. XXV,
575 f. und andrerseits die Note Metternichs vom 22. Juli. Fain
II, 165 ff. In den Memoiren Metternichs schwankt die Darstellung, doch so, dass in der Hauptsache der Verfasser,
schon aus Eitelkeit, das Verdienst an der heilsamen Massregel
sich beimisst. Die Ansichten der Historiker gehen weit auseinander. Ranke, Hardenberg III, 329 entscheidet sich dafür,
dass der Antrag von Napoleon gestellt sei, Ernouf, Maret p. 565

besonderen Bitte: man traf sich ohne sie auf dem einzigen Weg, der friedlich aus den Differenzen der letzten Verhandlungen herausführte; denn, wie immer der Beschluss entstanden sein mag, ihr Interesse fanden beide Parteien daran, und zwar Metternich nicht weniger als Napoleon.

Der oesterreichische Minister war ursprünglich in den Grundsätzen des Reichenbacher Vertrages nach Dresden gekommen. Noch am 25. hatte er eine Note übergeben, die sich mit Hinweis auf die kampfbereiten Armeen gegen jede Verlängerung eines einfachen Waffenstillstandes verwahrte.[1] Aber als ihm Tags darauf der Imperator die Standestabellen des französischen Heeres vorlegte, wurden denn doch Zweifel in ihm wach, ob wohl die eigenen Rüstungen bis zum festgesetzten Tage schon weit genug gediehen wären, um den Feind zu bestehen, der, wie auch sonst verlautete,[2] offenbar über eine grössere Macht verfügte als selbst 1809. Er sandte noch in der Nacht nach der Audienz einen Adjudanten mit dieser Frage zum Fürsten

---

und neuerdings mit origineller, aber nicht einwandsfreier Begründung Fournier, Napoleon I, Bd. III, 146 f. schieben die Initiative ebenso energisch dem oesterreichischen Minister zu. Ich würde ihnen bedingt beistimmen, wenn nicht eine Depesche Bubnas vom 2. Juli (H.-A) wäre, in der es heisst: J'ai fait aussi mon possible pour approfondir la raison qui avait porté l'Empereur à insister autant sur la prolongation de l'armistice. Nun ist die Entwicklung dieser Gründe freilich recht eigentümlich: als vornehmstes Motif erscheint der Wunsch, Nachrichten aus Spanien zu haben; Bekleidung und Einexerzierung der Truppen, Beendigung der Befestigungsarbeiten etc. sollen erst in zweiter Linie kommen, militärische Verstärkungen überhaupt nicht zu erwarten sein. Kurz, der Verdacht liegt nahe, dass es sich um eine bestellte Arbeit zur Begütigung der Verbündeten handelt, aber beweisen lässt sich das nicht, und so bleibt es für die ganze Frage bei dem non liquet.

1. d. d. 22. Juni. Fain II, 129 ff.

2. z. B. von Wrede. Bericht Hrubys 25. Juni. H.-A.

Schwarzenberg und erhielt nach 32 Stunden die Antwort, dass man in drei Wochen mehr um 75000 Mann stärker sein werde. Von Stund an war sein Entschluss gefasst. Er trachtete, jene drei Wochen zu gewinnen. — So wenigstens erzählen seine Memoiren (I, 158), und gesetzt auch, es wäre viel romanhafte Ausschmückung dabei,[1] thatsächlich lagen die Dinge so, dass Oesterreich die längere Vorbereitungszeit nur zu nötig hatte.

Noch am 17. August ist seine Armee nach glaubwürdigem Zeugnis als „reine militärische Unschuld" ins Feld gerückt.[2] Am 27. Juli wären weder die beiden Reservekorps schlagfertig formiert noch die sonstigen Massregeln zum Schutz des bedroht geglaubten Wien wie namentlich die arg vernachlässigten Schanzarbeiten im Donauthal vollendet gewesen. Die Organisierung der Landwehr und Reserve steckte noch in den ersten Anfängen, der Marschbefehl für die ungarische Insurrektion stand erst bevor. Die sonst kriegsbereiten Linientruppen aber mochten die Frist zu der so nötigen Vervollständigung ihrer Monturen gebrauchen.

Kurz, die Verlängerung des Waffenstillstandes war nützlich, wenn es zum Kriege kam. Und vielleicht auch

---

1. Es giebt wirklich ein Memoire des Feldmarschalls über die Frage, ob die Verlängerung des Waffenstillstandes militärisch heilsam sei oder nicht. Metternich legte es am 4. Juli den Ministern der Verbündeten vor. Aber wir kennen den Inhalt nur aus dem Bericht des Grafen Hardenberg vom 5. Juli (Oncken II, 397) und das Datum überhaupt nicht.

2. Radetzky, Selbstbiographie S. 73. Zu den Angaben dort stimmt ein Brief Napoleons an König Friedrich von Würtemberg vom 30. August: On ne peut s'imaginer le mauvais état de l'armée autrichienne. Elle n'est en campagne que depuis quelques jours et la moitié de ses soldats sont presque nus et sans souliers. Les trois quarts ne sont que des recrues levées depuis six semaines. Schlossberger S. 316,

half sie diesen noch ganz vermeiden. So überraschend es
klingt, in Metternich hatte der Verlauf der Dresdener Verhandlungen die schon fast erloschenen Friedenshoffnungen
von neuem geweckt.[1] Überstieg nicht das, was er bewirkt,
„vieles von dem, was man sich gewöhnlich zu erlangen
dünkt, wenn man den französischen Kaiser nur oberflächlich
beurteilt"? Trotz aller flammenden Proteste vorher hatte
Napoleon im entscheidenden Moment gutwillig auf die Allianz
verzichtet, die bewaffnete Vermittlung Oesterreichs anerkannt. Konnte es da nicht ähnlich mit den Abtretungen
gehen, die er jetzt noch entrüstet verweigerte? Und wenn
schon die Chancen für einen „solchen Kontinentalfrieden,
wie wir ihn wünschen," schlecht genug standen, so war
die Stimmung des Imperators einem annehmbaren allgemeinen Frieden anscheinend umso günstiger. Er erklärte
wiederholt, dafür grosse Opfer bringen und über Erwarten
nachgiebig und gefällig sein zu wollen. Die „fast unüber-
steiglichen Hindernisse" aber, die sich hier von anderer
Seite erhoben, lohnten immerhin den Versuch einer Über-
windung. Wie, wenn man in elfter Stunde einen neuen
Schritt bei England unternahm? An Gründen dafür fehlte
es nicht. Es war bekannt, dass die Verbündeten den Hof
von St. James eingeladen hatten, zur Wahrung seiner Interessen eine Persönlichkeit zu den Unterhandlungen zu
schicken. Und dass diese Einladung nicht ganz aussichtslos sei, schien das Verhalten Lord Cathcarts gegen Stadion
zu beweisen. Der schwerfällige Brite hatte zwar anfänglich von dem Oesterreicher ebenso wenig Notiz genommen
wie von dem übrigen schreibenden Hauptquartier, sondern
nur Aug und Ohr für die Truppen gehabt, bei denen er

1. Vgl. für das Folgende: Instruktionsentwürfe und Instruktionen für Wessenberg Mitte Juni, 8. Juli. H.-A; Metternich
an Kaiser Franz 28. Juni. Oncken II, 394 f; Gentz an Caradja
4. Juli.

beständig herumgaloppierte; aber sobald das vorläufige Ende
der Feindseligkeiten ihm Zeit liess, sich den seiner Be-
gabung so garnicht entsprechenden diplomatischen Geschäften zu widmen, war er zu Stadion gekommen, um sein
Ministerium wegen der unfreundlichen Aufnahme der
Wessenbergischen Vorschläge zu entschuldigen: im April
sei das System Oesterreichs noch weniger ausgesprochen
gewesen, und man habe deshalb den Sinn der ersten Eröffnungen nicht recht verstanden.[1] Unter solchen Umständen
war Metternich schon Mitte Juni in Dresden vorstellig geworden, ob Bassano einem Kurier von ihm Pässe über
Calais ausfertigen werde,[2] und nur die noch immer mangelnde
Anerkennung seiner Vermittlung durch Frankreich hatte ihn
zurückgehalten, die bereitwillig erteilte Erlaubnis sogleich
auszunutzen. Jetzt, wo jene Anerkennung erfolgt war,
stand der Expedition der neuen Depeschen für Wessenberg,
an denen er seit Wochen arbeitete, offenbar nichts mehr
im Weg. Wenn nun in der englischen Regierung auch nur
die geringste Neigung lebte, den Krieg nicht zu verewigen,
so konnte sie seiner Meinung nach aus dem gegenwärtigen
Augenblick grossen Nutzen ziehen. Das Erscheinen des
britischen Bevollmächtigten am Ende der Verhandlungen
musste diesen eine ganz neue, grossartige Wendung geben,
und unmöglich war es nicht: der Kurier, ohne Aufenthalt
abgefertigt, traf zeitig genug in London ein, damit es in
der Macht des Engländers lag, vor Auflösung des Kongresses in Prag zu sein. Allerdings nur, wenn dafür der
10. August, nicht wenn der 20. Juli festgesetzt war. Auch
in dieser Hinsicht also passte die Konvention vom 30. Juni
in die Entwürfe des oesterreichischen Ministers.

Aber welch ein Widerspruch bestand zwischen ihr und

---

1. Berichte Stadions 7. Juni. H.-A.; Stein an Münster 19. Mai.
Pertz III, 357.

2. Berichte Bubnas 16. Juni. H.-A.

dem Geist, ja dem Buchstaben des Reichenbacher Vertrages und der anderen Verabredungen der Kaisertage von Opotschna und Ratiborschitz. Gleich, dass die Friedensverhandlungen nun doch etwas von der Feierlichkeit eines völkerrechtlichen Kongresses erhalten, nicht im unbekannten Gitschin, sondern im glänzenden Prag stattfinden und mit wirklichen Bevollmächtigten beschickt werden sollten, musste im verbündeten Hauptquartier, wo man sie als eine Farce zum Privatvergnügen Kaiser Franz' gern so unscheinbar wie möglich gestaltet hätte, als übermässige Willfährigkeit gegen französische Wünsche verstimmen. Und vollends die Verlängerung des Waffenstillstands empfand man als Schlag ins Gesicht. So war denn der Grundpfeiler des jungen Vertragswerkes bereits zusammengestürzt, während die Tinte von der Unterschrift Stadions noch kaum getrocknet war. Schon rein militärisch, zumal in Anbetracht der Verpflegung, genierte die aufgezwungene neue Ruhezeit aufs empfindlichste. Doch trat dieser Gesichtspunkt hinter dem politischen ganz zurück. Solange der 20. Juli als Endtermin feststand, hatte man nicht gefürchtet, dass die Verhandlungen zum Frieden führen würden: jetzt konnten sie es vielleicht doch, da überdies nichts verbürgte, dass Oesterreich nicht eine abermalige Verlängerung der Frist, vielleicht gar eine Verminderung seiner Bedingungen beliebte. Wie wenig es sich durch feierliche Zusagen gebunden erachtete, hatte sich ja zur Genüge gezeigt.

Metternich durfte sich also auf heftige Angriffe gefasst machen, als er am Abend des 3. Juli in Ratiborschitz von neuem mit den verbündeten Diplomaten zusammentraf, von denen er vor vierzehn Tagen in so gutem Einvernehmen geschieden war.[1] Er hatte sie auf das Grenzschloss eingeladen, um durch einen Zusatzartikel zur Konvention vom

---

1. Vgl. namentlich Oncken II, 396 ff, der wieder Graf Hardenberg (an Münster 5. Juli) nacherzählt.

27. Juni die Verlängerung des Waffenstillstandes auch nach
dieser Seite zu sichern und zugleich zu sehen, ob sich nicht
die Napoleon halb und halb versprochene Bevollmächtigung
der russischen und preussischen Gesandten zu direkten
Verhandlungen mit den französischen erwirken lasse. Darüber kam es denn am 4. in aller Form zu einer Konferenz.
Es war ein stürmischer Sonntag. Die Minister bestanden
auf ihrem Schein. Sie lehnten die oesterreichischen Wünsche
hinsichtlich der Form des Kongresses rundweg ab und ver-
legten dessen anfangs auf den 5., dann auf den 8. fixierte
Eröffnung auf den 12. Juli zurück.[1] Die Hinausschiebung
des Endtermins bezeichneten sie unverblümt als Wortbruch
und sträubten sich so hartnäckig dagegen, dass Metternich
sich schliesslich kalt auf die Erklärung zurückzog: das
Recht, am 27. Juli die Feindseligkeiten zu beginnen, sei den
Alliierten allerdings unbenommen, aber er könne nicht verbürgen, dass dann Kaiser Franz nicht unbedingteste Neutralität beobachten werde. Selbst das hatte nicht volle
Wirkung. Nesselrode und Hardenberg behielten sich eine
endgiltige Äusserung vor, bis sie ihren Souverainen Bericht
erstattet hätten, und so wenig war sicher, ob die zu
gunsten der Dresdener Verabredungen ausfallen würde,
dass Stadion die Ratifikation des Reichenbacher Vertrages
nur mit der ausdrücklichen Weisung eingehändigt erhielt,
sie nicht ohne vorherige Annahme des Zusatzartikels aus-
zuwechseln.[2]

Unter diesen Umständen kam alles darauf an, die
verbündeten Monarchen oder, da der König von Preussen

---

1. Metternich an Bassano 3., 8. Juli. Fain II, 148 f.
2. Oncken II, 396. Thatsächlich geschah die Auswechslung
erst am 26. Juli (Berichte Stadions No. 29c), obwohl der Text
des Vertrages dafür nur die Frist von sechs Tagen liess. Aus
diesem Sachverhalt erklärt sich die Behauptung Bignons (XII, 212),
Kaiser Franz habe die Konvention vom 27. Juni erst am 27. Juli
ratifiziert.

sich willig dem begabteren und mächtigeren Freund unter-
ordnete, den Zaren unmittelbar zu gewinnen. Die Aufgabe
war sehr undankbar. Lösen konnte sie offenbar nur einer,
und dieser eine, der erklärte Liebling Lebzeltern, über-
nahm sie nur mit äusserstem Widerstreben. Er trug zunächst Sorge, ein kaiserliches Handschreiben zu entwerfen,
das die Verlängerung des Waffenstillstandes als „unbedeuten-
den Zeitverlust," „kleine Erweiterung des ersten Artikels,"
kurz *en bagatelle* behandelte und nicht ohne Hinweis auf
die „Einigung durch Grundsätze und gemeinsames Interesse"
rein aus militärischen Gründen zu rechtfertigen suchte.[2]
Dann begab er sich damit und mit einer Denkschrift
Schwarzenbergs, die diese militärischen Gründe des näheren
darlegte, nach Peterswaldau ins russische Hoflager. Alexander
empfing ihn sofort (5. Juli). Er sprach feuriger als je. Rede-
gewalt und Argumente waren denen der Minister in Ratiborschitz weit überlegen. Er leugnete, dass Napoleon aus den
Dresdener Beschlüssen keinen Vorteil ziehen werde, leugnete
die Gefahr für den Süden Oesterreichs; das Memoire sei
hinterdrein bestellte Arbeit. „Denn würdet Ihr, fragte er
ungläubig, bis zum letzten Augenblick Eure Grenze und
Eure Hauptstadt ungedeckt gelassen haben?" Und selbst
wenn Gefahr bestünde, so erinnerte er an jene Versicherung
vom 29. April, dass man auch die grösste Aufgabe nicht
fürchte. „Stelle sich doch, rief er aus, Oesterreich sich
selbst gegenüber, wie es vor drei Monaten war, und wie es
heute ist; vergleiche es einmal seine Worte und Versprechungen von damals und jetzt!" Die Verbündeten hätten
ihnen getraut, sich mit nimmermüder Gefälligkeit allen
Wünschen von Wien her oft gegen ihr eigenstes Interesse

---

1. Für das Folgende Lebzelterns „Récit d'une conversation
avec l'Empereur Alexandre à Peterswaldau le 5 juillet 1813".
H.-A. Einiges daraus auch bei Oncken II, 400 f.

2. Kaiser Franz an Alexander 3. Juli. H.-A.

gefügt, nie die Sprache gebraucht, die sie gegen jede andere
Macht hätten anwenden müssen; jetzt sehe man die Resultate.
Er beklagte sich, dass Frankreich soeben ansehnliche Mengen
Getreide aus Oesterreich habe beziehen dürfen. Lebzeltern
war selbst über das Faktum erstaunt, er versuchte es, so
gut es ging, mit der dem Vermittler geziemenden Unparteilichkeit zu entschuldigen. Aber da kam er schlecht an.
Alexander fuhr auf, es sei immer wieder das alte Lied,
man gebe wirkliche Vorteile für elende Grillen dahin, und
in welchen Umständen! Sein Urteil über die Gesamtpolitik
Oesterreichs lautete ähnlich. In der verblendeten Hoffnung,
Napoleon anders als durch Waffengewalt zu einem erträg-
lichen Frieden zu bringen, habe es die Dinge soweit kommen
lassen, dass es gegenwärtig, in den eigenen Netzen gefangen,
um sich nur herauszuziehen, nicht mehr den starken und
dauerhaften Frieden erstrebe, mit dem es Europa geködert,
sondern nur einen Frieden überhaupt, gleichgiltig gegen die
furchtbaren Konsequenzen einer solchen freiwilligen Preisgabe der Vorteile, die glückliche, so nie 'wieder herbei-
zuführende Kombinationen darböten. Denn was würde geschehen? Frankreichs Macht würde konsolidiert werden,
Preussen in alter Hilflosigkeit dastehen, Oesterreich sich
höchstens um die illyrischen Provinzen bereichert finden,
die ohne Tirol bei vielen kommerziellen Vorteilen doch auch
keinen politischen Machtzuwachs gewährten, und die ihm
zudem Niemand garantieren könnte. Russland endlich, von
Metternich in die Mitte Europas gelockt, müsste sich wieder
in seine Grenzen zurückziehen, er, der Kaiser, mit Kummer
über soviel vergebliche Opfer und dem beschämenden Gefühl,
einem schwächeren Feind gewichen zu sein. — Er holte
einen Etat hervor, nach dem sich die Stärke der alliierten
Armeen einschliesslich 250 000 Oesterreicher auf 777 000 Mann
belief: „Und damit sollen wir die Sache Europas und die
Ehre unserer Waffen preisgeben!" Im rechten Moment überreichte Lebzeltern das kaiserliche Handschreiben. Es that

seine Wirkung. Der Zar äusserte wohl noch allerlei Zweifel, ob der 10. August denn auch das definitive Ende der Zögerungen sein werde, schliesslich aber meinte er ritterlich, er dürfe und wolle sich wegen Kaiser Franz keine Unruhe machen; denn annehmen, dass dieser seine Heere nicht mit denen Russlands und Preussens vereinigen werde, hiesse ihn beleidigen. Es wäre das in den Augen der Völker eine Rolle, die weder der Würde, noch der Treue, noch der Gewissenhaftigkeit des Monarchen von Oesterreich entspräche, und das Todesurteil für seine Staaten.

Wirklich liess er nach der Audienz dem preussischen Staatskanzler durch Anstett sagen, er sei der Ansicht, dass man noch einmal den Wünschen Oesterreichs nachgebe, und genehmigte zwei Tage darauf, nachdem auch Friedrich Wilhelm zugestimmt hatte, eine Note Nesselrodes, die mit Rücksicht auf die bedrohte Lage der Stadt Wien in aller Form das „Opfer" der Verlängerung des Waffenstillstandes verhiess.[1]

Doch fehlte viel, dass mit der Differenz selbst auch die Verstimmung über die ganze Angelegenheit aus der Welt geschafft wäre. Alexander überliess sich trotz des Lebzeltern gegebenen Versprechens wieder ganz jenen Gefühlen des Argwohns und Misstrauens gegen Oesterreich, die die Tage von Opotschna so glücklich zurückgedrängt hatten. Zum ersten Mal musste Stadion aus seinem Munde hören, dass, wenn die Politik der Hofburg zu gänzlicher Preisgabe der Sache der Verbündeten und Europas führte, für Russland allein Mittel zu einer Sonderverhandlung mit Frankreich bestünden; und das Gleiche deutete Nesselrode an, als er Metternich vor dem üblen Eindruck der Dresdener Beschlüsse warnte: „Die Folgen eines solchen Eindrucks sind unberechenbar. Er könnte uns leicht auf einen falschen Weg

---

1. Nesselrode an Stadion 25. Juni/7. Juli. H.-A.

werfen, der für Euch noch ärgerlicher wäre als für uns."[1]
Im ganzen Hauptquartier gab es nur betrübte Gesichter.
Der oesterreichische Gesandte selbst versank auf einige
Tage in dumpfe Verzweiflung. „Ich habe mich, schrieb er,
bisher mit Entsagung dazu hergegeben, Argumente zu ver-
treten, an die ich nicht glaube, und den verbündeten Höfen
die Einwilligung in eine Folge von Massregeln zu entreissen,
die ganz ebenso verderblich für Oesterreich wie ihrem eignen
Interesse entgegen waren." Dabei sei ihm die Hoffnung eine
Stütze gewesen, dass am Ende doch sein Kaiser in den
Krieg eintrete: „Die Eröffnungen Ew. Excellenz zu Ratiborschitz haben mir bewiesen, dass ich mich dessen zu Unrecht
geschmeichelt . . . Der Augenblick ist gekommen, wo mein
Aufenthalt im Hauptquartier der verbündeten Monarchen
ohne Zweck und Nutzen werden wird. Meine Mission sollte
auf Vertrauen gegründet sein, dies Vertrauen ist zerstört."
So bat er dringend um seine Abberufung. Man möge ihn
ersetzen durch einen Menschen, der besser als er den hohen
Absichten des kaiserlichen Herrn entspräche und weniger
über den Abgrund erschrecke, den dieser sich unter seinen
Schritten grübe.[2]

Ferner Stehende urteilten noch weit härter. Stein
redete jetzt von „einem eitlen, pfiffigen, leichtsinnigen, flachen
Metternich" und klagte Münster: „Zu spät hat sich der gute
Nesselrode überzeugt, dass Metternich flach unmoralisch
und doppelsinnig sey; er handelt entweder als ein Verräter,
oder was wahrscheinlicher ist, er besitzt nicht die Kraft
und den auf persönliches Ansehen gegründeten Einfluss,
um seinen Kaiser zu lenken und zu beherrschen . . . Seine
Politik bietet denen Ratschlägen des Menschenverstandes
Hohn. Auf ihn ist die Äusserung des Mephistopheles im
Doktor Faust anwendbar:

1. Berichte Stadions 7. Juli; Nesselrode an Metternich
7. Juli. H.-A.
2. Stadion an Metternich 7. Juli. H.-A.

Ein Kerl, der finassiert,
Ist wie ein Tier, auf dürrer Heide
Von einem bösen Geist im Kreis herumgeführt,
Und ringsumher liegt schöne grüne Weide."[1]

Der Engländer Jackson aber verzeichnete in sein Tagebuch
(12. Juli): „Ein Bote Addingtons bringt unbefriedigende Nachrichten aus Prag. Addington hat eine private Unterredung mit
Baron Binder gehabt, der als Dolmetsch der Ansichten Metternichs gelten kann, da er sein erster Sekretär ist, und bezeichnet
dessen Bemerkungen über den gegenwärtigen Zustand der
Dinge als entweder schwach oder verabscheuungswürdig;
was werde die Zeit an den Tag bringen. Jedenfalls jedoch
wären sie den Hoffnungen und Erwartungen der Verbündeten
sehr ungünstig."[2]

Addington musste gut unterrichtet sein. Am oesterreichischen Hoflager, das inzwischen dem Kongress zu-
lieb von Gitschin nach Brandeis bei Prag verlegt war,
stand das Barometer thatsächlich wieder auf Frieden.
Metternich versicherte Wessenberg nach einer Aufzählung
der letzten Rüstungsbefehle: „All dieser Apparat hält uns
nicht ab, die ernstesten Erwägungen anzustellen über die
Gefahren eines Krieges, in dem Napoleon alles aufbieten
wird, was er an materiellen und moralischen Hilfsmitteln
besitzt, und nun gar über die Gefahren eines Koalitionskrieges. Der Kaiser wird das Unmögliche versuchen, um
einen Frieden herbeizuführen."[3] Und den besten Beweis
dafür gab die Denkschrift, die er wenige Tage später als
Prolog zur Eröffnung der Prager Verhandlungen seinem
Herrn unterbreitete (12. Juli). Sie trug zwar durch die Würde
und Feierlichkeit des Tones der stark hervorgehobenen Be-

1. Stein an Gneisenau 19., an Münster 17. Juli. Pertz
III, 391 ff.
2. Jackson, Diaries. Bath Archives II, 151.
3. Instruktionen für Wessenberg 8. Juli. H.-A.

deutung „einer der grössten Krisen" voll Rechnung und riet
einsichtig genug, selbst in dem Fall für die Verbündeten
einzutreten, dass eine friedliche Einigung über das Minimum
Oesterreichs an ihrem Widerspruch scheiterte; aber in der
Hauptsache drehte sie sich doch um die sehr andere Frage,
die nach der Konvention vom 27. Juni von Rechtswegen
überhaupt nicht mehr aufgeworfen werden durfte, ob der
Kaiser auch wirklich „unerschütterlich bestimmt" sei, bei
Ablehnung der dort festgesetzten Bedingungen durch Napoleon
„die gerechte Sache der Entscheidung der Waffen Oesterreichs und des ganzen übrigen vereinten Europas anzuver-
trauen." Um auf sie eine feste bejahende Antwort zu erhalten, glaubte der Minister mit ungewöhnlich ernster
Beredsamkeit vorstellen zu müssen, wie er sonst „mit dem
besten Willen für das Wohl des Staates lediglich das
leidigste Werkzeug der Vernichtung aller politischen Kon-
sideration, aller moralischen Höhe und des Auflösens aller
inneren und äusseren Bande der Staatsverwaltung" sein
werde. Und sehr bedenklich war es, dass er einen eventuellen Verzicht auf Illyrien bis zum Seefrieden als „ein
noch mögliches Temperament der vier Friedensbasen" anregte.
„Niemand, schrieb er, kann Ew. Majestät zwingen, für eine
die Monarchie allein angehende Verzichtleistung gegen Allerhöchst Ihre Berechnung Krieg zu führen."

Das hiess sich geflissentlich selbst belügen. Der Verzicht
auf Illyrien ging keineswegs nur Oesterreich allein an, auch
Russland und Preussen hatten ein sehr entschiedenes
Interesse daran. Denn wenn sie schon unmittelbar keine
Schwächung erfuhren, so wurde doch der gemeinsame
Gegner verstärkt, und mit diesem Gegner gab es nach
Metternichs eigner Theorie nur „Waffenstillstand." Zudem
machte jede weitere Schmälerung des Minimums die Voraus-

---

1. Vortrag und allerhöchste Resolution darauf bei Oncken
II, 402 ff.

setzung hinfälliger, unter der allein sie sich mit der Hofburg über dasselbe geeinigt hatten: dass nämlich Napoleon die an sich ungenügenden Bedingungen abweisen würde.

Aber solche Erwägungen existierten für Kaiser Franz noch weniger als für seinen Minister. Er liess Metternich in der sehr gnädigen Resolution freie Hand hinsichtlich Illyriens und wünschte überdies auch den „Punkt wegen der Hansestädte“ ausgeglichen. Es war, als ob ein Vertrag von Reichenbach überhaupt nicht bestände. Und wer wollte sagen, wohin der Wunsch nach „Frieden, dauerhaftem Frieden“ [1] noch führen würde, wenn der Imperator ihm rechtzeitig entgegenkam?

Glücklicherweise geschah das nicht, und andererseits wurden die Aussichten für die Verbündeten mit jedem Tag günstiger. Der Himmel liebte Oesterreich mehr, als es verdiente. [2]

---

1. Eben in der erwähnten Resolution. Neun Tage zuvor hatte der Kaiser an Napoleon direkt geschrieben: Tous mes vœux seront remplis, si un arrangement amiable peut terminer incessamment la guerre désastreuse actuelle. Vgl. Bailleu, Fürstenbriefe an Napoleon I. Hist. Ztschr. 58, 463.

2. Stadion an Metternich 14. Juli: Il me paraît . . . que le Ciel nous aime plus que nous le méritons. H.-A.

Zwölftes Kapitel.

Die Entscheidung.

„Mich hat Erfahrung und vielfältiges Studium zu der
Überzeugung gebracht, dass der Mensch und die Welt einander durchaus nur wechselseitig beherrschen können, und
die Krankheit weit weniger vom Arzt als der Arzt von der
Natur der Krankheit das Gesetz annehmen muss. In der
praktischen Politik giebt es eigentlich garkein System mehr
für mich; es ist nichts als eine Kunst, und der beste Künstler
der, der in jedem gegebenen Augenblick seines Instrumentes
am meisten Herr ist." Mit diesen Worten lieferte
Gentz dem auf Krieg drängenden Pilat den Schlüssel zur
oesterreichischen Politik unserer Epoche.[1] Sie hatte von
Anfang an auf eine kühne Initiative verzichtet: es durfte
für symptomatisch gelten, dass gerade die wichtigsten
Missionen immer erst Monate nach ihrer Ankündigung thatsächlich vollzogen und die Gesandten auch dann noch oft
wochenlang und in den entscheidendsten Augenblicken ohne
ausreichende Instruktionen gelassen wurden. Vielmehr war
sie stets zuwartend und geschmeidig an der Seite der Ereignisse geblieben. Mit ihnen war sie vorgeschritten bis
Anfang Mai, mit ihnen geduldig zurückgewichen nach dem
Tag von Gross-Görschen, mit ihnen stand sie jetzt schon
wochenlang still, bald hierhin, bald dorthin neigend, seit der
Waffenstillstand alles in der Schwebe gelassen hatte. So

---

1. An Pilat 6. Juli. I, 32 f.

22*

war die grosse Frage, ob sich schliesslich in den äusseren
Umständen Anreiz und Nötigung genug zu einem Kampf
finden würde, den aus innerem, freiem Entschluss aufzu-
nehmen, man die Kraft bisher nicht besessen hatte. —
Auch die allgemeine Freiheitsbewegung gegen Napoleon
zeigt ein *ritornar' al segno*. An dem nationalen Widerstand
der Spanier hatte sie sich einst entzündet, nun fügte es
sich, dass sie auch in ihrem endlichen Sieg durch die Ereignisse jenseit der Pyrenäen eingeleitet und gefördert wurde.
Noch in den letzten Stunden des Juni kam nach Dresden
die Nachricht von der vernichtenden Niederlage, die Lord
Wellington den Franzosen am 21. bei Vittoria bereitet
hatte. Der Imperator hielt sie ängstlich geheim, man
munkelte, dass er selbst Bassano die Einzelheiten verberge.
Aber der schlaue Bubna hatte doch schon am 2. Juli heraus, dass in Spanien sehr beunruhigende Dinge vor sich
gehen müssten; denn Marschall Soult sei im tiefsten
Geheimnis nach Paris abgereist, um sich von dort auf den
südwestlichen Kriegsschauplatz zu begeben. Und drei Tage
später konnte er ausführlicher berichten: alle Artillerie sei
verloren, das aufgelöste Heer, von der Verbindung mit
Bayonne abgeschnitten, in voller Flucht nach den Bergen
von Pamplona, die ganze Katastrophe wohl dem Rückzug
von Moskau vergleichbar. Der moralische Eindruck solcher
Daten war ungeheuer. Während Bassano nur von grossen
Konzentrationen der kaiserlichen Armee redete, glaubte man
auswärts, dass es mit den Franzosen in Spanien für diesmal
vorbei sei, ja der und jener wollte wissen, dass Castaños
schon auf französischem Boden stehe. Der Name Wellingtons
war in aller Munde. Friedrich Gentz jubelte, entzückt über
„das unerwartete Heil": „Ich gebe ihm morgen meine Stimme
zum Diktator von Europa", und fragte emphatisch: „Ist der
Ruhm Bonapartes wohl etwas anderes als eine Seifenblase
gegen den Ruhm dieses Mannes, der in gediegener Herrlichkeit allen Jahrhunderten trotzen und die Nachwelt mit

dem unsrigen, insofern dies möglich ist, aussöhnen wird?"
Aber bei alledem war es sehr übertrieben, wenn der englische Stolz nach der Kriegserklärung Oesterreichs orakelte:
„Es kann kein Zweifel sein, dass wir Wellington dafür zu
danken haben." Kaiser Franz und sein Minister kannten
den Sieg von Vittoria mit allen Einzelheiten seit sechs Tagen,
als sie noch zu gunsten des Friedens selbst auf Gewinn
Illyriens verzichten wollten.[1]

Weit stärker schon beeinflussten sie die unscheinbareren
Vorgänge, die sich vom 9. bis 12. Juli auf Schloss Trachenberg in Schlesien abspielten.

Seit lange war das Verhältnis der Alliierten zu Schweden
den oesterreichischen Diplomaten ein Gegenstand gespanntester
und nicht eben wohlwollender Aufmerksamkeit gewesen.[2]
Sie beklagten es tief, dass der Zar sich im Vertrag von Abo
(30. August 1812)[3] zu dem unbedachten Versprechen Norwegens hatte verleiten lassen; und wenn dieser erste Schritt
in der Weltlage des Vorjahres eine gewisse Entschuldigung
fand, so schienen ihnen die weiteren, die sich gegenüber
Dänemark daraus ergaben, mehr noch als alle militärischen
Fehler gegen die Einsicht im verbündeten Hauptquartier
zu sprechen. Es wäre doch wahrlich kein grosses Ding
gewesen, den geängsteten Hof von Kopenhagen ganz zu
sich herüberzuziehen. Sein Gesandter in Wien Graf
Bernstorff verlangte nichts weiter als die Zusage, dass man
Norwegen nicht eher fordern werde, bis die Entschädigung

---

1. Vgl. Berichte Bubnas 2., 5., 7. Juli. H.·A. Gentz, Briefe
an Pilat I, 37 ff., 44. Jackson, Diaries. Bath Archives II, 204.

2. Vgl. die zitierte verdienstvolle Monographie von Woynar
im 77. Band des Archivs für oesterr. Geschichte, die nur an
einer entschiedenen Parteilichkeit für Karl Johann und gegen
Dänemark leidet.

3. Abgedruckt bei Oncken: Vom Vorabend des Befreiungskrieges. Histor. Taschenbuch 6. Folge. 12. Jahrgang S. 18 ff.

dafür thatsächlich zur Verfügung der Mächte stände.[1] Aber
in Verhandlungen, wie sie an Ungeschick und Falschheit
ihres Gleichen suchten, hatte man sich selbst dazu im Ernst
und auf die Dauer nicht bereit gefunden, und das Ende vom
Liede war gewesen, dass dänische Truppen den Franzosen
die Hansestädte zurückgewinnen halfen. Dabei hatte man
nicht einmal verstanden, durch den Verzicht auf die Bundes-
genossenschaft Friedrichs VI. die des schwedischen Kronprinzen umso wirksamer zu machen. Was war nicht alles
auch in Wien von Bernadotte erwartet worden! Ein neuer
Gustav Adolf, hatte er an der Spitze eines halb schwedischen,
halb deutschen Heeres von 60000 Mann, mit jedem Marsch
vorwärts nur umso stärker werdend, das empörte Land von
Pommern bis zur holländischen Grenze in raschem Siegeslauf befreien sollen.[2] Und nun trat er statt Ende April
erst Mitte Mai in Stralsund ans Land, traf keinerlei Anstalten zur Vereinigung mit Bülow und Wallmoden, ja sah
ruhig dem Fall Hamburgs zu, der nach seiner Rechnung
die Alliierten gänzlich mit Dänemark überwerfen sollte.
Denn einstweilen misstraute er, und nicht ohne Grund, der
Ehrlichkeit Alexanders. Wo waren die 35000 Russen, die
ihm vertragsmässig seit dem November 1812 gebührten? Und
machte man nicht Miene, das Versprechen Norwegens abzuschwächen? Das Auftreten Dolgoruckis in Kopenhagen
hatte, obwohl der allzu eifrige Gesandte durch brüske Abberufung (24. April) vor aller Welt desavouiert war, im
schwedischen Lager den peinlichsten Eindruck hinterlassen.[3]
Die wiederholten Missionen Pozzo di Borgos machten die
Sache mindestens nicht besser, und endlich schlug Karl Jo-

---

1. Metternich liess diesen Vorschlag den Verbündeten als
„le tempérament le plus heureux" empfehlen. Reskript an Lebzeltern 29. April No. 3. Woynar S. 522 f.

2. Gentz, Résumé etc. Siehe den Anhang.

3. Woynar S. 433 ff.

hann, um die Missverständnisse zu heben, durch Vermittlung des Erbprinzen von Meklenburg eine Entrevue in — Kolberg vor.[1] Aber ehe noch dieser nach Form und Inhalt gleich unpassende Antrag an seine Adresse gelangte, wurde der Waffenstillstand in Stralsund bekannt. Bernadotte glaubte jetzt die Möglichkeit eines Friedens zu sehen, der über seine Interessen zur Tagesordnung überginge, und lenkte ein. Er schrieb dem Zaren einen von Ergebenheit überfliessenden, hochpathetischen Brief und erbot sich, bis Berlin entgegenzureisen (10. Juni).[2] Auch das war nicht sein letztes Wort, und so einigte man sich über eine Zusammenkunft in Trachenberg, einer fürstlich hatzfeldischen Standesherrschaft unfern der Bartsch, sechs Meilen nördlich von Breslau.

Hier trafen am 9. Juli abends die Monarchen von Russland und Preussen und in der Nacht, durch einen Unfall aufgehalten, auch der Kronprinz ein.[3] Sein blosses Erscheinen genügte, Misstrauen und Vorurteil zu besiegen. Stein hatte sehr Recht, wenn er im Hinblick auf ihn das schwedische Wesen einer Seifenblase verglich: mochte sich später immerhin ein bedauerlicher Mangel an Charakter und Zuverlässigkeit offenbaren, im ersten Augenblick bestachen sein schillernder Geist und seine hinreissende Liebenswürdigkeit. Alexanders romantischen Neigungen kam die Persönlichkeit des schönen Gascogners mit der feurigen Beredsamkeit und dem lebhaften Temperament ohnehin entgegen, aber auch der nüchterne Friedrich Wilhelm, der doch einen unwillkürlichen Schauder nicht hatte verbergen können, als der Feind von 1806 und 7 ihn umarmte, äusserte schon nach der ersten Unterredung: „es ist nicht zu leugnen, dass der Kronprinz

---

1. Berichte Stadions 12. Juni. H.-A.
2. Woynar S. 452 f.
3. In die vordem arg verwirrten Daten hat endlich Woynar S. 463 ff. Ordnung gebracht.

ein sehr einnehmender und kluger Herr ist."[1] Bei solchen
Stimmungen wurden die Schwierigkeiten, die einer kräftigen
Mitwirkung der schwedischen Truppen entgegenstanden,
leicht überwunden. In der sonntäglichen Konferenz vom
11. Juli, an der ausser Bernadotte die Russen v. Suchtelen,
Wolkonsky und Toll, der Preusse Knesebeck und der
schwedische Marschall v. Stedingk teilnahmen, wurde be-
schlossen, dass zu seinen 30000 Mann 39320 Preussen, 23000
Russen und die 10000 der deutschen Legion unter Wall-
moden stossen sollten. Diese Nordarmee — so setzte der
Tags darauf unterzeichnete Feldzugsplan fest — würde ein
Korps von 15 bis 20000 Mann zur Beobachtung Hamburgs
und Lübecks detachieren, mit der andern Macht gegen die
Elbe operieren und, diesen Fluss zwischen Torgau und
Magdeburg überschreitend, sich auf dem linken Ufer mit
der auf 50000 Mann angenommenen schlesischen Armee zum
Vormarsch auf Leipzig vereinigen.

Nun war aber mit der Ordnung interner Angelegenheiten
der Verbündeten die Bedeutung der Entrevue entfernt nicht
erschöpft. Vielmehr kam es zugleich darauf an, das Verhältnis Karl Johanns zu Kaiser Franz zu regeln. Oesterreich beherrschte die Situation zu unbestritten, als dass
nicht in jeder Verhandlung zuerst seine Wünsche berück-
sichtigt wären; und an dieser nahm, wie man wusste, sein
Monarch obendrein besonders lebhaften Anteil. Er lebte in
derselben Überschätzung der strategischen Talente des ehemaligen französischen Marschalls, der man im Lager der
Alliierten begegnete. Auch er dachte sich in ihm eine Art
Antinapoleon, sozusagen den Beelzebub, durch den man
den korsischen Teufel austreiben könnte. Schon am 23. Juni
ermächtigte deshalb Metternich Stadion zu der Erklärung,
„dass die Mitwirkung Oesterreichs mehr oder weniger von

---

1. Jackson, Diaries. Bath Archives II, 166 nach Erzählung
Ancillons. Pertz, Gneisenau III, 114.

der Vorstellung abhinge, die man von der des Kronprinzen
haben werde, dass diese letztere erstaunlichen Einfluss auf
den Kaiser übe", und regte zugleich für seine Person in
bekannter Vorliebe für das äusserlich Systematische einen
Feldzugsplan an, nach dem, schön abgestuft, die eigne
Armee eine Defensive mit offensivem Anstrich, die russisch-
preussische eine gemässigte, die schwedische aber eine kraft-
volle Offensive aufgegeben erhielt. Hatte der Gesandte
solche Gedanken dem Vertreter Schwedens im Hauptquartier
direkt mitteilen sollen,[1] so war es nur konsequent, dass er
— wahrscheinlich am 3. Juli in Ratiborschitz — den Befehl
erhielt, im Gefolge der Monarchen die Reise nach Trachenberg mitzumachen. Bernadotte trat ihm nicht ohne grosses
Misstrauen gegenüber. Der verbreitete Verdacht, dass
Oesterreich die beiden grössten Mächte Europas sich zer-
fleischen lassen und am Ende zu dem Stärkeren übergehen
wolle, war tief in ihm eingewurzelt. Aber die feste und
offene Sprache Stadions that ihre Wirkung. Wie der Kronprinz gestand, nicht als fahrender Ritter der Freiheit, sondern
einzig in der Absicht auf Norwegen gegen Napoleon das
Schwert gezogen zu haben, so beruhigte ihn besonders die
Versicherung, dass der Wiener Hof im Fall des Krieges
und unter Voraussetzung kräftiger Teilnahme am Kampf
dieselben Verpflichtungen gegen Schweden übernehmen werde
wie die Verbündeten. Und vollends war er für Oesterreich
gewonnen, als kurz vor seiner Abreise am 12. mittags noch
ein Handschreiben Kaiser Franz' anlangte, in dem der stolze
Autokrat dem ehemaligen Jakobiner als seinem „Bruder
und Vetter" die schmeichelhafte Versicherung gab: „Ich
sehe in der Mitwirkung Ew. Königl. Hoheit eine der stärksten
Stützen der Sache, die die Mächte sich von neuem berufen
finden können, mit den Waffen zu verteidigen. Die Talente
Ew. Königl. Hoheit und Ihre Hingabe an die gemeinsame

1. Metternich an Stadion 23. Juni. Oncken II, 673.

Sache werden den vereinten Anstrengungen der ersten
Mächte Europas ungemein zu statten kommen." Karl
Johann zeigte sich entzückt, gerührt. Er bat um die Er-
laubnis, das ehrenvolle Schreiben den Monarchen und Lord
Cathcart mitteilen zu dürfen. Jedenfalls versprach er, die
hohe Meinung durch grössten Eifer zu rechtfertigen, und
schon vorher hatte er sich allem gefügt, was zu gunsten
Oesterreichs im Operationsplan bestimmt wurde.[1]

Die Ansätze zu einem gemeinsamen Operationsplan für
die oesterreichischen und verbündeten Truppen gingen bis
in den Anfang Mai zurück. Damals (10. Mai) hatten
Schwarzenberg und Radetzky nach Wurschen hin den Rat
erteilt, sich in der Defensive zu halten, „bis eine bedeutende
auswärtige Kriegsmacht den grössten Teil des französischen
Heeres auf sich zieht," und als Antwort umgehend „Vorschläge über den Feldzugsplan" zurückerhalten, die, von
Wolkonsky und Knesebeck unterzeichnet, auf die wechselseitige Flankenstellung der beiden Heere gegen Napoleon
die für alle möglichen Fälle genau spezialisierte Forderung
gründeten, dass stets der weniger bedrohte Teil dem be-
drohteren durch einen Angriff auf die Kommunikationen des
Feindes Luft schaffe. Nach Abschluss des Waffenstillstandes wurden diese Verhandlungen von neuem aufgenommen. Die Note Metternichs vom 7. Juni enthielt, wie
wir sahen, neben den bedeutsamen politischen Eröffnungen
die Anregung, — etwa auf einem militärischen Kongress in
Prag — den künftigen Operationsplan zu vereinbaren, und
einem ähnlichen Wunsch gab auch der oesterreichische
Generalissimus direkt Ausdruck. Nun traf es sich gut,
dass eben in diesen Tagen (9. Juni) der hochbegabte Graf Toll
dem Zaren eine seitdem vielbesprochene Denkschrift ein-

---

1. Vgl. den Bericht Stadions 14. Juli bei Woynar S. 525—534
und ebenda S. 460 f. Der Brief Kaiser Franz 9. Juli in Castlereagh, Correspondence VIII, 415.

reichte, die wohl geeignet schien, solchen Vorbesprechungen
zur Grundlage zu dienen. Sie empfahl, durch eine allgemeine konzentrische Offensive dem als bei weitem schwächer
angenommenen Feind das Gesetz zu geben. Was sie dann
im einzelnen ausführte, erlitt hier und da Änderungen.
So wurde die Möglichkeit eines französischen Hauptschlages
gegen Oesterreich beherrschend in den Vordergrund geschoben und für diesen Fall der Abmarsch nicht des ganzen
russischen Heeres nach Böhmen, sondern nur der 25000
Mann unter Wittgenstein angeboten. Aber in der Hauptsache fand sie doch den Beifall der massgebenden Faktoren,
und der junge General durfte seine Vorschläge am 14. Juni
zum Schrecken des argwöhnischen Kaisers Franz in eigner
Person nach Gitschin überbringen, wo sich Schwarzenberg
mündlich lebhaft zustimmend, schriftlich jedoch umso kühler
und nichtssagender äusserte. Jetzt bauten die in Trachenberg versammelten Strategen auf diesem Boden fort. Sie
stellten das in der Anwendung durch die älteren Gedanken
des Mai allerdings mannigfach modifizierte Prinzip auf:
„alle verbündeten Heere werden die Offensive ergreifen,
und das Lager des Feindes wird ihr Rendezvous sein" und
einigten sich, die oesterreichische Armee nun doch nach
jenem ersten Gedanken Tolls und einem neueren Antrag
Knesebecks, der davon das Heil Europas abhängig glaubte,
nicht nur mit 25000, sondern mit 90 bis 100000 Mann, der
grösseren Hälfte der in Schlesien versammelten Truppen,
zu verstärken. Ja, selbst deren Rest sollte eventuell, statt
die Vereinigung mit der Nordarmee zu suchen, unverzüglich
nach Böhmen abmarschieren. Man wies ihm die bescheidenste
Rolle zu, ohne zu ahnen, wie völlig man von der späteren
Entwicklung Lügen gestraft werden würde.[1]

---

1. Vgl. Radetzky, Biographie S. 133 ff; Oncken II, 321, 658 f;
Bernhardi, Toll III, Beilagen 1 u. 2, S. 481 ff. Der Trachenberger Operationsplan bei Plotho, Der Krieg in Deutschland und

Auf der andern Seite der Berge war man von diesen
Ergebnissen der Trachenberger Konferenzen erklärlicher-
weise sehr befriedigt. Gentz hatte noch am 6. Juli höhnisch
geschrieben: „Der Kronprinz verlangt nur eine Kleinigkeit;
ausser den bekannten Privatforderungen soviel Truppen,
dass mit seinen 25000 eine Armee von 100000 heraus-
kommt. Dann verspricht er das Himmelreich zu stiften."
Jetzt sprach er in Ausdrücken des höchsten Lobes von ihm
und bemerkte im allgemeinen: „Gewiss ist aber, dass nie
grössere Anstalten und Kombinationen zur Erreichung eines
grossen Zweckes gemacht worden sind."[1]

Für die oesterreichische Heeresleitung erübrigte es, zu
dem Operationsplan, der ohne ihre Mitwirkung entstanden
war und denn auch jede spezielle Regelung der Verhältnisse
der so freigebig ausgestatteten böhmischen Armee vermieden
hatte, ihrerseits Stellung zu nehmen. So ging denn (19.
Juli) in der Person des Obersten Graf Latour endlich jener
„höhere oesterreichische Offizier" nach Reichenbach ab, um
dessen Entsendung namentlich der Zar seit Anfang Mai
immer wieder und nicht ohne Gereiztheit gebeten hatte.[2]
Sein Auftrag war, eine Denkschrift Radetzkys zu über-

Frankreich in den Jahren 1813 und 14. Bd. II, Beilage 1. Für
die Kontroversen, die sich an seine Entstehung knüpfen, ist auf
die musterhafte Arbeit von Gustav Roloff: Die Entstehung des
Operationsplanes für den Herbstfeldzug von 1813. Militär-Wochen-
blatt 1892, No. 58—60 zu verweisen. R. legt überzeugend dar,
dass von allen, denen die Urheberschaft des Planes zugeschrieben
worden ist, am meisten Anspruch Toll hat, wenn auch in einigen
Punkten die Entwürfe Knesebecks und Bernadottes massgebend
waren. — Die Dissertation von O. Wehner „Über zwei Denkschriften Radetzkys aus dem Frühjahr 1813" ist reich an Irr-
tümern und in der Hauptsache abzulehnen.

    1. Briefe an Pilat 6., 17. Juli. I, 34, 39.

    2. Alexander an Kaiser Franz 30. Mai; Berichte Stadions
2. Juni. H.-A.

bringen, die am 7. Juli entworfen, auch eben am 12. in Brandeis vorgelegt und vom Kaiser genehmigt worden war.[1] Sie bedeutete eine unverkennbare Abweichung zugleich von den Trachenberger Beschlüssen[2] und den älteren eigenen Entwürfen des oesterreichischen Strategen. Noch am 10. Juni hatte er der kräftigsten Offensive der Hauptarmee das Wort geredet.[3] Jetzt bekannte er sich zu dem Grundsatz: Offensive gegen die Minder-, Defensive gegen die Mehrzahl; und da es ihm „aus allen Gründen der Probabilität" nach wie vor für „allein wahrscheinlich" galt, dass diese Mehrzahl sich den Oesterreichern gegenüber finden werde, so liefen seine umständlichen Erörterungen aller möglichen Fälle immer wieder auf die Forderung hinaus, dass die beiden fremden Armeen, namentlich die Bernadottes, mit der unablässigsten Anstrengung die Offensive ergreifen und fortsetzen müssten, während die eigene eine wohlberechnete Defensive beobachten werde. Aber der Gedanke an den mit gemeinsamen Kräften zu führenden Hauptschlag fand sich doch auch in diesem Operationsplan; und jedenfalls unterliess Oesterreich nichts, dem Feind, sei es nun offensiv oder defensiv, in Achtung gebietender Verfassung entgegenzutreten.

Am 12. Juli erging aus dem kaiserlichen Kabinet wieder einmal einer jener grossen Rüstungsbefehle, die sich seit dem 14. April in der Mitte jedes Monats wiederholt hatten. Zur Mobilisierung der regulären Armee und der Landwehr liess sich nichts Wesentliches mehr thun. Es wurde nur noch angeordnet, alle dritten Bataillone, die man zum Dienst in den rückwärtigen Provinzen nicht unumgänglich benötige,

---

1. Criste S. 301 ff. Oncken II, 429 ff. Der Abdruck der Denkschrift in der Biographie Radetzkys S. 157 ff. zeigt mannigfache Abweichungen gegen das Original auf dem k. k. Kriegsarchiv.

2. Roloff a. a. O. S. 1615 ff.

3. Radetzky, Denkschriften S. 107.

ferner alle ersten Bataillone der Landwehr und dritten
Divisionen der deutschen Kavallerie sogleich nach ihrer
Formierung zu ihren Regimentern zu schicken. Dafür fasste
man jetzt eine grosse Aushebung selbst über die bestehenden Kadres hinaus ins Auge. Es sollten, soweit der Popu-
lationsstand nur irgend gestatte, in allen deutschen und
galizischen Provinzen noch mindestens 38 Landwehrbataillone,
ja sogar „wirkliche" Bataillone für die Infanterieregimenter
gebildet werden.[1] Auch in Ungarn wurde gerüstet. Anfang
Juli erschien der kaiserliche Generaladjudant Freiherr v.
Kutschera beim Palatin, um die Bewaffnung des Landes zu
beantragen. Die Stimmung der Magnaten kam dem entgegen.
Sie begnügten sich nicht, dem Imperator als dem Feind ihrer
Verfassung bei schäumendem Becher wilde Pereats zu bringen,
sondern verstärkten *extra legem* ihre Husarenregimenter um
ein Drittel und zeigten grossen Eifer beim Aufgebot der
Insurrektion, die nach Kosakenart in Pulks formiert wurde.[2]

So schien es, als wollten Kaiser und Minister allgemach
in die Bahnen von 1809 zurücklenken, und noch ein anderes
Faktum sprach dafür. Dieselben Pläne, deren Förderung
vor vier Monaten Kerker und Ausweisung gebracht hatte,
wurden jetzt von der Regierung selbst aufgenommen. Nugent
hatte doch nicht umsonst seit Wochen am kaiserlichen Hoflager geschürt. Er erhielt Mitte Juli den Auftrag, nach
Reichenbach zu reisen und sich dort bei Lord Cathcart für
„eine Unterstützung an Geld zu den Vorbereitungen im
südlichen Teil der Monarchie" zu verwenden, ohne dass der
Hof darin erscheine oder sich unmittelbar zu etwas
verpflichte. Der Brite machte allerlei Schwierigkeiten.
Wenn der General die Vorteile auseinandersetzte, die England auch von einem Aufstand in Tirol haben werde, so

---

1. Kaiser Franz an Bellegarde 12. Juli. K.-A.
2. Wertheimer S. 374 f., 395. Jackson, Diaries. Bath Archives II, 191. Berichte Bubnas 7. Juli. H.-A.

wollte ihm das durchaus nicht einleuchten, und ganz allgemein trug er Bedenken, einem „Privatmann" eine grössere
Summe Geldes einzuhändigen. Schliesslich aber nach langem
Hin und Her willigte er ein, Nugent 30000 Pfund in Wechseln
sogleich mitzugeben und weitere 30000 nachzuliefern, wenn
sich der Wiener Hof durch bejahende Antwort auf drei in
einer besonderen Note formulierte Fragepunkte offiziell
anheischig mache, im Kriegsfall 4000 Mann Infanterie und
1000 Mann Kavallerie unter Nugent selbst an der Save zu
halten, sowie Aufstellung und Ausrüstung der sechs kroatischen
Regimenter von der früheren Militärgrenze zu versuchen.
Wirklich erklärte sich Metternich mindestens mündlich einverstanden. Aber indem Nugent das nach Reichenbach
meldete (27. Juli), musste er zugleich hinzufügen, dass Erzherzog Johann vorerst nicht in dem Geschäft erscheinen
dürfe.[1] — Das war eine Halbheit, die einen grossen Erfolg

1. Berichte Stadions 22. Juli. H.-A. Die Berichte Nugents
mit Beilagen auf dem Kriegsarchiv, Haupt-Armee 69/192.
Sein Brief vom 27. Juli bei Oncken II, 706 f. An ihn knüpft
sich ein merkwürdiges Missverständnis des Autors. Obwohl
ihm die Berichte Stadions vorgelegen haben, weiss er nichts
von der wirklichen Unterhandlung Nugents. Dafür ist ihm un-
glücklicherweise eine Depesche Castlereaghs an Cathcart July 5
in die Hände gefallen, die, nach drei Kategorien geordnet, die
Wünsche Englands hinsichtlich des allgemeinen Friedens entwickelt. Nun hat zwar Cathcart, wie aus seiner Antwort August 6
hervorgeht, die Depesche überhaupt erst am 31. Juli erhalten;
aber das hindert Oncken nicht, die drei Punkte des Briefes von
27., die Metternich „völlig billigt", mit jenen drei Kategorien
zu identifizieren, und wir dürfen uns also der guten Gesinnung
eines Ministers freuen, der ein Programm annimmt, das er überhaupt noch nicht kennt. Cathcart aber genügte das offenbar
noch nicht. Nachdem er die Depesche wirklich bekommen hatte:
am Abend des 31. Juli, eilte er mit märchenhafter Schnelligkeit
über die Berge und erschien schon „am nächsten Morgen" in
Brandeis bei Kaiser Franz, um Kaiser Franz die befohlenen

von vornherein ausschloss; und überhaupt kam auf die ganze Diversion allzuviel nicht an. Die Hauptsache blieb, dass die Dinge in Böhmen und an der Donau einen guten Verlauf nahmen.

Hier galt es, nachdem die nötigen Menschen für den Entscheidungskampf aufgebracht waren, vor allem für die toten Verteidigungsmittel mehr als bisher zu sorgen.[1] So wurde denn namentlich im nördlichen Böhmen Tag und Nacht geschanzt und gebaut, um das Terrain für die Bewegungen der Hauptarmee günstig zu gestalten. Da man sie mit Beginn der Feindseligkeiten auf das linke Elbufer in die Linie Budin-Laun einrücken lassen wollte, nahm man Bedacht, diese schon an sich feste Stellung durch umfangreiche fortifikatorische Arbeiten noch zu verstärken. Gleich das Eindringen durchs Elbthal sollte den Franzosen durch die Restauration des dazu wunderbar geeigneten Tetschener Schlosses verperrt werden. Würde man trotzdem zum Rückzug genötigt, so lag alles daran, dass man Moldau und Elbe überschreiten konnte, ohne durch einen Marsch nach Prag den letzten Fluss und zugleich die Verbindung mit den Alliierten zu verlieren. Damit ergab sich die Notwendigkeit

Eröffnungen zu machen. Kaiser Franz erklärte sich wie sein Minister „vorbehaltlos" einverstanden. — So wenigstens stellt es Oncken II, 462 dar und beruft sich dafür auf Cathcarts eigenen Bericht (Oncken II, 706). Thatsächlich ist hier von einem „Kaiser" die Rede; aber dieser Kaiser ist, kann nur sein Kaiser — Alexander; denn für ihn allein ist das englische Programm bestimmt.

1. Vgl. für das Folgende: Criste S. 291 ff. Radetzky, Biographie S. 162 ff.; Denkschriften S. 121 ff. Das dort abgedruckte Memoire: „Was ist nötig, um die Offensivunternehmungen berechnen zu können?" ist zu Unrecht „im Juni 1813" datiert. Es muss: August heissen; denn es ist klar, dass der 17. d. M., der als erster Tag möglicher französischer Operationen mehrmals erwähnt wird, nur der 17. August sein kann, und zudem wird die Kenntnis der Trachenberger Beschlüsse vorausgesetzt.

für Brückenköpfe bei Melnik an der Elbe und Alt-Anholitsch gegenüber Weltrus an der Moldau. Auch eine zweite Defensivstellung rechts der Elbe mochte nützlich werden, schon allein für den allerdings unwahrscheinlichen Fall französischen Anmarsches auf diesem Ufer. Da bot sich wie von selbst das Lager von Mikenhan an der Polzen, das schon 1778 verschanzt war und sich noch in haltbarem Zustand befand. Es wurde ausgebessert und erweitert. Prag selbst kam durch Befestigungen auf der Kleinseite in die Lage, mindestens einem Handstreich ruhig entgegensehen zu können. Theresienstadt, Josephstadt und Königgrätz wurden in Verteidigungszustand gesetzt. An der Westgrenze erschien das Thal der Traun vor andern zur Befestigung geeignet. So wurden bei Gmunden, Lambach und dem von 1809 her berühmten Ebelsberg starke Defensivstellungen geschaffen. An der Donau selbst entstand bei Wallsee ein festes Lager und bei Tulln ein Brückenkopf.

Alle diese Massregeln waren ursprünglich getroffen, weil man für jeden Fall bereit sein wollte, nicht weil man zum Krieg entschlossen war. Auch Bubna, an dessen Friedensliebe niemand zweifeln dürfte, selbst wenn er sie nicht ausdrücklich bekennte, wurde nicht müde sie anzuraten[1], und es ist unendlich charakteristisch, dass der Kaiser am selben Tag, an dem er jenen letzten grossen Rüstungsbefehl erliess, gegen seinen Minister „Frieden, dauerhaften Frieden" als das für jeden redlichen Mann Erwünschteste bezeichnete. Aber indem sie mit jedem Tag mehr aus dem Stadium der Vorbereitung in das der Vollendung übertraten, indem die böhmische Armee kampfbereit dastand, die beiden Reservekorps bis zum 10. August zum Schutz der Westgrenzen gegen Baiern und Italien versammelt sein

---

1. An Metternich 2. Juli. Comme ami de la paix, je crois devoir vous dire franchement que nous ne l'atteindrons pas à moins que le gouvernement ne développe tous ses moyens. H.-A.

konnten, für den Notfall Landwehr und Ergänzungsmannschaft nicht fehlte, mussten sie nun ihrerseits die Stimmung
im kriegerischen Sinne beeinflussen. Auch Franz erfuhr,
dass eine gute Waffe die Lust erweckt, sie zu benutzen.
Er sprach sich seit Ende Juli für den Kampf aus.[1] Das
Beste dazu hatte allerdings nicht die Schlacht von Vittoria,
nicht die Entrevue von Trachenberg, nicht auch die
Vollendung der eignen Rüstungen, sondern Napoleon selbst
gethan. Er zeigte, dass es vergeblich war, auf sein „Ver-
nünftigwerden" zu hoffen.

Zunächst vereitelte er unerwartet und ohne Grund die
schönen Träume von einem allgemeinen Frieden. Am Nachmittag des 9. Juli meldete sich bei Bubna der nach London
bestimmte Kurier Beck. Der Gesandte begab sich sogleich
zum Herzog von Bassano, um die versprochenen Pässe über
Calais zu erbitten, und schien dafür auch anfangs das
willigste Entgegenkommen zu finden. Der Minister meinte
liebenswürdig, Seine Majestät willigten nicht nur ein, dass
der englische Bevollmächtigte über Calais, sondern auch,
dass er über jeden andern Hafen am Kanal den Weg nähme.
Nur bat er, ihm den Brief Metternichs an Castlereagh da-
zulassen, damit er ihn zuvor dem Kaiser zeige. Bubna, der
höchste Eile im Spiel wusste, schickte einmal, zweimal nach
den Pässen ins Ministerium. Immer vergebens. Endlich
am Nachmittag des 10. erklärte Maret, sich doch noch mit
Metternich über einige Punkte jenes Briefes verständigen
zu müssen. Man möge die Absendung Becks bis zur Rückkehr seines Kuriers verschieben. Dem war nicht wohl zu
widersprechen. Aber als der General nach einigen Tagen
durch Neumann von neuem nachfragen liess, bot sich dasselbe Bild. Der Herzog erinnerte sich jetzt jenes Ent-

---

1. Ompteda an Minister Bremer 25. Juli. Polit. Nachlass
III, 177; Gentz an Jackson 4. August. Diaries. Bath Archives
II, 200.

wurfes für den Seefrieden, den er am 30. Juni dem oesterreichischen Kollegen zur Mitteilung an die Verbündeten
mitgegeben hatte. Die Mission nach London sei verfrüht,
solange der Kaiser nicht die Antwort darauf habe und die
andern Mächte, die durch ihre politischen und kommerziellen
Beziehungen ein Recht der Teilnahme besässen, wie Schweden,
Dänemark u. s. w. zum Kongress berufen könne. — Jetzt
wusste Bubna, was die Glocke geschlagen hatte; er schickte
den Kurier mit allen seinen Depeschen nach Prag zurück
(15. Juli). Fünf Tage später berichtete er nach Äusserungen
der „Unterrichteten“: „Die Lieblingsidee soll nun der
Kontinentalfrieden mit Ausschluss des englischen Gesandten
sein.“[1] Und auch damit sah es schlecht aus.

Der Kongress von Prag, auf den die oesterreichische
Diplomatie seit fast einem halben Jahr hingearbeitet hatte,[2]
entwickelte sich zu einer der grössten politischen Komödien,
die die Weltgeschichte verzeichnet. Am 12. Juli, dem Tag
seiner Eröffnung, waren wohl die Vertreter von Russland und
Preussen anwesend; was aber Frankreich anbetraf, so wusste
man noch nicht einmal offiziell, wen es schicken werde; geschweige, dass seine Bevollmächtigten bereits erschienen
wären; denn Narbonne, der seit dem 10. in der böhmischen
Hauptstadt weilte, sagte er sei blos sein Reisender, und blieb
im Gasthof.[3] Napoleon fand es eben in seinem Interesse,
sich mit den Verhandlungen nicht zu beeilen, er lebte der
Hoffnung, dass die jüngste Verlängerung des Waffenstillstandes nicht die letzte sein werde, wie man denn in der
Dresdener Gesellschaft schon ganz unbefangen von einer
Waffenruhe bis in den September hinein redete,[4] und dachte

---

1. Berichte Bubnas 10., 14., 15., 20. Juli. H.-A.
2. Instruktionen für Wessenberg 8. Februar. Oncken I, 420.
3. Gentz, Briefe an Pilat I, 36.
4. Berichte Bubnas 2., 20. Juli. H.-A.

deshalb einstweilen zu temporisieren. An Gelegenheit dazu fehlte es nicht.

Zunächst konnte die Wahl der gegnerischen Bevollmächtigten allerdings verstimmen. Zwar gegen den preussischen, Humboldt, liess sich nicht viel einwenden, er war ein Mann von Rang und anerkanntem Geist, dabei, wenn kein Franzosenfreund, so doch gemässigt und verbindlich; aber in der Hauptsache kam es nicht auf ihn, sondern auf den Russen an, und dieser war im höchsten Mass *persona ingrata.* Es standen doch wahrlich genug Diplomaten zur Verfügung des Zaren: Nesselrode, Stackelberg, Razumoffsky, Alopäus; warum wurde da trotz aller Bitten Oesterreichs nur ein Vertreter geschickt und als der eine gerade Anstett, gegen den gleichmässig sachliche und persönliche Erwägungen sprachen? Er hatte noch nie einen Gesandtschaftsposten bekleidet. Er fiel zudem als geborener Elsasser unter das Edikt vom 26. August 1811, wonach Franzosen im Dienst einer fremden Macht nicht als Bevollmächtigte gebraucht werden durften bei einem Vertrag, der die Interessen Frankreichs berührte. Vor allem sein Hass gegen Napoleon, seine Abneigung gegen den Frieden, seine Unzugänglichkeit und Grobheit waren hinlänglich bekannt, um schon die Oesterreicher seine Ernennung als *mauvaise plaisanterie* bedauern zu lassen.[1] Der Imperator vollends affektierte, darin eine persönliche Beleidigung zu sehen, und verbreitete, er werde nun auch seinerseits nicht den ursprünglich designierten Herzog von Vicenza, sondern etwa Bignon bevollmächtigen, denselben Bignon, der sich den Oesterreichern durch seine Thätigkeit in Krakau so unbequem und verhasst gemacht hatte. Es kam soweit, dass Metternich sich bereits für das Präsidium dieses Kongresses zu schade hielt. Er schrieb

---

1. Fain II, 72; Gentz, Briefe an Pilat 16. Juli. I, 36. Wie Napoleon die Ernennung A.s fruktifizierte, siehe Lecestre, Lettres inédites de Napoléon I. v. II, 274, 280.

dem Kaiser: „Die Wahl des Gesandten Bignon gehört zu
den elendesten. Sollte sie sich bestätigen, so werde ich Ew.
Majestät erneuert vorschlagen, mich durch Baron Binder
substituieren zu lassen." Franz aber, immer auf Vermittlung
bedacht, forderte vorerst ein Gutachten, „ob es nicht zweckmässig wäre, die Alliierten zu bewegen, vornehmere Bevollmächtigte nach Prag zu schicken."[1]

Übrigens mochten diese Sorgen einstweilen noch ganz
verfrüht erscheinen; denn Napoleon entsandte zunächst weder
Caulaincourt noch Bignon, sondern überhaupt keinen Vertreter. Den Vorwand dazu gab die Ungewissheit über die
Verlängerung des Waffenstillstandes. Sie bestand bis zum
15. Juli thatsächlich. Die erste Erklärung Metternichs, dass
die Verbündeten den 10. August als Endpunkt der Verhandlungen angenommen hätten, genügte begreiflicherweise nicht; und es war also ganz ernst gemeint, wenn am
9. Juli Narbonne plötzlich Reisebefehl erhielt, um sich in
Prag selbst bestimmtere Auskunft zu holen. Am 15. Juli
indessen konnte Bubna dem Herzog von Bassano Depeschen
vorlesen, die jeden Zweifel ausschlossen, und zugleich kam
aus Neumarkt, wo zur Ausführung der Konvention vom 4. Juni
eine Art militärischen Kongresses tagte, die Nachricht, dass
die Generäle Schouwaloff und Krusemarck von der Verlängerung der Waffenruhe offiziell in Kenntnis gesetzt wären.
Wirklich wurde nun auch die aufs höchste gespannte Neu-
gier der in Dresden versammelten Diplomaten endlich befriedigt und trotz Anstett Caulaincourt zum ersten, Narbonne
zum zweiten Bevollmächtigten ernannt (16. Juli).[2] Aber eigentlichen Ernst machte man noch immer nicht. Die formelle
Übereinkunft mit den Alliierten stiess auf Schwierigkeiten.
Ihre Kommissäre wollten infolge eines Missverständnisses

1. Vorträge Metternichs 15. Juli mit allerh. Resolution. H.-A.

2. Berichte Bubnas 7., 16. Juli. H.-A. Bassano an Metternich
16. Juli. Fain II, 153 f.

die Kündigungsfrist in die 20 Tage bis zum 10. August ein-
begriffen wissen und widersetzten sich der Forderung, dass
in die von Frankreich behaupteten Festungen französische
Offiziere geschickt werden sollten. Das genügte, damit der
Herzog von Vicenza am Hoflager zurückgehalten wurde und
Narbonne, als er am 21. zum ersten Mal eine amtliche Mitteilung machte, nichts als Aktenstücke über diese Differenzen
vorzuweisen hatte.[1]

Es war klar: Napoleon glaubte Oesterreich alles bieten
zu dürfen. Er hielt es im Ernst nicht für möglich, dass
sein Schwiegervater in den Krieg gegen ihn eintreten werde.
Man wolle den Frieden oder eine gut bezahlte Neutralität.[2]
Schrieb doch auch sein Gesandter aus Prag, die Stimmung
für den Krieg sei ganz geschwunden, die Rüstungen liessen
nach, Metternich habe sich mit Schwarzenberg überworfen,
der Feldmarschall solle nur noch die Reiterei kommandieren,
den Oberbefehl an Erzherzog Karl abgeben, der Minister
sei zwei Finger breit vor seinem Sturz.[3]

Nun lagen die Dinge thatsächlich so, dass die grosse
Menge mehr noch als im Juni den Frieden wünschte. Zumal
in Wien herrschte blasse Furcht. Es war, als ob der Feind
schon vor den Thoren stände. Die Behörden und Hofämter
packten um die Wette. Unter den armen Leuten kursierte
die Redensart: „ich höre sie schon wieder trommeln." In
den Salons orakelte man, Russland und Preussen würden
den Krieg lau führen und so Napoleon instand setzen,
seine grösste Macht gegen Oesterreich zu wenden, das nichts
als das Loos der Zerstückelung zu erwarten habe. Selbst

---

1. Gentz, Dépêches inédites 25. Juli 1813. I, 36 f.

2. Vgl. Caulaincourts Äusserungen gegen Metternich 28. Juli.
Oncken II, 679. Marmont sagt in seinen Memoiren (IV, 82 f.):
L'Empereur reconnut clairement la propension de l'Autriche à
devenir son ennemic, mais il refusait toujours à croire qu'elle
s'y décidât.

3. Berichte Bubnas 20., 29. Juli. H.-A.

die militärischen Kreise zeigten jetzt auffallenden Kleinmut.
Die Herren vom Hofkriegsrat erzählten Schauergeschichten
von der schlechten Ausrüstung der Armee: aus Mangel an
Leinwand müssten ganze Bataillone das Hemd auf dem
blossen Leibe tragen, Pferde fehlten so viel, dass nicht
einmal zwei Divisionen bei jedem Regiment beritten wären.
Die älteren Generäle wieder äusserten Besorgnisse hinsichtlich der Führung. Alle Welt kenne sein persönliches
Attachement an Schwarzenberg, liess sich Fürst Alois
Lichtenstein vernehmen, aber zum kommandierenden Generalen tauge er durchaus nicht, er könne nicht leugnen,
dass ihm vor dem Ausgang bange sei. Das mildeste und
verbreitetste Urteil war, dass der Krieg um drei Monate
zu spät komme. [1]

Was aber die Regierung anbetraf, so gestattete sie
dieser populären Strömung ebensowenig Einfluss auf ihre
Entschlüsse wie der entgegengesetzten im Winter. Während
im Land der Krieg zusehends unbeliebter ward, überzeugte
sie sich jeden Tag mehr, dass er unvermeidlich und nützlich
sei. Die letzten Winkelzüge Napoleons hatten selbst die
Langmut Kaiser Franz' und seines Ministers erschöpft. Das
Mass war voll gewesen. Jene Mitteilung Narbonnes am
21., wonach die Ankunft Caulaincourts abermals in weitem
Felde erschien, brachte es zum Überlaufen. Metternich
riet seinem Herrn, „alle Zügel schiessen zu lassen,"[2] und
schickte im Einklang damit eine Note an Bassano, die selbst
die Noten des April an Entschiedenheit weit überbot
(22. Juli). Sie erwähnte des „peinlichen Eindrucks" der
jüngsten Verzögerung und bat um schleunige Angabe des
Termins, bis zu dem die französischen Bevollmächtigten
eintreffen würden: Seine Majestät wünschten lebhaft, nicht

---

1. Wertheimer S. 368 ff. 393 ff., Bericht Hudelists, Wien
28. Juli; Bericht Bubnas 20. Juli. H.-A.

2. Vorträge 22. Juli. H.-A.

neue Zwischenfälle einem unersetzlichen Zeitverlust als
Grund dienen zu sehen. Vor allem sie deutete einen folgen-
schweren Entschluss an, den der Minister dem französischen
Gesandten ungewöhnlich bewegt zugleich mündlich mitteilte,
dass der Waffenstillstand auch nicht eine Stunde über den
10. August hinaus verlängert werden würde.[1] „Indem der
Kaiser, hiess es, den kriegführenden Mächten seine Vermittlung anbot, wurde er nicht nur von dem Wunsch nach
Frieden geleitet; in gleichem Mass bestimmte ihn die Notwendigkeit, so rasch wie möglich den Lasten ein Ziel zu
setzen, die oft mehr als der Krieg selbst die Völker drücken
während jenes Zwistenzustandes, der weder Krieg noch
Frieden ist." Diese Note wurde in eingeweihten Kreisen
als Vorläufer der Kriegserklärung angesehen. Gentz schrieb
in sichtlicher Aufregung: „Übrigens ist Krieg, Krieg mein
Lied; weil alle Welt Krieg will, so sei es Krieg." Auch
Narbonne fühlte, dass eine Entscheidung gefallen sei. Er
berichtete, Metternich zeige in der Unterhaltung nicht mehr
die alte Ungeduld, müsse also seine Partei genommen haben.
Was er fürchtete, hofften die Gesandten der Verbündeten.
Humboldt, dessen Depeschen noch am 18. voller Besorgnis
gewesen waren, meinte am 23. beruhigt: „Der Ausgang
unseres singulären und bizarren Kongresses erscheint mir
nicht zweifelhaft." Und nicht weniger sandten Anstett und
Graf Hardenberg glückverheissende Berichte an ihre Re-
gierungen. Metternich wiederholte ihnen ja bei jeder Gelegenheit, er kümmere sich nicht mehr um Brief-
und Notenwechsel, um die vier oder sechs Bedingungen,
man brauche den Krieg, werde ihn am 11. August erklären,
und das war nicht mehr blosses Gerede wie die schönen
Phrasen, mit denen er Anstett am 12. Juli zu gewinnen
gesucht hatte. Auch seinem Vater versicherte er: „Der
Krieg wird mit Aussichten auf Erfolg beginnen, die alle

---

1. Lefébvre V, 367; die Note bei Fain II, 165 ff.

Ihre Vorstellungen weit hinter sich lassen", und überraschte Stadion durch die stolzen Worte: „Da keine unserer Berechnungen und der meinigen insbesondere auf Frieden hinausläuft, so sehe ich jeder Entwicklung mit äusserster Ruhe entgegen, seit unsere Massregeln getroffen sind." Kurz, der Umschwung der Stimmung in Prag war allgemein und schwer zu schildern. Wie Gentz Bombelles schrieb, man erwartete nur noch Heil von Kanonenschüssen und spürte etwas in sich von jener Zuversicht der Kreuzfahrer: *Deus vult, Deus vult.* Lediglich aus Schicklichkeit dachte man den 10. August abzuwarten und legte wenig Gewicht auf die Verhandlungen, die nun doch noch begannen.[1]

Die Note vom 22. hatte auch in Dresden ihres Eindrucks nicht verfehlt. Napoleon schickte im letzten Moment — schon war an die verbündeten Truppen Marschbefehl ergangen[2] — nach Neumarkt Befehl, die Verlängerung des Waffenstillstandes zu unterzeichnen, ohne auf der Entsendung französischer Offiziere in die von ihm besetzten Festungen zu bestehen, und nahm Caulaincourt nicht, wie ursprünglich beabsichtigt, auf die Reise mit, zu der er in der Frühe des 25. in tiefstem Geheimnis aufbrach, sondern wies ihn an, sich für Prag fertig zu machen. Am 25. konnte Narbonne diesen Entschluss offiziell kundgeben, und drei Tage darauf zog der Herzog von Vicenza in Person mit grossem Gepränge in die böhmische Hauptstadt ein.[3] Seine Gesinnungen waren

---

1. Gentz, Briefe an Pilat 22. Juli. I, 44; Bignon XII, 204; Gebhardt, Humboldt als Staatsmann I, 470 f.; Berichte Stadions 26. Juli. H.-A.; Graf Hardenberg an Münster 27. Juli. Oncken II, 437 f.; Bogdanowitsch II, 227 ff.; Aus Metternichs nachgelassenen Papieren I, 265; Metternich an Stadion 28. Juli. H.-A; Klinkowström, Aus der alten Registratur S. 79; Gentz an Jackson 30. Juli. Diaries. Bath Archives II, 184 f.

2. Droysen, York II, 112.

3. Gentz, Dépêches inédites I, 37 f. Berichte Bubnas 25. Juli. H.-A. Gebhardt, Humboldt als Staatsmann I, 475.

die besten. Er durfte für den edelsten Vertreter jener zahlreichen Partei gelten, die der Weltpolitik des vaterlandslosen
Imperators vom Standpunkt des französischen Patriotismus
opponierte und endlich einmal mit dem System des ewigen
Krieges gebrochen wünschte. So hatte er gleich seine Ernennung am 16. Bubna voll freudigen Eifers mitgeteilt
und führte jetzt gegen Metternich in der ersten Unterredung
eine Sprache, die einem minder Eingeweihten im Munde
eines napoleonischen Staatsmannes unglaublich erschienen
wäre. Er riet, alles zu fordern, was gerecht sei, und besonders, was als wirkliche Friedensgrundlage erschiene; man
werde es leichter erlangen als wenig, weil sich Napoleon
sagen werde: Oesterreich will lieber Krieg als Waffenstillstand. Beim Abschied aber erklärte er gar: „Ich bin in
den Fragen des Augenblicks ebenso sehr Europäer wie Sie.
Führen Sie uns nach Frankreich zurück durch Frieden oder
Krieg, und Sie sollen gesegnet sein von 30 Millionen Franzosen
und allen aufgeklärten Dienern und Freunden des Kaisers.“[1]

Bei alledem war mit seiner Ankunft fürs erste wenig gewonnen. Seine Instruktionen[2] mit dem *Uti possidetis* als
Grundlage und der gehässigen Weigerung, Oesterreich, das
keine Opfer gebracht, auch nur ein Dorf abzutreten, waren
ganz ungenügend, schränkten, wie er selbst offen gestand,
seine Tätigkeit einstweilen auf ein *amuser le tapis* ein. Statt
dass man also die kurze noch übrige Zeit umso eifriger zu
Verhandlungen benutzte, wurde sie mit einem unfruchtbaren
Streit über deren Formen vergeudet. Es handelte sich hier
noch immer um die alte Frage, ob die Kongressteilnehmer
zu unmittelbarer Beratung zusammentreten oder nur an die
vermittelnde Macht gewiesen sein würden. Metternich war
ihrer Lösung zunächst ausgewichen. Er hatte den Verbün-

---

1. Metternichs Bericht über die Unterredung: Oncken II, 679f.
2. Lefèbvre V, 368 f.

deten in diesem, der französischen Regierung in jenem Sinn[1] mehr oder minder bestimmte Zusagen gemacht. Aber seit der Konferenz vom 4. Juli war das anders geworden. Die erneute Weigerung der russischen und preussischen Staatsmänner gegen jede direkte Verhandlung mit Frankreich hatte bewirkt, dass er nun auch seinerseits den Gedanken daran aufgab. Er liess bereits Mitte Juli durch Bubna anregen, dass die Vertreter der kriegführenden Mächte, „in Anbetracht der Kürze der Zeit" von förmlichen Konferenzen mit ihrem zeitraubenden Beiwerk absehen und sich ihre gegenseitigen Ansichten einfach durch Noten an den Vermittler mitteilen sollten.[2] Für diesen Modus sprach, dass er 1779 in Teschen, allerdings erst in fünf Monaten, zum Ziel geführt hatte. Sonst bot er Angriffspunkte genug, um nach Napoleons Ansicht fortgesetzte Opposition und damit neuen Aufschub zu motivieren. Seine Gesandten mussten zur Prüfung und Mitteilung ihrer Vollmachten eine offene Sitzung verlangen und nahmen den nunmehr (29. Juli) offiziell wiederholten Vorschlag des oesterreichischen Kabinets nur *ad referendum,* indem sie ihrerseits auf der Anwendung der Formen von Ryswyk bestanden.[3] Es half nichts, dass Metternich sie auf die Rücksicht verwies, die Russland und Preussen ihren Alliierten schuldeten, und beredt vorstellte, „Frankreich frei von jeder Verbindung, welche seinem Gange

---

1. So versicherte seine am 25. Juni übergebene Note vom 22.: Il n'entre aucunement dans les vues de l'empereur d'Autriche de confondre sa médiation avec des formes qui emporteraient l'exclusion des négociateurs chargés de défendre directement les intérêts des hautes parties contractantes. Fain II, 132. Auch Art. 3 der Konvention vom 30. Juni: „les plénipotentiaires . . . se réuniront" konnte allenfalls von französischer Seite ins Feld geführt werden. Vgl. Ernouf, Maret p. 580.

2. Bignon XII, 201.

3. Metternich an Stadion 30. Juli. Oncken II, 681. Fain II, 171 ff.

Schranken setzen könne, müsse einige Nachgiebigkeit in der
Form gegen Mächte bezeigen, welche so viele Beweise des
guten Willens in dem Grunde der Frage gegeben hätten".
Die Vollmachten blieben in den Mappen der Franzosen, und
der verhängnisvolle 10. August rückte näher und näher,
ohne dass der Kongress auch nur eröffnet wäre.[1]

Aber hinter diesen Chikanen, die Caulaincourt vertrau-
lich selbst als solche bezeichnete, stand die Möglichkeit, dass
in zwölfter Stunde doch noch etwas im Sinne des Friedens
geschähe. Wie Metternich schrieb: „Prag ist für das Publikum, und was ausserhalb Prags geschieht, ist die Sache".[2]
Jene geheimnisvolle Reise des Imperators hatte, wie man
jetzt wusste, Mainz zum Ziel. Hier sollten seine Minister
ihm die dringendsten Vorstellungen machen. Wer konnte
sagen, welchen Einfluss sie, welchen die endliche Gewissheit,
dass Oesterreich zum Krieg entschlossen sei, die Caulaincourt mit allen Mitteln zu geben suchte, auf den zu raschen
Entschlüssen geneigten Imperator üben würde? Wenn er
auch erst am 5. August vom Rhein zurückerwartet wurde
und schwer abzusehen war, wie man nur physisch in den
fünf verbleibenden Tagen zum Abschluss kommen könnte,
unmöglich war bei einem so ungewöhnlichen Menschen am
Ende nichts,[3] und Hoffnungen und Befürchtungen wagten
sich noch einmal hervor.

Bubna schrieb glücklich: „Ich freue mich, dass die Gesandten einmal beisammen sind. Wenn dann Ew. Exc.
Ihrem Grundsatz treu bleiben, den sicheren Gewinn im
Frieden dem glänzenderen, aber unsichern im Krieg vorzuziehen, so glaube ich mit Zuversicht an ein günstiges
Resultat. Wenn, wie ich hoffe, das Werk gekrönt wird,
so hat unser guter Kaiser den schönsten Augenblick erlebt,

---

1. Vorträge Metternichs 5. August. H.-A.

2. Aus Metternichs nachgelassenen Papieren I, 256.

3. Metternich an Stadion 30. Juli. Oncken II, 680 f.

den je ein Souverain gehabt hat, und Sie, Herr Graf, ein
glänzendes Ministerium!!"[1] Stadion umgekehrt hielt die
Lage für „unendlich gefahrvoll", falls man in Brandeis
nicht über die Bedingungen vom 27. Juni hinausginge.
Schon am 14. Juli hatte er Metternich gemahnt: „Um
Gottes Willen machen Sie gute Arbeit oder wenigstens,
dass sie erträglich sei. Es wird eine Sünde gegen die Vorsehung sein, anders zu handeln. Das Glück rächt sich an
denen, die es nicht beachten."[2] Jetzt wandte er sich
direkt an den Kaiser mit einer herrlichen Denkschrift,
Krone und Abschluss der langen Reihe seiner Weckrufe
zum Kampf. Mit möglichster Unbefangenheit würdigte er
das Minimum des Reichenbacher Vertrages als das Ergebnis
einer Stimmung, in der man geglaubt habe, nur noch
wählen zu dürfen zwischen einer Schilderhebung, welche den
sofortigen Zusammenbruch Oesterreichs herbeiführen, und
einem Frieden, der es erst durch seine Folgen zu grunde
richten könnte. Aber seitdem hätten sich die Dinge völlig
verändert: „400 000 Streiter der besten Truppen Europas
sind in der Front und in den Flanken des französischen
Heeres bereit, gleich nach Beginn der Feindseligkeiten den
Gegner im Rücken anzugreifen und auf seine Verbindungen
zu fallen; zwischen den vier grossen Mächten ein ein-
mütiges Verständnis, der Feind in übler militärischer Lage,
schwer getroffen durch die Ereignisse in Spanien und im
Süden Frankreichs, gezwungen, einen Teil der zahlreichen
Streitkräfte, auf die er rechnete, ins Innere zu schicken;
unzufriedene Völker hinter seinen Armeen, seine eigenen
Verbündeten bereit, sich gegen ihn zu wenden, sobald er

---

1. Bubna an Metternich 30. Juli. H.-A.
2. Pour l'amour de Dieu faites de la bonne besogne, ou du
moins qu'elle soit supportable. Ce sera pécher contre la providence que d'en agir autrement. La Fortune se venge de ceux
qui la négligent. H.-A.

ein grosses Unglück erlitten haben wird." Kurz, ein un-
günstiger Ausgang schiene ausgeschlossen, die Aussicht auf
Erfolg gewiss, wenn man sie nicht absichtlich zerstöre.
Damit erwachse für den Kaiser die heilige Pflicht, kraftvoll
und willensmächtig Gebrauch zu machen von den sicheren
Mitteln, die die Vorsehung in seine Hände gelegt habe, um
seine Völker aus dem Zustand der Abhängigkeit und der
Leiden zu erlösen und seinem Reich gesicherte Grenzen und
einen freien und dauerhaften Bestand zurückzugeben. Am
wenigsten der Vertrag von Reichenbach wäre im Wege.
Er verpflichte wohl, die Ablehnung der vier Bedingungen
mit der Kriegserklärung zu beantworten, nicht aber den
casus belli durchaus nur auf jene zu beschränken. Mindestens
eine starke Grenze in der Lombardei, die alte gegen
Baiern, Tirol, Vernichtung des Rheinbundes und eine andere
Besitzordnung in Italien müssten zusätzlich gefordert werden. [1]

Stadion schrieb das in der unbestimmten Vorahnung,
es werde überflüssig sein; im allgemeinen aber war die
Stimmung jenseits der Berge unsicher und gedrückt. Man
vegetierte in Erwartung der Ereignisse. Als der Engländer
Jackson in Landeck den Geburtstag des Königs von Preussen
mitfeiern half, bemerkte er, selbst von Zweifeln gequält:
Jedermann ist in einem Zustand der Ängstlichkeit wegen des
Ausgangs der Unterhandlungen und wenig zum Vergnügen
aufgelegt. [2]

Wirklich geschah, was man fürchtete. Nachdem er
diesen Schritt durch eine scharfe Note gegen Oesterreich
und die Verbündeten masquiert hatte, erschien am Abend
des 6. August der Herzog von Vicenza bei Metternich,
um ihm im tiefsten Geheimnis — selbst Narbonne sollte
nicht davon wissen — die Frage vorzulegen, was Oester-

---

1. Oncken II, 441 ff.
2. Stein an Frau v. Stein 3. August. Pertz III, 395. Jackson,
Diaries. Bath Archives II, 187.

reich unter Frieden verstehe, und unter welchen Bedingungen es sich entweder mit Frankreich verbünden oder
neutral bleiben werde. Der Minister, den eine solche Mitteilung vor vier, ja vor drei Wochen sicher noch erfreut
hätte, erschien jetzt verwirrt. Immerhin versprach er, die
Entscheidung seines Herrn einzuholen und sie folgenden
Nachmittags um 5 Uhr dem Franzosen mitzuteilen. In der
Nacht hatte er ein langes Gespräch mit Gentz. Am
nächsten Morgen fuhr er nach Brandeis hinaus und war
auch wirklich zur festgesetzten Stunde zurück. Aber nur
wenige Minuten nach ihm kam ein Kurier an, der ihn von
neuem zum Kaiser beschied. So erhielt Caulaincourt erst
am 8. die mit Spannung erwartete Antwort. Metternich
diktierte ihm als Ultimatum Oesterreichs in etwas ver-
änderter Form die sechs Bedingungen der Note vom 7. Juni
unter Anfügung einer siebenten, die durch „wechselseitige
Garantie des Besitzstandes jeder Macht gross oder klein"
den beliebten napoleonischen Ländertauschen einen Riegel
vorschob. Da man den Frieden ernstlich nicht mehr wollte,
das Kriegsmanifest bereits seit mehr als einer Woche unter
der Feder Gentz' war, hätte es nahe gelegen, statt jeder
Antwort auf die französische Frage seinerseits Anträge zu
verlangen, und die Bevollmächtigten der Verbündeten rieten
das dringend; aber trotz einiger Schwankungen, die sich in
den Vorgängen vom 7. deutlich spiegeln, überwog schliesslich der Wunsch, „alles zu thun, damit nicht auf uns die
Schuld haftet, wenn es zum Krieg kommt." Ohnehin lief
in der Sache beides auf eins hinaus. Metternich hatte ein
Recht, Stadion zu schreiben: „Die Art, wie wir die Frage
gestellt haben, ist ebenso rund wie natürlich, sie lässt keine
Möglichkeit für ein Ja von Seiten Napoleons." Denn einmal
hatte er Sorge getragen, den 10. August ganz peremptorisch
als Termin zu bezeichnen, bis wann das Ultimatum angenommen sein müsse; vom 11. an wollte sich der Kaiser
nicht mehr daran gebunden erachten, und dann liess die

Einführung der Bedingungen eine Hinterthür, durch die man jederzeit entschlüpfen konnte. Es wurde nur gesagt, dass Russland und Preussen einen friedlichen Ausgleich an sie zu knüpfen schienen, und auch das lediglich auf Grund vertraulicher Vorbesprechungen.[1]

Vor allem den Verbündeten selbst durfte kein Zweifel über diesen Sachverhalt zurückbleiben. Deshalb war Humboldt und Anstett das Ultimatum mitgeteilt, noch ehe es an Caulaincourt gelangte. Sie hatten Einwendungen erhoben, sich an das Äusserliche geklammert, ihre Berichte mochten nicht günstig ausgefallen sein. So schickte Metternich die bezüglichen Depeschen an Stadion nicht durch einen einfachen Kurier, sondern den in solchen Fällen unschätzbaren Lebzeltern, damit dieser mündlich die nötigen Erläuterungen gebe.[2] — Der Anwalt hatte keinen harten Stand, überzeugender als er redeten die Thatsachen.

Napoleon nahm das Ultimatum Oesterreichs nicht an, mit wie ernster Beredsamkeit sein Gesandter ihn darum beschwor. Er glaubte auch mit halben Zugeständnissen zum Ziel zu kommen; wenn aber nicht, so war der Krieg immer noch besser als ein Friede, der seinem Imperium einen tütlichen Schlag versetzte. Er wusste besser als seine überklugen Räte, dass er sein müsse, wie er war, oder nicht sein werde. Ein Mann, dessen Herrschaftsgelüsten Europa nicht genügt hatte, konnte wieder ins Nichts zurückkehren: „König von Frankreich" konnte er niemals werden.

---

1. Thiers, Histoire du Consulat et de l'Empire XVI, 212—218; Ernouf, Maret p. 586 ff.; Gentz, Tagebücher I, 265. Metternich an Stadion 8. August. H.-A. — Oncken II, 450 f. und andere Schriftsteller lassen Metternich das Ultimatum schon am 7. übergeben. Das ist handgreiflich falsch. Wie sollte es dann erst am 9. 3 Uhr nachmittags in Dresden gewesen sein?!

2. Reskripte Metternichs an Stadion 8. August. Oncken II. 681 ff.

Am 9. August um 3 Uhr nachmittags trafen die Berichte Caulaincourts in Dresden ein. Um 6 empfing der Kaiser Bubna, den er seit dem Mai nicht mehr gesprochen hatte. Die Audienz dauerte zwei Stunden. Während der ganzen Zeit war er in ausserordentlich gelassener Stimmung wie jemand, der seine Partei auf alle Fälle genommen hat. Gleich nach den ersten Worten sagte er: „Ich habe Sie rufen lassen, um Sie zu fragen, ob es ein Mittel giebt Frieden zu machen." Dann bezeichnete er die Opfer, die er bringen wolle: Abtretung von Warschau gegen mässige Entschädigung für den König von Sachsen; Illyrien mit Dalmatien und Ragusa, doch ohne Istrien, Danzig unter Schleifung der Festungswerke. Hamburg und Lübeck herzugeben, sei unmöglich. „Sie sehen, ich will viel für den Frieden thun. Meine Alliierten verlieren, ich abandoniere eine ganze Nation, die viel geleistet hat, aber behandelt mich nicht, als wenn ich schon geschlagen wäre. Ihr könntet nicht mehr begehren, wenn ich vier Schlachten verloren hätte."

Bubna war entzückt. Er lebte noch in den Anschauungen seiner Instruktionen vom 23. Mai, die auch vor sechs Wochen durch Metternichs Auftreten in Dresden nur bekräftigt worden waren. So zweifelte er nicht, dass der Friede zu Stande kommen werde, und erbaute sich schon jetzt daran, wie dann Russland Kaiser Franz Ruhe und Vergrösserung, Preussen neues Aufleben zu verdanken habe. „Das versetzt uns ordentlich, schrieb er dem Minister, in die alten Zeiten wieder, wo der Einfluss von Oesterreich etwas gegolten hat. Wenn auch hie und da mancher Fantast unbefriedigt wird, so erwartet Sie doch der Segen der Welt und der Menschheit, wenn es Ruhe wird."[1]

---

1. Berichte Bubnas 9. August nachts. Oncken II, 684 fl. Vgl. für den Schluss: Lefèbvre V, 393 ff; Ernouf, Maret p. 593; Fain II, 195 ff, 218; Gebhardt, Humboldt als Staatsmann I, 486; Oncken II, 457; Gentz, Dépêches inédites I, 43; Bignon XII, 240 f.; Baur, Prinzess Wilhelm S. 160.

Die wirkliche Entwicklung vollzog sich in sehr anderen
Bahnen. Der Imperator hatte dieselben Vorschläge, nur
anspruchsvoller und mehr spezialisiert, schriftlich an
Caulaincourt geschickt. Sie wären auch am 10. erfolglos
gewesen: zu allem Überfluss kamen sie, von Napoleon aus
Trotz über Nacht zurückbehalten, erst am 11. in Prag an.
Inzwischen war die Entscheidung gefallen.

Buchstäblich „die Uhr in der Hand" wartete man die
schicksalsschwere Mitternachtsstunde des 10. August ab. Mit
dem Schlage zwölf zeigten Anstett und Humboldt an, dass
ihre Vollmachten erloschen seien. Der Kongress war zu
Ende, ehe er begonnen hatte. Zugleich übersandte Metternich Narbonne als dem Gesandten Frankreichs die Kriegserklärung.

Und während längs der französischen Linien bei Lichter-
glanz und Gesang zum letzten Mal der Napoleonstag ge-
feiert wurde, leuchteten als Boten einer neuen besseren
Zeit auf dem Kamm des Grenzgebirges Flammenzeichen auf,
den Russen und Preussen zu künden, dass sie in das jetzt
verbündete Oesterreich einrücken dürften.

Die drei Adler flogen endlich zusammen. Erst Paris
sollte ihr Ziel sein.

Anhang.

1.

Kaiser Alexander an Kaiser Franz 17/29. Dezember 1812.[1]

Monsieur mon Frère. L'importance qu'il y aurait pour nos intérêts reciproques[2] comme pour ceux de l'Europe en général, de donner aux rapports que j'ai eu le bonheur d'entretenir avec Votre Majesté dans ces circonstances difficiles, un nouveau degré d'intimité, me détermine à lui annoncer moi même les resultats décisifs, par les quels la Providence a béni mes efforts. Ils sont tels qu'après avoir assuré l'indépendance de mon Empire, je puis tourner mes vues vers le grand but de la délivrance de l'Europe. Il nous unissait jadis et n'a jamais cessé de constituer le vœu le plus cher de mon cœur. A aucune époque il ne s'est présenté pour le réaliser des chances pareilles à celles qu'offre aujourd'hui la destruction totale de l'Armée Française. — Si Votre Majesté Impériale se décidait à les saisir, Elle pourra compter sur la coopération la plus active de ma part, et je m'estimerais heureux en poursuivant un objet aussi important, de pouvoir également contribuer à procurer à Ses Etats les agrandissements que réclament si impérieusement l'équilibre du continant comme l'intérêt de Sa Monarchie. L'occasion de réparer les pertes que l'Autriche a faites est unique, et la réintégration de toutes ses anciennes possessions ne sçaurait qu'être conforme à ma politique. — Que Votre Majesté me permette de lui parler avec cette sincérité de la quelle je ne me suis jamais departi envers Elle. Votre Majesté peut profitant de ce moment inappréciable rendre a son Empire son ancienne splendeur pour ainsi dire sans effusion de Sang. Qu'elle ordonne seulement la réocupation de ses anciens Etats et la France n'a pas les moyens de lui

---

1. In deutscher Übersetzung bei Woynar S. 398 f.
2. Die Orthographie des Originals ist beibehalten.

opposer la moindre résistance. Qu'elle veuille so rappeler qu'en 1809 un traité de Paix la liait de même à la France; cependant Votre Majesté a jugé de l'intérêt de son Empire de la rompre trouvant le moment favorable puisque la grande majorité des forces Françaises étaient en Espagne. Le moment actuel est bien plus propice encore, et en réparant des malheurs passés, en rendant à Son Empire toute sa puissance, Elle sera le sauveur de l'Europe, de l'humanité entiere, car elle amenera la paix générale en remetant l'équilibre entre les Puissances du Continant. — Ah, Sire, qu'il me soit permis de me livrer à cet élan qu'un espoir pareil fait naître dans tout cœur sensible. Jo la conjure de ne pas laisser échaper une occasion aussi belle d'illustrer son nom, non par une gloire de Sang mais par la seule digne de son cœur, celle d'avoir rendu le repos et le bonheur à l'humanité. C'est avec les sentiments de l'attachement le plus vray que je suis: de Votre Majesté Impériale le bon frère

Vilna 17. Decembre 1812. Alexandre.

2.
Propositions du Commandant en chef des armées Russes.[1]

1.

Le reste des troupes Saxonnes et du Duché s'étant portées en filant par la route de Czenstokau, derrière les Cantonnements du Corps auxiliaire, les troupes russes feront une marche, que les avant-Postes autrichiens ne pourront pas signaler dans leur position actuelle pour aller surprendre dans Cracovie les Débris polonais. Après avoir anéanti ce foyer d'inquiétudes commun les Russes se replieront pour ne point gener le passage de la Vistule.

Ou bien

2.

Le Corps auxiliaire Autrichien, en avouant la Convention d'armistice désarmera par persuasion ou par tel autre moyen

---

1. Beilage zu Lebzelterns Bericht, Kalisch 10. März I.ᵏ. Vgl. oben S. 176f.

qu'il jugera convenable, les ²/₃ des troupes du Duché et renverra
dans ses foyers tout ce qui appartient aux nouvelles levées qui
ont été faites dans le pays déjà occupé par les armes russes et
prendra des mesures pourqu'aucun individu ne puisse plus re-
joindre les Cadres établis à Cracovie.

Ou bien

3.

Les Russes pousseront des Corps sur le flanc droit et gauche
des corps autrichiens. Le général annoncera alors, ne pouvoir
plus tenir, d'abord parceque, resserré dans sa position, les vivres
lui manqueront, 2ᵈᵉ parceque la paix étant faite entre la Russie
et la Prusse, des forces supérieures peuvent tomber à travers
de la Silésie sur Cracovie, et parceque, le Général autrichien ne
pouvant point abbandonner ses communications avec la Gallicie
orientale, les Prussiens auraient beau jeu pour une expédition
de ce genre. Que[1] D'après cet état de choses qui est fondé en
principes militaires, il ne reste pas d'autre parti à prendre au
corps sous les ordres du Prince Joseph que de se dissoudre.
Le Général Frimont donnera cet avis salutaire. S'il ne fait point
d'impression, les Autrichiens déclareront que malgré eux ils sont
obligés d'abbandonner les Polonais à leurs propres forces.

Ou bien

4.

Le Corps auxiliaire en se repliant occuperait les ponts de Sen-
domir et de Cracovie. La Vistule deviendrait ligne de Démarcation et la ville de Cracovie tête de pont.

Ou bien

5.

Changement temporaire de la ligne de Démarcation repré-
senté aux Polonais comme motivé par un[2] mouvement de
flanc des forces russes et tendant à conserver les communications
avec le Corps d'observation.

---

1. eingeschoben.
2. Korrektur des Zaren statt: attribué au.

3.

Allerhöchstes Handschreiben an den Hofkriegsrats- präsidenten Graf Bellegarde 14. April 1813.[1]

Lieber Feldmarschall Graf Bellegarde. Der politische Stand meiner Verhältnisse mit dem Ausland ist Ihnen durch meinen Minister der auswärtigen Angelegenheiten bekannt gemacht worden. Die bewaffnete Mediation, welche ich übernommen habe, fordert Anstalten in Militärischer Hinsicht — der Ausschlag der einzuleitenden Negoziation ist, so wenig vorhinein zu berechnen, dass ich mich auf jeden Fall bereit zu halten habe. Die Aufstellung meines Corps an der schlesischen Gränze und die noch stattfindende Gegenwart eines nicht unbeträchtlichen Truppencorps in Galizien geben meinen Worten Gewicht gegen Russland. Sollte sich jedoch die Notwendigkeit eines Krieges mit Frankreich ergeben, so ist bei Zeiten an die gehörige Einteilung und Aufstellung der hierzu geeigneten Armeen für zu denken. Sie haben mir demnach ungesäumt die Vorlage einer ähnlichen Einteilung auf eine nach dem südlichen Deutschland und eine nach dem oberen Italien zu bestimmende Armee zu unterlegen.[2] Die Aufstellung einer gehörigen Reserve versteht sich von selbst. Da die Abrückung des Auxiliarcorps nach Böhmen bereits verordnet ist, hierin aber wegen des nicht aufgekündigten Waffenstillstands von Seite der Russen ein Zeitverlust eintritt, so haben Sie die unverzügliche Einleitung zu treffen, dass von dem Reservecorps die erforderlichen Truppen[3] sich unverzüglich in Marsch setzen und dies zwar mit gehöriger Rücksicht, dass keine Kreutzung mit dem Auxiliarcorps eintrete; nicht minder haben Sie den Befehl zu erlassen,

---

1. Der Entwurf von Metternich übersandt mit den Worten: „Ew. Maj. Dürften Allergnädigst geruhen, nun, da die nötigen Finanzmittel herbeigeschafft werden können, und jeder Augenblick Verlust unersetzlich ist, das folgende Handbillet an den Hofkriegsraths-Präsidenten zu erlassen." Der Vortrag trägt das falsche Datum des 14. März. Das richtige ergiebt sich aus der Ausfertigung auf dem Kriegsarchiv. Ohnehin würde der Inhalt eine Entstehung im März ausschliessen.

2. Ein vom Kaiser gestrichener Passus gab die Stärke beider Armeen auf 60000 Mann an.

3. Korrektur des Kaisers statt: die Division Prohaska.

dass mit Ausnahme der zum Pestcordon benöthigten Mannschaft die annoch in Siebenbürgen und der Bukowina[1] liegenden Truppen sogleich[1] nach Galizien vorgezogen werden.

4.

Verbalnote des französischen Gesandten Graf Narbonne an Graf Metternich vom 7. April 1813.

L'ambassadeur de France s'empresse de satisfaire au désir qu'a temoigné Son Excellence, Monsieur le comte de Metternich, Ministre d'Etat et des affaires étrangères, d'avoir une note verbale des communications qui ont été l'objet de leur conférence de ce matin.

S. M. l'Empereur des Français veut que ses intentions et ses projets soient toujours complètement connues de son Auguste allié, dans toutes les suppositions possibles.

L'Ambassadeur se fait donc un devoir de retracer à son Excellence les points dont il est utile d'avoir une idée précise et dont le sens est si propre à faire entrevoir des arrangements à la fois de la plus haute importance pour l'Europe et du plus grand avantage pour S. M. l'Empereur d'Autriche. C'est, uniquement, pour arriver à ce but, si desiré par l'Autriche, que l'armée française se trouvera au 1er de Mai plus forte à tous égards qu'elle n'était au commencement de la dernière compagne.

Le Gouvernement français croit que la Russie est bien loin de partager ces loyales intentions et qu'enyvrée par les circonstances du moment, elle conçoit de grandes espérances de la prolongation de la guerre.

Dans cette circonstance, l'Autriche qui s'est mise en avant pour la paix et qui la desire si vivement, doit prendre, pour tendre à ce but, une couleur prononcée, insister sur l'ouverture immédiate d'une negociation, exiger que des plénipotentiaires soient nommés, qu'un armistice soit conclu et entrer dans la lutte comme partie principale.

---

1. Zusätze des Kaisers.

Cette résolution aurait des avantages immédiats. L'Autriche pouvant disposer de 100000 hommes dans la situation actuelle, le faible accroissement de forces, que la Prusse donnera à la Russie, se trouverait annullé, mais encore cette puissance serait obligée de secourir la Prusse. La résolution de l'Autriche ferait faire de sérieuses reflexions à la Russie et l'Autriche arriverait à ce qu'elle desire: la Paix.

Comme toute idée abstraite n'est d'aucun résultat dans un moment où le tems court avec rapidité, on va tracer le mode d'exécution du parti que devrait prendre l'Autriche.

Dans les premiers jours de Mai, lorsque l'Empereur des Français sera de sa personne sur la rive droite de l'Elbe avec plus de 300000 hommes, l'Autriche pourrait renforcer l'armée de Cracovie et la porter avec les troupes du Prince Poniatowsky à plus de 50000 hommes. L'armée de Cracovie doit être de 30000 hommes, les Polonais en ont 10000; ce serait donc une quinzaine de mille hommes à y ajouter. Ces mouvemens ayant lieu en Avril, l'armée, se concentrant, se mettrait sur une position défensive, mais serait prête à reprendre l'offensive. Un Corps de 30 à 40000 hommes se rassemblerait en Bohême, sur la frontière de la Silésie, prêt à se réunir par la gauche, sur l'ordre, avec l'armée Française. Le jour où l'Empereur arriverait à la tête de l'armée du Mein, sur l'Elbe, le Ministre de l'Autriche ferait sa déclaration à l'Empereur Alexandre. L'armée de Cracovie dénoncerait son armistice et les troupes du corps de Bohême sortiraient de leurs cantonements et camperaient dans une bonne position.

Si l'Empereur Alexandre se refusait à entrer en négociation, il est facile de prévoir que les Russes seraient promptement repoussés; l'Autriche entrerait dans la Silésie et en ferait la conquête avec le corps de Bohême: Le corps de Cracovie, joint au corps Polonais, se réunirait à l'Empereur sur la Vistule.

Pour qui connait la situation de la Russie, les pertes qu'elle a faites, l'effet de ce développement de forces ne peut être incertain. Aussitôt que les troupes françaises apparaitront aussi fortes, aussi bien organisées qu'elles le sont, la Russie, au lieu de se complaire dans ses illusions, — envisagera sérieusement les affaires, et se rendra aux desirs de l'Autriche; si non, la conquête facile de la Silésie, pays abondant où les troupes Autrichiennes feront volontiers la guerre, est immanquable.

Ainsi la manière d'intervenir de l'Autriche pour tirer l'Empereur Alexandre de son enivrement, et le porter à la paix, est bien déterminée et n'exige pas d'autres efforts que ceux que l'Autriche a déjà faits.

Seulement les conditions vraisemblables et possibles de cette paix ne peuvent être arrêtées entre la France et l'Autriche que d'après les propositions apportées par le Pce Schwarzenberg et les instructions qui seront données en conséquence à l'Ambassadeur de France.

Mais il est possible que la Russie dans son aveuglement préfère la guerre, et qu'elle-même prépare ainsi les grands succès qui en seraient pour la France et pour l'Autriche le résultat certain. Dans ce cas, l'Autriche ne peut manquer de prévoir la perte de la Prusse, et il n'est pas sans utilité qu'elle soit informée, d'avance, des dispositions générales de la France pour cette hypothèse.

La population de la Monarchie Prussienne est de 5 Millions: On en formerait trois lots: Un million resterait à la Prusse sur la rive droite de la Vistule, deux millions iraient à l'Autriche, et deux millions à la Saxe ou à la Westphalie. Le plus beau lot serait pour l'Autriche. La Silésie, qui se réunit à la Bohème et qui est la plus belle et la meilleure partie des possessions Prussiennes, est hors de toute comparaison avec ce qui reviendrait aux [autres][1] alliés de sa Majesté, l'Empereur des Français.

Les moyens militairs de l'Autriche devaient s'élever à 100000 hommes, 30 à 40000 pour l'armée de Silésie, 30 ou 35 pour celle du Pce Schwarzenberg; le reste à la disposition de la France dans la Bukowine et dans la Gallicie.

Le but de la grande armée serait de couper la Silésie de toute communication avec la Russie et Colberg, afin que l'armée Autrichienne n'éprouvât aucun obstacle dans la conquête de cette province.

Ces points politiques arrangés, les opérations militaires l'étant également, il reste à bien convenir des démarches de l'Autriche.

---

1. Von fremder Hand eingeschoben.

Les jours sont comptés.

Dans les premiers jours de Mai, l'Empereur serait sur l'Elbe; l'armée de Bohême et celle de Cracovie agiraient comme il a été dit.

Le Ministre Autrichien près de l'Empereur Alexandre demanderait que l'intervention de l'Autriche fût admise, et que des plénipotentiaires fussent nommés par la France, l'Autriche, la Russie et la Prusse. Un armistice serait convenu pendant la négociation.

Les plénipotentiaires se réuniraient entre Breslau et Dresde.

Si les anglais voulaient en envoyer un, il serait reçu.

Mais l'armistice a ses difficultés. Dantzig, Thorn, Modlin ont des approvisionnements pour un tems déterminé. Ces approvisionnements devraient rester intacts. Il serait pourvu à la communication de ces places pendant toute la durée de l'armistice, de sorte que l'armistice venant à cesser, leur approvisionnement se trouvât dans le même état qu'auparavant; autrement l'armistice serait tout à l'avantage de l'ennemi, puisqu'il aurait ces places sans courir aucune chance.

L'armistice une fois admis, les négociations ne pourraient être longues. Les armées Autrichiennes et Françaises y gagneraient plus que les armées Russes et Prussiennes. Il serait donc de l'intérêt de la Russie de rompre ou de conclure, mais quand on se sera vu, il sera difficile de rompre. Le langage et le poids de l'Autriche feraient bien plus dans la balance que les moyens de la Prusse, et en Russie la paix doit être le vœu public et le besoin général.

L'Empereur Alexandre et le Roi de Prusse étant à Breslau, l'Empereur d'Autriche pouvant venir à Prague, et l'Empereur Napoléon pouvant être à Dresde, les parties contractantes se trouveraient rapprochées, de manière que les négociations pourraient être poussées avec une grande activité.

Si la Russie refuse d'envoyer les plénipotentiaires ou si, après les avoir envoyés, l'armistice est rompu, les corps se mettront en mouvement et les opérations commenceront.

L'Ambassadeur résume les principaux objets de cette note.

La défection de la Prusse offre des circonstances nouvelles qui doivent influer sur les déterminations de l'Autriche.

La réponse évasive de la Russie donne peu d'espérance de la paix. Le parti qu'a pris cette Puissance de porter la Prusse à un éclat semble annoncer par des raisons qui ont été déduites qu'elle est décidée à continuer la guerre.

L'Autriche peut encore contribuer à vaincre ces dispositions, mais elle n'y parviendra qu'en se prononçant et en prenant une attitude décidée.

Elle est intéressée à le faire, si, en effet, son entremise est dédaignée, et si comme la France en a l'assurance, elle veut réellement la paix; il est évident, aujourd'hui, que des démarches faibles ou équivoques ne sauraient y conduire.

Elle y est également intéressée, si la guerre ne peut être évitée. Le parti qu'a pris la Prusse amène des chances auxquelles l'Autriche ne peut pas s'exposer, de même qu'elle ne peut y être étrangère.

Ces chances arrivant, l'Autriche doit connaitre quels en seraient les résultats et la part qu'elle pourrait y prendre. Le Gouvernement français s'explique catégoriquement à cet égard.

Il ne s'agit pas de demander à la Russie de traiter sans ses alliés et en se séparant d'eux, mais afin d'empecher l'Autriche de devenir partie principale dans la guerre, d'ouvrir une négociation où tous ses alliés seraient admis.

Des communications aussi claires et aussi précises, ne peuvent laisser aucun doute sur la confiance et la franchise avec laquelle S. M. l'Empereur veut que ses ministres s'expliquent, et l'ambassadeur de France en remplissant les intentions de son Maître a à se féliciter de n'avoir à employer qu'une langue si bien entendue par S. M. l'Empereur d'Autriche et si bien parlée par S. Ex. le Ministre des relations extérieures.

Il ne doute que Monsieur le Comte de Metternich n'approuve les motifs qui lui font desirer d'obtenir, dans le plus bref délai possible, une réponse que S. M. l'Empereur a de si pressantes raisons de connaitre.

L'Ambassadeur de France saisit cette occasion pour renouveller à Son Excellence les assurances de sa haute considération.

Vienne le 7 Avril 1813.

A Son Excellence Monsieur le Comte de Metternich
Ministre d'Etat et des affaires étrangères.

5.

Stadion an Metternich [30. Mai].[1]

J'ai travaillé dans tout cela comme si c'était ma conviction et mon sistème, et je continuerai de même. Mais je n'en suis pas moins convaincu que nous prenons le faux parti et selon tout calcul raisonable le chemin de la ruine. Or: ces gens-ci sont battus par notre faute, par nos demies volontés, nos demis moyens, notre demi langage et alors eux sortiront toujours bien de l'affaire et laisseront l'Autriche à faire les frais de leur raccomodement, ou bien nous parvenons au but de nos désirs à une negociation qui tire par sa durée même Napoléon de tous les embarras et rive donc nos fers pour toujours ou bien: la France et la Russie las de faire des compliments avec une Cour qui a volontairement paralisé ses moyens s'arrangent à l'amiable et nous abanderont à notre perte. La supposition la plus heureuse et bien au delà de mes espérances c'est sous notre médiation une paix plâtrée aux plus petites de nos petites conditions qui au bout de deux ans prépare la nécessité d'une nouvelle guerre que nous n'aurons ni le courage de commencer ni la force de soutenir ni le crédit politique de rendre commune à quelque puissance de l'Europe que ce soit.

Pensez à deux et à dix et à cent fois sur le parti que l'Autriche a à prendre. Il la conduira ou au véritable grand rôle de médiateur de la paix et de l'Europe ou à l'asservissement, à la dissolution, au partage. Le temps perdu, tout est perdu. L'heure du berger a sonné, mais tandis que nous en discutons elle passe. Adieu. Je croyais que notre mot était Courage, fermeté et constance. Tout à vous

Stadion.

6.

Stadion an Metternich 2. Juni.

Dans mes dépêches de ce Jour je me suis tenu, mon cher Comte, dans les bornes strictes de rapport. Mais je ne puis

---

1. Der undatierte Brief liegt der Expedition vom 3. Juni bei; doch gehört er wahrscheinlicher zu der vom 30. Mai.

laisser partir cette expédition sans vous adresser directement encore
quelques reflexions dont l'importance de la circonstance et le danger
que notre marche politique nous présente me fait un devoir. Vous
vous trompez positivement sur le fait quand vous jugez de la
situation des alliés. Ils ont fait une énorme gaucherie en se
retirant après les affaires du 2. derrière l'Elbe. Ils n'ont pas
manœuvré aussi bien que Napoléon quand ils ont perdu une
bataille auprès de Bautzen; ils auraient peut-être dû ralentir ou
arrêter leur retraite au Bober, à la Katzbach, à quelque autre
position, mais leur armée est restée intacte malgré leurs fautes,
l'Ennemi se trouve plus embarrassé dans la poursuite qu'eux
dans la retraite. Ils pourraient reprendre tous les jours l'offensive et avec avantage. Le soldat, l'officier, les généraux même
le demandent, la défiance des souverains dans la capacité de
leurs feseurs, le jeu de l'amour propre qui ne leur laisse plus
courir les risques de perdre une troisième bataille les retient;
hors du pais qui souffre dans cet Etat des choses, la situation
de Napoléon n'en devient pas meilleure, et il n'y a qu'à regarder
la carte et compter le nombre d'hommes que l'Autriche d'un
côté et le prince royal de Suède[1] de l'autre pourraient faire agir
dans le dos des français rémis à cet essaim de partisans et
au Corps de Bülow, pour se démontrer la facilité et la certitude
d'avoir la meilleure paix, si on avait la volonté de la vouloir.

Vous vous plaignez de l'exageration des conditions énon-
cées à Wurschen. C'était à la verité à peu près la meilleure
paix possible qu'on mettait en avant. L'arrivée de Mr. de
Nesselrode vous a dû prouver, combien les alliés étaient aisés à
manier là-dessus et à se laisser marchander jusqu'aux degrés
d'une paix passable. Mais quelle raison y a-t-il dans tout ce
qui est arrivé pour vouloir non seulement la plus mauvaise, mais

---

1. Dazu am Rande: Je nomme le prince royal de Suède parceque on
compte ici sur lui et qu'on avance avec beaucoup de bonne raison que cet homme
qui veut trafiquer de son secours, en deviendrait beaucoup meilleur marchand dès
qu'il verrait l'Autriche entrer en lice et par conséquent moins de valeur à sa
marchandise. Il donne les troupes suédoises pour 25000 h. et elles sont peut-
être entre 18 et 20000 effectifs. Ce nombre de plus ou moins ne change pas le
fonds de mon raisonnement d'autant que les mêmes complications qui rendent
le secours de la Suède moins effectif, paraliseraient de même les moyens suédois
contre les alliés, si elle voulait (ce qu'elle ne peut peut-être plus) changer tout-
à-fait son sistème.

encore une paix qui en serait moins une que toutes les paix qui
ont été signées depuis 1797?

Vous répondez: ils sont trop maladroits, même dans la meilleure situation possible ils ne sauraient en tirer parti. Il me
semble que nous avons vu qu'ils ne sont pas savans pour donner
bataille et qu'ils font des fautes. Dans la totalité cependant ils
se sont supérieurement bien battus, ils ont agi avec suite, avec
constance, leur contenance l'emporte sur celle des troupes de
Napoléon. D'ailleurs dès que nous entrerons en activité, ils ne
demandent pas de mieux que de suivre nos conseils.

Toutes ces considérations auraient encore peu de valeur
pour moi, s'il s'agissait pour l'Autriche du plus ou du moins
de bien, du plus ou du moins d'avantage. Au contraire, les
conditions que vous posez actuellement et dont vous parlez dans
votre dépêche particulière sont le plus grand mal et le chemin
du néant pour la monarchie autrichienne. Les provinces illiri-
ennes et la Dalmatie?! qui nous les garantit pour six moix, si
tout le sistème de Napoléon reste dans toute sa force en Italie
et en Allemagne, si la Prusse, écrasée par les tributaires français jusqu'à l'Elbe reste ouverte à chaque invasion que le
Cabinet français commandera? Cette guerre terminée d'une
manière aussi funeste, pourrons-nous mettre cinquant mille
hommes en plan pour garder la frontière? La Prusse pourra-t-
elle en mettre 30 mille pour se défendre? La Russie voudra-t-
elle être assez dupe pour rentrer en Jeu pour quelque partie du
continent que ce soit.

Votre Idée d'une ligne de la Baltique à l'Adriatique peut
tout au plus s'enluminer assez joliment sur une carte, mais elle
donne la grosse et bonne moitié de l'Europe à la France, et
l'autre moitié plus reculée et plus mauvaise à partage entre trois
puissances dont les 2 voisines de la France en deviendront nécessairement une province, dès que la Russie n'a pas la force
ou pas la volonté d'en faire ses esclaves.

Et pourquoi, mon cher comte, toute cette ruine, toute cette
démolition de ce qui avait resisté encore au torrent des événements? parceque les Russes et les Prussiens sont avec cent et
tant de mille hommes au delà de l'Oder à attendre des renforts
d'à peu près égale force et parceque Napoléon peu à l'aise dans

sa situation actuelle a besoin de tout ce recul de l'Autriche pour gagner quelques mois, reformer sa cavalerie, atirer de nombreux renforts et se rendre de nouveau maître de l'Europe conspirée contre lui.

Je cherche la raison de tout ce qui abat mon courage dans le cœur de l'Empereur et dans les motifs respectables qui peuvent lui faire craindre la guerre même sous les circonstances les plus rassurantes.[1] Mais quand il s'agit de son existence, quand il doit se dire que son jugement est déjà porté dans l'âme de Napoléon, quand tout démontre qu'il est voué à la Vengeance...

Pensez, mon cher Comte, à la conservation de notre bon souverain, à celle de la monarchie autrichienne et à votre propre Gloire. Adieu. Je suis plus que jamais tout à vous

Stadion.

7.

Stadion an Metternich 8. Juni.

Que j'ajoute quelques mots sur des objets plus confidentiels à mes dépêches de ce jour.

Un très grand mal dans ce quartier général, c'est Mr. de Knesebeck dirigeant à peu près seul en dernière instance les mouvemens militaires et même quelques mesures politiques qui y ont rapport. L'Empereur Alexandre n'a personne autour de lui qui entende la théorie de la Guerre ou du moins qui sache la parler. Le général Toll, jeune homme d'une fort bonne tournure, n'est qu'en sousordre du prince Wolkonsky et n'a pas assez d'influence dans les discussions du quartier général. On tient sur tout objet quelconque un Conseil militaire entre les deux souverains, le commandant en chef, Wolkonsky ou Toll et puis Mr. de Knesebeck. L'empereur par une sorte de déférence pour le roi de Prusse, par défiance peut-être encore dans ses généraux qui

---

1. Zusatz am Rande: avec une contenance ferme je suis enclin de croire que même dans ce moment-ci une forte démonstration suffirait pour arriver du moins à de bonnes conditions au lieu des plus mauvaises dont nous voulons nous contenter.

entendent moins la pédanterie du métier et ont la parole moins savante, finit presque toujours par se rendre à l'avis de ce dernier. Or c'est positivement un de ces hommes qui à force de peser et de repeser et de contrepeser tous les arguments pour et contre savent tout au plus le lendemain ce qu'il aurait fallu faire la veille, et qui courageux devant l'ennemi n'ont ni cœur ni courage quand il s'agit de prendre une détermination tant soit peu vigoureuse. Voilà de quoi conviennent même ses amis. Ses ennemis en dirent pis. Mais tout le monde désire ardemment que le Général Scharnhorst puisse arriver bientôt et il me semble que c'est vraiment nécessaire.

Je ne sais si le Courier russe qui est parti cette nuit ne porte pas à Mr. de Nesselrode l'ordre de rester encore chez vous et de ne pas se rendre ici. La bonne âme Anstaedt veut sans contredit profiter de son absence et met un grand intérêt à la prolonger. Je crois au contraire qu'il est important, qu'il est même indispensable pour placer ici la question dans notre point de vue que Mr. de N. revienne et qu'il rende compte de bouche à l'Empereur. C'est à Vous, mon cher Comte, à mettre de l'ordre à ceci.

Mr. de Stein revenant de Prague vient de passer chez moi. Il dit merveille de nos troupes, du prince Schwarzenberg, de Radetzky, du grand bourgrave, de l'Esprit qui anime tout cela et laisse le reste dans le doute ce qui à mon avis est ce qu'il peut faire de mieux. Il m'a dit, comme bruit de Ville, qu'on enverrait ici de la part de notre armée le colonel Comte de Latour. Je ne sais s'il est vrai, mais en tout cas pensez à deux fois, mon cher Comte, à l'homme que Vous laisseriez envoyer ici. Il faut qu'il ait l'esprit juste, du calme dans l'observation et qu'il soit dépourvu de tout esprit d'intrigue.

On serait sans doute fort charmé ici d'entendre une proposition d'entrevue entre les deux Souverains. Ne croyant pas ce moment-ci fort propice à une telle invitation, j'ai si bien fait qu'on ne m'en a pas même témoigné le désir quoique je sois assuré qu'il existe. Il me suffit de vous en avoir averti.

Votre dépêche particulière, mon cher Comte, portée par Kemperle a produit en moi une sensation pénible. Elle confirme ce que je craignais et ce que je supposais. Ce n'est pas la

situation politique de l'Europe ni même notre position militaire
qui détermine nos conseils, mais des considérations intérieures et
personelles. Comment est-il possible qu'une espèce aussi
méprisable qu'un Duka décide en dernier ressort de la destinée
de la Monarchie autrichienne? Je reste à la conviction plusieurs
fois exprimée que nous ne sommes plus les maîtres de notre
marche et que les Evénements nous emporteront. Que du moins
pour ce cas nos moyens soient prêts, suffisamment activés, aussi
forts que l'exige la circonstance et que nous ne nous mettions
pas aussi au régime de déplorer le Lendemain ce que nous
n'avons pas fait la Veille. Pensons qu'il s'agit pour nous de
l'existence ou de la destruction et agissons en conséquence,
sans nous embarrasser de ce qu'en dira cette vermine qui rampe
autour du trône de notre bon empereur.

Vous pensez sans doute comme moi qu'il est tems à présent
de mettre beaucoup de célérité dans notre marche matérielle.
J'attends là-dessus des informations et des instructions. C'est
surtout la Prusse qui les presse, et effectivement il n' y a pas
de tems à perdre si nous ne voulons pas encore rester en
arrière du moment. La lutte qui pour nous aurait été aisée
pendant le cours du mois de Mai; plus vive, mais peut-être plus
avantageuse et plus décisivo encore, si nous avions pu sortir de
nos frontières entre le 1er et le 8 ou 10 du Juin, va devenir douteuse
et pénible, mais si comme j'en suis persuadé elle est finalement
inévitable que du moins nous ne la rendions pas à force d'in-
certitudes et de lenteur tout à fait décidée contre l'Autriche.

Laissez-moi, je Vous prie avec instance, mon cher Comte,
hors du Congrès de la paix. Il n'y aurait d'après votre propre
idée qu' un plénipotentiaire des autres puissances. Ce serait un
désavantage pour l'Autriche d'en avoir deux et deux du même
rang et indépendans l'un de l'autre. Les considérations du service de l'Empereur sont si fortes là-dessus que même nommé
je refuserais positivement. Adieu, cher Comte. Tout à Vous
de Cœur et d'âme

ce 8 Juin 1813.   Stadion.

8.

Gentz,

Résumé de la situation actuelle des affaires.

Vienne ce 4. Juin 1813.[1]

La retraite des armées alliées de l'Elbe sur l'Oder à la suite des avantages remportés par l'Empereur Napoléon dans les journées du 2 et du 21 Mai nous a conduit à une nouvelle époque de la guerre. Il vaut la peine de s'y arrêter un moment pour comprendre comment des combinaisons en apparence si grandes ont pu avoir de si faibles résultats et comment à d'aussi brillantes espérances ont pu succéder les cruels embarras dans lesquels l'Europe se voit de nouveau plongé.

L'équilibre du pouvoir avait été depuis des siècles la sauvegarde de l'indépendance et de la prospérité des Etats Européens. La destruction de cet équilibre par les acquisitions énormes de la France[2] est depuis dix ans le fléau des souverains et des peuples. Ceux même qui par leur situation locale étaient les plus attachés à la Puissance de Napoléon ne méconnaissaient point cette vérité.[3] Il n'y avait au fond qu'une voix en Europe sur la nécessité de changer un état de choses, que chaque moment de sa durée rendait plus dur et plus insupportable, et avec lequel

---

1. Bubna an Metternich, Dresden 9. August nachts: Der Kaiser hat mir ein Memoire gegeben, was in Wien cirkulieren und von Gentz sein soll. S. M. sagen, das enthülle unsere ganze Politik. Ich lasse es abschreiben und werde es übersenden. — Derselbe an denselben, Dresden 12. August, Nachschrift: Ich übersende E. E. in der Anlage die figurierte Abschrift des Memoirs, so der Kaiser Napoleon mir jüngstin gegeben hat. Alles, was mit roter Tinte geschrieben ist, war durch fremde Feder im Original angesetzt. Es scheint, dass diese Schrift adaptiert wurde für den Druck, die ausgestrichenen Stellen führen mich auf diese Vermutung. — Wahrscheinlich steht es im Zusammenhang mit diesen Berichten, wenn Gentz selbst, Tagebücher I, 270, bei Erwähnung der Schlacht bei Leipzig erzählt, dass Napoleons persönlicher Hass gegen ihn „sich noch wenige Monate zuvor (während Bubnas Anwesenheit zu Dresden) bei Gelegenheit einer durch Zufall oder Verrath in seine Hände gefallenen, im Monat März von mir abgefassten geheimen Staatsschrift offenbarte". Da der fragliche Teil der Tagebücher nur ein späterer Auszug aus den ursprünglichen ist, kann „März" leicht Schreib- oder Lesefehler für Mai sein, und das Memoire ist gewiss schon in diesem Monat begonnen.

2. Französischer Zusatz: et de l'Angleterre.

3. „Ceux — vérité" französischerseits gestrichen.

d'ailleurs il semblait inutile de se flatter d'une paix permanente.

Après les revers de l'armée Française en Russie on crut enfin avoir touché au moment où des vœux si longtemps et si universellement nourris pourraient se réaliser. L'Allemagne et l'Italie tressaillirent à l'idée de voir disparaître le joug étranger.[1] On regarda l'alliance entre la Russie, l'Angleterre et la Suède, suivie bientôt de l'accession de la Prusse, comme une base assez solide pour porter un grand plan de régénération politique.

Dans les progrès que les Russes avaient faits, depuis que la chance eut tourné contre leur ennemi, dans les grands préparatifs, qu'ils annonçaient pour pousser leurs opérations, dans l'enthousiasme qui s'empara de tous les pays entre l'Oder et l'Elbe, on crut avoir le présage certain d'un changement total. Mais comme rien d'essentiel ni en bien ni en mal ne pouvait se faire sans l'Autriche, c'est principalement sur elle que se fixait l'attention de tout le monde, et c'est sur le plus ou le moins de probabilité de sa coopération au salut commun[2] que se mesura d'un jour à l'autre l'espoir d'y atteindre ou la peurde le voir manquer.

Le gouvernement Autrichien était beaucoup trop éclairé pour ne pas sentir dans toute son étendue l'importance extrême d'une situation pareille. Le ministre qui dirige les affaires étrangères de cette Monarchie est sans contredit et de l'aveu de tous ceux, qui savent juger ce genre de mérite, un des hommes d'Etat les plus habiles qui se soient jamais trouvés à la tête des grandes affaires. Le cabinet, dont ce ministre est l'âme, n'avait envisagé l'alliance avec la France conclue en 1812 que comme une de ces mesures temporaires par lesquelles dans des conjonctures infiniment critiques, en assurant son existence et en ménageant ses ressources, on fait face aux orages du moment et se réserve à un avenir plus propice.

L'Autriche n'avait pas perdu de vue un instant l'état radical de désordre et de maladie qui affligeait toutes les parties de l'Europe et la nécessité urgente d'y porter remède aussitôt qu'il

---

1. „L'Allemagne — étranger" französischerseits gestrichen.
2. Die letzten drei Worte französischerseits gestrichen.

s'offrirait une perspective raisonnable de succès. Elle profita
donc sans hésiter des événements de l'automne dernier et dès le
mois de décembre elle fit des démarches supérieurement bien
calculées, pour offrir un point de réunion à toutes les puissances
intéressées au rétablissement de l'équilibre politique, pour préparer le gouvernement Français lui-même à reconnaître la nécessité d'un changement, pour se détacher peu à peu et avec tous
les ménagements justes et sages d'un lien qui ne convenait plus
à la position toute nouvelle, dans laquelle elle se trouvait placée,
et aux plans, que cette nouvelle position lui faisait un devoir
d'embrasser, et pour répondre enfin au cri général de l'Europe
qui appelait le Gouvernement Autrichien à mettre un terme
à ses souffrances et à reconstituer un véritable système foedératif.[1]

Il y avait deux voies pour arriver à ce grand but, celle des
négociations et des armes.

L'immense majorité des contemporains entraînés comme cela
arrive toujours par des apparences passagères et trompeuses, par
les projets et les illusions du moment, par l'engouement ou les
haines personnelles, était prononcée pour la continuation de la
guerre et l'envisagea comme le seul moyen infaillible, de ra-
mener un meilleur ordre de choses. Cette manière de voir pré-
valut non seulement dans la masse des peuples, mais malheu-
reusement aussi dans les classes supérieures de la société et
parmi ceux, qui guidaient les cabinets. Un petit nombre d'hommes
sages, mais qui osaient à peine élever leurs voix, était d'un
avis différent. Ils se méfiaient des moyens militaires de la
Russie, assez respectables pour défendre ses provinces et peut-
être pour inquiéter ses voisins, mais trop faibles, trop peu
soutenus et beaucoup trop éloignés du théâtre pour des expé-
ditions du centre de l'Europe; ils se méfiaient des talents de ses
généraux dans des entreprises difficiles par elles-mêmes et qu'ils
avaient à exécuter contre un des premiers maîtres en fait d'art
militaire; ils se méfiaient de l'efficacité et surtout de la stabilité
d'une nouvelle coalition, ayant devant leurs yeux l'exemple de
quatre ou cinq de ces masses énormes qui au lieu de résister

---

1. „et pour répondre — foedératif" französischerseits gestrichen.

au torrent, en avaient accéléré et grossi les ravages; ils se méfiaient enfin de l'exaltation populaire, ressort précaire et fragile, qui à moins d'être manié par un génie supérieur ne se soutient que pendant l'heure du succès et se brise au premier coup de vent, annonçant l'arrivée des désastres. Ils croyaient, qu'un moyen beaucoup plus sûr de profiter des avantages du moment, des impressions, que des revers sans exemple avaient faites sur l'esprit de l'empereur Napoléon, et de la destruction subite de plus de la moitié de ses forces militaires était celui d'établir un grand plan de pacification sur des bases d'une justice évidente modérées sans mesquinerie, larges sans extravagance, de présenter ce plan, pour la réussite duquel les pays soumis à Napoléon et la France à la tête auraient fait des vœux tout aussi ardents que ceux, qui l'auraient mis en avant, comme une espèce d'Ultimatum de l'Europe toute entière et de l'appuyer de tout ce que les puissances indépendantes auraient trouvé de plus persuasif d'un côté, de plus imposant de l'autre dans l'union intime de leurs principes, de leurs vues, de leurs résolutions, de leurs ressources et de leurs efforts.

Si une démarche pareille concertée entre l'Autriche, la Russie, l'Angleterre, la Prusse, le Danemarc etc. etc. avait été faite dans les premiers jours de mars, (peut-être encore 4 ou 6 semaines plus tard) l'effet eut été grand et probablement décisif. Napoléon savait parfaitement bien, que l'armée qu'il formait pour une nouvelle campagne ne vaudrait pas celle, qu'il avait perdue en dépit de l'aveugle obéissance, avec laquelle on exécutait ses ordres; il sentait que les difficultés, le mécontentement, la résistance secrète, l'horreur de la guerre et la haine contre sa personne augmentaient dans des progressions effrayantes; il commençait à être fatigué d'une lutte, qui en supposant même ce qu'il ne pouvait jamais supposer, que tous les adversaires finiront par se soumettre à son pouvoir, ne lui offrait plus aucun avantage réel et dans laquelle, comme il venait de l'apprendre par une terrible expérience, il était chaque jour menacé de rencontrer même le tombeau de sa gloire. Un projet de paix, qui en le laissant en possession d'un empire bien plus puissant que celui de Louis XIV, ne lui enlevait que des provinces détachées, qu'il était impossible ni de retenir ni de gouverner à la longue, et lui ouvrit dans une paix générale un vaste champ, pour regagner les affections de ses peuples et pour se réconcilier avec le genre humain, n'aurait pas été quoiqu'on en pense, sans attrait pour un homme accessible à plus d'un genre d'ambition, et l'idée, que ce même projet unanimement adopté par tant de puissances ne serait plus legèrement abandonné et défendu avec vigueur, l'aurait certainement porté à des reflexions sérieuses. La répugnance, que dans plusieurs de ses discours publics et dans quelques-unes de ses conférences particulières il a exprimé pour les cessions et les sacrifices que la paix lui imposait de toute nécessité, ne prouve rien contre ce raisonnement. Des propositions isolées de telle ou telle cour, des insinuations timides, des demi-ouvertures articulées par tel ou tel ministre ou agent, loin de faire fléchir un souverain du caractère de Napoléon ne tendaient précisément qu'à l'avertir de l'absence de ce même concert général, seule mesure assez fortement conçue pour le frapper et pour fixer en même temps l'opinion d'une manière tout-à-fait irrésistible.

Ce concert ne pouvait pas s'établir, parceque les cabinets qui devaient y concourir, n'étaient nullement d'accord entre eux sur les bases et les conditions d'une paix générale et que, tandis que le uns voulaient les adapter à ce qui leur parut réel et practiquable, les autres se livraient, pour les définir, aux illusions brillantes, qui composaient tout le fond de leur politique.

L'Autriche avait sagement apperçu qu'une prépondérance aussi colossale que celle qu'il s'agissait de combattre ne pouvait pas être détruite d'un seul coup, que ce serait une entreprise chimérique, que de vouloir assigner à l'Empire Français les limites, que dans un calcul de théorie on exigerait pour l'établissement et la conservation d'un équilibre parfait, que dans la situation où nous nous trouvons tous aujourd'hui, vivant sur nos dernières ressources, mesurées d'un épuisement total, il fallait viser non pas à ce qui comblerait nos vœux, mais à ce qui nous était strictement nécessaire, que, pourvu que l'on pût obtenir une garantie raisonnable pour l'indépendance des Etats, qui ont survécus aux orages des temps, et par là même la perspective d'un meilleur système politique pour l'avenir, il fallait se contenter d'un aussi grand avantage et renoncer à une perfection idéale.

Le cabinet de Vienne partait du principe lumineux qu'il
était indispensable pour la tranquillité future de l'Europe troublée
et ensanglantée depuis si longtemps bientôt par les conquêtes de
la France, bientôt par les projets de la Russie, d'empêcher que
ces deux grandes puissances ne puissent ni s'attaquer en enva-
hissant et déchirant les pays, qui les séparent, ni se prêter la
main pour opprimer impunément leurs voisins, que pour cet
effet les deux principaux états de l'Allemagne, l'Autriche et la
Prusse, rétablis autant que possible dans leurs anciennes dimen-
sions devaient former deux grands corps intermédiaires, capables
de maintenir la balance, que pour le reste de l'Allemagne
quelque soit sa forme et sa constitution, [plus il] serait soustrait à l'influence étrangère, plus il se trouverait en harmonie avec ce système, puisque la domination de la France en deçà du Rhin était
tout aussi contraire à l'intérêt général de l'Europe, que la domination de la Russie en deçà de la Vistule, que cette base cen-
trale une fois posée, les puissances placées sur la périphérie du
cercle y trouveraient également leur soutien, que l'Espagne et
la partie indépendante de l'Italie et tout ce qui par des combinaisons futures se détacherait de l'Empire Français dans le
midi serait alors tout aussi assuré contre de nouveaux enva-
hissements de la part de la France que la Porte Ottomane et
les Etats de la Baltique le seraient et devraient toujours l'être
de toute tentation quelconque de la part de la Russie, que quoique tous ces arrangements ne regardassent directement que le
continent, l'Angleterre formerait la clef de la voûte et en signant
la paix générale fondée sur le rétablissement plein et entier des
communications commerciales entre tous les peuples et toutes
les parties de la terre, conserverait le droit et le pouvoir de sur-
veiller de tout temps le maintien de cet ordre de choses et de
diriger ses forces contre ceux qui voudraient le subvertir ou le
déranger de nouveau. Celle était la substance du plan sur lequel
le gouvernement Autrichien aurait désiré de bâtir la paix.

Les vues et les prétentions de la Russie ne coincideraient
que jusqu'à un certain point avec celles de l'Autriche. Il serait
injuste de ne pas reconnaître que, quelqu'ait été dans d'autres
temps le système et la conduite de la Russie, l'empereur Alexandre a déployé dans cette dernière époque et a inspiré à

tout co qui l'entoure de près un désintéressement et une magnanimité à toute épreuve. Co n'est donc pas dans des vues d'aggrandissement ou seulement de profit aux dépens de la cause commune qu'il aurait mis obstacle à aucun projet de pacification, mais par l'exaltation générale, il a cru avec tous ceux qu'il écouta, qu'il consulta, qu'il rencontra, qu'après les succès, qui avaient enflé ses voiles, rien n'était hors de la portée de son ascendant, que ce serait de sa part une politique mal entendue et presque déshonorante que telle, qui se bornerait à une demi-restauration de l'Europe, que le moment était beaucoup trop favorable pour ne pas demander la plénitude de restitutions et fermer une fois pour toutes les sources des désordres et des calamités. Guidée par ces principes la Russie, à l'époque où son alliance avec la Prusse fut signée, ne se serait pas contentée de moins que l'affranchissement de l'Allemagne, de la Hollande et de l'Italie toute entière; le Rhin, les Alpes et les Pyrénées c'étaient là les seules frontières, qu'elle voulait accorder à l'Empire Français.

Le gouvernement Britannique et ceux qui partageaient ses sentiments, prenaient un vol encore plus hardi. A Londres l'enthousiasme produit par la défaite de l'armée Française en Russie, avait dégénéré en véritable délire. Non seulement les gazettes et le public, mais la cour, les ministres, les membres du parlement—tout le monde était persuadé que la dernière heure de Napoléon avait sonné et qu'il ne s'agissait plus de le combattre, mais simplement de l'achever et de lui porter, comme on disait, le coup de grâce. Quant aux Russes on les traitait en demi-Dieux, la réputation usurpée de Kutusow, un des généraux les plus médiocres de notre temps, éclipsa presque la gloire impérissable de Lord Wellington, et d'après le langage constant des feuilles publiques, de celles surtout qui étaient tout particulièrement dévouées au gouvernement, les armées victorieuses du Dniepre et de la Duina renforcées par les miracles, que le patriotisme allait opérer parmi les peuples d'Allemagne, se précipitaient sur le Rhin et après avoir délivré tous les pays conquis, faisaient éclater la révolte dans toutes les parties de la France. Avec des dispositions et des attentes pareilles il était difficile de s'arrêter à des conditions de paix; en moins les plus extra-

vagantes devaient seules être admises et goûtées et en effet le
gouvernement Anglais semblait redouter jusqu' à l'idée et jusqu'à l'apparence d'une négociation.

Lorsque Mr. de Wessenberg arriva à Londres à la fin de
Mars, pour apprendre les intentions de ce gouvernement et
l'instruire des démarches que l'Autriche comptait faire en
faveur d'une pacification générale, il reçut pour réponse une
lettre du Prince Régent à l'Empereur d'Autriche, dans laquelle
celui-ci fut conjuré de joindre sans délai ses forces aux armées
triomphantes des Alliés de l'Angleterre pour accélérer la chute
du Tyran. L'acharnement était si grand qu'on ne demandait
pas même au cabinet de Vienne, quel prix il voulait mettre à
son accession, on lui aurait abandonné à son gré la moitié
du midi de l'Europe, on invitait même, on pressait l'Empereur de reprendre la couronne Jmpériale de l'Allemagne
pour laquelle par des raisons d'une haute sagesse ce souverain
se montrait très-indifférent. Il est vrai, que la Russie et la
Prusse n'adoptaient point dans toute leur étendue les principes exagérés de l'Angleterre, mais leur liaison étroite avec
cette puissance les obligeait toujours à un certain dégré à
ménager ses illusions et à partager ses erreurs passionnées.

Au milieu de ces terribles disparates, il était difficile de
s'accorder sur un projet de pacification quelconque. Bien plus
que cela; les puissances, qui traitaient ces grandes questions,
au lieu de se rapprocher, ne faisaient au fonds (peut-être sans
le vouloir) que se dérouter et se déjouer réciproquement. Elles
s'imaginaient travailler au même objet, et le fait est, qu'elles
marchaient dans des directions diamétralement opposées. Le
cabinet de Vienne guidé par des calculs sages et modérés ne
regardait les préparatifs de guerre que comme le moyen de faire
réussir les négociations. Les alliés ne parlaient de négociation,
que pour gagner un nouveau prétexte de continuer la guerre
et surtout pour y entraîner l'Autriche.

Comme on ne pouvait, ou ne voulait pas se concerter sur
la paix dans le tems où il eut été possible de la proposer avec
grand avantage à Napoléon, il ne resta aux puissances qu'à se
concerter sur la guerre, mais ici se présentait d'autres obstacles.

L'Autriche avait depuis la guerre de 1809 considérablement réduit son armée. L'état de ses finances l'avait engagée à cette réduction. Les cadres, il est vrai, étaient restés, et en autant qu'il ne s'agissait que d'hommes, pour les remplir, on savait bien que cette Monarchie n'en manquait jamais. Mais lorsque à la fin de l'année 1812 le besoin d'une armée active se fit sentir, on s'aperçut bientôt que de grands efforts pécuniaires seraient indispensables pour le rassemblement et l'équipement des troupes, l'acquisition des chevaux et la restauration de plusieurs branches militaires qu'une économie peut-être exagérée avait considérablement démontées dans les années précédentes. Le ministre qui présida alors au département des finances était l'ennemi déclaré des grandes dépenses et en état de protestation permanente contre toute mesure qui pouvait exiger des sacrifices d'argent. L'empereur approuvait au fond et soutenait lui-même le système de ce ministre, et malgré le grand crédit de Monsieur de Metternich pour les affaires de la haute politique, l'opposition du comte Wallis arrêta et entrava tous ses projets. Ce n'est proprement que depuis la résolution d'éloigner le comte de Wallis de l'administration des finances, c'est-à-dire, depuis le commencement d'avril que le gouvernement prit son véritable effort, car ce n'est que depuis cette époque que l'on put s'occuper sérieusement de mettre l'armée sur le pied de guerre et de trouver les fonds pour la maintenir.

Le cabinet de Vienne n'avait jamais caché à la France ni avant, ni après avoir signé son traité d'alliance avec elle, qu'il regardait comme un tissu d'anomalies, et comme une source intarissable de trouble et de calamités l'état, dans lequel l'extension sans mesure de l'Empire Français avait placé l'Europe. Après les désastres de l'armée Française en Russie, la cour de Vienne avec une sincérité et un courage qui honoreront toujours ceux qui dirigeaient ses affaires, avait déclaré à l'empereur Napoléon qu'un changement quelconque était nécessaire, qu'il fallait enfin mettre un terme aux convulsions qui ravageaient tant de pays et à cette incertitude cruelle qui planait sans cesse sur tant de souverains et de peuples; que l'intérêt bien entendu de l'empereur Napoléon lui-même, la conservation de sa dynastie et la consolidation de son gouvernement l'appelait à établir une paix juste et durable; que l'Autriche décidée sur sa marche ne cesserait plus de travailler à cette paix et que plutôt que de perdre un moment aussi favorable pour y parvenir, que celui que les circonstances avaient amené, elle entreprendrait tout pour en profiter et au risque même de se brouiller avec la France, quoique travaillant pour elle aussi bien que pour les autres puissances, consacrerait à cet objet jusqu'à ses derniers moyens.

Ces représentations se firent avec tant de précision et de fermeté et en même temps avec tant ce délicatesse et tant de ménagements personnels que l'empereur Napoléon se vit pour ainsi dire forcé de les écouter et de les accueillir. Il est assez probable qu'il fut secrètement blessé de ce langage et mécontent de l'esprit d'indépendance avec lequel l'Autriche exposait et défendait son système et annonçait sa marche politique. Mais la loyauté et la sagesse de cette démarche, en lui ôtant tout prétexte raisonnable de se livrer à des plaintes contr'elle, le désarma entièrement. Si au mois de Février ou de Mars l'Autriche avait eu 100000 hommes sur pied, et prêts à frapper au premier signal, il est difficile de calculer, ce que cette puissance toute seule aurait obtenu par ses négociations habiles. Privée de ce grand argument subsidiaire, ses démarches ne purent avoir qu'un effet incomplet. C'étaient les difficultés et les écueils, contre lesquels les armements de l'Autriche avaient à lutter dans son intérieur et les calculs que Napoléon pourrait fonder sur ces obstacles qui s'opposèrent au succès de la première mission du général Bubna.

C'est par les mêmes circonstances fatales qu'échoua au mois d'Avril la grande tentation du Prince Schwarzemberg, quoique les instructions, qui lui servaient de base, fussent un chef d'œuvre de principes et de raisonnement dont Napoléon fut frappé lui-même. Mais il se contenta d'applaudir aux vérités, que la cour de Vienne fit entendre d'une manière si victorieuse, et de dissimuler le ressentiment secret, qu'il en éprouvait, tandis que, ne pouvant ignorer la lenteur de ses préparatifs et de ses mouvements, il se flattait d'atteindre au moment, où il pourrait se passer de ces leçons. Il ne restait dans cet état de choses qu'un seul moyen, qu'une seule combinaison pour réunir dans une entreprise commune les souverains qui réclamaient une paix stabile et les changements politiques, sans lesquels il n'etait pas possible de l'établir. N'ayant pas pu s'accorder sur une négociation générale, ne pouvant pas compter non plus sur l'intervention armée de l'Autriche (et de tout ce que cette puissance devait entraîner avec elle) pour le moment où Napoléon devait reparaître en Allemagne, il fallait absolument diriger les opérations de manière à ne pas compromettre les forces, qu'on avait à sa disposition avant que celles de l'Autriche ne pussent être en état de coopérer, ce qui d'après les communications confidentielles, que le cabinet de Vienne lui-même eut soin de faire à ce sujet, ne pouvait avoir lieu qu'entre le 10 et le 20 du mois de Juin. Jusque là le grand point était, non pas d'avancer au hazard et de se bercer de conquêtes illusoires, mais d'occuper des positions bien choisies, d'attendre l'arrivée de ses renforts, de se préparer à des entreprises vigoureuses, et de laisser à chacun de ceux, qui devaient en prendre part, le temps nécessaire pour achever ses préparatifs à son tour. Au moment, où l'Autriche eut été prête et décidée à faire agir son armée, quelqu' événement que se fût passé dans l'intervalle, la partie devait être complétement liée, la force intacte, et habilement distribuée et chaque ressort parfaitement monté pour des coups décicifs. Il est vrai que l'Empereur Napoléon n'avait pas laissé le temps aux alliés d'exécuter un pareil système dans toute la latitude de sa perfection. Se trouvant à la tête de 110000 hommes avant la fin du mois d'Avril et ne pouvant pas se méprendre sur les motifs qui auraient porté ses ennemis à temporiser et à ménager leurs moyens, nul doute que par des opérations hardies et rapides il ne les eût entamés et forcés à l'action en dépit de leurs calculs. Mais tout ce que cette objection peut prouver, c'est que la coalition de 1813 malgré les immenses avantages qu'elle avait sur toutes les coalitions précédentes, partageait à un certain point les vices et les inconvénients inséparables de ces machines compliquées. Puisqu'un bon système n'est pas exempt de parties vulnérables, s'ensuit-il qu'il vaille mieux en embrasser un mauvais? Le tort des alliés était toujours d'avoir méconnu la nature de leur position et la conduite, qu'elle leur prescrivait impérieusement. Car, comme s'il n'en eut pas été assez du danger inévitable, auquel les exposait dans toute hypothèse l'intervalle entre l'ouverture de la campagne et l'époque de la maturité des armements Autrichiens, ils provoquèrent et accélérèrent eux-mêmes ce danger par des mouvements précipités et des attaques téméraires.

Plusieurs erreurs avaient concouru pour les jeter dans cette fausse route. D'abord ils avaient eu de la peine à croire, que Napoléon après de si grands désastres parviendrait à créer une armée nombreuse dans moins de quatre mois, quoique des avis d'une authenticité indubitable eussent dû les y préparer depuis le mois de Février. Ensuite ils s'étaient exagéré leurs propres nombres. On savait de tout temps qu'une armée Russe offre rarement dans la réalité plus de la moitié des combattants que les listes officielles lui assignent. Cette fois ci, comme il s'agissait de si grands objets, et qu'effectivement de si grands efforts avaient été faits dans toutes les parties de l'Empire Russe, les esprits incrédules étaient disposés à admettre une exception à la règle commune. D'après les tableaux les plus détaillés dressés par les authorités les plus compétentes, communiqués à plusieurs reprises aux cabinets directement intéressés, à connaître la vérité toute entière, tableaux spécialement garantis par les hommes du métier les plus instruits et auxquels il était impossible de supposer aucun motif de mauvaise foi ou d'ostentation, on ne pouvait pas se refuser de croire que l'Armée Russe et Prussienne réunies présenteraient au commencement de Mai un total de 160000 hommes pour le moins, et cependant ce calcul se trouva en défaut. Il est douteux aujourd'hui si la force des alliés entre l'Elbe et l'Oder a jamais monté à 120000 hommes effectifs. Enfin on s'était flatté, que l'excellente qualité de ces troupes et leur bonne volonté et l'esprit qui les animait compenserait amplement l'avantage, que la supériorité du nombre pouvait donner à l'armée Française extrêmement mal composée et tout-à-fait dégoûtée de la guerre. Mais on oublia qu'un instrument très-imparfait ou même décidément mauvais peut entre les mains d'un maître consommé l'emporter sur l'instrument le plus exquis, confié à des artistes médiocres, et on fut surpris, peut-être même consterné de voir ce principe incontestable triompher de nouveau dans la journée de Lützen.

On dira et avec raison que, si les alliés ne s'étaient pas

avancés sur la Sale, Napoléon n'en aurait pas moins passé l'Elbe
pour les chercher dans telle position qu'ils eussent pu choisir.
Mais si cette position avait été bonne en elle-même et fortifiée
au surplus par des retranchements, si rien n'avait été négligé
pour détruire les moyens de passer la rivière, ou pour opposer
au moins à ce passage toutes les difficultés que l'art pouvait
suggérer, si on avait obligé Napoléon ou de le forcer au risque
de grands sacrifices, ou de se porter sur des points plus faciles
par des détours considérables, personne ne niera qu'il eût été
possible de gagner 3 ou 4 semaines sur l'époque de la première
bataille rangée. Or trois ou quatre semaines étaient beaucoup
dans les circonstances données. Ce délai aurait d'abord assuré
aux alliés 25 à 30000 hommes de plus, car on sait, que les corps
sous les ordres de Barcley de Tolly et de Sacken arrivèrent,
l'un à Bautzen peu de jours avant la bataille du 21 Mai, et
l'autre à Breslau à l'époque même ou peu après cette bataille,
mais ce qui était encore tout autrement important, c'est que
chaque jour de ces trois ou quatre semaines rapprochait le moment
où l'armée Autrichienne devait être en état d'agir. Plus on tou-
chait de près à ce moment, et plus la grande proximité de cette
armée aurait influé sur la marche de la guerre. Les mouvements de Napoléon auraient été moins libres, moins décidés, peut-
être moins rapides si une diversion aussi puissante l'avait menacé
pour ainsi dire de la veille au lendemain, et toute autre chose
égale, les alliés se seraient battus sur chaque point donné avec
plus de confiance et de persévérance, s'ils avaient eu la perspective prochaine de cette diversion. Depuis le commencement de
leur retraite les alliés ont répété souvent et répètent encore, non
seulement dans les dépêches ministérielles mais dans les articles
même destinés au public „qu'ils ont de très-bonnes raisons
pour ne pas exposer aux hazards d'une seule journée des forces,
qu'il vaut beaucoup mieux réserver pour des conjonctures
plus avantageuses et des entreprises plus décisives.“ Le sens
de ces observations n'est pas difficile à saisir. Mais pour être
conséquent dans ce système, il fallait s'en pénétrer tout-à-fait
et ne rien confier au hazard pendant que le temps faisait mûrir
les „conjonctures avantageuses“ auxquelles on s'attendait.

Après tout, si les alliés ont fait de faux calculs militaires ou, s'ils se sont écartés de la ligne, qu'ils jugeraient eux-mêmes la plus sûre et la plus sage, les erreurs, dans lesquelles ils sont tombés, peuvent être excusées et même justifiées sous de certains points de vue, et lorsqu'on pense au noble dévouement et à la valeur brillante, qu'ils ont déployés dans cette carrière périlleuse, il est plus juste de les plaindre et de plaindre l'Europe avec eux, que de les rendre sévèrement responsables du malheureux résultat de leurs efforts. Mais ce qu'il est bien plus difficile d'excuser, ce sont les fausses combinaisons politiques par lesquelles ils ont gratuitement ruiné leurs projets, en paralysant les moyens qui avaient dû en assurer l'exécution. Leur faute capitale dans ce genre-là était l'engagement qu'ils avaient pris envers la Suède et l'obstination, avec laquelle ils ont persisté dans cet engagement.

Il serait inutile d'examiner ici quels ont été proprement les motifs qui ont dirigé la conduite politique du prince royal de Suède. Il paraît que dans ce singulier personnage il y a eu un mélange d'élévation de passions ardentes, de vues ambitieuses et de calculs d'intérêt personnel. Il n'était point inaccessible à l'attrait de la gloire, que lui promettait une coopération sincère au rétablissement de l'ordre en Europe, sa haine particulière contre Napoléon qu'il accuse de lui avoir escamoté le grand lot exaltait son désir de le combattre et en même temps il ne perdait pas de vue les mesures nécessaires pour consolider sa position en Suède et pour y assurer la fortune de sa famille; croyant que la restitution de la Finnlande que les Russes avaient enlevée à sa nouvelle patrie par la guerre la plus injuste, qui se soit jamais faite, rencontrerait trop de difficultés, ou que le moment n'était pas convenable pour la demander, ou bien que la Suède n'en retirerait qu'un avantage précaire, dont une campagne malheureuse pouvait la priver de nouveau, il jeta les yeux sur la Norvège et regarda dès son avènement à la succession du trône l'acquisition de ce pays comme le grand but de toutes ses démarches et comme un titre sur lequel il voulait fonder sa grandeur et sa popularité pour tout l'avenir. Le projet n'était certainement ni juste ni loyal mais le monde est si bien familiarisé avec l'ambition et le désir des conquêtes, que personne n'aurait songé à en faire un grand crime à celui qui l'avait conçu.

Le Prince Royal de Suède faisait son métier en cherchant à s'aggrandir, ceux, qui avaient intérêt à le favoriser, faisaient le leur en l'assistant de leur mieux, mais rien au monde n'aurait dû les déterminer à sacrifier à ses vues particulières les grands et vastes objets pour lesquels ils étaient armés eux-mêmes; rien ne pouvait les justifier d'avoir compromis et renversé leurs propres plans — des plans qui devaient fixer le sort du monde, pour travailler d'abord aux succès de ceux qu'un Allié du second ordre avait imaginés pour son propre compte, pour recevoir la loi de cet allié et obtempérer au moindre de ses caprices.

L'empereur de Russie avait donné son premier consentiment à ce malheureux projet de la Norvège dans les conférences d'Abo qui eurent lieu au mois de 7bre 1812. Cette première promesse était excusable. L'Empereur alors sans allié sur le continent et assailli par les forces de l'Europe entière rassemblées sous les drapeaux de l'Empereur Napoléon devait nécessairement attacher un grand prix à une acquisition aussi intéressante que celle de l'amitié active et du zèle prononcé du Prince Royal de Suède. Copenhague était envisagé comme une cour irrévocablement attachée au système Français, et personne n'aurait rêvé à cette époque, que six mois plus tard il s'agirait d'une coalition contre la France où on put avoir besoin du Danemarc. Mais lorsqu'au mois de Mars cette puissance annonça le vœu de faire sa paix avec l'Angleterre, et l'intention de joindre la cause des alliés, la question avait changé de face.

Répondre à celui, qui vous offre un avantage réel, que pour être admis à vous servir, il doit commencer par abandonner à un tiers la moitié de sa fortune, était d'une incongruité et même d'une absurdité palpables, et personne ne pouvait ignorer que le Danemarc ne souscrirait jamais à la condition arbitraire et choquante qu'on lui demandait en forme de préliminaire de son accession. Le gouvernement Anglais le sentait bien. La réunion de la Norvège avec la Suède avait toujours répugné à sa politique, et il ne s'aveuglait pas sur les suites funestes de ce projet dans un moment où on ne put y voir qu'une pomme de discorde jetée entre les puissances du Nord. Mais entraîné par un excès très blamable de condescendance pour la Russie et par la peur plus blamable encore d'offenser le prince Royal de Suède,

le gouvernement Anglais se rendit aux instances de ses alliés et
dans une heure fatale confirma les stipulations du traité d'Abo.
Après avoir par ces mesures irréfléchies détruit tout espoir d'une
coopération quelconque de la part du Danemarc, il ne manquait
plus que d'être privé encore de celle de la Suède, pour laquelle on
venait de payer un prix aussi exorbitant. Le prince Royal, non
content d'avoir obtenu pour ses projets la garantie de l'Angleterre, de la Russie et même de la Prusse[1], s'avisa d'exiger
de ces puissances, comme condition préalable des secours,
qu'il devait prêter à la cause commune, d'engager la cour
de Copenhague à consentir la cession de la Norvège et à le
mettre sur-le-champ en possession de la partie septentrionale de
ce pays. En attendant, que l'on fît droit à cette prétention extra-
vagante, il se mit en état de guerre avec le Danemarc, et au lieu
de se rendre en Allemagne à la fin d'Avril, comme il l'avait
solennellement promis, n' y arriva que quatre semaines plus tard,
déclarant, qu'avant tout il ferait fléchir la cour de Copenhague,
et qu'en suite il tournerait ses armes contre les Français. Les
alliés se soumirent à cette conduite inouïe avec une faiblesse
vraiment inconcevable et loin de faire rentrer dans le devoir un
prince qui se jouait ainsi de leurs intérêts et de ses engagements
les ministres Britanniques lui accordèrent des subsides énormes.

Grâce à ces incidents déplorables, une des parties essentielles
du plan, qu'on avait formé contre la France a complètement et
peut-être irréparablement manqué. On avait arrêté de réunir sur
le bas Elbe un corps d'armée de 50 à 60 mille hommes, dont
la moitié serait formée par la Suède et l'autre moitié par la
Prusse, en y comprenant les levées volontaires, sur lesquelles
on n'avait pas tort de compter, vues les dispositions excellentes
des habitants de ce pays. Si les Suédois étaient arrivés à
temps, ce corps aurait traversé le Nord de l'Allemagne jusqu'aux
frontières de la Hollande, non seulement sans rencontrer d'obstacles
sérieux, mais en se renforçant même en mesure qu'il avançait.

---

1 Französischer Zusatz: dans le traité qui fut signé entre la Suède et la
Prusse à la fin du mois d'Avril, le Roi de Prusse promit d'assister la Suède avec
25000 hommes pour la conquête de la Norvège. Cependant on avait ingénieuse-
ment ajouté, que cette stipulation n'était exécutable qu'après que la Prusse
aurait reconquis ses propres provinces.

Une diversion de cette importance aurait changé toute la face de la campagne, modifié tous les projets de Napoléon, et rendu à peu près impossibles ses opérations sur Erfurth et Dresde. Au lieu de ces avantages incalculables, l'expédition mesquine, par laquelle on se flattait[1] de soulever le Nord de l'Allemagne a dû échouer en dépit du Savoir-faire et des talents que quelques-uns des meilleurs officiers de l'armée Russe y ont mis en œuvre; des pays, qui croyaient toucher à leur délivrance sont rentrés sous le joug avec la triste perspective d'un redoublement d'oppression et de calamités; les communications avec l'Angleterre à peine ouvertes sont fermées de nouveau et d'un jour à l'autre la ville de Hambourg est menacée de la contre-révolution la plus cruelle.

C'est aussi que d'un côté l'inaction prévue et dans les circonstances données inévitable même de l'Autriche et de l'autre côté la scission gratuitement amenée par des fautes positives entre les puissances du nord ont dégarni les deux flancs de la coalition et que la Russie et la Prusse, placées au centre ont dû soutenir seules avec des forces très-inférieures le choc impétueux d'une armée conduite par Napoléon pendant tout le premier mois de la campagne.

Voilà donc le point, où cette grande affaire se trouve aujourd'hui. Il serait plus que téméraire de s'aventurer dans des conjectures sur son issue finale, mais il est bien permis d'observer, qu'après la tournure, qu'elle vient de prendre, les grandes espérances, que tant de personnes nourrissaient, il y a deux mois, et que les hommes les plus sensés et les plus froids ne pouvaient pas absolument condamner, ont reçu un échec considérable;[2] sans être accompagnée d'aucune de ces circonstances sinistres par lesquelles dans les campagnes de 1806 et 1809 ces premiers revers conduisirent à une ruine totale, la retraite des alliés a cependant détérioré leur situation et affaibli leur cause sous plus d'un rapport essentiel. Voici en peu de mots le résumé des inconvénients majeurs qu'elle a entraînés.

1° L'opinion publique, à laquelle on attachait un si grand prix pour le succès de cette guerre, qui effectivement en était

---

1. In der originalen Copie figurée steht flatter.
2. Die Copie figurée hat hier Komma, hinter totale Semikolon. Der Sinn fordert mit Notwendigkeit umgekehrte Interpunktion.

un des principaux instruments et qu'on avait montée et électrisée
par tous les moyens imaginables, a perdu tout son élan et va
bientôt succomber sous le poids des nouvelles adversités dont
les peuples sont écrasés. Ils s'étaient livrés à un rêve d'indépendance et de bonheur. Le réveil est terrible.

2° La confiance est rendue à l'armée Française, dont le
découragement était grand après les désastres de la dernière
campagne. L'empereur Napoléon avait perdu même une partie
de ce pouvoir magique qu'il exerçait également sur ceux qui
l'aiment, comme sur ceux qui le détestent. Il l'a repris en entier.
Le soldat, qui commençait à le regarder avec un peu moins de
respect et à lui vouer une soumission moins aveugle, est étonné
de se retrouver à son ancienne hauteur et obéit comme toujours.

3° Un changement analogue doit s'être opéré dans l'âme de
Napoléon lui-même. Il est impossible, que les malheurs et surtout
les humiliations qu'il avait éprouvées pendant la déconfiture de
son armée en Russie ne l'aient pas profondément affecté, et
en effet ceux, qui l'ont vu après son retour à Paris, n'ont pas manqué de s'apercevoir de cet effet. C'était là l'époque où il aurait
fallu négocier avec lui. Il n'aurait jamais souscrit à ces sacrifices immenses, que l'aveuglement de quelques cabinets et l'exaltation, qui s'était emparée de tous les esprits, croyait alors pouvoir lui dicter; mais il aurait consenti à des cessions considérables. Aujourd'hui il doit sentir de nouveau cette confiance
dans son génie et sa fortune, qui était un des premiers éléments
de sa grandeur. Il sera donc beaucoup moins traitable, et si
tant est, qu'il se prête à la paix, les conditions en seront beaucoup moins avantageuses.

4° Le retard de la diversion du Nord a essentielle-
ment favorisé les progrès de la grande armée française. Maintenant ces progrès arrêteront à leur tour la diversion du Nord.
Car si même tous les obstacles politiques, contre lesquels cette
diversion a lutté jusqu'ici, disparaissaient tout-à-coup, il est
difficile d'imaginer, comment, dans l'état actuel des choses la
force principale des alliés se trouvant dans un coin de la Silésie,
on entreprendrait une marche sur le bas-Rhin, ou obtiendrait seulement des avantages durables entre l'Elbe et la Weser.

5° La diversion, que l'on attendait de l'Autriche, doit se

ressentir de même du changement, qui a eu lieu dans la position
respective des puissances en guerre, et de tous les résultats
fâcheux de la retraite celui-ci est le plus funeste pour les alliés.
L'Autriche s'était placée dans l'alternative ou d'engager Napoléon à une paix sur des bases modérées en elles-mêmes, mais
toujours pénibles pour son ambition, ou bien s'il n'y avait pas
moyen d'y parvenir, d'appuyer de ses armes le parti, qui com-
battait pour cette paix. Cette attitude est restée la même, mais
elle a perdu une grande partie de sa force et de son aplomb.
Aujourd'hui le fardeau de la guerre tomberait principalement
sur l'Autriche; cette considération ne peut pas échapper au cabinet de Vienne et doit nécessairement influer sur ses démarches.
Elle doit le rendre plus accommodant dans ses négociations et
plus circonspect dans ses opérations militaires. Par conséquent,
si cette crise conduit à la paix, cette paix sera non seulement
au dessous de ce que les alliés auraient pu espérer ou demander,
mais peut-être encore au dessous de ce que la cour de Vienne
aurait exigé et obtenu elle-même dans des circonstances moins
périlleuses, et si l'Autriche échouant complètement dans ses négociations n'a plus d'autre choix que la guerre, cette guerre se
fera avec moins de confiance, avec une volonté moins prononcée
et par là même avec moins de succès qu'elle se serait faite avant
que le nœud de la coalition eût été rompu.

En réfléchissant sur ce qui peut provenir de la constellation
extraordinaire qui plane sur l'Europe et particulièrement sur
la Monarchie Autrichienne on trouve qu'il y a quatre dénoue-
ments possibles.

Ou que l'Autriche réussisse à s'entendre avec l'empereur Napoléon sur les bases essentielles de la paix et que cet accord
préalable conduise à une négociation générale.

Ou que, contrariée dans tous ses desseins pacifiques, l'Autriche
réunisse ses armes à celles des puissances coalisées pour forcer
la France à adopter les conditions qu'on lui propose.

Ou que la guerre continue entre la France et les Souverains
alliés sans que l'Autriche se déclare pour aucun parti.

Ou enfin que l'Autriche reprenne le système de 1812 et se
joigne à la France contre la coalition.

Les deux derniers cas sont extrêmement peu probables. L'Autriche s'est trop avancée tant par ses négociations que par ses armements, pour qu'elle puisse songer à la neutralité, et la résolution de faire la guerre en faveur de la France serait tellement incompatible avec ses principes avoués, avec la marche qu'elle a tenue depuis six mois, avec l'esprit et la tendence de son système politique qu'à moins d'un changement de ministère ou de quelque catastrophe très-violente il n'est guères possible de l'admettre.

Quant aux deux premiers cas, les chances paraissent à peu près égales pour l'un et pour l'autre et les opinions sont fort partagées sur les résultats. Cependant lorsqu'on se rappelle que l'empereur Napoléon a des motifs de tout genre pour éviter une rupture avec l'Autriche et que de l'autre côté le cabinet de Vienne ne procédera à la guerre qu' à défaut de tout autre expédient, il faut convenir que la probabilité d'un rapprochement pacifique est préponderante. Toutes fois elle peut manquer, soit par de nouveaux avantages supérieurs, que Napoléon remporterait contre les alliés, soit par l'ascendant final de son ambition sur toute considération politique et personnelle, soit enfin par le désir secret de se venger d'une puissance, dont les principes et les calculs s'étaient trop accordés avec ceux de ses ennemis.

Ce grand problème s'éclaircira dans très peu de temps.

Sinnstörende Druckfehler:

S. 170, Z. 14 *statt:* toilt *lies:* teilte.
S. 250, Z. 13 *statt:* der That *lies:* in der That.
S. 261, Z. 6 *statt:* das *lies:* die.
S. 336, Z. 12 *statt:* was werde *lies:* was, werde.
S. 355, Z. 23 *statt:* blos sein *lies:* bloss ein,

Druck von E. Ebering, Berlin W., Linkstrasse 14.